プリント形式のリアル過去問で本番の臨場感！

愛知県

滝 高等学校

2025年春受験用 解答集

本書は，実物をなるべくそのままに，プリント形式で年度ごとに収録しています。
問題用紙を教科別に分けて使うことができるので，本番さながらの演習ができます。

■ 収録内容

・解答集(この冊子です)

書籍ＩＤ番号，この問題集の使い方，最新年度実物データ，リアル過去問の活用，
解答例と解説，ご使用にあたってのお願い・ご注意，お問い合わせ

・2024(令和６)年度 ～ 2020(令和２)年度　学力検査問題

・リスニング問題音声《オンラインで聴く》　詳しくは次のページをご覧ください。

○は収録あり	年度	'24	'23	'22	'21	'20
■ 問題(一般入試)		○	○	○	○	○
■ 解答用紙		○	○	○	○	○
■ 配点						
■ 英語リスニング音声・原稿		○	○	○	○	○

全教科に解説
があります

注)国語問題文非掲載:2022年度の【一】，2020年度の【一】

問題文の非掲載につきまして

著作権上の都合により，本書に収録している過去入試問題の本文の一部を掲載しておりません。ご不便をおかけし，誠に申し訳ございません。

本文の一部を掲載できなかったことによる国語の演習不足を補うため，論説文および小説文の演習問題のダウンロード付録があります。弊社ウェブサイトから書籍ＩＤ番号を入力してご利用ください。

なお，問題の量，形式，難易度などの傾向が，実際の入試問題と一致しない場合があります。

教英出版

JN132013

■ 書籍ＩＤ番号

リスニング問題の音声は，教英出版ウェブサイトの「ご購入者様のページ」画面で，書籍ＩＤ番号を入力してご利用ください。

入試に役立つダウンロード付録や学校情報なども随時更新して掲載しています。

書籍ＩＤ番号　**126521**

（有効期限：2025年9月30日まで）

【入試に役立つダウンロード付録】
「ラストチェックテスト(標準／ハイレベル)」
「高校合格への道」

【リスニング問題音声】
オンラインで問題の音声を聴くことができます。
有効期限までは無料で何度でも聴くことができます。

■ この問題集の使い方

年度ごとにプリント形式で収録しています。針を外して教科ごとに分けて使用します。①片側，②中央のどちらかでとじてありますので，下図を参考に，問題用紙と解答用紙に分けて準備をしましょう（解答用紙がない場合もあります)。

針を外すときは，けがをしないように十分注意してください。また，針を外すと紛失しやすくなりますので気をつけましょう。

① 片側でとじてあるもの

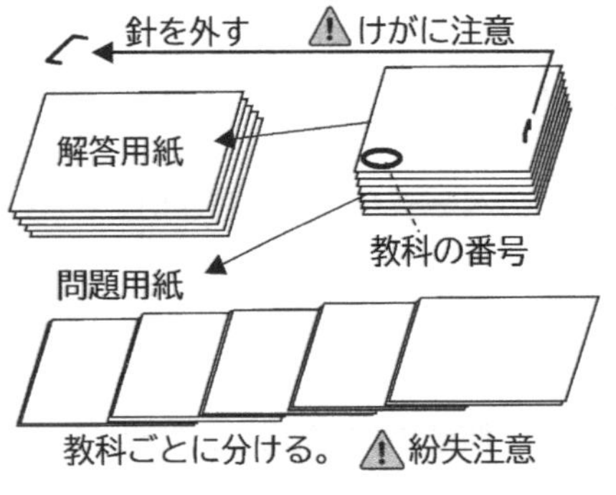

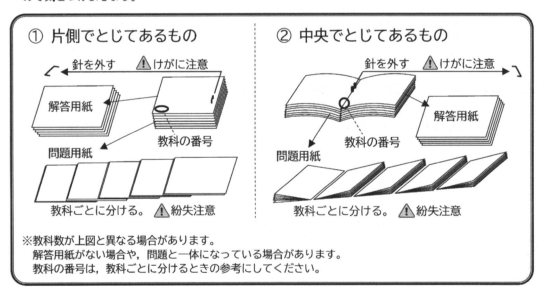

② 中央でとじてあるもの

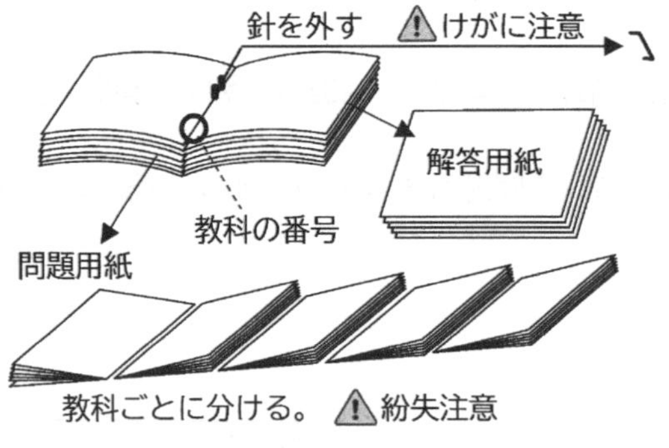

※教科数が上図と異なる場合があります。
解答用紙がない場合や，問題と一体になっている場合があります。
教科の番号は，教科ごとに分けるときの参考にしてください。

■ 最新年度 実物データ

実物をなるべくそのままに編集していますが，収録の都合上，実際の試験問題とは異なる場合があります。実物のサイズ，様式は右表で確認してください。

問題用紙	Ｂ５冊子(二つ折り)
解答用紙	Ｂ４片面プリント

リアル過去問の活用

～リアル過去問なら入試本番で力を発揮することができる～

本番を体験しよう！

問題用紙の形式（縦向き / 横向き），問題の配置や余白など，実物に近い紙面構成なので本番の臨場感が味わえます。まずはパラパラとめくって眺めてみてください。「これが志望校の入試問題なんだ！」と思えば入試に向けて気持ちが高まることでしょう。

入試を知ろう！

同じ教科の過去数年分の問題紙面を並べて，見比べてみましょう。

① 問題の量

毎年同じ大問数か，年によって違うのか，また全体の問題量はどのくらいか知っておきましょう。どのくらいのスピードで解けば時間内に終わるのか，大問ひとつにかけられる時間を計算してみましょう。

② 出題分野

よく出題されている分野とそうでない分野を見つけましょう。同じような問題が過去にも出題されていることに気がつくはずです。

③ 出題順序

得意な分野が毎年同じ大問番号で出題されていると分かれば，本番で取りこぼさないように先回りして解答することができるでしょう。

④ 解答方法

記述式か選択式か（マークシートか），見ておきましょう。記述式なら，単位まで書く必要があるかどうか，文字数はどのくらいかなど，細かいところまでチェックしておきましょう。計算過程を書く必要があるかどうかも重要です。

⑤ 問題の難易度

必ず正解したい基本問題，条件や指示の読み間違いといったケアレスミスに気をつけたい問題，後回しにしたほうがいい問題などをチェックしておきましょう。

問題を解こう！

志望校の入試傾向をつかんだら，問題を何度も解いていきましょう。ほかにも問題文の独特な言いまわしや，その学校独自の答え方を発見できることもあるでしょう。オリンピックや環境問題など，話題になった出来事を毎年出題する学校だと分かれば，日頃のニュースの見かたも変わってきます。

こうして志望校の入試傾向を知り対策を立てることこそが，過去問を解く最大の理由なのです。

実力を知ろう！

過去問を解くにあたって，得点はそれほど重要ではありません。大切なのは，志望校の過去問演習を通して，苦手な教科，苦手な分野を知ることです。苦手な教科，分野が分かったら，教科書や参考書に戻って重点的に学習する時間をつくりましょう。今の自分の実力を知れば，入試本番までの勉強の道すじが見えてきます。

試験に慣れよう！

入試では時間配分も重要です。本番で時間が足りなくなってあわてないように，リアル過去問で実戦演習をして，時間配分や出題パターンに慣れておきましょう。教科ごとに気持ちを切り替える練習もしておきましょう。

心を整えよう！

入試は誰でも緊張するものです。入試前日になったら，演習をやり尽くしたリアル過去問の表紙を眺めてみましょう。問題の内容を見る必要はもうありません。どんな形式だったかな？受験番号や氏名はどこに書くのかな？…ほんの少し見ておくだけでも，志望校の入試に向けて心の準備が整うことでしょう。

そして入試本番では，見慣れた問題紙面が緊張した心を落ち着かせてくれるはずです。

※まれに入試形式を変更する学校もありますが，条件はほかの受験生も同じです。心を整えてあせらずに問題に取りかかりましょう。

滝高等学校

《国　語》

【一】問1．a．謎　b．就　c．兼　d．顕　e．怒　問2．A．オ　B．エ　C．ア　D．イ　E．ウ
問3．オ　問4．ア　問5．エ　問6．イ　問7．親が子供に～響を与える　問8．欧米は子供を社会全体で育てるので、国も介入し支援するが、日本は核家族の形成過程で子育ては親の責任とされ、家庭は第三者の介入を拒絶し、国も地域社会も介入を躊躇うので、子供は言葉を育む機会を持てないから。

【二】問1．a．曖昧　b．蛇口　c．縦　d．費　e．忙　問2．和菓子のコンテストに出場することは、未熟な自分の立場もわきまえず恥ずかしいが、自分の店を持つために実力を試したいという心情。　問3．ウ
問4．オ　問5．説明　問6．ア　問7．エ　問8．イ，オ

《数　学》

1　(1) $-\frac{10\sqrt{2}}{3}$　(2) $-\frac{1}{2}x+\frac{1}{2}$　(3) $-\frac{1}{2}$，2　(4)300　(5)74°

2　(1) $\frac{1}{2}$，$\frac{1}{4}$，$\frac{1}{5}$，$\frac{1}{8}$，$\frac{1}{10}$　(2)14　(3)9

3　(1) $\frac{\sqrt{3}}{2}$　(2) $\frac{3\sqrt{3}}{4}$　(3) $\frac{4\sqrt{3}}{7}$

4　(1)135　(2) $\frac{1}{32}$　(3) $\frac{3}{16}$

5　(1) $\frac{1}{4}$　(2)(－2，1)　(3) $y=-\frac{1}{2}x+12$　(4) $\frac{-1\pm\sqrt{97}}{2}$

6　(1)36　(2) 9π　(3) $48\pi-36$

《英　語》

【1】〈問題1〉(1)ウ　(2)イ　(3)ア　(4)イ　(5)ウ
〈問題2〉(1)ウ　(2)エ　(3)イ　(4)エ

【2】(1)century　(2)shy　(3)twelfth　(4)gift

【3】(1)worth／checking　(2)is／said　(3)must／be／cleaned　(4)what／for

【4】［①／②／③］(1)［オ／キ／ウ］　(2)［イ／エ／カ］　(3)［イ／キ／オ］

【5】(1)大きな動物が街にやって来ること。　(2)ア　(3)2番目…ク　5番目…カ　7番目…オ　(4)ウ　(5)ウ
(6)[6]survive　[7]return　(7)ア，カ

【6】(1)ア　(2)あ．イ　い．ウ　(3)A．イ　B．オ　C．キ　D．ウ　(4)[2]life without water or electricity
[3]※学校当局により全員正解　(5)友人や美しい国にさよならを言うのは悲しかったが，家に帰って友人や家族と自分の体験を分かち合うことにわくわくしていた。　(6)オ

【7】①I haven't decided which city I should visit　②there are too many people in
③Kyoto doesn't have as many tourists as

《理　科》

1　(1)B　(2)酸素　(3)インジゴカーミン溶液が自然に変化するのではなく，カナダモによって変化するのを確かめるため。　(4)ア　(5)D．エ　E．ア　(6)32 mg減った　(7)4

2　(1)水素　(2)オ＞ア＞イ＞エ＞ウ　(3)イ，ウ　(4)①木星　②水星　③地球　④天王星　(5)①オリオン座　②9

3　(1)556　(2)①$CaCO_3+2HCl \rightarrow CaCl_2+H_2O+CO_2$　②$2NaHCO_3 \rightarrow Na_2CO_3+H_2O+CO_2$　(3)塩化水素　(4)イ．低　ウ．比例　(5)体積…1.4　質量…2.5

4　(1)慣性　(2)運動〔別解〕作用反作用　(3)5.0　(4)0.5　(5)イ．4.0　ウ．3.0　(6)7.0　(7)3.5

《社　会》

【1】問1．1．a．ウ　b．ア　c．ク　2．ウ　3．ウ　問2．D　問3．リアス海岸で，水深が深く波もおだやかだから。　問4．途切れている国道をつなぐために橋を架ける。

【2】問1．1．①ウ　②イ　③エ　2．①イ　②カ　問2．1．イ　2．医療の進歩や衛生環境の改善

【3】問1．1．戸籍　2．琵琶法師　問2．ウ　問3．役人　問4．エ　問5．イ

【4】問1．1．日清戦争〔別解〕下関条約　2．取付け　3．管理通貨　問2．ウ　問3．エ　問4．地租が定額の地価を基準に算定されていたため。〔別解〕地租が定額だったため。　問5．ア　問6．エ

【5】問1．1．温室効果　2．カーボン　問2．イ　問3．イ　問4．ウ　問5．東日本大震災後，原子力発電を停止したため。　問6．ア　問7．エ

【6】問1．ア　問2．ウ　問3．デフレスパイラル　問4．イ　問5．ウ　問6．エ

《2024 国語 解説》

【一】

問2 A 「決して簡単なことではない」というより、どちらかといえば「すごく難しい」ということを言っているので、オの「むしろ」。 B 「一つの言葉であっても、いろんな意味や使用法がある」例として「くっつく」を挙げているので、エの「たとえば」。 C 「シャッターを切るという使い方は中高生くらいにならないとできません」ということと「水を切るだと、料理をするくらいの年齢にならないとわからない」ということを例として列挙しているので、アの「あるいは」。 D よく「親の経済力や遺伝が子供の語彙力を左右する」と言われることに対して、そうではないということ(「親が子供に対して話しかける言葉の量と質が、経済力よりはるかに大きな影響を与える」ということ)を述べているので、イの「しかし」。 E 欧米では「法律によってそれ(子供の生活環境)を保障しようという意識が日本より高い～国が積極的に介入して～したりすることに躊躇《ためら》いが少ない」ため「家庭格差はあっても、子供は～言葉を育てていく環境を守ってもらえる」という因果関係にあるので、ウの「だから」。

問3 ――線部①の1～2行後で「一つの言葉であっても、いろんな意味や使用法があるので、上手につかえるようになるには相応の時間と経験が必要なのです」と理由を述べている。このことについて、以降で「言葉の多様性～言葉の多様な意味を理解するには、経験や年齢も必要になってきます。『切る』～簡単な意味から難しい意味までいろいろです」「抽象的な言葉はもっと難しいです～『愛する』～ちょっとやそっとで理解できるものではありません」と、具体例を挙げながらより詳しく説明を続けている。この内容をまとめている、オが適する。

問4 今井は、子供が言葉を育めるようになる具体的な方法として、「親が頻繁に子供の語彙を増やせるような適度に複雑な表現をするとか、同じ言葉であっても様々な形でつかってみせるといったこと～親が子供の発言に一つひとつしっかりと応えることでコミュニケーションの訓練をさせるということ」、「読書習慣～読書によって非日常的な言葉に接すること」、「新しいものに興味を抱く、感覚をくすぐられる、物事の因果関係を考えるといったこと」ができる「本当の意味で遊ばせる環境」を与えることなどを挙げている。この内容をまとめている、アが適する。

問5 「スキーマ」は「いろいろな情報や経験から共通するものを抽出して」まとめた「一般知識」、いわば行間を補うために使う常識的な知識のことである。――線部③の直前の「月」の例のように、直接「月」だと書かれていなくても「月」だとわかるのは、スキーマを身につけているからである。エは、直接「秋になった」などと書かれていなくても、読者は「『枕草子』～童謡など～で、日本の伝統的な季節感を追体験して」きているので、このような情景は「秋の訪れ」を意味するとわかるという例である。つまり、スキーマによって行間を読める例だと言える。

問6 X の直後で「それ以前は日常生活でつかわれる(具体的な)語彙だけでなんとなくやり過ごせた(簡単な)ものが、そうではなくなるので」と理由を述べている。こことの対比から、イの「抽象化・複雑化」が適する。

問7 D と同じ段落に「アメリカの研究でも日本の研究でも、親が子供に対して話しかける言葉の量と質が、経済力よりはるかに大きな影響を与えることがわかっています」とある。これが、お金をかければ語彙力が磨かれるというわけではないことの理由にあたる。

問8 ――線部以降の要点は、「欧米では～家庭格差はあっても、子供は国の支援によって言葉を育てていく環境を守ってもらえる」「日本が欧米に比べて～後れを取ったのは、日本独特の子育て観～子育ては親がそれぞれの考え方でする～親の責任～だから、国にしても、地域住民にしても、家庭に介入することに二の足を踏む」「欧米には子供は国の宝物なのだから、社会全体で育てていこうという空気があります～日本はそうではない。国が設けている～基準はかなり低く、生命の危険があると判断されない限り～保護することはない。また、家庭の側～介入されることに対する強い拒絶感がある。こうしたことが、家庭格差による国語力の差を広げる一因になっている」ということである。また、そのような日本の子育て観について、「戦後～核家族が形成されていく中で、いつしか子育てが親の責任といわれるようになった」ものであると最後の段落で考察している。これらの内容をまとめる。

【二】

問２　「身のほど知らず」は、自分の能力などの程度をわきまえないということ。直前に「顔が熱く火照る」とあることから、それを恥じる気持ちが読みとれる。「身のほど知らずだとは思うのですが……」に続くのは、それでもコンテストに出たいという意志である。コンテストに出たい理由、つまり「自分の店を持つことへの第一歩と考えた」から、「今の自分の実力が知りたい」からであるということを含めてまとめる。

問３　曽我から上生菓子をつくるための感性とは何かと聞かれて、ワコは「見たもの、感じたもので～季節をどう表現するか？　その表現力の豊かさだと思います」と答えたが、「まだ足らんな」と言われた。しかし、――線部②の直前で「この街(浅草)は、見る人の目によってさまざまに映るだろう」と思ったことをきっかけに、「雪の朝～冷たかった。それで～もぐり込んでしまう人～飲む人～駆け回りたい衝動にかられる人。雪の朝(季節)をどのような形で表現するかが感性だ」と気づいたのである。この内容をまとめている、ウが適する。

問４　Ｘ．鶴ヶ島《つるがしま》のことが「気になった」ワコだが、審判員の「始め！」の合図と同時にお菓子づくりに集中したということ。「終了！」の合図まで鶴ヶ島に関する描写がないことからも読みとれる。　Ｙ．「なんの前触れもなく～きょとんとしていた」「自分の心臓は～止まったかもしれない」「ふわふわした足取りで」などの描写から、準優勝という結果が信じられない心情が読みとれる。　よって、オが適する。

問５　――線部⑤のある会話文で、曽我は「表現するやり方が違っている。蔕《へた》のある側の柿～単なる説明だ。これは柿です、という説明をしているに過ぎない～ウグイスも、姿をそのままつくったならば説明だ」と言っている。

問６　鶴ヶ島の作品は、「春～一見すると普通の蒸し羊羹《ようかん》～こし餡《あん》の中に杏子《あんず》のシロップ漬け～ぼかしという手法で、まさに柔らかくほのかにかすんで見える春の夜の月というたたずまい～秋～求肥《ぎゅうひ》餅にすりごまを混ぜてつくった濡《ぬ》れたような石に、紅《あか》いもみじの葉が一枚～清らかな冷たい水の流れが見える～過ぎ去った夏の思い出さえ感じられる」とあるように、シンプルながら季節の趣を豊かに想起させるものだった。それに対してワコのお菓子は、柿とウグイス(季節を代表する動植物)の姿形を「説明」したに過ぎないものだった(問５参照)。よって、アが適する。

問７　ワコは「萩《はぎ》の花で秋を表現～それは説明だ～百日紅《さるすべり》の赤い花の傍らで蕾《つぼみ》をつけている萩のほうが、静かに忍び寄る秋を知らせている」と気づいた。つまり、萩そのものよりも百日紅の傍らにある蕾によって秋の到来を感じられることに気づいたということ。この気づきに沿って――線部⑤を解釈すると、『初音《はつね》』(ウグイスがその年に初めて鳴く声)という菓銘なら、ウグイスの姿を写し取るのではなく、初音が聞こえる情景を想起させるような菓子であるべきだということになる。よって、「ほころびかけた梅」によってウグイスの声を想起させるエが適する。

問８　ア．63 行目に「結果発表――」とあるとおり、ワコの心情以外にも用いられている。また、「ワコの迷いが吹っ切れて決心・決断へと変化している」ことを表しているわけでもない。　ウ．「曽我」に敬称が付いていないのは地の文の説明だからであり、ワコが曽我の名前を言う会話文はない。また、曽我への「尊敬の度合いが薄れてきている」ことをうかがわせる内容も見当たらない。　エ．読点の多用が「ワコが一心不乱に目の前の和菓子のことだけを考え」ていることを意味しているとは言えず、ワコが「この五年間～そうした日々のさまざまな積み重ねが、自分を自然と刺激してくれていたらいい」と思っていることが語られている。　よって、イとオが適する。

《2024　数学　解説》

1　(1)　与式$=\dfrac{2(6+\sqrt{2})}{3}-\dfrac{2\sqrt{2}+2}{0.5}=\dfrac{12+2\sqrt{2}-6(2\sqrt{2}+2)}{3}=\dfrac{12+2\sqrt{2}-12\sqrt{2}-12}{3}=-\dfrac{10\sqrt{2}}{3}$

(2)　与式$=\dfrac{1+2x+x+2x^2-2x(x+2)}{2}=\dfrac{1+3x+2x^2-2x^2-4x}{2}=\dfrac{-x+1}{2}=-\dfrac{1}{2}x+\dfrac{1}{2}$

(3)　与式より，$3x(2x+1)-(x+4)(2x+1)=0$　　$(2x+1)\{3x-(x+4)\}=0$

$(2x+1)(2x-4)=0$　　$2(2x+1)(x-2)=0$　　$x=-\dfrac{1}{2}$，2

(4)　**【解き方】Aをxg，Cをyg混ぜるとして，連立方程式を立てて求める。**

Aをxg混ぜるとすると，Bは$2x$gである。AとBとCを混ぜて600gにしたので，$x+2x+y=600$…①

食塩の量について，$\dfrac{5}{100}x+2x\times\dfrac{8}{100}+\dfrac{15}{100}y=600\times\dfrac{11}{100}$…②　　①より，$3x+y=600$，②より，$7x+5y=2200$

が得られるから，これらを連立して解くと，$x=100$，$y=300$となる。よって，Cの量は**300g**である。

(5)　**【解き方】∠CDF，∠BCDを求めることで，∠AFBを導く。**

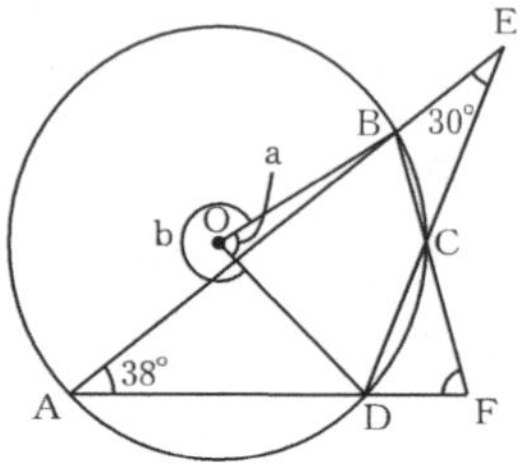

∠CDFは△ADEの外角なので，∠CDF＝38°＋30°＝68°…①

右図において，∠a＝2∠EAD＝2×38°＝76°，∠b＝360°－76°＝284°，

∠BCD＝$\dfrac{1}{2}$∠b＝142°…②　　∠BCDは△CDFの外角なので，

①，②より，∠AFB＝142°－68°＝**74°**である。

2　(1)　**【解き方】有限小数とは，小数第何位かで終わる小数のことである。**

2～10の整数のうち，どのような数でも必ず割り切れる数は，2，4，5，8，10である。

よって，求める数は，$\dfrac{1}{2}$，$\dfrac{1}{4}$，$\dfrac{1}{5}$，$\dfrac{1}{8}$，$\dfrac{1}{10}$である。

(2)　**【解き方】2，4，5，8，10の素因数に注目する。**

2，4，8のように，素因数に2しか含まない数(2を累乗してできる数)は，どのような数でも割り切ることができる。5のように，素因数に5しか含まない数(5を累乗してできる数)は，どのような数でも割り切ることができる。したがって，素因数に2と5しか含まない数も，どのような数でも割り切ることができる。

100以下の整数のうち，2を累乗してできる数は，$2^1=2$から$2^6=64$まで6個あり，5を累乗してできる数は，$5^1=5$と$5^2=25$の2個ある。素因数に2と5しか含まない数は10の倍数であり，10，20，40，50，80，100の6個ある。よって，求める個数は，6＋2＋6＝**14**(個)である。

(3)　**【解き方】$\dfrac{1}{2^6\times5^{10}}=\dfrac{1}{(2\times5)^6\times5^4}=\dfrac{1}{10^6\times5^4}=\dfrac{1}{10^6\times625}$と表すことができる。**

$\dfrac{1}{2^6\times5^{10}}$は，1を625で割ったあとに，$10^6$で割ってできる数である。$\dfrac{1}{625}=0.0016$より，1を625で割ると小数第3位に初めて0でない数が現れる。このあと10で1回割るごとに，小数点のすぐ右側に0が1個ずつ増えていくので，10で6回割ったときに0でない数が初めて現れるのは，3＋6＝9より，小数第**9**位である。

3　(1)　**【解き方】△ABCにおいて，$\overset{\frown}{AB}:\overset{\frown}{BC}=1:2$より，∠BCA：∠CAB＝1：2である。∠ABC＝90°なので，∠BCA＝30°，∠CAB＝60°である。**

△ABCは3辺の比が$1:2:\sqrt{3}$の直角三角形だから，AB＝$\dfrac{1}{2}$AC＝1，BC＝$\sqrt{3}$AB＝$\sqrt{3}$

△ABC＝$\dfrac{1}{2}\times1\times\sqrt{3}=\dfrac{\sqrt{3}}{2}$

(2)　**【解き方】∠DCB＝90°－30°＝60°，DB＝DCより，△BDCは正三角形であり，1辺の長さはBC＝$\sqrt{3}$である。**

正三角形の1辺の長さと高さの比は$2:\sqrt{3}$だから，△BDCの高さは，$\sqrt{3}\times\dfrac{\sqrt{3}}{2}=\dfrac{3}{2}$なので，求める面積は，$\dfrac{1}{2}\times\sqrt{3}\times\dfrac{3}{2}=\dfrac{3\sqrt{3}}{4}$である。

⑶　**【解き方】∠ＡＥＣ＝90°だから，△ＡＣＥ∽△ＡＤＣを利用してＡＥとＣＥの長さを求める。**

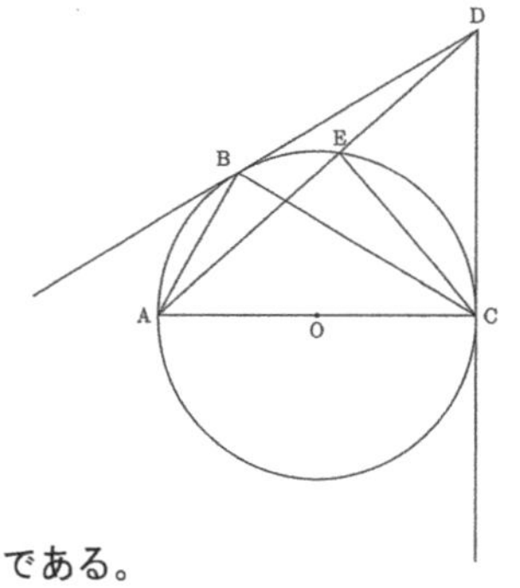

三平方の定理より，$AD=\sqrt{DC^2+AC^2}=\sqrt{(\sqrt{3})^2+2^2}=\sqrt{7}$

△ＡＣＥと△ＡＤＣの相似比は，ＡＣ：ＡＤ＝２：$\sqrt{7}$だから，

$AE=\dfrac{2}{\sqrt{7}}AC=\dfrac{4}{\sqrt{7}}$，$CE=\dfrac{2}{\sqrt{7}}DC=\dfrac{2\sqrt{3}}{\sqrt{7}}$

$\triangle ACE=\dfrac{1}{2}\times AE\times CE=\dfrac{1}{2}\times\dfrac{4}{\sqrt{7}}\times\dfrac{2\sqrt{3}}{\sqrt{7}}=\dfrac{4\sqrt{3}}{7}$

4　⑴　**【解き方】Ｓが最大になるのは，各カードの大きい方の数字が見えているときである。**

Ｓの最大の値は，100＋10＋10＋10＋５＝135

⑵　各カードの出方は２通りなので，カードの出方は全部で，２×２×２×２×２＝32(通り)ある。

Ｓが最大になるのはそのうち１通りだから，求める確率は，$\dfrac{1}{32}$である。

⑶　**【解き方】Ｓが125より大きくなるのは，Ｓと135の差が，135－126＝９以下のときである。**

少なくともＡの100が見えていないと，Ｓが125より大きくならない。Ｂ，Ｃ，Ｄ，Ｅについて，小さい数字の面が見えているカードの枚数で場合分けをして調べていくと，右表の６通りが条件に合うとわかる。よって，求める確率は，$\dfrac{6}{32}=\dfrac{3}{16}$である。

B	C	D	E	135と比べた和
○	○	○	○	0
○	○	○	×	－4
○	○	×	○	－9
○	×	○	○	－9
×	○	○	○	－5
×	○	○	×	－9

※○は大きい数字の面，×は小さい数字の面を表す。

5　⑴　$y=ax^2$のグラフはＡを通るから，$y=ax^2$に$x=6$，$y=9$を代入すると，$9=a\times6^2$より，$a=\dfrac{1}{4}$

⑵　**【解き方】Ｃは直線ＡＢと放物線①との交点なので，直線ＡＢの式を求め，放物線①の式と連立して求める。**

直線ＡＢの傾きは，$\dfrac{(y\text{の増加量})}{(x\text{の増加量})}=\dfrac{9-0}{6-(-3)}=1$だから，直線ＡＢの式は$y=x+b$とおける。この式にＢの座標(－３，０)を代入すると，$0=1\times(-3)+b$より$b=3$となるので，直線ＡＢの式は，$y=x+3$

Ｃは放物線$y=\dfrac{1}{4}x^2$と直線$y=x+3$の交点だから，この２つの式を連立させて解く。

yを消去して，$\dfrac{1}{4}x^2=x+3$　　$x^2-4x-12=0$　　$(x+2)(x-6)=0$　　$x=-2,\ 6$

Ｃのx座標はＡではない方だから$x=-2$であり，y座標は$y=\dfrac{1}{4}\times(-2)^2=1$だから，Ｃ(－２，１)

⑶　**【解き方】直線ＡＤは直線ＯＣに平行なので，直線ＯＣの式を求め，直線ＡＤの式を導く。**

直線ＯＣの傾きは，$\dfrac{(y\text{の増加量})}{(x\text{の増加量})}=\dfrac{1-0}{-2-0}=-\dfrac{1}{2}$だから，直線ＯＣの式は$y=-\dfrac{1}{2}x$である。

したがって，直線ＡＤの式は$y=-\dfrac{1}{2}x+n$とおける。この式にＡの座標(６，９)を代入すると，

$9=-\dfrac{1}{2}\times6+n$より$n=12$となるので，直線ＡＤの式は，$y=-\dfrac{1}{2}x+12$

⑷　**【解き方】Ｈ(t，０)より，Ｐ(t，$-\dfrac{1}{2}t+12$)とおける。ＰＱ＝ＱＨより，Ｑのy座標はＰの半分であること，Ｑは放物線①上にあることよりＱのy座標についての方程式を立てて求める。**

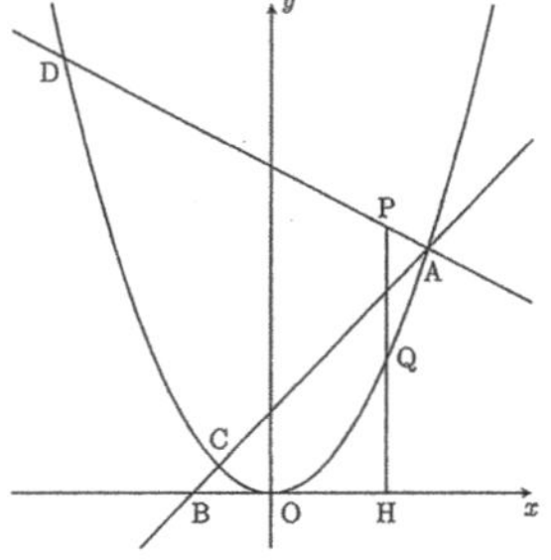

Ｑのy座標はＰのy座標の半分なので，$\left(-\dfrac{1}{2}t+12\right)\times\dfrac{1}{2}=-\dfrac{1}{4}t+6$より，

Ｑ(t，$-\dfrac{1}{4}t+6$)と表せる。また，Ｑは放物線①上にあるので，Ｑ(t，$\dfrac{1}{4}t^2$)

と表せるから，$\dfrac{1}{4}t^2=-\dfrac{1}{4}t+6$　　$t^2+t-24=0$

２次方程式の解の公式より，$t=\dfrac{-1\pm\sqrt{1^2-4\times1\times(-24)}}{2\times1}=\dfrac{-1\pm\sqrt{97}}{2}$

$-8\leqq t\leqq6$であり，$9<\sqrt{97}<10$だから，$t=\dfrac{-1\pm\sqrt{97}}{2}$はともに条件に合う。

6　⑴　**【解き方】容器の高さを求めるため，底面ＡＢＣＤの対角線の長さを求め，三平方の定理で容器の高さを求めて容積を求める。**

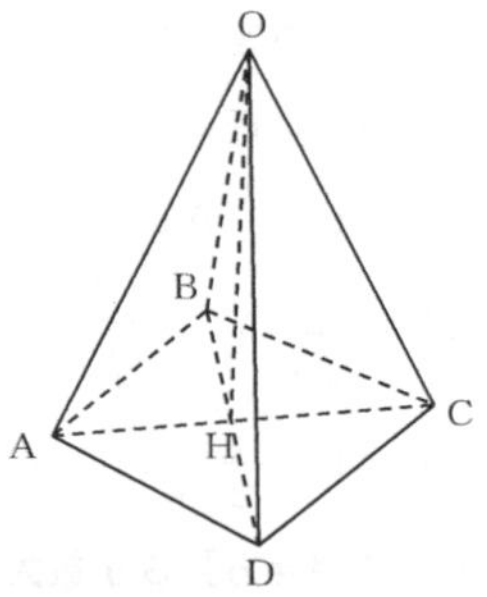

右図で，Ｈは底面の対角線ＡＣ，ＢＤの交点であり，ＯＨ⊥ＡＣである。

ＡＤ＝ＣＤ＝６より，ＡＣ＝$6\sqrt{2}$なので，ＡＨ＝$\frac{6\sqrt{2}}{2}=3\sqrt{2}$

△ＯＡＨで，三平方の定理より，ＯＨ＝$\sqrt{\text{OA}^2-\text{AH}^2}=\sqrt{(3\sqrt{3})^2-(3\sqrt{2})^2}=3$

よって，容器の容積は，$\frac{1}{3}\times 6\times 6\times 3=$**36** である。

⑵　**【解き方】∠ＭＯＮの大きさを求めるため，ＭＯの長さを求め，△ＭＯＮがどのような三角形か調べる。**

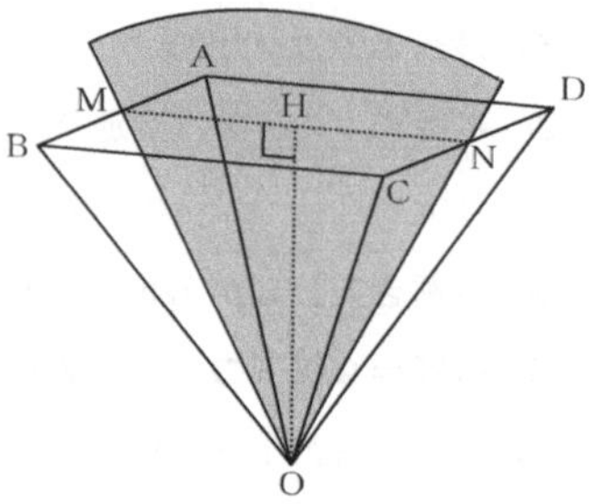

二等辺三角形ＯＡＢにおいて，三平方の定理より，

ＭＯ＝$\sqrt{\text{OA}^2-\text{AM}^2}=\sqrt{(3\sqrt{3})^2-3^2}=3\sqrt{2}$

同様にＮＯ＝$3\sqrt{2}$で，ＭＮ＝６だから，△ＯＡＭは３辺の長さの比が

$3\sqrt{2}:3\sqrt{2}:6=1:1:\sqrt{2}$なので，直角二等辺三角形である。

よって，∠ＭＯＮ＝90°だから，線分ＯＰは，半径６，中心角 90° のおうぎ形をえがく。線分ＯＰが通る部分の面積は，$6^2\pi\times\frac{90°}{360°}=$**9π**

⑶　**【解き方】線分ＯＰが動くことのできる部分は，半径がＯＰ＝６の球の一部になる。その体積が球の体積の何分の１かを知るために，正四角すいＯ－ＡＢＣＤと合同な正四角すいを何個も用意して，頂点Ｏをすべて重ね合わせたとき，何個の正四角すいを合わせることができるかを考える。**

図Ⅰ

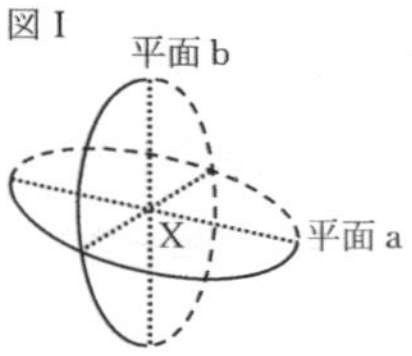

∠ＭＯＮ＝90°だから，すべての正四角すい上の点Ｏ，Ｍ，Ｎが，右の図Ⅰの平面ａ(地面に水平)上にくるように，点Ｘに頂点Ｏを集めると，360°÷90°＝４(個)集められる。同様のことを平面ｂ(地面と垂直)上でも行うと，やはり４個集められる。

したがって，正四角すいＯ－ＡＢＣＤ６個を頂点Ｏが重なるように集めると，図Ⅱのように立方体になる。このことから，線分ＯＰが動くことができる部分は半径６の球の$\frac{1}{6}$にあたるとわかるので，その体積は，$\frac{4}{3}\times 6^3\pi\times\frac{1}{6}=48\pi$

図Ⅱ

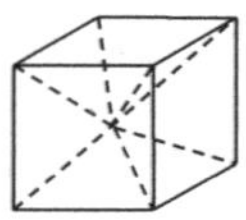

よって，容器からはみ出した部分の体積は，**48π－36** である。

《2024　英語　解説》

【１】

〈問題１〉⑴　「奥さんの体調はどうですか？」への答えだから，ウ「だいぶ調子が良くなりました」が適当。

⑵　「日曜日に田中さんの家の夕食会に行きますか？」への答えだから，イ「いいえ，今週末は韓国に滞在しなければなりません」が適当。

⑶　「そこまで自分ひとりで行きたいんでしょ？」への答えだから，ア「そんなことないよ」が適当。

⑷　「今日の午後，一緒にランチを食べませんか？」への答えだから，イ「いいアイデアですね」が適当。

⑸　「いつお返事をくれますか？」への答えだから，ウ「明日の正午までには」が適当。

〈問題２〉　【放送文の要約】参照。

⑴　「MSF はいつどこで設立されましたか？」…第１段落１～２行目より，ウ「1971 年にヨーロッパで」が適当。

⑵　「シオラレオネについてどれが正しいですか？」…第４段落最後の１文より，エ「この国の人々は日本でも知られている食べ物を食べます」が適当。

⑶　「なぜ多くの子どもたちは腹痛を起こすのですか？」…第６段落２～３行目より，イ「食事の前に手を洗わ

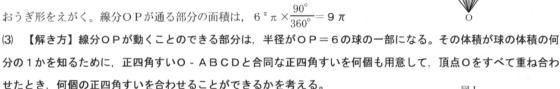

ないからです」が適当。

(4)　「この医師の願いとは何ですか？」…最終段落の最後の１文より，エ「彼女は将来，国際ボランティアの数が増えることを願っています」が適当。

【放送文の要約】

(1)ウ国境なき医師団（MSF）は，アフリカのビアフラで働いていたフランス人医師たちの小さな団体により，1971 年，フランスで設立されました。50 年以上の間，MSF は病気やけがをした人々を助けています。これは，シエラレオネで働いている，このグループのある医師が日本人の高校生に向けて行ったスピーチです。

シオラレオネは，アフリカにある小さな国で，面積は北海道くらいです。シオラレオネについて詳しい日本人はほとんどいません。学校で何も教わらないからです。しかし，この小国には戦争による悲しい歴史があり，今でもそこに住む人々は困難な生活を続けています。私は日本の若者がこの国の状況を知り，想像しようと努力することを望んでいます。

シオラレオネは貧しい国ではありますが，首都のフリータウンには高い建物，サッカー競技場，大きな市場もあります。自動車は多く，交通渋滞もひどく，道路は人で混雑しています。

しかしながら，首都以外のほとんどの場所では人々は何世紀も同じ生活を送っています。ほとんどの人は定職がなく，基本的には米やキャッサバを栽培したり，近くの川で魚を捕ったりして暮らしています。(2)エ彼らが食べているのは，私たちもよく知っている米，ジャガイモ，とうもろこしなどです。

人々の家には電気がないので，テレビもテレビゲームもありません。夜はろうそくやオイルランプを使います。

ほとんどの地域は水道がないので，井戸水が広く使われています。トイレは単に地面に穴を掘っただけのもので，風呂やシャワーはありません。(3)イ人々は井戸水を使って手や体を洗います。しかし，多くの子どもたちはトイレに行った後や食事をする前に手を洗いません。このため，子どもたちはよく腹痛を起こします。

アフリカでは，多くの子どもたちが５歳にならないうちに死んでしまいます。私は何度かアフリカで，母親たちが布に包まれた小さな遺体を運ぶ光景を目にしました。私たちにできることはないに等しいのです。国際ボランティアグループのひとりの人間に，多くの人を助けることはできないのかもしれません。しかし，私はこの仕事を続けます。小さな努力が大きな違いを生み出すことを信じているのです。私は子どもたちに少しでも長い間，笑顔でいてほしいので，いつでも力になる準備をしています。(4)エ私は将来，もっと多くの人が国際協力と世界的な保健に興味を持ち，実際に活動してくれることを切に望みます。

【２】

(1)　「１世紀(＝century)とは 100 年間のことである」

(2)　「もしあなたが恥ずかしがり屋(＝shy)だとしたら，人前で話すのが得意ではないだろうし，なかなか助けを求められないだろう」

(3)　「１年の 12 番目の(＝twelfth)月は 12 月である」

(4)　「贈り物(＝gift)とは，誰かに贈られるプレゼントのことである」

【３】

(1)　「～する価値がある」＝be worth ～ing

(2)　「～だそうです」＝「～と言われています」＝It is said that ～

(3)　主語が This room だから，受け身の文にする。「～されなければならない」＝must be＋過去分詞

(4)　文中に疑問詞を含む間接疑問文にする。「どんなこと」なのかを尋ねるから，疑問詞は what を使う。

「～で知られている」＝be known for ～

【４】

⑴　A foreign woman carrying a suitcase asked me the way to the station.：主語の部分は〈現在分詞（＝carrying）＋語句（＝suitcase）〉で後ろから名詞（＝woman）を修飾する形にする。　「（人）に（もの／こと）を尋ねる」＝ask＋人＋もの／こと　［不要な語：heard］　文意「スーツケースを運んでいる外国人女性が私に駅までの道を尋ねました」

⑵　The number of people who have stopped watching TV is increasing now.：「ＴＶを見るのをやめた人」は〈関係代名詞（＝who）＋語句（＝have stopped watching TV）〉で後ろから名詞（＝people）を修飾して表す。［不要な語：have grown］文意「今，ＴＶを見るのをやめた人の数が増えています」

⑶　This is the bag one of my best friends bought for me.：「親友のひとりが私に買ってくれたバッグ」は〈省略された関係代名詞（＝which/that）＋語句（＝one of my best friends bought for me）〉で後ろから名詞（＝bag）を修飾して表す。
「～のひとり」＝one of＋名詞の複数形　「（人）に（もの）を買う」＝buy＋もの＋for＋人　［不要な語：to］
文意「これは親友のひとりが私に買ってくれたバッグです」

【５】【本文の要約】参照。

⑴　前文より，it は big animals come into our cities「大きな動物が街にやって来ること」を指す。

⑵　街がヒヒにとって危険である具体例が入る。人間やオオカミがヒヒに故意に危害を加える描写はないから，アが適当。

⑶　They have told people to stop giving the pigs food and have put up fences.....：and 以下に合わせて現在完了形〈have＋過去分詞〉にする。　「（人）に～するように言う」＝tell＋人＋to～　「～するのをやめる」＝stop ～ing
「ＡにＢを与える」＝give＋Ａ＋Ｂ

⑷　they left them on the streets は they（＝人間）が them（＝一部のペットのイヌ）を路上に置き去りにしたという意味。ウが適当。

⑸　①　・for～「～のために」　②　・live in～「～で暮らす」

⑹ 6　前段落にモスクワの冬の厳しさが書かれているから，「困難の中を生き抜く」という意味の survive が適当。

7　街にやって来る動物は元々countryside「田舎」に住んでいたと考えられるから，return「戻る」が適当。

⑺　ア〇「南アフリカでは，バブーンモニターが人とヒヒの両方を助けるために働いている」　イ「ヒヒは，バブーンモニターが街から連れ出すと，×二度と街には戻ってこない」　ウ「ベルリンの人々は×庭や公園を守りたいので，野生のブタに食べ物を与える」　エ「モスクワの野犬は，×単独で暮らすよりも暮らしやすいため，常にパックで生活している」　オ「イヌはとても賢いので，信号が変わるとき×常に正しい判断を下すことができる」　カ〇「パックの中で一番かわいいイヌは，人から食べ物をもらうために重要な役割を果たす」

【本文の要約】

最近大きな動物が町や都市にやってくるというニュースを見ることがあります。バンクーバーの公園にクマが出たり，ムンバイの道にヒョウが出たり，ベルリンの庭に野生のブタが出たりしました。大きな動物が街にやって来ると何が起こるのでしょうか？⑴このこと（＝大きな動物が街にやって来ること）は私たちと動物たちにとって有益なのでしょうか，危険なのでしょうか？

通常，野生動物は食料を探しに街にやってきます。南アフリカのケープタウンでは，ヒヒが街に入ってきました。ヒヒは庭の果物を食べ，人間の台所に入って食べ物を取りました！ヒヒは強い動物で，時には子どもを威嚇し，ペットと戦います。しかしヒヒにとって，街が危険な場合もあります。⑵ア車の事故でけがをすることがあるのです。⑺アケープタウンにはバブーンモニターというヒヒを監視するチームがあります。彼らの仕事は，市内のヒヒを見つけて市外に戻すことです。こうすることにより街は人にとってより安全になり，ヒヒにとってもより安全になります。しかし多くのヒヒは再び食料を探しに街に戻って来ます。

ドイツのベルリンでは野生のブタの群れが街に食べ物を探しにやってくることがあります。ブタは今までも常に街にやってきていました。しかし現在では冬が温かくなったので，以前よりもブタの数が多くなっています。ブタは花や植物を食べ，庭や公園に穴を掘ります。また，通りを歩き，街に住む人々の中にはブタに食べ物を与える人もいます。しかし市役所職員たちは，交通事故を心配しています。(3)彼らは人々にブタに食べ物を与えるのをやめるように言い，ブタが街に入ってくるのを防ぐために柵を設置しました。

ロシアのモスクワには，３万５千頭の野生のイヌがいます。イヌは公園，空き家，市場，電車の駅に住んでいます。それらのイヌの一部は人間が不要になったペットで，人間が(4)彼ら(＝一部のペット犬)を路上に置き去りにしました。路上で生まれて，そのままずっと路上で暮らしているイヌもいます。単独で暮らすものもいれば，パック（イヌの群れという意味）で暮らすものもいます。2010 年，科学者たちはそのようなイヌを研究し，大変興味深い事実が明らかになりました。

1．パックにはリーダーがいる。リーダーは最も頭のよいイヌであり，最も大きいとか強いイヌではない。

2．イヌは，道を渡るのは人間と一緒の方が安全だということを知っており，中には信号を理解するイヌもいる。

3．(7)カイヌは，人間が大きなイヌより小型でかわいらしいイヌによりたくさんの食べ物を与えてくれることを学習している。パックの中で最もかわいいイヌは，路上で人間が食べ物を与えてくれるのを待つ。彼らは食べ物をもらうと，パックの他のイヌとそれを分け合う。

4．モスクワの地下鉄で移動を始めたイヌもいる。

モスクワの冬はたくさん雪が降り，気温はマイナス 10 度にもなる酷寒です。イヌが好きな人は多いので，市民の中にはイヌが冬の間過ごせるよう，小さな小屋を建ててあげる人もいます。

モスクワのイヌのような大きな動物は，仲良くなった人間の助けを少し借りることで街で6生き抜く(＝survive)ことができます。多くの大きな動物にとっては，街は危険な場所であり，田舎に7戻る(＝return)ために私たちの力を必要としているのです。

【6】 【本文の要約】参照。

(1) ギャップイヤーを説明する文が入る。筆者は南アメリカでさまざまな新しい経験をしたから，ア「学生に新しいことに挑戦する機会を与える」が適当。イ「学生が自立するための十分な資金を作る」，ウ「学生が環境について学ぶことを促す」，エ「学生にスペイン語が世界で最も一般的な言語であることを示す」は不適当。

(2)あ ・let＋人＋動詞の原形「(人)が～するのを許す／(人)に～させる」

い ・make friends with ～「～と友達になる」

(4) 2 直前の文の life without water or electricity を指す。

(5) 筆者の当時の心情が書かれた直後の文を日本語でまとめる。

(6) 5は直訳すると「居心地のいい場所から自分を押し出そう」だから，意味的に近いのはオ「同じことをやり続けるのではなく，やったことがないことに挑戦しよう」である。ア「リラックスする時間がほしければできる限り一生懸命働きなさい」，イ「自分にとって不快なことに挑戦すべきではない」，ウ「時間の無駄遣いをやめ，趣味に時間を使いなさい」，エ「有用な道具と情報無しに，決して新しい国に行ってはいけない」は不適当。

【本文の要約】

高校を卒業して，私はギャップイヤーを取ることにしました。これは，大学入学前または卒業後に，(1)ア学生に新しいことに挑戦する機会を与えるための，1 年間の休息のことです。私の両親は，最初私の計画に反対していましたが，ついには(2)あ私が南アメリカに旅行するのを許す(＝let me travel to South America)ことに同意してくれました。私は 10

か月かけてさまざまな国を旅行することにわくわくしていました。

私は行く前にAイやりたいことリストを書きました。簡単そうなものもあれば，とても大変そうなものもありました。しかし，自信をもって，そこにあるすべてのことができたと言えます。

私は特に，スペイン語を勉強し，ボランティア活動をし，そこの文化を学びたいと思っていました。まず私はエクアドルで３週間のスペイン語講座を受け，それから南に向かいアルゼンチンに移動しました。私はたいていホステル（旅行者や学生向けの安いホテル）に泊まりましたが，時々地元の農家の家にも泊まりました。Bオ私はそこでボランティア活動をして彼らの生活様式を学びました。私の旅行の中で最も印象的な体験のひとつは，２週間アマゾンの農家の家に滞在したときに，水も電気もない生活を経験したことです。(4)2 それ(＝水も電気もない生活)は普段の便利な生活とはかけ離れたものでしたが，私は彼らとの生活を通して多くのことを学びました。私はまた，持続可能な農業と，自然環境を保護することの重要性についても学びました。

私は自分と同じように旅行をしている外国人と出会いました。私は(2)い彼らと友達になりました(＝made friends with them)。そのうちのひとりはギャップイヤー中の日本人学生でした。私たちはエクアドル中央にあるアンデス山脈のコトパヒ山に登りました。その山の頂上は海抜5897メートルです。私たちはまた，マチュピチュやイグアスの滝のような素晴らしい場所も訪れました。それらは本当に美しくて，Cキ私はしばらく何も言えませんでした。

自然の美のほかに私が最も好きになったのは，出会った地元の人達でした。彼らはあまり裕福ではありませんでしたが，フレンドリーでいつも温かく出迎えてくれました。彼らは自分たちの生活をめいっぱい楽しんでいました。私は彼らの文化と人生における大切なことをたくさん学びました。私は自分の将来の人生を別の角度から考えるようになりました。

南アメリカを出発して帰国するころになると，私の中に複雑な感情が生まれました。(5)(そこで出会った)友人や美しい国にさよならを言うのは悲しかったけれど，家に帰って友人や家族と自分の経験を分かち合うことにわくわくしていました。

ギャップイヤーが終わると，Dウ私は自分自身と自分の周りの世界についてどれくらいわかったかに気づきました。私は新しい経験をすることをいとわず，違いを受け入れることを学び，決して忘れないだろう生涯記憶に残る思い出と友情を作りました。

私は，若い人にギャップイヤーを取ることを強く勧めます。それはあなたにとって人生を変えるような経験になります！みなさんへの助言は，「若いうちに(6)オ居心地のいい場所から飛び出しなさい」です。

【７】 【本文の要約】参照。

① トムは２つの都市のどちらに行くかを決めかねてユミにアドバイスを求めているという流れ。「まだ～していない」は現在完了“完了”の否定文〈I haven't＋過去分詞〉で表す。続く部分はwhich city I should visitと，間接疑問文の語順にする。

② 直後のEvery place is crowded with peopleより，東京の人の多さを表す文にする。 ・There is/are＋人＋in＋場所「(場所)に(人)がいる」 数の多さを表すため，too manyをpeopleの前に置く。

③ 東京と京都の観光客の数を比べる文にする。話の流れより，京都には東京ほど観光客が多くいないという文が適当。 ・主語＋don't/doesn't have ～「(主語)には～がない」 ・as many＋〇〇＋as ～「～と同じくらいたくさんの〇〇」

【本文の要約】

ユミ：トム，あなたの夏休みの計画は何？カナダに戻る予定なの？

トム：いいや，日本にいるよ。東京か京都に行こうと考えているんだけど，①どちらの都市を訪れるべきかまだ決めていないんだ(＝I haven't decided which city I should visit)。何かアドバイスしてくれる？

ユミ：もちろん。東京は知っての通り日本の首都だから，おもしろい都市に違いないよ。でも東京②は人が多すぎる(＝there are too many people in)と思うの。どこも人で混雑しているから，すぐ疲れてしまうかもしれないよ。

トム：それは残念だね。夏休みに疲れたくないよ！京都はどう思う？やっぱり混んでいるの？

ユミ：うん，でも私が思うに，③京都は東京ほど観光客が多くないよ(＝Kyoto doesn't have as many tourists as)。もし日本の歴史に興味があるのならそこに行くべきだよ。

トム：なぜ？

ユミ：京都はとても古い都市だから，お望みなら街中にある古いお寺にたくさん訪れることができるよ。

トム：なるほど。ありがとう，ユミ。京都は訪れるのによさそうなところだね。

《2024　理科　解説》

1　(1)(2)　①の溶液に酸素がふれると青色になる。Ｂではカナダモが光合成を行い，酸素が発生するから，液の色が青色に変わる。

(3)　このように，１つの条件だけを変えて，他の条件は同じにして行う実験を対照実験という。

(5)　光の強さが０キロルクスのときの二酸化炭素の吸収量(－１mg/時)は，呼吸による二酸化炭素の排出量が１mg/時であることを表し，(イ)にあたる。また，二酸化炭素の吸収量が０mg/時になるとき(光の強さが１キロルクス)，呼吸による二酸化炭素の排出量と光合成による二酸化炭素の吸収量が等しくなっている。

(6)　５キロルクスのときの二酸化炭素の吸収量は３mg/時，光を遮断したとき(０キロルクス)の二酸化炭素の吸収量は－１mg/時だから，24 時間の二酸化炭素の吸収量(二酸化炭素が減少した量)は $3\times14-1\times10=32$(mg)である。

(7)　２匹のメダカが 24 時間で排出する二酸化炭素は $2.5\times2\times24=120$(mg)である。よって，水槽全体で発生する二酸化炭素の量を０より大きくするためには，$120\div32=3.75$ より，カナダモを最低４本入れる必要がある。

2　(2)　それぞれの温度は，(ア)が約 100 万℃，(イ)が約１万℃，(ウ)が約 4000℃，(エ)が約 6000℃，(オ)が約 1600 万℃である。

(3)　太陽の活動が活発になると(イ)や(ウ)がみられ，太陽の活動が弱まると(ア)や(エ)がみられる。

(5)②　同じ場所で同じ時刻にある星座を観測すると，地球の公転によって，その星座が見える位置は東から西に移動し，１年で１周(360 度)動いて元の位置にもどる。そのため，１か月では約$\frac{360}{12}=30$(度)東から西に動いて見える。また，地球の自転によって，星座は１日(24 時間)におよそ１周(360 度)動いて見えるため，１時間におよそ$\frac{360}{24}=15$(度)東から西に動いて見える。したがって，同じ場所である星座を観測すると，同じ位置に見える時刻は１か月で約$1\times\frac{30}{15}=2$(時間)早くなる。これより，10 か月後に明石市(東経 135 度)でオリオン座が南中する時刻は，20 時の $2\times10=20$(時間)前の０時である。このときの北極側から見た地球とオリオン座の位置関係は右図のようになるから，グリニッジ(東経０度)でオリオン座が南中する時刻は，日本時間で０時の $24\times\frac{135}{360}=9$(時間)後の９時である。

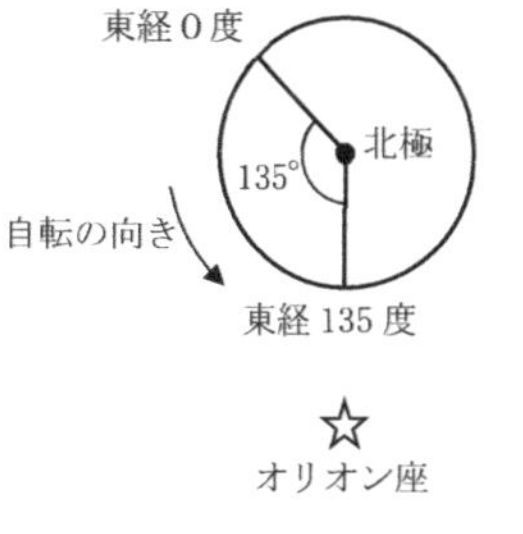

3　(1)　密度より，二酸化炭素は１L→1000mL あたり 1.8ｇだから，１ｇの固体の二酸化炭素(ドライアイス)を気体にすると，体積は $1000\times\frac{1}{1.8}=555.5\cdots\rightarrow556$(mL)になる。

(2)　石灰石(炭酸カルシウム)〔$CaCO_3$〕に塩酸〔HCl〕をかけると，塩化カルシウム〔$CaCl_2$〕と水〔H_2O〕と二酸化炭素〔CO_2〕ができる。炭酸水素ナトリウム〔$NaHCO_3$〕を加熱すると，炭酸ナトリウム〔Na_2CO_3〕と水

〔H_2O〕と二酸化炭素〔CO_2〕に分解する。化学反応式では，矢印の前後で原子の組み合わせは変わるが，原子の種類と数は変わらないことに注意して，それぞれの化学式に係数をつけよう。

水に溶けた二酸化炭素の体積(mL)

		水の体積(mL)		
		1	2	3
温度(℃)	5	1.5	3	4.5
	25	0.7	1.4	2.1

(4) 水に溶けた二酸化炭素の体積は，〔5mL－気体の部分の体積(mL)〕で求められ，右表のように表せる。よって，水の温度が低い(5℃の)方がよく溶け，同じ温度において溶けた二酸化炭素の体積は水の体積に比例しているとわかる。

(5) 右表より，溶けた二酸化炭素の体積は1.4mLである。Ⅰの文章より，25℃での二酸化炭素の密度は1.8g/L→1.8mg/mLとわかる。よって，溶けた二酸化炭素の質量は$1.8\times\frac{1.4}{1}=2.52\to2.5$(mg)である。

4 (2) 運動の法則は，物体に力がはたらいて運動するとき，力の向きに加速度を生じ，その加速度の大きさは力の大きさに比例し，物体の質量に反比例するということである。作用反作用の法則は，物体Aから物体Bに力がはたらいているとき，物体Aは必ず，加えた力と同じ大きさで反対向きの力を物体Bから受けるということである。

(3) 物体が一定の速さで動いているとき，物体にはたらく力はつり合っている。摩擦力は，ばねばかりがAを引く力とつり合っているから，その大きさは5.0Nである。

(4) Aにはたらく垂直抗力は，Aにはたらく重力とつり合っているから，その大きさは1000g→10.0Nである。よって，5.0＝(動摩擦係数)×10.0が成り立つから，動摩擦係数は$\frac{5.0}{10.0}=0.5$となる。

(5) 図3より，イには$5.0\times\frac{4}{5}=4.0$，ウには$5.0\times\frac{3}{5}=3.0$があてはまる。

(6) Aにはたらく上下方向の力は，上向きが垂直抗力とAを斜めに引く力の鉛直方向の分力(3.0N)，下向きが重力(10.0N)である。これらの合力が0Nになるから，Aにはたらく垂直抗力は10.0－3.0＝7.0(N)である。

(7) 動摩擦係数は実験1と変わらないから，実験2における動摩擦力は0.5×7.0＝3.5(N)である。

《2024 社会 解説》

【1】

問1(1) a＝ウ b＝ア c＝ク 太郎さんの経路を右図の太線で示した。25000分の1地形図では，実際の1kmは4cmで表されるので，大王崎まで1kmの地点は，大王崎から半径4cmの円上にある。 (2) ウ 病院の西側付近の標高が55mで海岸線の標高はほぼ0mだから，下り坂になっていることがわかる。 (3) ウ 病院付近の標高が最も高く50m前後であることから判断する。

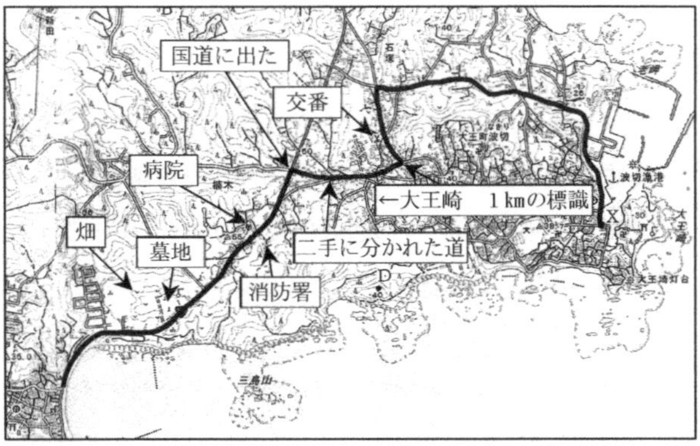

問2 D D地点は標高40mの小高い丘になっているので津波の被害は受けにくい。B地点は内陸にあるが，東側の内海とつながる谷間にあり，津波の被害を受ける危険性が高い。

問3 「リアス海岸」,「波がおだやか」,「水深がある」を盛り込んであればよい。

問4 地図1を見ると，志摩市の国道は海岸で分断されていることがわかる。この国道をつなぐことで，人とモノの移動をスムーズにすれば交通の便がよくなり，新たな雇用が生まれる可能性が出てくる。

【2】

問1(1) ①＝ウ ②＝イ ③＝エ アルジェリアは原油，コートジボワールはカカオ豆に依存したモノカルチャー経済である。南アフリカはBRICSの1つとして，アフリカ大陸で最も工業化が進んだ国である。よって，自動車の輸出をしているエを選ぶ。アはザンビア，オはケニア。　⑵　①＝イ　②＝カ　　キャッサバはタピオカの原料である。なつめやしの果実はデーツと呼ばれる赤い実で，乾燥させて保存食としている。

問2⑴　イ　　アフリカの人口は約14億人，世界人口は約80億人だから，14÷80×100＝17.5…より，イが最も近い値となる。

【3】

問1　⑴＝戸籍　⑵＝琵琶法師　　律令国家では，6年ごとにつくられる戸籍をもとに6歳以上の男女に口分田が与えられ，租・調・庸などの税が課せられた。

問2　ウ　　くさび形文字の説明としてウが正しい。アは中国文明の甲骨文字，イはエジプト文明の神聖文字，エはインダス文明のインダス文字。

問3　役人　　木簡は，荷札・文字の練習・役所の書類などに利用された。

問4　エ　　後鳥羽上皇が承久の乱を起こしたのは，御成敗式目の成立(1232年)より前の1221年のことである。

問5　イ　　幕府の収入は，直轄領から集められた年貢や，鉱山・長崎貿易などからの収入で，大名からは集めていなかった。

【4】

問1　⑴＝日清戦争〔別解〕下関条約　⑵＝取付け　⑶＝管理通貨　　日清戦争に勝利した日本は，清から約3億1千万円の賠償金を獲得した。銀行の倒産を心配する人々が預金を下ろそうと集まってくる騒ぎを取付け騒ぎという。保有する金の量に応じて貨幣を発行するのが金本位制，経済状況に応じて貨幣を発行するのが管理通貨制度である。

問2　ウ　　本文で示された順番を確認する。B(本文第一段落)→A(本文第二段落)→C(本文第四段落)

問3　エ　　ア．誤り。寛永通宝は日本で造られた。イ．誤り。5代将軍徳川綱吉の時代に，金貨の質を下げた元禄小判が発行された。ウ．誤り。銀貨は銀座で鋳造された。

問4　地租改正は，米の豊作，不作に関わらず安定した収入を得るために行われたが，予定額以上の収入が得られず，インフレによって紙幣の価値が下がったことで，政府の収入は実質的に減少することになった。

問5　ア　　ざんごう戦は地中に溝を掘って塹壕をつくり，歩兵が突撃と退却をくり返す戦法である。

問6　エ　　ワイマール憲法を制定したのは，世界恐慌より前の1919年のことである。

【5】

問1　⑴＝温室効果　⑵＝カーボン　　二酸化炭素・メタン・フロンなどの温室効果ガスが増えると，地球温暖化が進む。カーボンニュートラルとカーボンオフセットの違いを理解したい。

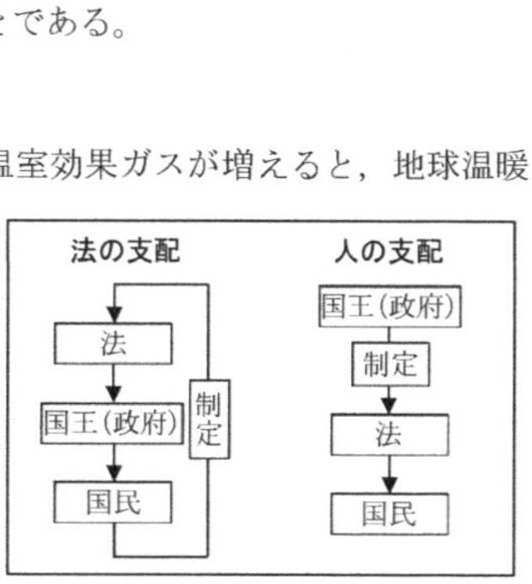

問2　イ　　人の支配と法の支配の違いを理解しておきたい(右図参照)。

問3　イ　　A．正しい。ルソーの唱えた社会契約説，人民主権の考え方が人権宣言に盛り込まれている。社会契約説…人民が互いに契約を結ぶことで，社会や国家が成立するという考え方。B．誤り。社会権は20世紀になって初めて現れた権利だから，18世紀に出された人権宣言には規定されていない。

問4　ウ　　G7はアメリカ・イギリス・フランス・ドイツ・イタリア・カナダ・日本。ア．誤り。常任理事国はアメリカ・イギリス・フランス・中国・ロシアの5か国で，フランスは8位である。イ．誤り。BRICSはブラジル・ロシア・インド・中国・南アフリカの5か国で，中国・ロシア・インドの3か国が5位までに入っている。エ．誤り。核保有を宣言しているのは，アメリカ・イギリス・フランス・中国・ロシア・インド・パキスタン・

北朝鮮であり，パキスタンと北朝鮮が入っていない。また，イスラエルは核保有を宣言していないが，事実上核を保有している。

問5　東日本大震災による福島第一原子力発電所の事故で全国の原子力発電所が稼働停止したことで，火力発電への依存度が高まったことを簡潔に書く。

問6　ア　　A．正しい。B．誤り。日本は人種差別撤廃条約を批准している。また，条約の批准と前後するが，アイヌ民族に対する偏見を解消するための法律も制定されている。C．誤り。日本国憲法には，信教の自由が明記されている。

問7　エ　　エスノセントリズム…自民族の文化を最上のものとし，他民族の文化などに対して否定的に判断したり低く評価したりする考え方。

【6】

問1　ア　　イ．誤り。1ドル＝100 円から1ドル＝200 円になることは円安であり，一般的に日本からの海外旅行の費用は上がる。ウ．誤り。日本からの輸出が輸入の額を大きく上回ることは，外貨が日本に入ってくることになるので，一般的に円高になる。エ．誤り。日本の工場が減少する現象は，ドーナツ化現象ではなく産業の空洞化である。

問2　ウ　　価格P_1の商品をQ_1個生産していた市場で，価格をP_2に引き上げると商品はQ_0個しか売れないから，利潤を最大化するためには，この会社はQ_0個の商品を生産すればよい。よって，売上げ総額は$P_2 \times Q_0$，減少した生産量は$Q_1 - Q_0$になる。

問3　デフレスパイラル　　「物価の下落と企業利益の減少が連続して起こる」から考える。物価が下落すると企業の利益が減るので，企業は労働者の賃金を抑えようとする。労働者の賃金が減ると消費量が減り，物価がさらに減少する。これをくり返すのがデフレスパイラルである。

問4　イ　　日本銀行が行う景気対策を金融政策という。市中銀行の資金量が増えれば市中銀行は多くの企業に貸し出すようになり，資金量が減れば市中銀行は貸し出しを渋るようになる。その市中銀行の資金量を調節するために，売りオペレーションや買いオペレーションを行う。

問5　ウ　　物価が下落し続ける現象をデフレーションという。物価が下落するということは，貨幣の価値が上がることを意味する。貨幣の価値が上がると，借金の負担は大きくなる。

問6　エ　　20 代は食費，旅行・レジャー費，美容費を削減しているが，その他の年代は食費，旅行・レジャー費，被服費を削減している。

2023 解答例 令和5年度　滝高等学校

《国　語》

【一】問1．a．載　b．施　c．担　d．説　e．顧　問2．⑴オ　⑵ウ　問3．ア　問4．水平関係
問5．エ　問6．ア，エ　問7．共感を数値化し、その広がりを計測し、集計し、操作しようとする共感市場主義が推進された結果、他者を想像力に基づいて理解するという「共感」本来の意味が失われ、他者への自分の感情を一方的に表明する「同感」や「好感」として意味づけられたということ。　問8．ウ　問9．イ

【二】問1．a．傍　b．懐　c．揺　d．破　e．漏　問2．A．オ　B．ウ　C．ア　D．カ　E．イ
問3．イ　問4．エ　問5．ウ　問6．エレベーター〔別解〕エレベータ／エレヴェーター／エレヴェータ／リフト／昇降機　問7．エ　問8．オ　問9．これから先も解決しない　問10．⑴人生に対する信頼感　⑵イ

《数　学》

1　⑴ $\frac{\sqrt{10}}{4}$　⑵ $\frac{7}{36}$　⑶ 103°

2　⑴ $(6,\ 12)$　⑵ $y=\frac{2}{3}x+8$　⑶ $(-4,\ \frac{16}{3})$　⑷ $-2\pm\sqrt{10}$

3　⑴6　⑵5　⑶41

4　⑴12　⑵63

5　⑴ $\frac{4\sqrt{5}}{5}$　⑵△BFC　⑶ $\frac{12}{5}$

6　⑴ $\frac{\sqrt{2}(6-x)}{6}$　⑵ $\frac{3}{2}$　⑶ $\frac{9}{8}$

《英　語》

【1】〈問題1〉⑴エ　⑵エ　⑶ア　⑷イ　⑸ア　〈問題2〉問1．⑴イ　⑵※学校当局により全員正解
問2．オ，カ

【2】⑴to／come　⑵apologize／for　⑶ancient／wisdom　⑷cultural／heritage

【3】⑴time　⑵all　⑶feel

【4】イ，オ

【5】⑴A．カ　B．ウ　⑵A．カ　B．キ　⑶A．イ　B．ウ

【6】①what we need to write　②fossil fuels may be gone in（下線部は will／can でもよい）　③（例文1）they are good for the environment　（例文2）we don't need to worry about using them too much

【7】⑴エ　⑵イ　⑶彼はコーヒーに塩を入れて飲むことが好きだ　⑷エ→イ→カ→ウ→オ→ア　⑸ア
⑹ウ，カ

【8】⑴できるだけ多くの人に私たちの惑星にとって前向きな変化を起こすように促そうとする　⑵A．grown
B．decreasing　⑶Ⅰ．エ　Ⅱ．ア　Ⅲ．ウ　⑷ウ，オ　⑸春分　⑹ウ

《理　科》

1　(1)エ　(2)イ　(3)水＋光のエネルギー→酸素　(4)葉緑体　(5)エ　(6)気孔

2　(1)エ，オ　(2)①a．運搬　b．堆積　②c．扇状地　d．三角州　(3)エ　(4)凝灰岩　(5)ウ　(6)オ

3　(1)H^+　(2)ア．水素　イ．水酸化物　ウ．電気分解　エ．酸素　オ．水素　Ⅰ．$2H_2O \rightarrow O_2 + 4H^+ + 4e^-$
Ⅱ．$2H_2O + 2e^- \rightarrow H_2 + 2OH^-$　(3)ア，カ　(4)陽極付近の様子…ウ　陰極付近の様子…キ

4　(1)60　(2)300　(3)60　(4)56　(5)1540　(6)1.4　(7)539

《社　会》

【1】問1．1．フィヨルド　2．ア　問2．エ　問3．1．エ　2．イ　問4．C．ウ　E．エ　問5．ア

【2】問1．オ　問2．ウ　問3．ウ　問4．カ　問5．イ　問6．ウ　問7．エ

【3】問1．1．飛鳥　2．藤原京　問2．エ　問3．ア　問4．イ　問5．仏教が政治に介入すること
問6．ウ　問7．ア

【4】問1．1．大黒屋光太夫　2．薪水給与令　3．黒田清隆　問2．ウ　問3．イ　問4．ウ　問5．エ
問6．ア　問7．言文一致

【5】問1．イ　問2．ア　問3．ウ　問4．エ　問5．エ　問6．イ　問7．団結権
問8．インクルーシブ

【6】問1．エ　問2．1．エ　2．ウ　問3．ウ　問4．イ　問5．イ

《2023　国語　解説》

【一】

問２⑴　「共感」とオ「予知」は、上の漢字が下の漢字を修飾する熟語。ア「私立」は、上の漢字と下の漢字が主述の関係にある熟語、イ「未来」は、上の漢字が下の漢字を打ち消す熟語、ウ「扶助」は、似た意味の漢字を並べた熟語、エ「避難」は、下の漢字が上の漢字の目的語になる熟語。　**⑵**　”sympathy”は「ギリシャ語に由来する古い語」であり、「”sym（共に）”と”pathy（感情）”から成る」。一方「『共感』は戦後になって普及した新しい語」であり、「『共に感じる』と記されている」。つまり両者とも「感情」を表す要素と「共に」という意味が合わさってできた語である。よって、ウが適する。

問３　「十八世紀の『スコットランド啓蒙《けいもう》』の思想家たち」は、”sympathy”に「他者の立場に身を置き、他者がどう感じているのかを想像すること」という意味を込めたとある。よって、アが適する。

問４　「ある種の上下関係」が想定されてしまう「同情」に対して、「『共感』は、よりフラットな関係性を含意する」とある。また、「『同情』は垂直関係の中で捉えているのに対して、『共感』は」とあるように、「同情」と「共感」は対比関係にあるので、 X には「垂直関係」の対義語にあたる「水平関係」が入る。

問５　―― 線部③の前に、「同情」という言葉からは、「ある種の上下関係がそこに想定されてしまう」のに対し、「『共感』は、よりフラットな関係性を含意する」ため、「戦後民主主義的な感覚が浸透していくなかで、どこか封建的な身分関係に結び付いているかのような上下関係のニュアンスから『同情』が嫌われ、『共感』が好まれるようになった」とある。よって、エが適する。

問６　「同情」が「多数の」者から「少数の」者への感情という「少数性を前提とする言葉」であるとは述べられていないので、生徒Ａは誤っている。よって、アは正解。生徒Ｄの発言については、少なくとも、「現代社会は豊かになっていて、人々が心を痛めるような悲惨な状況や凄惨な状況は少なくなってきたから」「『同情が広がる』とは『あまり言わなくなった』」わけではないので、誤っている。よって、エも正解。

問７　新自由主義的な風潮や市場主義的な志向の広がり、特にＳＮＳの普及によって「共感は計測可能なもの」として「広がりを正確に数値化」できる「感情工学的な操作の対象」へと変容し、「共感市場主義」をもたらした。その結果、「他者の立場に身を置き、他者がどう感じているのかを想像すること」という「『共感』の本来の意味が失われ」、「他者の意見や印象への評価に基づき、あくまでも自分がどう感じているのかを表明することを意味する」「『同感』もしくは『好感』として再定義されることになった」。

問８　木村さんの事件では、多くの視聴者は「強い共感の磁場の中にいながら、しかし他者への想像力を欠き、自分の感情を一方的に表明するばかり」で、「誹謗《ひぼう》中傷を受けることで木村がどう感じているのか、どんな思いをしているのかを想像することが、多くの視聴者には十分にできなかった」。つまり、視聴者たちは「強い共感」を抱いていたが、そこからは「共感」の本来の意味が失われており、自分の感情を一方的に表明するばかりで、木村さんの立場を想像し、木村さんと感情を共有する心性ではなかった。よって、ウが適する。

問９　「共感」という言葉は、「戦後民主主義的な転向」によって普及し、「他者への想像力に基づき、他者がどう感じているのかを理解することを含意するものだった」が、「新自由主義的な転回」によって「『共感』の本来の意味が失われ」、「他者への想像力を欠」く「『同感』もしくは『好感』として再定義されることになった」。そうして生まれた「共感市場主義の一つの帰結」としての「アンバランスな心性」について、「われわれは、われわれ自身の心性の構造を顧みながら、あらためて考えてみるべきではないだろうか」と筆者は主張している。よって、イが適する。

【二】

問3　「おしゃれなメアリーさんが選んでくれたおさがりのブラウスや上着は、黒や紺色の地味な型ばかりなので、道はがっかりした」「密《ひそ》かに洋装するのを楽しみにしていた」「もうちょっと華やかなのはないんですか、と恨めしそうに言う」とあることから、道は、洋装するのを楽しみにしていて、おしゃれなメアリーさんなら自分に似合う華やかな洋服を選んでくれるに違いないと、信頼し期待していたことがわかる。よって、イが適する。

問4　英語に不慣れでも積極的に話しかけ、女性にも恥ずかしがらずに質問し、「笑われることをちっとも怖がっていなくて、チャレンジングだった」のは、新渡戸先生の向上心が高かったからだと考えられる。よって、エが適する。

問5　メアリーさんから、「名門のお嬢さんでいるより、あの人と一緒に日本に来て、女子教育に関《かか》わる方がずっとやりがいがあると思」い、「彼と一緒にしてくれなきゃ駆け落ちします、と父や兄に反発して、クリスマスの夜にやっと許しをもらった」ことを聞いて、「恋愛の話となると途端に退屈してしまう道も、これにはうっとりした」。よって、ウが適する。

問6　「背後で扉が閉まるなり、空間全体がガタガタと震え出し、上方に引っ張り上げられていく」「三階で扉が開くと、道たちは吐き出された」とあることから、道たちは「エレベーター」に通されたことがわかる。

問7　「提灯は～誰かに奪われる可能性もあるし、紙が破けたりもします。それに片手しか使えない」「必死に提灯を握りしめるしかない」とあることから、夜出歩く時に携帯する、紙製で棒にぶら下げて持つ提灯、いわゆる「ぶら提灯」を思い描いていることがわかる。よって、エが適する。

問8　新渡戸先生は、提灯と街灯を対比させることで、日本は「個人が負わなければならない荷物のとても大きな社会」なので「日本人は共同で何かを行うということ」、つまり「シェア」の精神を学ぶべきだと言っている。それを聞いた道が「シェア……」とその言葉の精神をかみしめるようにつぶやくと、「舌の先から光が広がり、唇からこぼれていくような」あたたかく希望に満ちた気持ちになっている。よって、オが適する。

問9　新渡戸先生は、「日本ではまだ教育や情報は一部の知識層が独占して」いて、「学ぶ機会のない人にまで行き渡」っていないことを問題視している。そして、「シェアの精神が行き渡らない限り」夜はずっと暗いままだと言っている。つまり、日本がかかえる問題はこれから先も解決しないだろうと懸念している。

問10(1)　この時「急に道の中でムクムクと、人生に対する信頼感が膨らんできた」ので、何も「怖くはない」と感じ、「どこまででも歩いていけそうな気持ち」になっている。　(2)　問8の解説にあるように、新渡戸先生の話を聞いて、日本に足りない「シェアの精神」が意識化されたことで、道は「個人が光を独占するのではなく、大きな街灯をともして社会全体を照らす」という自分の役割と、「大きな光を持ち込んで、くっきり照らして」「物事をやさしく、とっつきやすくする」というこれからの方向性が明確になり、前向きで明るい気持ちになっている。よって、イが適する。

《2023　数学　解説》

1　(1)　与式より，$\sqrt{2}(\sqrt{3}-1)(\sqrt{3}+1)x=\sqrt{5}$　　$\sqrt{2}(3-1)x=\sqrt{5}$　　$x=\dfrac{\sqrt{5}}{2\sqrt{2}}=\dfrac{\sqrt{10}}{4}$

(2)　**【解き方】$x+y$は$2\leqq x+y\leqq 12$を満たす自然数だから，$x+y$が4か9になる確率を求めればよい。**

$x+y=4$のとき，xとyの組み合わせの数は$(x,\ y)=(1,\ 3)(2,\ 2)(3,\ 1)$の3通りある。

$x+y=9$のとき，xとyの組み合わせの数は$(x,\ y)=(3,\ 6)(4,\ 5)(5,\ 4)(6,\ 3)$の4通りある。

よって，条件を満たす場合の数は$3+4=7$(通り)あり，さいころを2回投げたときの目の出方は全部で

$6^2=36$(通り)だから，求める確率は，$\frac{7}{36}$である。

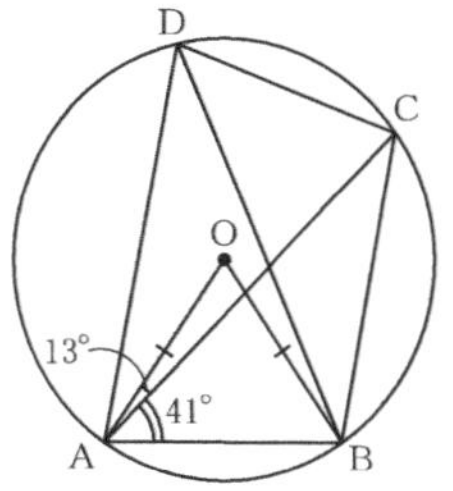

(3)　OA＝OBより，△OABは二等辺三角形だから，

∠AOB＝180°－(13°＋41°)×2＝72°である。∠AOBと∠ACBは

$\overset{\frown}{\mathrm{AB}}$に対する中心角と円周角の関係だから，∠ACB＝72°×$\frac{1}{2}$＝36°

よって，△ABCの内角の和より，∠ABC＝180°－(41°＋36°)＝**103°**

2　(1)　**【解き方】AB＝ACより，(Aのx座標)×2＝(Aのy座標)である。**

Aは放物線$y=\frac{1}{3}x^2$上の点だから，Aのx座標をaとすると，A(a，$\frac{1}{3}$a²)

となる。よって，a×2＝$\frac{1}{3}$a²を解くと，a＝0，6となり，a＞0より

a＝6である。よって，A(**6**，**12**)

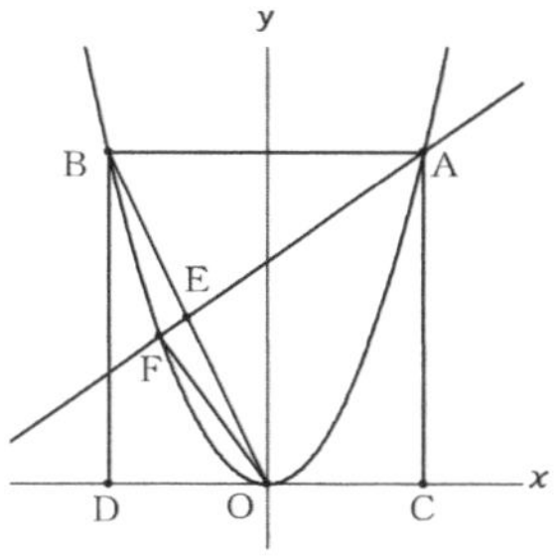

(2)　Eは線分OBの中点だから，Eの座標は

$\left(\frac{(\text{OとBの}x\text{座標の和})}{2}, \frac{(\text{OとBの}y\text{座標の和})}{2}\right)=\left(\frac{0-6}{2}, \frac{0+12}{2}\right)=$

(－3，6)である。よって，直線AEの傾きは$\frac{12-6}{6-(-3)}=\frac{2}{3}$だから，

Eからx座標を3増やして0にすると，y座標は$6+3\times\frac{2}{3}=8$となるので，

直線AEの式は$\boldsymbol{y=\frac{2}{3}x+8}$である。

(3)　Fは放物線$y=\frac{1}{3}x^2$と直線$y=\frac{2}{3}x+8$の交点だから，連立してyを消去すると，$\frac{1}{3}x^2=\frac{2}{3}x+8$となる。

これを解くと，$x=-4$，6となり，Aのx座標は6だから，Fのx座標は－4である。よって，Fのy座標は

$\frac{1}{3}\times(-4)^2=\frac{16}{3}$だから，F(**－4**，$\boldsymbol{\frac{16}{3}}$)である。

(4)　**【解き方】Eを通り直線OFに平行な直線を直線ℓとすると，直線ℓ上にGをとれば，△OFG＝△OEFとなる。また，直線ℓとy軸の交点をPとし，OP＝OQとなるようにy軸上の負の部分に点Qをとる。Qを通り直線OFに平行な直線を直線mとすると，直線m上にGをとっても，△OFG＝△OEFとなる。**

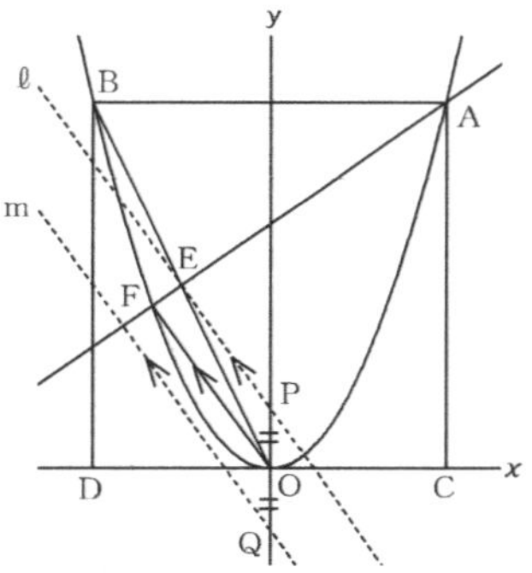

直線OFの傾きは$\frac{16}{3}\div(-4)=-\frac{4}{3}$だから，直線ℓの式を$y=-\frac{4}{3}x+$t

とおいてEの座標を代入すると，$6=-\frac{4}{3}\times(-3)+$tよりt＝2となる。

よって，直線ℓの式は$y=-\frac{4}{3}x+2$であり，$y=\frac{1}{3}x^2$と連立してyを消去

すると，$-\frac{4}{3}x+2=\frac{1}{3}x^2$　　これを解くと$x=-2\pm\sqrt{10}$となる。

直線mの式は$y=-\frac{4}{3}x-2$であり，$y=\frac{1}{3}x^2$と連立してyを消去すると，$-\frac{4}{3}x-2=\frac{1}{3}x^2$

この方程式は解くことができないので，直線mと放物線$y=\frac{1}{3}x^2$は交わらないとわかる。

よって，Gのx座標は$\boldsymbol{-2\pm\sqrt{10}}$である。

3　**【解き方】AとBから注がれる食塩の量は，Aが毎分1000×0.01＝10(g)，Bが毎分1000×0.16＝160(g)である。**

(1)　9時20分時点の容器中の食塩水の量は1000×20＋1000×(20－10)＝30000(g)，食塩の量は10×20＋160×10＝1800(g)である。よって，求める濃度は$\frac{1800}{30000}\times100=$**6**(%)

(2)　9時20分から9時30分までの10分間に，容器中に増えた分の食塩水の量は(1000＋1000＋2000)×10＝40000(g)，食塩の量は10×10＋160×10＝1700(g)である。

よって，求める濃度は$\frac{1800+1700}{30000+40000}\times100=\frac{3500}{70000}\times100=$**5**(%)

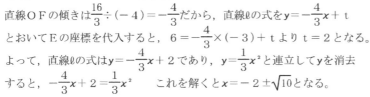

⑶　**【解き方】9時30分から9時40分の間では，$\frac{160}{1000+2000}\times 100=5.3\cdots$(％)の食塩水を加えていると考えられるので，食塩水の濃度が再び5％になることはない。よって，求める時刻は9時40分より後である。**

9時40分時点の容器中の食塩水の量は70000＋10000＋20000＝100000(g)，食塩の量は3500＋1600＝5100(g)である。濃度が再び5％になったときの食塩水の量をx gとすると，$\frac{5}{100}x=5100$より，$x=102000$となる。

よって，求める時刻は9時40分の，(102000－100000)÷2000＝1(分後)だから，**9時41分**である。

4　⑴　**【解き方】1からnまでの連続する整数の和は，$\frac{(1+n)\times n}{2}$で求められることを利用する。**

赤いカードを入れる前の中央値は，15÷2＝7.5より，大きさ順に8番目の数だから，8である。

赤いカードを入れた後の中央値は，(15＋1)÷2＝8より，大きさ順に8番目と9番目の数の平均となる。

よって，この値が8より大きくなるためには，赤いカードの数は9以上である必要がある。

また，赤いカードを入れる前の袋の中の数の和は，1から15までの連続する整数の和だから，$\frac{(1+15)\times 15}{2}=120$より，6の倍数である。赤いカードを入れても袋の中の数の和が6の倍数となるのだから，赤いカードは6の倍数である。したがって，袋の中の赤いカードは9以上15以下の6の倍数なので，**12**である。

⑵　**【解き方】赤いカードに8が含まれるかどうかで場合分けして考える。**

赤いカードを2枚入れた後の中央値は，(15＋2)÷2＝8.5より，大きさ順に9番目の数である。

また，⑴より，赤いカードを2枚入れた後の中央値も8となる。

赤いカードに8が含まれる場合，もう一方のカードの値に関係なく，中央値は8となる。8以外の赤いカードは15－1＝14(枚)あるから，このような場合の数は14通りある。

赤いカードに8が含まれない場合，一方のカードが7以下，もう一方のカードが9以上であれば中央値は8となる。7以下の赤いカードも9以上の赤いカードも7枚ずつあるから，このような場合の数は7×7＝49(通り)ある。

以上より，2枚の赤いカードの選び方は14＋49＝**63**(通り)ある。

5　⑴　**【解き方】△ADCと△BDEの相似比を利用する。**

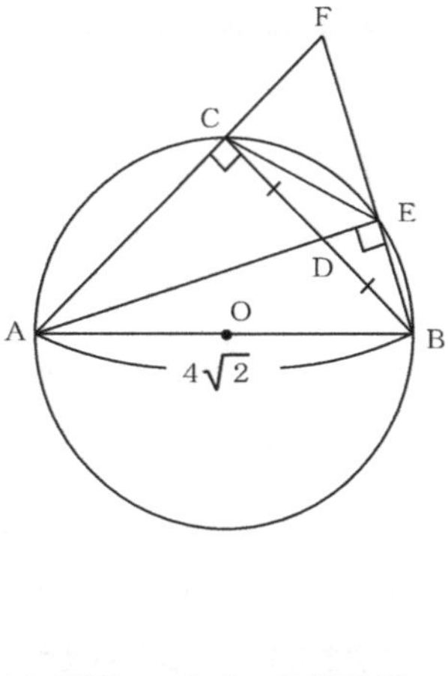

ABは円の直径だから，∠ACB＝∠AEB＝90°である。

また，AC＝BCより，△ABCは直角二等辺三角形だから，

$AC=BC=4\sqrt{2}\times\frac{1}{\sqrt{2}}=4$，CD＝DB＝4÷2＝2である。

三平方の定理より，$AD=\sqrt{4^2+2^2}=2\sqrt{5}$

△ADC∽△BDEより，AC：BE＝AD：BD

$4:BE=2\sqrt{5}:2$　　$BE=\mathbf{\frac{4\sqrt{5}}{5}}$

⑵　△ADCと△BFCにおいて，∠DCA＝∠FCB＝90°，

$\overset{\frown}{CE}$に対する円周角より，∠CAD＝∠CBF，AC＝BC＝4だから，

1組の辺とその両端の角がそれぞれ等しいので，△ADC≡**△BFC**である。

⑶　**【解き方】△CEFと△BFCは，底辺をそれぞれEF，BFとしたときの高さが等しいから，面積比はEF：BFと等しい。**

$\triangle BFC=\triangle ADC=\frac{1}{2}\times 4\times 2=4$　　$BF=AD=2\sqrt{5}$より，$BE:BF=\frac{4\sqrt{5}}{5}:2\sqrt{5}=2:5$だから，

EF：BF＝(5－2)：5＝3：5なので，△CEF：△BFC＝3：5

$\triangle CEF=\frac{3}{5}\triangle BFC=\frac{3}{5}\times 4=\mathbf{\frac{12}{5}}$

6　(1)　断面の円の半径をｒとすると図ｉのように図示できる。

図中の２つの直角三角形は相似だから，ｒ：$\sqrt{2}$＝(6－x)：6よりｒ＝$\dfrac{\sqrt{2}(6-x)}{6}$

図ｉ

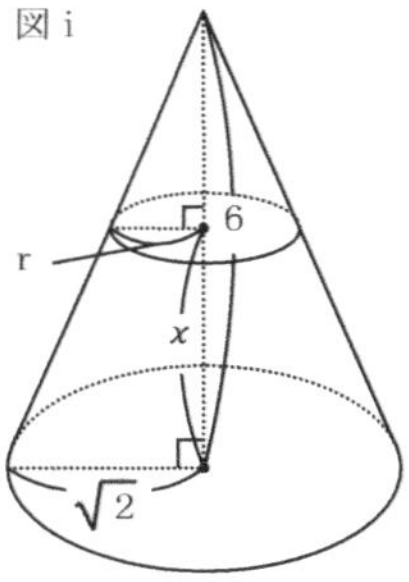

(2)　【解き方】立方体の面ＡＢＣＤを含む平面で円すいＰを切断すると，図iiのようになる。(1)の解説をふまえ，立方体の１辺の長さをxとする。

図ii

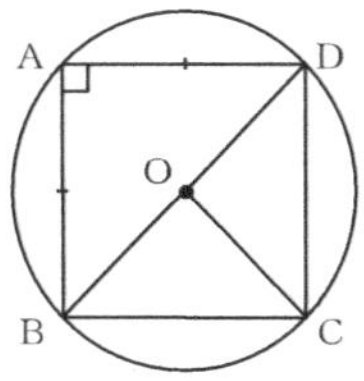

断面の円の半径をｒとすると，△ＯＣＤは直角二等辺三角形だから，ＣＤ＝$\sqrt{2}$ｒ＝$\sqrt{2}\times\dfrac{\sqrt{2}(6-x)}{6}=\dfrac{6-x}{3}$

よって，正方形の１辺の長さについて，$x=\dfrac{6-x}{3}$より，$x=\dfrac{3}{2}$

したがって，立方体の１辺の長さは$\dfrac{3}{2}$である。

(3)　【解き方】１辺の長さを求める立方体を立方体Ｘとすると，立体ＡＢＣＤ－ＥＦＧＨと立方体Ｘの相似比を求めればよい。

立方体ＡＢＣＤ－ＥＦＧＨの立方体Ｘの相似比は，それぞれが内接する円すいの底面の半径の比と等しい。

したがって，円すいＰの半径と図iiのＯＤの長さの比と等しいから，$\sqrt{2}:(\dfrac{3}{2}\times\dfrac{1}{\sqrt{2}})=4:3$である。

よって，立方体Ｘの１辺の長さは，$\dfrac{3}{2}\times\dfrac{3}{4}=\dfrac{9}{8}$

《2023　英語　解説》

【１】

〈問題１〉　【放送文の要約】参照。

(1)　電話でのやりとり。イ Hold on a minute.「少々お待ちください」や，ウ May I take a message?「伝言を承りましょうか？」は，電話を受けた側の発言になるから，エの折り返しの電話を頼む発言が適当。

(2)　・Why don't you ～?「～するのはどうですか？」　・instead「代わりに」

(3)　２回目のＡ，Ｂのやりとりより，必要なリンゴは７個だから，アが適当。

(4)　Ａの３回目の発言より，イが適当。エは何か用事があって行きたいのに行けない人の発言だから，不適当。

(5)　・I wish (that)＋過去形の文「～だったらなあ（～だったらいいのに）」…現在の事実とは違う，「かなわない願望」を表す仮定法の文。

【〈問題１〉放送文の要約】

(1)Ａ：こんにちは。マイクです。

Ｂ：あら，マイク！ジェーンと話したいんだけど，彼女は家にいる？

Ａ：あっ，彼女は今，外出しているんだ。多分，１時間で帰ってくるよ。

Ｂ：(1)エじゃあ，私に折り返し電話するように伝えてくれる？

(2)Ａ：ケン，急いで！８時までに駅に着かなければならないんだから。

Ｂ：わかっているよ，でも僕のメガネが見つからないんだ。

Ａ：テーブルの上にあるのを見たよ。

Ｂ：いいや，テーブルの上にはない。

Ａ：メガネを探している時間はないよ。代わりにコンタクトレンズをつけたら？

Ｂ：(2)エ分かった，そうする。ちょっと待って。

(3)Ａ：ジョン，アップルパイにもっとリンゴが必要なんだけど，買いに行ってくれない？

Ｂ：わかった，リンゴは何個必要？

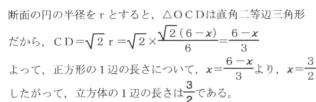

A：10個欲しいけど，バスケットの中に４個あると思う。

B：おっと，今朝，朝食に１個食べちゃったんだ。

A：⑶ア じゃあ，７個必要だね。

⑷A：メアリー，土曜日は暇？

B：うん，何で？

A：野球の試合のチケットが２枚あるんだ。一緒に行かない？

B：そうね…実はあまり野球に興味がないの。ジェーンに頼んでみたら？

A：頼んだよ。でもすでにチケットを買っていたんだ。それにボブと行くんだって。

B：⑷イ わかった。私が一緒に行くよ。

⑸A：起きなさい，トム。もう11時よ。

B：何だって！？しまった！今日の柔道の練習を逃しちゃった！

A：今日は日曜日よ。柔道の練習は平日だけじゃないの？

B：今月は日曜日に特別練習があるんだ。有名な柔道の選手と練習できるんだよ。

A：もう遅すぎるね。今すぐコーチに電話をしなければいけないよ。

B：⑸ア 今日が土曜日ならいいのになあ。

〈問題２〉　【放送文の要約】参照。

問１⑴　質問「ジョンの車で盗まれなかったものは何ですか」…第２段落２行目より，イ「ディスカウントチケット」が適当。

問２　ア「ジョンは×両親と暮らしている若い男性である」　イ×「ジョンが自宅に戻ると，ガレージに彼の車はなかった」…本文にない内容。　ウ「ジョンは車のフロントシートの下で×自分の運転免許証を見つけた」　エ×「ジョンは男に自分のものを全て渡すように言ったが，男は返さなかった」…本文にない内容。　オ○「ジョンは若い男にピザを届けた後，レストランで警察に電話をかけた」　カ○「ジョンは，財布は取り戻したが，お金を取り戻すことはできなかった」　キ「ジョンは財布を取り戻したものの，×嬉しいとは思えず，静かに車で帰宅した」

【放送文の要約】

24歳のジョンは，一人暮らしをしているが，よく両親のもとを訪れる。ある土曜日の晩，ジョンは夕食を共にするために両親の家を訪れた。夕食の後，自宅に帰ろうと車まで来た。彼は車を見るなり，「何てこった！」と思った。「車の窓が壊されている！誰かが押し入ったに違いない！」

ジョンは車に乗ると，フロントシートの下を見た。いつもそこに財布を置いていたのだ。財布はなかった。財布には，いくらかのお金と運転免許証，クレジットカードが入っていた。音楽のＣＤも全部なかった。ジョンは警察を呼んだ。それからクレジット会社に電話して，「僕のクレジットカードが盗まれました」と伝えた。

その晩，ジョンは音楽のＣＤなしで家まで車を走らせた。それは静かな帰宅ドライブだった。

ジョンはあるピザレストランで働いていた。問２オ 月曜日，彼はレストラン近くの家にピザを１枚とソフトドリンクを届けた。一人の若い男が玄関で応対した。

「いくらだ？」と男はジョンに聞いた。

「22ドル89セントです」とジョンは答えた。

「クレジットカードで払えるか？」と男は聞いた。

「もちろんです」とジョンは言った。

男はジョンにクレジットカードを渡した。それはジョンのカードだった！ジョンは「おい！これは僕のカードだ！僕の財布と音楽のＣＤを返せ！」と言いたかった。だが，彼はそうしなかった。彼は「おいしくピザを召し上がってください。素敵な晩を」と言った。問2オそれからレストランに戻って，警察に電話した。

警察は男の家に行き，ジョンの財布を見つけた。問2カ財布の中にお金はなかったが，彼の運転免許証とクレジットカードはあった。警察は家の中でジョンの音楽のＣＤも見つけた。問2カ彼らはそれを全部，ジョンに返してくれた。

その夜，ジョンは車の中で音楽のＣＤをかけながら仕事から帰った。彼は音楽を聴いたり，音楽に合わせて歌を口ずさんだりした。帰宅する間中，彼はごきげんだった。

【２】

(1) tell＋人＋to ～「(人) に～するように言う」の受け身の形。

「新しいアイデアを出す」＝come up with some new ideas　・come up with ～「～を思いつく」

(2) ・apologize for ～「～のことを謝罪する」

(3) 「古代の知恵」＝ancient wisdom

(4) 「文化的遺産」＝cultural heritage

【３】

(1) 「夜のその（　　）にその事故を見た人はほとんどいなかった」,「眠そうだね。寝る（　　）だね」→time「時間」が適当。

(2) 「メアリーはそんな環境問題に（　　）関心がなかった」,「私たちはそのカフェで（　　）スパゲッティを食べる。他の料理を試してみない？」→all が適当。　・not ～ at all「少しも～でない」　・all the time「いつも」

(3) 「私は熱があって，何も食べる（　　）ない」,「今晩，時間があるなら，（　　）夕食までいてください」→feel が適当。　・feel like ～ ing「～したい気がする」　・feel free to ～「遠慮なく～する」

【４】

ア　×until→○by　文意「外出してもいいけど，５時までに戻る必要があるよ」　・need to ～「～する必要がある」

イ　正しい文。文意「今夜，空にはほんのわずかの星しか見えない」　・only a few「ほんのわずかの」

ウ　×where is the nearest station→○where the nearest station is　文中に疑問詞（ここでは where）を含む間接疑問の文では，疑問詞の後ろは肯定文の語順になる。文意「トムは最寄り駅がどこにあるかを知らない」

エ　×must→○had to　過去時制の文。must は過去形がないので，had to～を使う。文意「私は昨日の晩，電車に乗り遅れたので，タクシーで帰宅しなければならなかった」　・have/has to ～「～しなければならない」

・miss ～「(乗り物などに) 乗り遅れる」

オ　正しい文。「私の故郷は人口が多い」　・large population「多い人口」

カ　×play→○playing　この to は不定詞ではなく前置詞だから，後に動詞の ing 形(動名詞)が続く。文意「もう１度，あなたとテニスをすることを楽しみにしています」　・look forward to ～ing「～することを楽しみに待つ，期待する」

【５】

(1) I want everyone to learn the importance of respecting differences.：・want＋人＋to ～「(人) に～してほしい」

(2) That's why we had to start something new.：・That's why ～「だから～」　・語尾が-thing の語を形容詞で修飾するときは，〈-thing＋形容詞〉の語順にする。

(3) I was just about to ask my friends for help.：・be just about to ～「まさに～しようとするところだ」

・ask＋人＋for ～「(人) に～を頼む／求める」

【6】

① 宿題（レポート）を全く忘れていたBに対するAの発言の内容だから，「君は(例文)何について書く必要があるのか(＝what we need to write)，覚えているの？」が適当。間接疑問の文だから，Do you remember＋〈疑問詞＋主語＋動詞〉の語順にする。

② fossil fuels「化石燃料」や gone「なくなる／尽きる」より，「100年(例文)で，化石燃料は尽きてしまうかもしれない（＝fossil fuels may be gone in」が適当。

③ 直前の文「再生可能エネルギーは危険な化学物質を放出しない」に続くから，「それで(例文１)それらは環境によい（＝they are good for the environment／(例文２)私たちはそれらを使いすぎることを心配する必要がない（＝we don't need to worry about using them too much」などが適当。

【7】 【本文の要約】参照。

⑴ 接続詞の while ～には「だが一方で」という意味があるから，エが適当。 ・on the other hand「これに対して」

⑵ 話の流れから，イが適当。緊張のあまり失敗したことを彼女に知られたくなかった彼の気持ちを読み取る。

⑶ 前文から，it はコーヒー，that way はそれに塩を入れて飲むこと。

⑷ Don't feel sorry for anything I've done for you.：・feel sorry for ～「～を後悔する／すまなく思う」

⑸ ア「私は再び塩味のコーヒーを飲むことだろう」が適当。たとえ塩味のコーヒーを飲むことになっても，もう一度，彼女と生涯を共にしたい，という彼の気持ちを読み取る。 イ「塩味のコーヒーなど二度と飲まないだろう」，ウ「塩味のコーヒーさえ物事を変えないだろう」，エ「塩味のコーヒーさえ甘くなるだろう」は不適当。

⑹ ア×「喫茶店にいた人はみんな，彼がメニューから塩味のコーヒーを注文したので驚いた」…本文にない内容。 イ×「彼は子ども時代に海辺で塩味のコーヒーを飲むのが好きだった」…本文にない内容。 ウ○「彼は彼女に塩味のコーヒーを飲むことが子ども時代や故郷を思い出させると話した」…第２段落７行目と一致。 エ×「彼らはデートで会うたびに，彼女は塩味のコーヒーを注文した」…本文にない内容。 オ×「彼は死ぬ前に，塩味のコーヒーは彼の生涯にわたりお気に入りの飲み物だった，と彼女あての手紙を書いた」…本文にない内容。 カ○「彼女は彼の手紙を読んだ時，彼がどれほど彼女のことを愛していたのかわかり涙ぐんだ」…最後の段落から読み取れる内容と一致。

【本文の要約】

彼が彼女と出会ったのはあるパーティーだった。彼女はとても魅力的だったので，多くの男性が彼女に関心を示した。一方，彼は平凡な男だったので，誰も彼がおもしろいとは思わなかった。パーティーが終わる頃，彼は彼女をコーヒーに誘った。彼女は驚いたが，彼がとても礼儀正しかったのでその誘いを受けた。

彼らは素敵な喫茶店で席に着いた。彼は緊張のあまり何も言えなかった。彼女は居心地が悪かったので，できるだけ早く家に帰りたかった。突然，彼はウェイターに「塩をいただけませんか？コーヒーに入れたいのです」と頼んだ。誰もが驚いて彼を凝視した！彼は顔を赤らめたが，それでもコーヒーに塩を入れ，それを飲んだ。彼女は困惑した表情で「なぜコーヒーに塩を入れるのですか？」と尋ねた。彼はこう答えた。「私は小さい頃，海の近くに住んでいました。海で遊ぶのが好きでした。海の味は塩味のコーヒーの味にそっくりだと思いました。⑹ウ今では塩味のコーヒーを飲むたびに，子ども時代と故郷を思い出すのです。私は故郷がとても恋しいです」彼はそう言って涙ぐんだ。彼女は深く心を動かされた。「これは彼の心の底からの真実の気持ちだわ」彼女はホームシックであることを言えるような男性は，家庭や家族を愛する人に違いないと思った。そして彼女も話し始めた。彼女は自分の遠い故郷や，子ども時代，家族のことを話した。それは本当に楽しい会話だった。そして美しい物語の始まりでもあった。

彼らはデートを重ねた。彼女は，自分がパートナーに求めるもの，すなわち優しい心，人としての暖かさ，正直さや忍耐力･･･が全て彼にあることに気付いた。彼はそういう善良な男だったのだ！

その後，この物語はまさにあらゆる素敵なラブストーリー，「お姫様は王子様と結婚して，幸せに暮らしました･･･」になった。そして彼女はコーヒーを淹れるたびに塩を入れたのだった。③なぜなら彼はコーヒーに塩を入れて飲むのが好きだと彼女は知っていたから。

40年後，彼はこの世を去り，彼女に1通の手紙を残した。それにはこう記してあった。

「私の愛する人，どうか私を許してほしい，私の生涯にわたる嘘を。君についた嘘はこれだけなんだ。それは「塩味のコーヒー」なんだ。君は初めてデートした時のことを覚えているだろうか？あの日，私はとても緊張していた。本当は砂糖が欲しかったのに，塩と言ってしまったのだ。私は注文を変えられず，それでそのままにしてしまったんだ。

これが私たちの交際の始まりになるとは思いもよらなかったよ！私は生涯で何度も君に真実を打ち明けようとしたんだ。でも恐れるあまりそうできなかった。他には何1つ君に嘘をついていないと誓えるのに。今，私は死の床にある。もう何も恐れていない。だから真実を打ち明ける。私は塩味のコーヒーは嫌いだ。何て変なまずい味か！でも私は君と出会ってから一生涯，塩味のコーヒーを飲んできた。私にしてきたことを申し訳ないなどと思わないでくれ。

君と一緒にいることは私の人生で最大の喜びなのだ。もう1度人生を送ることができても，私は何一つ変えないだろう。「塩味のコーヒー」さえも。

⑹カ彼女はその手紙に感動し，目に涙が込み上げた。ある日，誰かが彼女に「塩味のコーヒーってどんな味？」と尋ねた。彼女はこう答えた。「それは甘いのよ」

【8】 【本文の要約】参照。

⑴ ・encourage＋人＋to～「（人）を～するように促す」 ・as many people as possible「できるだけ多くの人」
・make a change「変化を起こす」

⑵ ≪A≫アースアワーが世界で行われるようなイベントになったことから，選ぶ動詞はgrow。直前のhasより，現在完了の文だから，growを過去分詞grownにする。 ≪B≫話の流れから，選ぶ動詞はdecrease。直前のbyより，前置詞に続く動詞は動名詞にするから，decreaseをing形にする。

⑷ 自然の保護と電気を使わない日常生活という観点より，ウ「車を使う代わりに自転車で仕事に出かけること」とオ「省エネの新しいエアコンを買うこと」が適当。 ア「家族と森でキャンプをしに出かけること」，イ「買い物に行くときは自分のカバンを持って行くこと」，エ「レストランではビーフの代わりにチキンを食べること」，カ「自然保護に関する法律を変えるために，日本政府に手紙を送ること」は不適当。

⑸ 直前の文の「夜と昼の長さが同じ」で「3月頃」にあるものより，「春分」が適当。

⑹ ア「アースアワーは×毎日60分間，全ての明かりを消すことを促している」 イ×「世界中の人は，地球が太陽と月の間を通過する1時間，暗闇を迎える」…本文にない内容。 ウ○「シドニーでは200万人を超える人が初めてのアースアワーに参加し，不要な明かりを1時間消した」…第1段落5～6行目と一致。 エ×「アースアワーのロゴは私たちに地球環境の保護に役立つ60種類の行動をすることを促す」…本文にない内容。 オ×「アースアワーへの参加は挑戦に価する。なぜなら人は自己満足することができるからである」…本文にない内容。

【本文の要約】

Earth Hour「アースアワー」とは，全ての明かりを1時間消すことを求めるイベントである。①それはできるだけ多くの人に私たちの惑星にとって前向きな変化を起こすように促そうとする。アースアワーは世界自然保護基金（WWF）によって運営され，通常，毎年3月の最後に開催される大イベントである。この夜，人々は「go dark（暗闇を迎える）」。家庭や学校，職場で一斉に1時間，消灯する。⑹ウアースアワーは2007年にオーストラリアで始まった。このイベントでは，シドニー在住の220万人が1時間，不必要な明かりを消した。それ以来，それは国際的なイベントに

≪A≫なり（＝has grown）,世界中の多くの国々がこのイベントに参加している。アースアワーでは著名な建物が「暗闇となる」が，その中にシドニーのオペラハウス，ロンドンのバッキンガム宮殿，パリのエッフェル塔，ニューヨークのエンパイアステートビルなどが含まれている。国際宇宙ステーション（ＩＳＳ）にいる宇宙飛行士までがステーションで使う電力を≪B≫減少（＝decreasing）して参加している。また，グーグルはホームページを暗くすることでこのイベントへの支持を表している。

アースアワーの背景にある考えは，人々に，環境問題についての理解や自然を守る行動を促すことであり，その結果，現在から未来まで健康で幸せな持続可能な生活を楽しめるようにすることである。【Ⅰ】エたった１時間消灯することで節約できるエネルギーはたかが知れているのは事実である。だが，これは始まりに過ぎない。アースデイに参加するなら，人々は第１段階で，気候変動問題を認識したり，自然を守るために日常生活でできることを考えたりできる。例えば，肉を食べるのを控えたり，電気を大量に使う電気製品を省エネのものに替えたり，グリーン輸送を使ったりすることは全て地球全体で役立つ。しかし，別の段階では，多くの人々が一丸となって行動するとき，政府や企業に強いメッセージを送ることができる。それは政府や企業に，大きな決断をするときに法律を変えたり環境問題を考慮したりして，大規模な行動をするように促す。

アースアワーのロゴは‘60＋’である。60という数字はアースアワーの60分を，プラス（＋）は人々にアースアワーの終了後も行動の継続を勧めることを，表している。【Ⅱ】ア実際，アースアワーに参加する人々は，これに参加することが環境により配慮することになると言う。気候変動活動家のグレタ・トゥーンベリさんは，「アースアワーは毎日の毎時間のことです」と述べている。

人々にできることは消灯以外にもある。電子楽器の代わりにアコースティックギターやキーボード，ドラムでの演奏によるコンサートや，電気の明かりの代わりにロウソクを使うことがある。【Ⅲ】ウ有名シェフたちは，ロウソクを使って準備したり食べたりする家族向けの特別レシピをつくったりする。また，植樹イベント，グループウォーキング・ランニング，瞑想の集まり（沈思黙考の鍛錬）などがある。

アースアワーはなぜ３月に開催されるのだろうか？北半球，南半球では３月下旬あたりに昼と夜が同じ長さになる。それは②春分（＝equinox）と呼ばれる。１年のこの時期は，日没が両方の半球でほぼ同じ時刻になることを意味している。それでアースアワーで電気を消すと，それぞれの国で夜，暗くなるのだ。

《2023　理科　解説》

1　⑴　植物に与えたのは水だけであり，土の重さがほとんど減少しなかったことから，水を原料として成長したと考えた。

⑵　ロウソクが消えた後の空気に植物を入れることで，ネズミが死なず，ロウソクに火がついた，つまり植物が酸素を発生したと考えられる。ただし，植物が酸素を発生させる条件について対照実験を行っているわけではないので，プリーストリの実験である。

⑸　エ○…ＡとＣは条件が同じであるが，Ａでは二酸化炭素が吸収されておらず，Ｃでは二酸化炭素が吸収されている。さらに，ＢからＣに切り替わった直後から二酸化炭素が吸収されたこと，Ｄでは二酸化炭素が吸収されたことなどから，光を吸収した後に二酸化炭素の吸収が起こると考えられる。

2　⑸　上流側の堤防と下流側の堤防が二重になる，洪水時には開口部から水が逆流する，などの説明からウを選べばよい。

⑹　オ○…洪水時，上流から流れてきた栄養豊富な土砂は，霞堤のようなつくりがなければそのまま海に流れ出る。霞堤があることで栄養豊富な土砂を堤内地にとどまらせることができる。

3　⑴　青色リトマス紙を赤色に変化させる(酸性の性質を示す)イオンは水素イオン〔H^+〕である。水素イオンは＋の電気を帯びた陽イオンであるため，陰極側に移動する。

⑵　イ．赤色リトマス紙を青色に変化させる(アルカリ性の性質を示す)イオンは水酸化物イオン〔OH^-〕である。

⑶　水酸化ナトリウム水溶液中には水酸化物イオンが存在するので，陰イオンである水酸化物イオンが陽極側に移動することで，赤色リトマス紙の青色が陽極側に広がっていく。また，水素イオンは存在しないので，青色リトマス紙の色は変化しない。

⑷　⑵の通り，極付近で起こる反応はろ紙に浸した硝酸カリウム水溶液の電気分解(水の電気分解)によるものだから，塩酸を水酸化ナトリウム水溶液に変えたとしても，塩酸のときと同じ結果になる。

4　⑴⑵　仕事の原理より，手がした仕事は10kg(100N)の物体を300cm(３m)直接持ち上げたときと同じである。よって，〔仕事(Ｊ)＝力(N)×力の向きに動かした距離(m)〕より，100×３＝300(Ｊ)である。また，図１の斜面を斜辺とする直角三角形は辺の比が３：４：５の直角三角形になるから，斜面に対して平行に力を加えた距離は500cm(５m)であり，手がトロッコを押すのに必要な力は300÷５＝60(N)である。

⑶　〔仕事率(W)＝$\frac{\text{仕事(J)}}{\text{時間(s)}}$〕より，$\frac{300}{5}$＝60(W)となる。

⑷　仕事の原理より，トロッコを引き上げるのに要した仕事は300Ｊである。円盤の円周は10×3.1＝31(cm)であり，斜面を500cm引き上げるには$\frac{500}{31}$回転必要だから，この仕事にかかる時間は$\frac{500}{31}$÷３＝$\frac{500}{93}$(秒)である。よって，仕事率は300÷$\frac{500}{93}$＝55.8→56Wである。

⑸　球はｂｃ上で等速直線運動をする。図４より，球はｂｃ上を770cm/秒の速さで２秒で通過したことがわかるので，ｂｃの距離は770×２＝1540(cm)である。

⑹⑺　ａｂ上での球の移動距離は図４の０秒から２秒までのグラフを斜辺とする直角三角形の面積に置き換えて考えることができる。２秒後の面積は$\frac{1}{2}$×２×770＝770だから，移動距離が半分になるときの面積は770÷２＝385である。横軸をx，縦軸をyとすると，グラフを表す式はy＝385xであり，面積が半分になるときの時間をｔ秒後とすると，速さは385ｔだから，$\frac{1}{2}$×ｔ×385ｔ＝385が成り立ち，$t^2=2$　$t=\pm\sqrt{2}=\pm1.4$となる。よって，面積が半分になるときの時間は1.4秒後，速さは385×1.4＝539(cm/秒)である。なお，球のａｂ上での運動のように一定の割合で速さが増加する運動では，移動距離が時間の２乗に比例する。よって，ｂを通過したのが２秒後で，移動距離がｂを通過したときの$\frac{1}{2}$倍になるのは，時間が$\sqrt{\frac{1}{2}}=\frac{\sqrt{2}}{2}$＝0.7(倍)のときだから，ｐを通過する時間を２×0.7＝1.4(秒後)と求めることもできる。また，図４より，ａｂ上では時間と速さに比例の関係があるから，移動距離は速さの２乗にも比例すると考えてよい。よって，ｂを通過するときの瞬間の速さは770cm/秒だから，ｐを通過する瞬間の速さを770×0.7＝539(cm/秒)と求めることもできる。

《2023　社会　解説》

【１】

問１．１　フィヨルド　　A国はチリである。　**２**　ア　　スカンディナビア半島にフィヨルドがみられる。

問２　エ　　１月が最暖月で７月が最寒月だから南半球の都市である。また，夏に降水量が多く冬に少ないことから，温暖湿潤気候である。よって，エを選ぶ。アは北半球の乾燥帯，イは赤道直下の熱帯，ウは乾燥帯。

問３．１　エ　　①正しい。②氷河が誤り。ブラジルに発達しているのは熱帯雨林。③季節風が誤り。１年を通して吹いているのは偏西風。　**２**　イ　　ア．誤り。中国(67.9%)より日本(71.8%)の方が高い。ウ．誤り。総発電量に占める原子力発電の割合が最も低い国はブラジルであり，ブラジルでは原子力発電事故は起きていない。大きな原子力発電事故が過去に起きた国は，アメリカ・ウクライナ(ソ連)・日本である。

問４　Ｃ＝ウ　Ｅ＝エ　　Ｂ国はコロンビア，Ｃ国はメキシコ，Ｅ国はブラジル。アはチリ，イはコロンビア。

問５　ア　　⑴ジャガイモはアンデス山脈の高地でさかんに栽培されているからＤ（ペルー）と判断する。⑶パンパはアルゼンチンのラプラタ川流域に広がる草原だからＦ（アルゼンチン）である。

【２】

問１　オ　　Ａは夏の降水量が多いから太平洋側の気候の高知市，Ｂは冬の降水量が多いから日本海側の気候の松江市，Ｃは１年を通して降水量が少ないから瀬戸内の気候の岡山市である。

問２　ウ　　販売額が減少しているＥは百貨店である。また，店舗数の多いコンビニの方がドラッグストアより販売額は多いと判断すればウとなる。

問３　ウ　　人口密度が高い都市は，大都市圏にある大阪市と川崎市である。川崎市は東京都に近いため，昼夜間人口比率は100％を大きく下回る。以上からＧが川崎市，Ｈが札幌市，Ｉが大阪市と判断する。

問４　カ　　第３次産業の割合が高いＪは沖縄県である。富山県と熊本県を比べた場合，政令指定都市をもつ熊本県の方が第３次産業の人口割合は高いと考えられる。また，熊本県は畜産・野菜・稲作とさまざまな農産物がさかんに生産されることから，熊本県の方が富山県より第１次産業の人口割合は高いと考えられる。

問５　イ　　宗谷岬の緯度はおよそ北緯45度，名古屋市の緯度はおよそ北緯35度だからその差は45－35＝10（度）

問６　ウ　　与那国島との距離はわからなくても，名古屋市が日本列島の中央に近い場所に位置すること，日本列島はおよそ3300㎞の長さであることから，1800㎞程度と考えられる。

問７　エ　　アは与那国島，イは父島（小笠原諸島），ウは沖ノ鳥島。

【３】

問１．１　飛鳥　　飛鳥時代，都は大化の改新で難波に移されるまで飛鳥地方にあった。

２　藤原京　　天智天皇の死後，都は近江から飛鳥にもどり，藤原京も飛鳥地方の北部に造営された。

問２　エ　　ア．誤り。ワカタケル大王が南朝に使いを送ったのは５世紀後半のこと。イ．誤り。冠位十二階を制定したのは推古天皇ではなく聖徳太子。ウ．誤り。天智天皇（中大兄皇子）は，白村江の戦いで大敗した。

問３　ア　　平城京と藤原京の位置関係は右図を参照。

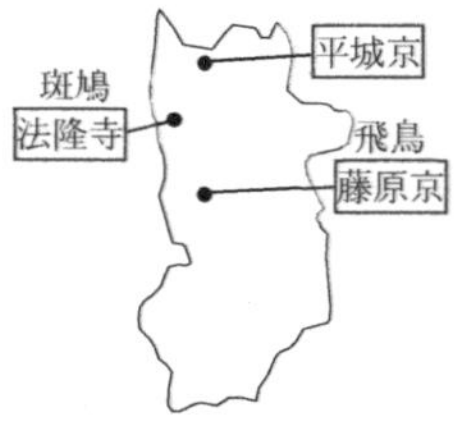

問４　イ　　左京・右京は内裏から見た向きをいうため，東が左京，西が右京になる。

問５　奈良時代，仏教が政治と深く結びついたため，道鏡のように政治に介入する僧侶も現れた。そこで桓武天皇は，寺院など旧勢力の強い奈良から離れ，政治再建を目的として，784年に長岡京（京都府長岡京市あたり）へ，次いで794年に平安京（京都府京都市）を造営し，遷都した。

問６　ウ　　考古学は，遺跡などを発掘調査して，その時代の様子を明らかにする学問だから，中国の歴史書だけに記述があり，場所が確定していない邪馬台国や女王卑弥呼は，考古学的に判明したことではない。

【４】

問１．１　大黒屋光太夫　　伊勢の船頭大黒屋光太夫は，嵐で漂流し，アリューシャン列島に漂着した。その地でロシア人に救助され，ロシアの女帝エカチェリーナ２世に謁見したのち日本に送還された。　２　薪水給与令　アヘン戦争で清がイギリスに敗れたことを知った江戸幕府は，異国船打払令を薪水給与令に改めた。

３　黒田清隆　　榎本武揚の助命嘆願が黒田清隆であったことは知らなくても，開拓使官有物払下げ事件の当時の開拓長官，また，大日本帝国憲法発布時の内閣総理大臣が黒田清隆であることは知っておきたい。

問２　ウ　　第一次石油危機（オイルショック）は1973年に起きた。アは1956年，イは1962年，エは1990年。

問３　イ　　サンクトペテルブルグとそれぞれの海の位置関係は右図を参照。

問４　ウ　　東北地方から日本海側を通って，瀬戸内海経由で大阪まで行く経路

を西廻り航路，東北地方から太平洋側を通って，銚子沖から江戸まで行く経路を東廻り航路という。ア．誤り。本陣や脇本陣は，街道筋の宿駅に設けられた。

イ．誤り。倭館は朝鮮半島の釜山に設けられた。エ．誤り。菱垣廻船は，大阪－江戸間を往来した廻船である。

問５　エ　　海外から安い綿製品が輸入されたことで，国内の綿生産地は打撃を受けたが，大量の生糸が輸出されたことで大幅な輸出超過となり，品不足から物価は上昇した。

問６　ア　　江戸時代，清との正式な国交はなく，幕府の将軍は日本国王として任命されていない。

問７　言文一致　　坪内逍遙に刺激を受けた二葉亭四迷が『浮雲』を言文一致体で著した。

【５】

問１　イ　　例えば日本においては，家庭での重要な働き手であった子どもはなかなか小学校に通うことができず，学制が発布された当時の男子の就学率は約40%，女子の就学率は約15%程度であった。

問２　ア　　Ｆ・ローズベルト大統領によるニューディール政策は，公共事業を起こし，農作物の生産調整を行うものであった。

問３　ウ　　近年流行しているフードデリバリーなどもギグワークにあてはまる。

問４　エ　　ワイマール憲法の条文である。アは世界人権宣言，イはアメリカの独立宣言，ウはイギリスのマグナカルタ。

問５　エ　　原則として，生活保護を受けている世帯において，大学進学は認められない。大学進学の際，進学準備給付金の支給を受けることはできるが，その後の大学生活を営むためには，子どもは生活保護を受けている世帯から分離する必要がある。

問６　イ　　性別によって賃金の差を設けることを禁止した法律は，労働基準法である。

問７　団結権　　労働者の権利として，団結権・団体交渉権・団体行動権(争議権)がある。

【６】

問１　エ　　Ⅰ．正しい。Ⅱ．誤り。消費者契約法ではなく製造物責任法(ＰＬ法)である。Ⅲ．誤り。クーリングオフ制度は，訪問販売や電話勧誘販売等での契約で適用される制度であり，対面販売では適用されない。

問２．１　エ　　安定成長期は，安定した売り上げを維持できるから営業キャッシュフローは＋である。また，投資を拡大し成長を図るために，有形固定資産や有価証券を取得する必要があるから，投資キャッシュフローは－である。営業活動で得た収入を借金返済や配当金に回すため，財務キャッシュフローは－になる。

２　ウ　　情報公開法は，行政機関の保有する情報の開示を図るための法律である。

問３　ウ　　大企業では，株主は直接経営せず，取締役が経営にあたるのが一般的である。

問４　イ　　卸売業の中小企業の定義は，資本金１億円以下，従業員100人以下である。製造業は，資本金３億円以下，従業員300人以下。サービス業は，資本金5000万円以下，従業員100人以下。小売業は，資本金5000万円以下，従業員50人以下。

問５　イ　　ア．誤り。日本以外の４か国は，毎年減少せず増減を繰り返している。ウ．誤り。日本は他の４か国と比較すると，５年後に企業が生存している可能性が最も高い。エ．誤り。日本は，2012年における起業無関心者の割合が最も高いが，５年後の企業生存率は５か国中最も高い。

滝高等学校

《国　語》

【一】問１．a．**借用**　b．**矛盾**　c．**名残**　d．**民族**　e．**起源**　問２．普遍的(な)　問３．オ
問４．エ　問５．イ　問６．ア　問７．ウ　問８．オ　問９．一般的な基本色名の進化では「青」より先に「緑」や「黄」が登場するが、日本語では「青」の方が先に登場していたと考えられる点。

【二】問１．a．**溶**　b．**詰**　c．**面影**　d．**途端**　e．**絞**　問２．イ　問３．ア　問４．ウ　問５．エ
問６．武藤さんは実力も体格も自分より劣っていたが、毎日自主練習をして自分を追い抜いたことに一目置いているから。　問７．オ　問８．エ　問９．篤に触発されて、自分も兄弟子としてのプライドを捨てて武藤さんとトレーニングをする決意をしたが、それを篤に告白した自分が恥ずかしく照れくさかったから。

《数　学》

1　(1) $2\sqrt{6}$　(2) $(x+2y-4)(x-2y-4)$　(3) $\frac{2\pm\sqrt{2}}{2}$　(4) ５：８　(5) 112°

2　(1)㋐＝２　㋑＝５　(2) $x=5$　$y=8$

3　(1)４　(2) $\frac{2\sqrt{5}}{3}$　(3) $\frac{3\sqrt{5}}{7}$

4　(1)30　(2)９　(3)①，④　(4) $\frac{5}{12}$

5　(1)(ア)28　(イ) $y=-\frac{7}{2}x+9$　(2) $\frac{\sqrt{3}}{3}$

6　(1) $AE=2\sqrt{3}$　$AF=\sqrt{13}$　(2) $\frac{\sqrt{35}}{2}$　(3) $\frac{4\sqrt{6}}{3}$　(4) $\frac{4\sqrt{70}}{35}$

《英　語》

【１】〈問題１〉(1)イ　(2)ウ　(3)イ　(4)ウ　〈問題２〉(1)ア　(2)ウ　(3)イ　(4)エ

【２】(1)expensive　(2)leave　(3)peace　(4)extinction

【３】(1)Nothing／precious　(2)It／necessary　(3)much／spend　(4)afraid〔別解〕scared／hurting

【４】(1)What／like　(2)wish／had　(3)whose／house　(4)most／ever

【５】(1)A．オ　B．ア　(2)A．カ　B．オ　(3)A．ク　B．イ　(4)A．イ　B．ウ

【６】①we can buy many kinds of things from these machines　②Put the money into the machine and push the button (of the drink you choose)

【７】(1)A．エ　B．イ　(2)not〔別解〕never　(3)イ　(4)excited for the match to begin as　(5)ア　(6)白人にとっては重要なスポーツであり，ネルソン・マンデラはスポーツの力を信じていた　(7)オ

【８】(1)１．couple　２．invite〔別解〕bring　３．guests　４．potatoes　５．smell　６．broken　７．crying　８．Nothing　９．forgot〔別解〕failed　10．enjoyed　(2)for　(3)on　(4)２番目…カ　５番目…キ
(5)I told you

《理　科》

1　⑴a．セキツイ　b．立体　c．天然記念物　d．外来生物　⑵ア　⑶(い)アカハライモリ　(う)アマガエル　⑷ア　⑸Ⅱ．肺　Ⅲ．皮ふ　⑹イ

2　⑴a．断層　b．海嶺　c．太平洋　d．北アメリカ　⑵①P　選んだ理由…S波は海水中を伝わらないから。②津波　⑶①28　②2　⑷イ　⑸ア

3　⑴a．有機物　b．二酸化炭素　c．水　⑵イ，ウ　⑶$CH_4+2O_2 \rightarrow CO_2+2H_2O$　⑷d．3　e．11　f．1　g．18　h．0.6　i．0.1　⑸ア，ウ　⑹ウ　⑺X－(Y＋Z)

4　⑴a．伝導　b．対流　⑵温室効果　⑶オ　⑷オ　⑸$0.7\pi r^2F$　⑹オ

《社　会》

【1】問1．イ　問2．ヒスパニック　問3．ア　問4．ウ　問5．APEC成立以前は，貿易相手はイギリス中心であったが，成立後は中国や日本などアジア諸国中心になった。　問6．エ

【2】問1．1．デルタ　2．コンパクトシティ　3．パークアンドライド　問2．地方中枢都市　問3．ウ　問4．イ　問5．エ

【3】問1．ウ　問2．ウ　問3．天平文化　問4．ア　問5．ア　問6．土倉／酒屋　問7．⑴ア　⑵カ　問8．武家諸法度

【4】問1．⑴帝国議会　⑵ワシントン　問2．オ　問3．エ　問4．ア　問5．⑴ウ　⑵エ　⑶エ　問6．イ

【5】問1．ウ　問2．人間の安全保障　問3．エ　問4．エ　問5．⑴ウ　⑵イ　問6．エ　問7．イ

【6】問1．イ　問2．X．6　Y．4　Z．2.5　問3．ブロック経済　問4．イ　問5．ア　問6．エ　問7．ウ　問8．サミット

2022 解説 令和４年度 滝高等学校

《2022　国語　解説》

【一】

著作権に関係する弊社の都合により本文を非掲載としておりますので、解説を省略させていただきます。ご不便をおかけし申し訳ございませんが、ご了承ください。

【二】

問２　Ａ・Ｃ・Ｅは、引用を表す格助詞。Ｂは、並立を表す格助詞。Ｄ・Ｆは、順接を表す接続助詞。よって、イが適する。

問３　「恨めしげ」なので、不満に思って憤るような気持ち。「『うわっ』～悲鳴が出た。思わず目を見開いて～突然のことに声も出せずにいたら」とあるとおり、篤はひどく驚いている。それに対して坂口は、口では「俺の方がびっくりするわ」と言いながらも、「ケタケタ笑って」いて「ちっとも驚いたように見えない」とある。これらの内容から、篤は自分だけが驚かされたことを不満に思ったのだと読み取れる。よって、アが適する。イの「真剣に呼び上げの練習をせざるを得なくなってしまった」、ウの「練習が中断させられたことを不愉快に思った」、オの「驚かされたと笑っていることを不満に思った」は適さない。エの「師匠や他の兄弟子たちに伝えられる」という「不安」については、ここでは述べられていない。

問４　――線部②の６行前に「からかわれるかと思い、言葉に詰まった」とあることから、アは適する。――線部②の１～２行前の「思わぬ反応に、え、と声が出た。別にえらくなんかない。今日の今日まで、自主練習をしたこともない。今日の練習だって、ただの気まぐれだ」から、イのようなことが読み取れる。――線部②の直後で、自主練習を始めた篤を見た坂口が「俺も、本当は買い食いとかしてる場合じゃないんだけどさ。俺がこうしている間にも、武藤はトレーニングしてるって考えると、何やってるんだろうって、すげえ思うもん」と言っていることから、エ・オのようなことが読み取れる。また、本文中の「何かと篤をからかってくる宮川さんたちに見つかりたくないことまでバレていたらしい」「お前、昨日もの欲しそうな顔してたから買ってきてやったんだぞ」などの記述から、坂口が篤の気持ちをよく察していることがわかるので、エの「篤の練習が気まぐれだったことを、坂口は知っていた」ということも考えられる。ウの「坂口に気をつかって間をおいた」ということは、この時点では読み取れない。

問５　「みな、見て見ぬふりをしていた」ことに、この時の坂口は、目をそらさずに向き合ったのである。坂口が直視したのは、「俺も、本当は買い食いとかしてる場合じゃないんだけどさ。俺がこうしている間にも、武藤はトレーニングしてるって考えると、何やってるんだろうって、すげえ思うもん」ということ、つまり、だめな自分の現実である。ここから、「見て見ぬふりをしていた」は、エの「行動に移せない自分と向き合うことから逃げようとしている」ことを意味するのだと読み取れる。

問６　――線部④の直前に「弟弟子をみんな下の名前で呼ぶのに」とある。ほかの弟弟子と武藤はちがうということ。ちがう理由は「あいつは～ぶっちゃけ弱かった。なのに、気づいたらいつの間にか追い抜かされてた」「もう稽古場でもあいつに勝てなくなって～あっさり俺の最高位よりも上に行ってさ」と言っていることから読み取れる。つまり、そのような武藤のことを、自分よりも優れていると認めているということ。

問７　坂口から突然声をかけられて話をしていた、つまり、自主練習を中断していたのである。坂口は物置で練習することを提案してくれたが、篤は「他の兄弟子に見つかるリスクを背負ってまで練習を続ける熱意は、今のところ持てなかった」という心境になっている。ここから、オのような理由が読み取れる。アの「家出少年で反抗ばかりしてきた自分には、今さらまじめな練習など似合わないのではないか」、イの「他の力士にとっても迷惑になると言われ」、ウの「自分が坂口さんの評価に本当に値するのかどうか不安になってきた」、エの「本音としてはおもしろくなかった」ということは、本文から読み取れない。

問８　――線部⑤に「練習を再開する気にはなれなかった」とあるとおり、また、坂口が「嫌になんねえの～失敗してめちゃくちゃ怒られて」と言いたくなるように、それまでの篤は、意志の強さに欠け、気力にとぼしかった。しかしここでは、「失敗したからこそ、やらなきゃいけない気がして」という気持ちになっている。それは、「進さんが助けてくれた。師匠も、わざわざ篤に話をしてくれた」とあるように、周りの人たちに支えられていることに気がついたからである。よって、エが適する。

問９　坂口が篤に話した内容に着目する。それは「お前が昨日の一回きりで練習やめてたら、俺も今日普通にゲームしてたかもしれない」ということと、「俺、一緒にトレーニングしたいって武藤に言おうと思う」（「兄弟子としてのプライドをいったん捨て、弟弟子と一緒にトレーニングしようと決意」した）ということである。坂口は、「重々しく口を開いた」「真剣な目をしていた」とあるとおり、大事なことをまじめに話していたのである。それを茶化していつもの調子に戻り、最後に「あ、俺のこと見直しただろ？～ちゃんと俺を敬《うやま》えよ」と付け加えたのである。そうしたのは、照れくさかったからだと考えられる。まじめに本心を打ち明けたことが恥ずかしくなり、――線部⑦の直後に「冗談を言って強がろうとしていることはわかった」とあるとおり、話をそらしてごまかしたということ。

《2022　数学　解説》

１　(1)　与式 $=\dfrac{(\sqrt{3}+1)^2}{\sqrt{2}}-\dfrac{\{\sqrt{2}(\sqrt{3}-1)\}^2}{2\sqrt{2}}=\dfrac{(\sqrt{3}+1)^2}{\sqrt{2}}-\dfrac{2(\sqrt{3}-1)^2}{2\sqrt{2}}=\dfrac{(\sqrt{3}+1)^2}{\sqrt{2}}-\dfrac{(\sqrt{3}-1)^2}{\sqrt{2}}=$

$\dfrac{\{(\sqrt{3}+1)+(\sqrt{3}-1)\}\{(\sqrt{3}+1)-(\sqrt{3}-1)\}}{\sqrt{2}}=\dfrac{2\sqrt{3}\times 2}{\sqrt{2}}=\dfrac{4\sqrt{3}}{\sqrt{2}}=\dfrac{4\sqrt{6}}{2}=2\sqrt{6}$

(2)　与式 $=x^2-8x+16-4y^2=(x-4)^2-(2y)^2=(x-4+2y)(x-4-2y)=(x+2y-4)(x-2y-4)$

(3)　与式より，$4x^2-8x+16-2x^2+2x=15-2x$　　$2x^2-4x+1=0$

２次方程式の解の公式より，$x=\dfrac{-(-4)\pm\sqrt{(-4)^2-4\times2\times1}}{2\times2}=\dfrac{4\pm\sqrt{8}}{4}=\dfrac{4\pm2\sqrt{2}}{4}=\dfrac{2\pm\sqrt{2}}{2}$

(4)　**【解き方】平行四辺形ＡＢＣＤの面積をＳとして，△ＡＦＧと△ＣＤＨの面積をＳの式で表す。**

その際，高さの等しい三角形の面積比は底辺の長さの比に等しいことを利用する。

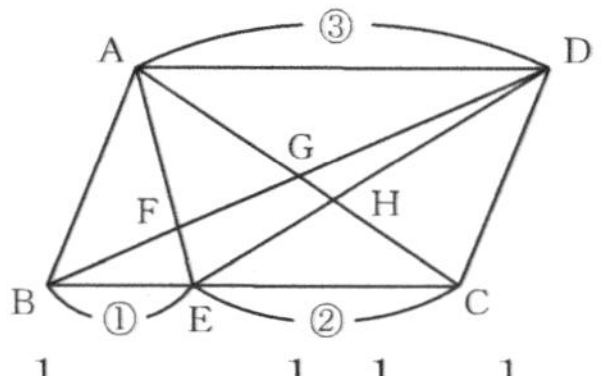

AD//BCより，△ADF∽△EBFで，DF：BF＝AD：EB＝３：１だから，

BD：BF＝(１＋３)：１＝４：１より，$\mathrm{BF}=\dfrac{1}{4}\mathrm{BD}$

$\mathrm{FG}=\mathrm{BG}-\mathrm{BF}=\dfrac{1}{2}\mathrm{BD}-\dfrac{1}{4}\mathrm{BD}=\dfrac{1}{4}\mathrm{BD}$

よって，△ＡＦＧ：△ＡＢＤ＝ＦＧ：ＢＤ＝$\dfrac{1}{4}$ＢＤ：ＢＤ＝１：４だから，△ＡＦＧ＝$\dfrac{1}{4}$△ＡＢＤ＝$\dfrac{1}{4}\times\dfrac{1}{2}$Ｓ＝$\dfrac{1}{8}$Ｓ

△ＣＥＤ：△ＣＢＤ＝ＥＣ：ＢＣ＝２：３だから，△ＣＥＤ＝$\dfrac{2}{3}$△ＣＢＤ＝$\dfrac{2}{3}\times\dfrac{1}{2}$Ｓ＝$\dfrac{1}{3}$Ｓ

AD//BCより，△ADH∽△CEHで，DH：EH＝AD：CE＝３：２

よって，△ＣＤＨ：△ＣＥＤ＝ＤＨ：ＥＤ＝３：(３＋２)＝３：５だから，△ＣＤＨ＝$\dfrac{3}{5}$△ＣＥＤ＝$\dfrac{3}{5}\times\dfrac{1}{3}$Ｓ＝$\dfrac{1}{5}$Ｓ

したがって，△ＡＦＧ：△ＣＤＨ＝$\dfrac{1}{8}$Ｓ：$\dfrac{1}{5}$Ｓ＝５：８

(5)　**【解き方】接弦定理より∠ＣＢＤ＝18°である。また，円に内接する四角形の対角の和は180°である。**

∠ＡＢＣ＋∠ＡＤＣ＝180°だから，○＋○＋18°＋×＋×＋26°＝180°　　○＋○＋×＋×＝136°　　○＋×＝68°

△ＩＢＤの内角の和より，∠ＢＩＤ＝180°－(○＋×)＝180°－68°＝112°

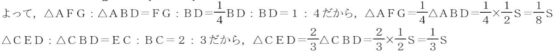

2 ⑴ 箱の種類と数は右表のようになる。箱の数は全部で$150\div3=50$(個)だから，

赤玉3個	x箱
赤玉2個，白玉1個	$4y$箱
赤玉1個，白玉2個	x箱
白玉3個	y箱

$x+4y+x+y=50$　　ア$\underline{2}\,x+$イ$\underline{5}\,y=50$

⑵ **【解き方】⑴で求めた式と，赤玉の総数についての式で，連立方程式をたてる。**

⑴より，$2x+5y=50$…①　　赤玉の総数は，$3\times x+2\times4y+1\times x=4x+8y$(個)と表せる。

また，赤玉と白玉の総数の比から，赤玉の総数は$150\times\dfrac{14}{14+11}=84$(個)だから，$4x+8y=84$より，$x+2y=21$…②

①－②×2でxを消去すると，$5y-4y=50-42$　　$y=8$　　②に$y=8$を代入すると，$x+2\times8=21$　　$x=5$

3 ⑴ $\mathrm{CD}=2\mathrm{OC}=6$　　CDは円Oの直径だから，$\angle\mathrm{CFD}=90°$

△CDFについて，三平方の定理より，$\mathrm{DF}=\sqrt{\mathrm{CD}^2-\mathrm{CF}^2}=\sqrt{6^2-(2\sqrt{5})^2}=4$

⑵ $\mathrm{AD}=\mathrm{AF}-\mathrm{DF}=6-4=2$

$\angle\mathrm{ABD}=\angle\mathrm{CFD}=90°$，$\angle\mathrm{ADB}=\angle\mathrm{CDF}$(対頂角)だから，$\triangle\mathrm{ADB}\backsim\triangle\mathrm{CDF}$

よって，$\mathrm{AB}:\mathrm{CF}=\mathrm{AD}:\mathrm{CD}=2:6=1:3$だから，$\mathrm{AB}=\dfrac{1}{3}\mathrm{CF}=\dfrac{1}{3}\times2\sqrt{5}=\dfrac{2\sqrt{5}}{3}$

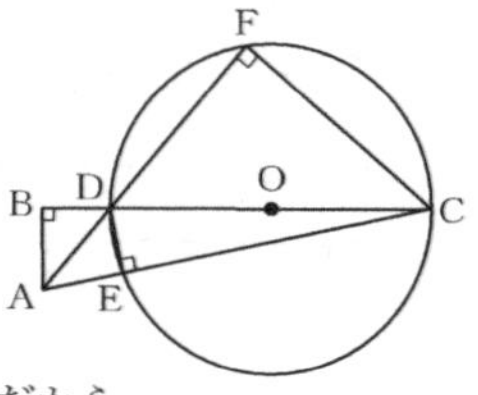

⑶ **【解き方1】$\angle\mathrm{CED}=90°$だから，$\triangle\mathrm{ADE}=\dfrac{1}{2}\times\mathrm{AE}\times\mathrm{DE}$で求める。**

$\angle\mathrm{ABC}=\angle\mathrm{DEC}=90°$，$\angle\mathrm{ACB}=\angle\mathrm{DCE}$(共通)だから，$\triangle\mathrm{ABC}\backsim\triangle\mathrm{DEC}$である。

△ACFについて，三平方の定理より，$\mathrm{AC}=\sqrt{\mathrm{AF}^2+\mathrm{CF}^2}=\sqrt{6^2+(2\sqrt{5})^2}=2\sqrt{14}$

$\triangle\mathrm{ADB}\backsim\triangle\mathrm{CDF}$より，$\mathrm{BD}:\mathrm{FD}=1:3$だから，$\mathrm{BD}=\dfrac{1}{3}\mathrm{FD}=\dfrac{1}{3}\times4=\dfrac{4}{3}$

$\mathrm{BC}=\dfrac{4}{3}+6=\dfrac{22}{3}$　　△ABCと△DECの相似比は$\mathrm{AC}:\mathrm{DC}=2\sqrt{14}:6=\sqrt{14}:3$だから，

$\mathrm{DE}=\dfrac{3}{\sqrt{14}}\mathrm{AB}=\dfrac{3}{\sqrt{14}}\times\dfrac{2\sqrt{5}}{3}=\dfrac{\sqrt{70}}{7}$　　$\mathrm{CE}=\dfrac{3}{\sqrt{14}}\mathrm{CB}=\dfrac{3}{\sqrt{14}}\times\dfrac{22}{3}=\dfrac{11\sqrt{14}}{7}$

$\mathrm{AE}=\mathrm{AC}-\mathrm{CE}=2\sqrt{14}-\dfrac{11\sqrt{14}}{7}=\dfrac{3\sqrt{14}}{7}$　　よって，$\triangle\mathrm{ADE}=\dfrac{1}{2}\times\mathrm{AE}\times\mathrm{DE}=\dfrac{1}{2}\times\dfrac{3\sqrt{14}}{7}\times\dfrac{\sqrt{70}}{7}=\dfrac{3\sqrt{5}}{7}$

【解き方2】$\angle\mathrm{CED}=90°$だから$\triangle\mathrm{ADE}\backsim\triangle\mathrm{ACF}$なので，△ACFの面積から△ADEの面積を求める。

△ACFについて，三平方の定理より，$\mathrm{AC}=\sqrt{\mathrm{AF}^2+\mathrm{CF}^2}=\sqrt{6^2+(2\sqrt{5})^2}=2\sqrt{14}$

△ADEと△ACFの相似比は$\mathrm{AD}:\mathrm{AC}=2:2\sqrt{14}=1:\sqrt{14}$だから，面積比は，$1^2:(\sqrt{14})^2=1:14$

よって，$\triangle\mathrm{ADE}=\dfrac{1}{14}\triangle\mathrm{ACF}=\dfrac{1}{14}\times\dfrac{1}{2}\times\mathrm{AF}\times\mathrm{CF}=\dfrac{1}{14}\times\dfrac{1}{2}\times6\times2\sqrt{5}=\dfrac{3\sqrt{5}}{7}$

4 **【解き方】長方形の面積は，(Pのx座標)×(Pのy座標)で求められる。**

⑴ PはA(1，1)から，x軸の正の向きに5進み，y軸の正の向きに4進むから，P(6，5)である。

よって，長方形の面積は，$6\times5=30$

⑵ PはA(1，1)から，y軸の正の向きに$2+6=8$進むから，P(1，9)である。

よって，長方形の面積は，$1\times9=9$

⑶ **【解き方】長方形の面積が素数となるのは，P(1，素数)またはP(素数，1)となるときである。**

Pのx座標またはy座標が1となるのは，2回とも偶数または2回とも奇数の目が出るときである。

2回とも偶数が出てy座標が素数になる出方は，$1+2+2=5$より，存在する。

2回とも奇数が出てx座標が素数になる出方は，$1+1+1=3$より，存在する。

よって，長方形の面積が素数になる可能性があるのは，①と④である。

⑷ **【解き方】表にまとめて考える。**

さいころを2回投げたときの目の出方は全部で，$6^2=36$(通り)

さいころの目とPの座標をまとめると，右表のようになる。

長方形の面積が12以上になるのは，Pのx座標とy座標の積が12以上になるときなので，表の色付き部分の15通りあるから，求める確率は，$\dfrac{15}{36}=\dfrac{5}{12}$

		2回目					
		1	2	3	4	5	6
1回目	1	(3，1)	(2，3)	(5，1)	(2，5)	(7，1)	(2，7)
	2	(2，3)	(1，5)	(4，3)	(1，7)	(6，3)	(1，9)
	3	(5，1)	(4，3)	(7，1)	(4，5)	(9，1)	(4，7)
	4	(2，5)	(1，7)	(4，5)	(1，9)	(6，5)	(1，11)
	5	(7，1)	(6，3)	(9，1)	(6，5)	(11，1)	(6，7)
	6	(2，7)	(1，9)	(4，7)	(1，11)	(6，7)	(1，13)

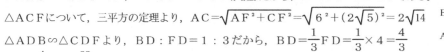

5　(1)(ア)　**【解き方】ＢＣはy軸に平行なので，∠ＡＢＣ＝90°のとき，ＡＢはx軸に平行となるから，ＡとＢはy軸について対称である。**

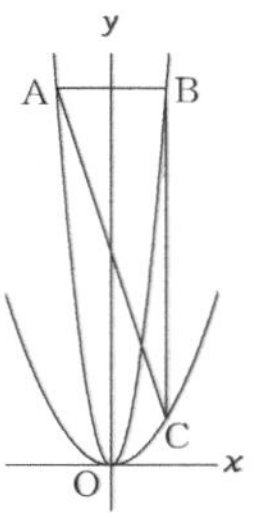

Ａは放物線$y=4x^2$上の点でy座標が$y=16$だから，$16=4x^2$　　$x^2=4$　　$x=\pm 2$

よって，Ａ$(-2,\ 16)$，Ｂ$(2,\ 16)$である。

Ｃは放物線$y=\frac{1}{2}x^2$上の点でx座標が$x=2$だから，$y=\frac{1}{2}\times 2^2=2$より，Ｃ$(2,\ 2)$

ＡＢ＝(ＡとＢのx座標の差)$=2-(-2)=4$，ＢＣ＝(ＢとＣのy座標の差)$=16-2=14$

よって，$\triangle ABC=\frac{1}{2}\times 4\times 14=28$

(イ)　直線ＡＣは傾きが$\frac{(Cのy座標)-(Aのy座標)}{(Cのx座標)-(Aのx座標)}=\frac{2-16}{2-(-2)}=-\frac{7}{2}$だから，Ａから$x$座標が２増えると，$y$座標が$\frac{7}{2}\times 2=7$減る。よって，直線ＡＣの切片は$16-7=9$だから，直線ＡＣの式は$y=-\frac{7}{2}x+9$である。

(2)　**【解き方】ＢＣの中点をＭとして，右のように作図すると，△ＡＢＭは３辺の長さの比が$1:2:\sqrt{3}$の直角三角形である。これを利用して，ｔの方程式をたてる。**

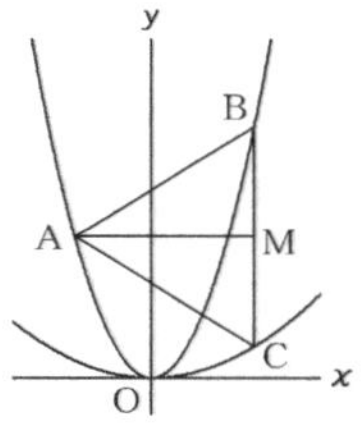

Ｂ，Ｃのx座標はｔなので，Ｂ$(t,\ 4t^2)$，Ｃ$(t,\ \frac{1}{2}t^2)$と表せる。

Ａのy座標はＭのy座標に等しく，(ＢとＣのy座標の和)$\div 2=(4t^2+\frac{1}{2}t^2)\div 2=\frac{9}{4}t^2$

Ａは放物線$y=4x^2$上の点なので，$\frac{9}{4}t^2=4x^2$　　$x^2=\frac{9}{16}t^2$　　$x=\pm\frac{3}{4}t$

Ａのx座標は負の数で$t>0$なので，$x=-\frac{3}{4}t$　　よって，ＡＭ＝(ＡとＭのx座標の差)$=t-(-\frac{3}{4}t)=\frac{7}{4}t$

ＢＭ＝(ＢとＭのy座標の差)$=4t^2-\frac{9}{4}t^2=\frac{7}{4}t^2$

$AM:BM=\sqrt{3}:1$だから，$\frac{7}{4}t:\frac{7}{4}t^2=\sqrt{3}:1$　　$\frac{7\sqrt{3}}{4}t^2=\frac{7}{4}t$　　$\sqrt{3}t^2-t=0$

$t(\sqrt{3}t-1)=0$　　$t=0,\ \frac{\sqrt{3}}{3}$　　$t>0$より，$t=\frac{\sqrt{3}}{3}$

6　(1)　ＥはＢＣの中点なので，$AE\perp BC$，$BE=CE=\frac{1}{2}BC=2$

よって，△ＡＢＥは３辺の長さの比が$1:2:\sqrt{3}$の直角三角形だから，$AE=\sqrt{3}BE=2\sqrt{3}$

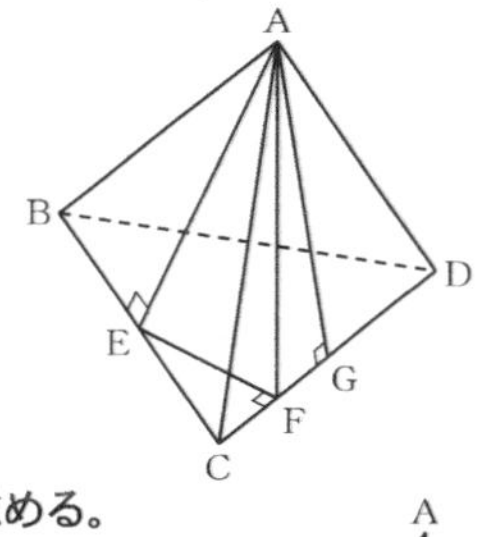

$CE:EF=2:\sqrt{3}$，∠ＥＣＦ＝60°より，△ＣＥＦは３辺の長さの比が$1:2:\sqrt{3}$の直角三角形だから，$CF=\frac{1}{2}CE=1$

ＣＤの中点をＧとすると，$CG=2$，$FG=2-1=1$

$AG=AE=2\sqrt{3}$だから，△ＡＦＧについて，三平方の定理より，

$AF=\sqrt{AG^2+FG^2}=\sqrt{(2\sqrt{3})^2+1^2}=\sqrt{13}$

(2)　**【解き方】△ＡＥＦについて，右のように作図し，$\triangle AEF=\frac{1}{2}\times AF\times EH$で求める。**

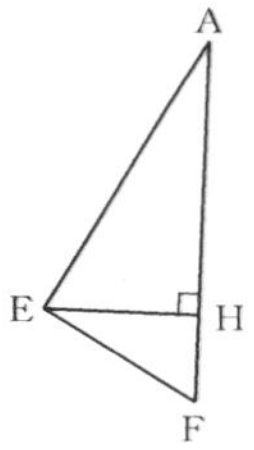

ＡＨ＝ａとすると，$HF=AF-AH=\sqrt{13}-a$

△ＡＥＨ，△ＦＥＨについて，三平方の定理より，EH^2について，

$AE^2-AH^2=EF^2-HF^2$　　$(2\sqrt{3})^2-a^2=(\sqrt{3})^2-(\sqrt{13}-a)^2$

$12-a^2=3-(13-2\sqrt{13}a+a^2)$　　$12-a^2=3-13+2\sqrt{13}a-a^2$　　$2\sqrt{13}a=22$

$a=\frac{22}{2\sqrt{13}}=\frac{11}{\sqrt{13}}$　　よって，$EH=\sqrt{AE^2-AH^2}=\sqrt{(2\sqrt{3})^2-(\frac{11}{\sqrt{13}})^2}=\frac{\sqrt{35}}{\sqrt{13}}$

したがって，$\triangle AEF=\frac{1}{2}\times AF\times EH=\frac{1}{2}\times\sqrt{13}\times\frac{\sqrt{35}}{\sqrt{13}}=\frac{\sqrt{35}}{2}$

(3)　**【解き方】Ａから面ＢＣＤに対して垂線をひき，面ＢＣＤとの交点をＩとすると，Ｉは△ＢＣＤの重心となるので，$DI:IE=2:1$が成り立つ。**

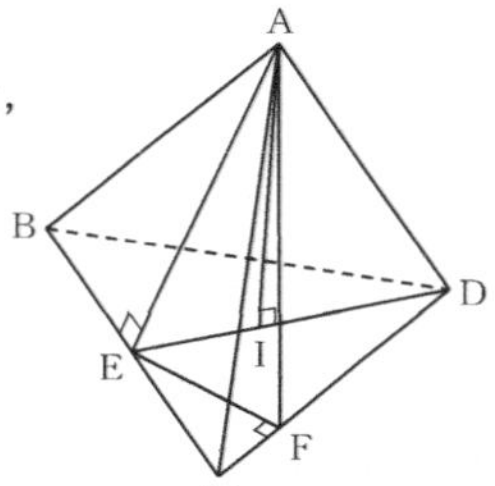

$DE=AE=2\sqrt{3}$，$DI:DE=2:(2+1)=2:3$だから，

$DI=\frac{2}{3}DE=\frac{2}{3}\times 2\sqrt{3}=\frac{4\sqrt{3}}{3}$　　△ＡＤＩについて，三平方の定理より，

$AI=\sqrt{AD^2-DI^2}=\sqrt{4^2-(\frac{4\sqrt{3}}{3})^2}=\frac{4\sqrt{6}}{3}$　これが求める高さである。

(4)　**【解き方】三角すいＡＣＥＦについて，△ＣＥＦを底面としたときの高さはＡＩである。**

求める高さをｈとすると，(三角すいＡＣＥＦの体積)＝$\frac{1}{3}$×△ＡＥＦ×ｈが成り立つ。

$\triangle CEF=\frac{1}{2}\times CF\times EF=\frac{1}{2}\times 1\times\sqrt{3}=\frac{\sqrt{3}}{2}$だから，三角すいＡＣＥＦの体積は，$\frac{1}{3}\times\frac{\sqrt{3}}{2}\times\frac{4\sqrt{6}}{3}=\frac{2\sqrt{2}}{3}$

(2)より，$\triangle AEF=\frac{\sqrt{35}}{2}$だから，三角すいＡＣＥＦの体積について，$\frac{1}{3}\times\frac{\sqrt{35}}{2}\times h=\frac{2\sqrt{2}}{3}$

$h=\frac{2\sqrt{2}}{3}\times 3\times\frac{2}{\sqrt{35}}=\frac{4\sqrt{70}}{35}$　これが求める高さである。

《2022　英語　解説》

【１】

〈問題１〉【〈問題１〉放送文の要約】参照。

(1)「彼らはどこにいますか？」→line や platform から，イ「電車の駅」が適当。

(2)「女性はまず何をするつもりですか？」→Bの２回目の発言から，ウ「正しいプラットフォームに行く」が適当。

(3)「ルートマップ上で空港はどれですか？」→Bの３回目の発言から，イ「２」が適当。

(4)「空港までどのくらい時間がかかりますか？」→Bの４回目の発言から，ウ「約 30 分」が適当。

【〈問題１〉放送文の要約】

Ａ：すみません。空港に行きたいのですが，どの路線に乗るべきでしょうか？どうも完全に迷ったようです。私のフライトまで３時間です。乗り遅れてしまうかもしれません！

Ｂ：まず，落ち着いてください。それから私が空港までの行き方を教えます。いいですか？深呼吸をしたらいいですよ。

Ａ：(深呼吸をする) いいです。落ち着きました。

Ｂ：大丈夫ですね。(2)ウまず，あなたは間違ったプラットフォームにいます。ここはプラットフォーム４で，あなたが行くべきなのはプラットフォーム６です。プラットフォーム６に行くには，階段を降りてから真っ直ぐ行って右に曲がってください。

Ａ：はい，わかりました。次は？

Ｂ：落ち着いたようですね。(3)イ次に，スタジアム線に乗って，ここから２つ目の駅で乗り換えてください。空港行きの急行に乗れます。それは空港まで直行します。わかりましたか？シーサイド線に乗らないように注意してください。

Ａ：大丈夫です。ありがとうございます…。ちょっと待ってください。ここから空港までどのくらいかかりますか？

Ｂ：調べてみます…。(4)ウ空港駅までは 20 分ほどですが，空港行きのバスの乗車時間も 10 分必要ですね。

Ａ：承知しました。おそらく大丈夫だと思います。いろいろありがとうございました。

Ｂ：どういたしまして。順調なフライトをお祈りします。

〈問題２〉【放送文の要約】参照。　(1)　質問「ジェーンはクリスマスに何をする予定ですか？」…ジェーンの２回目の発言から，ア「彼女は祖母と会う予定である」が適当。

(2)　質問「トムについて，正しいのはどれですか？」…トムの５回目の発言から，ウ「彼は，野球はプレイしないが，野球のテレビゲームは得意である」が適当。

(3)　質問「なぜトムは『それはおもしろいね』と言ったのですか？」…ジェーンの９回目の発言から，イ「ジェーンとその家族が，飼い犬が茶色にもかかわらずクロと呼んでいるから」が適当。

(4)　質問「ケイコについて，正しいのはどれですか？」…ケイコの最後の発言から，エ「彼女は翻訳家になるために英語を勉強している」が適当。

【放送文の要約】

ジェーン：クリスマスはもうすぐね！

トム　　：待ちきれないよ。

ケイコ　：私も。

ジェーン：(1)ア祖母がクリスマスに我が家へ来るの。1年も会っていないから，祖母と会うのが楽しみだわ。

トム　　：ケイコはどうするの？

ケイコ　：ホストファミリーと教会に行って，それから家で夕食を食べる予定よ。クリスマスの御馳走が楽しみだわ。トム，あなたは？

トム　　：僕の家族は毎年，シアトルにある祖父母とクリスマスを過ごすんだ。

ケイコ　：それはすてきね！私はシアトルに行ったことがないの。ホストペアレンツにそこへ連れて行って欲しいと頼もうかな。

ジェーン：そうそう，2人ともクリスマスに何が欲しい？

トム　　：僕はテレビゲームが欲しいんだ！明日，新しい野球のテレビゲームが発売されるんだよ！

ジェーン：あなたは本当に野球が好きね。

ケイコ　：あなたは野球が得意なの？

トム　　：まさか。(2)ウ僕は何のスポーツもしないよ。野球の試合観戦や野球のテレビゲームは好きだけどね。実際，オンラインの野球は超得意なんだ。ちょっとした有名人だよ。

ケイコ　：なるほど。ジェーン，あなたはクリスマスに何が欲しいの？

ジェーン：子犬が欲しいわ。昨日，ペットショップに行ったんだけど，とてもかわいい子犬を見かけたの。

ケイコ　：どんな犬種の子犬？

ジェーン：mongrel よ。

ケイコ　：モン…何？

ジェーン：Mongrel。雑種という意味よ。

ケイコ　：ああ，雑種ね。わかったわ。

トム　　：でも君はもう3匹も犬を飼っているだろ？

ジェーン：ええ。でも黒い犬は飼っていないの。3匹のうち2匹は白でもう1匹は茶色なのよ。あっ，ケイコ，茶色の犬は日本犬の柴犬よ。私たちはクロと呼んでいるの。

ケイコ　：クロ？それは変よ。クロは英語の“black”って意味よ？

ジェーン：知っているわ，でも父がその名前を選んだのよ。(3)イ実はその時，私たちはクロのことを茶色だと思っていたんだけどね。2年前にクロがblackのことだと知ったのよ。

トム　　：それはおもしろいね。

ジェーン：それで，あなたは何が欲しいの，ケイコ？

ケイコ　：そうねえ，英語の本と辞書が欲しいかな。もっと英語を勉強したいの。

トム　　：おお，君は勉強熱心だね！君の英語は上手だよ。

ケイコ　：ありがとう。(4)エ私は将来，翻訳家になりたいの。

トム　　：僕は有名な野球選手になりたいな。

ジェーン：オンライン，でしょ？

トム　　：その通りだよ。

【2】

(1) 「このコートは（　　）すぎる。私はもっと安いのを探そうと思う」…expensive「値段が高い」が適当。

(2) 「ジャンプをすると，両足は同時に地面から（　　）」…leave「離れる」が適当。

(3) 「戦争は終わった，だから人々は（　　）に暮らせる」…peace が適当。　・in peace「平和に」

(4) 「私たちは絶滅危惧種を（　　）から救わなければならない」…extinction「絶滅」が適当。

【3】

(1) ・nothing「何も～ない」　・precious「大切な」

(2) ・It is necessary＋for＋人＋to ～「(人) にとって～することは必要だ」

(3) ・How much ～ 「(値段を尋ねて)いくら～？」　・spend on ～「～に（お金を）つかう」

(4) ・be afraid of ～ing「～することを恐れる」　・hurt ～「～の感情を害する」

【4】

(1) 〈How is＋主語 ～ ?〉「(主語) はどういう（状態）ですか？」は，〈What is＋主語＋like?〉とほぼ同じ意味である。

(2) 仮定法過去の〈It would be ～ if I＋動詞の過去形 …?〉「もし私が…だったら，～なのに」は，〈I wish I＋動詞の過去形 ～〉「～だったらいいのになあ」とほぼ同じ意味である。

(3) the owner of this house「この家の持ち主」は，whose house this is「この家は誰のものか」と同じ意味である。

(4) 「私は今までこれほど美しいドレスを見たことがない」＝「これは私が今まで見てきたものの中で最も美しい」〈have never＋過去分詞〉「今までに１度も～したことがない」は，〈最上級の文＋I have ever＋過去分詞〉「今まで～した中で最も…」で表せる。　・such a ～「これほど～」

【5】

(1) There is going to be another cold day tomorrow. : another には「同様の／等しい」という意味がある。
・There is another ○○「同様の○○がある」

(2) Do everything you can do before it is too late. : everything と you の間にある関係代名詞（that）が省略されている文。　・before ～「～する前に」

(3) Studying hard without sleeping isn't good for your health. : ・without ～ing「～しないで」

(4) This book gave me some idea of life in the Edo period. : ・give＋人＋もの／こと「(人) に（もの／こと）を与える」

【6】

① 「日本では，(例文)こうした機械から様々な種類のものを買うことができます」…自動販売機を説明する内容にする。　・many kinds of ～「多くの種類の～」

② 「(例文)お金を機械に入れて，(選んだ飲み物の) ボタンを押してください」…自動販売機の使い方を説明する内容にする。　・put＋A＋into ～「Aを～に入れる」

【7】 【本文の要約】参照。

(1) ＜A＞　・worry about ～「～のことを心配する」　＜B＞　・be proud of ～「～を誇りに思う」

(2) 話の流れから，could と win の間に not が入る。

(3) 前後の文から，逆接の接続詞 but が適当。

(4) … black South Africans were just as excited for the match to begin as white South Africans. : ・excited for ～「～に

興奮する」　・as … as ～「～と同じくらい…」

(5) □の直後の文より，アが適当。イ「群集は大統領を見つめていただけだった」，ウ「ネルソン・マンデラはフィールドに降り立った」，エ「ネルソン・マンデラは選手たちに金メダルを授与した」はいずれも不適当。

(6) 質問「なぜネルソン・マンデラは国をまとめるためにラグビーを使う選択をしたのですか？」…第２段落よりラグビーをするのは専ら白人だったこと，白人にとってそれは重要なスポーツであったこと，ネルソン・マンデラはスポーツの力を信じていたことなどを読み取り，日本語にまとめて答える。

(7) ア×「ネルソン・マンデラは南アフリカ初のラグビーチームをつくった」…本文にない内容。　イ×「1995年以前は，南アフリカの黒人はいかなるスポーツにも参加できなかった」…本文にない内容。　ウ「ネルソン・マンデラは×1995年のラグビーワールドカップのスローガン『ひとつのチーム，ひとつの国』をつくった」…南アフリカのラグビーチームのスローガンが正しい。　エ×「当時，フランスは最強豪国だったが，1995年，ニュージーランドに試合で敗れた」…本文にない内容。　オ○「南アフリカのラグビーチームは1995年のワールドカップで全ての試合で全勝した」…最後の段落１行目と一致。

【本文の要約】

1995年以前の南アフリカ（共和国）は異なる人種が混在する国であった。その国には黒人と白人の国民がいた。この国の新しい大統領はネルソン・マンデラという黒人男性だった。彼はその生涯を南アフリカの黒人の自由のために闘ってきた。南アフリカの白人は，この国で何が起こるのだろうかとAエ心配して（＝worried about）いた。ネルソン・マンデラはこの国をひとつにまとめる方法を模索していた。1995年，彼はその答えを得た。この国がラグビーを通じてひとつになって欲しいと思ったのだ。

当時の南アフリカでは，ラグビーは主に白人のスポーツだった。南アフリカのラグビーチームには黒人選手は１人しかいなかったし，チームのファンはほとんどが白人だった。南アフリカの黒人はあまりラグビーが好きではなかった。しかし，ネルソン・マンデラはラグビーが南アフリカの白人にとって大事なスポーツであることを認識していた。彼はまた，スポーツの持つ力を理解していた。スポーツには世界を変える力があると信じていたからだ。彼は1995年の南アフリカのラグビーチームのスローガンを「ひとつのチーム，ひとつの国」に決めた。

マンデラはトーナメントが始まる前，南アフリカの黒人に過去を忘れるよう頼むことに力を尽くさなければならなかった。彼は彼らに，ひとつの国として前進するために，ラグビーチームを応援している南アフリカの白人に加わるようにと語った。彼は，そのチームが南アフリカの白人と黒人の両者の応援がなければ勝つことなどでき①ない（＝not）ことを確信していた。

1995年にワールドカップが始まると，それはマンデラが願ったように進んでいった。南アフリカは予選リーグで全勝し，次のラウンドに進んだ。彼らが準決勝でフランスと対戦して勝った時，南アフリカでの興奮は高まっていった。決勝戦の対戦国は，当時の最強チーム，ニュージーランドだった。南アフリカは，今まではどの試合でも負けることはなかった，②しかし（＝but）誰も南アフリカのチームが決勝戦で勝つとは思わなかった。

1995年6月24日，1995年度のラグビーワールドカップの決勝戦の日，南アフリカの黒人は南アフリカの白人と同じくらい試合開始にわくわくしていた。試合が始まる前，ネルソン・マンデラはそれぞれの選手と握手をするためにフィールドを歩いていた。その時，驚嘆すべきことが起こった。(5)ア群集が「ネル－ソン！ネル－ソン！ネル－ソン！と叫び始めたのだ。その群集のほとんどが白人にもかかわらず，彼らは大統領を支持する声援を送ったのである。彼らは自分たちの大統領をBイ誇りに思った（＝proud of）。ネルソン・マンデラの計画は成就した！スポーツの力を通じて，彼は国をまとめることに成功したのである。

地元のファンの応援により，(7)オ南アフリカは1995年度のラグビーワールドカップで優勝した。この勝利は南アフリカのラグビーチームが素晴らしかったことだけではなく，世界にスポーツの力を示したのである。

【８】 【本文の要約】参照。

⑴ 【⑴の要約】参照。

⑵ ・ask for ～「～を求める」 ・for ～ing「～するのに適した／～することに関する」

⑶ ・written on ～「～に書かれた」 ・set A on B「A を B に設定する」

⑷ I can use (all the gifts we were given as) wedding presents. : gifts と we の間の関係代名詞（ここでは that）が省略されていること，we 以下が受け身の文であることに注意。 ・as ～「～として」

⑸ マギーがディナーの準備をしたのは，ディオンが出がけに言った，帰宅の途中にピザを買ってくることを聞き取れなかったからである。したがって下線部②の３行後にある I told you this morning that I would buy pizzas on the way home.が適当。

【本文の要約】

数か月前に結婚したマギーとディオンは，なじみのない町に引っ越し，小さなアパートで暮らし始めた。マギーはしばしばさびしい思いをしていた。ディオンは毎日仕事に出かけ，その町にマギーの知り合いは一人もいなかった。

ある金曜日の朝，ディオンは仕事に遅れそうになった。彼はカバンをひっつかむと急いで玄関まで行った。そして立ち止まった。「言うのを忘れていた。６時 30 分に帰宅するよ。パムとブライアンがディナーに来るんだ。じゃあ，良い１日を！」マギーは開いたドアに駆け寄った。ディオンは階段を駆け下りながらまだ何か言っていたが，マギーは彼が何を言ったのか聞き取れなかった。彼女はドアを閉め，中に戻った。

マギーは考えた。「ディナーパーティー！わくわくするわ。パムとブライアンが私たちの初めてのお客様になるのね。でも私は料理がすごく苦手なのよ！私がディナーのために何が作れるっていうの？ディオンは料理が得意だけど，今夜はお客様のために料理する時間がないわ。私が何か作らなくてはならないわね」そしてマギーは母親に電話して，アドバイスを求めた。母親はマギーに言った。「マギー！あなたは料理ができないんだから，簡単なものを作りなさい。ローストチキンはどう？チキンと一緒にポテトをオーブンで調理して，あとはサラダとアップルパイを作るといいわ。幸運を祈るわね」マギーはネットで検索し，チキンを焼くのに適したレシピをたくさん見つけたが，それらはさほど難しくなさそうだった。「多分，これなら作れるわ」と彼女は考えた。「それにアップルパイはパン屋で買えばいいわ」

マギーはリストと予定表を作った。それで何時にチキンを調理し始めればいいのかわかった。彼女はサラダに必要なものを全て準備し，スーパーで買った花を花瓶に入れた。テーブルをセットするとこう言った。「結婚祝いにもらったものは全部使うことができたわ。テーブルも見栄えがするわ」マギーはとても嬉しかった。

マギーが予定表を読んだのは午後遅くだった。「４時 30 分にはオーブンにチキンを入れなければならないわ。それからポテトを準備してチキンと一緒にオーブンに入れないと」マギーは注意深くネットから得たレシピ通りにした。彼女はそのレシピに書かれていたことを全てやり終えた。オーブンの温度をセットしてチキンを中に置いた。ジャガイモも準備してオーブンに入れた。全てやり終えてマギーはほっとした。彼女は携帯のアラームを６時にセットすると休息した。

アラームが鳴ると，彼女は台所に行った。「おかしいわね」と彼女は思った。「何の匂いもしないわ。確かめるべきだわ」マギーはオーブンからチキンとジャガイモを取り出した。チキンは焼けておらず冷たいままだった。ジャガイモも生のままだった。「あら，いやだ！オーブンが壊れている！スナックとサラダとアップルパイしかないのに！」

ディオンが帰宅した。彼はすこぶる機嫌が良かった。「仕事を早く切り上げてきたんだ。パムとブライアンは車を停めにいっている。すぐここに来るだろう」彼がマギーを見ると，彼女の顔に涙が流れていた。「ああ，ディオン！オーブンが壊れたの。お客様に出す食べ物がないわ！」「君がディナーを作ったって？でも……」彼はオーブンのところに行き，扉を開けた。オーブンは冷えたままだった。彼はオーブンの調節つまみを見た。彼はマギーを抱きしめた。「君はレシピを見たかい？」「ええ。全て書き留めたのよ！」ディオンは笑った。「早く冷蔵庫にチキンとポテトをしまうんだ。それは明日食べることにしよう。今朝，君に言ったじゃないか，帰りがけにピザを買ってくるって。もうじきブライアンが持ってくるよ」「ああ」とマギーは言った。「あなたが何か言ったのはわかっていたけど，聞こえなかったのよ」玄関にはブライアンとパムがいた。彼らはピザとワインを持っていた。それは素晴らしいディナーパーティーだった。

マギーのサラダはおいしかった。全員がアップルパイを気に入った。パムとブライアンが帰ると，マギーがディオンに言った。「明日，修理工を呼ばなければ。オーブンが壊れているもの」

ディオンが笑って言った。「うーん。オーブンは壊れていない。君は，温度はセットしたけど，オーブンの電源を入れてなかったんだ！」「あら」とマギーは言った。「レシピにはオーブンの電源を入れることなんか一言も書いてなかったわ！」

【(1)の要約】

マギーとディオンは，新婚（1.カップル=couple）だった。マギーは日がな家にいるので，さびしい思いをしていた。ある朝，ディオンは妻にアパートに友人たちを（2.招待する=invite）つもりだと言った。

彼女はわくわくした。彼らが初めての（3.客=guests）だったからだ。彼女はネットで検索して，ローストチキンとサラダを作ることにした。

彼女はレシピ通りに，チキンと（4.ジャガイモ=potatoes）をオーブンに置き，6時にアラームをセットした。アラームが鳴った時，（5.匂いがする=smell）ものはなかった。彼女はオーブンが（6.壊れた=broken）と思った。

ディオンが家に帰ると，マギーは（7.泣いていた=crying）。食べるものが何もないと思ったからだ。彼女が彼にオーブンのことを説明すると，彼はそれを確認した。オーブンには故障など（8.何もなかった=Nothing）。マギーがその電源を入れるのを（9.忘れた=forgot）だけだったのだ。

とにかく，彼らはみなパーティーを心行くまで（10.楽しんだ=enjoyed）。チキンは食べられなかったが。

《2022　理科　解説》

1　(1)(b)　立体視することで，獲物との距離がつかみやすくなる。

(2)　フズリナは古生代，アンモナイトは中生代，ビカリア，ナウマンゾウは新生代の示準化石である。

(3)　イモリのなかまは有尾類，カエルのなかまは無尾類である。

(4)　魚類と両生類は水中に殻のない卵を産み，は虫類と鳥類は陸上に殻のある卵を産む。

(5)　両生類の親は肺と皮ふで呼吸する。

(6)　魚類の心臓は１心房１心室，両生類の心臓は２心房１心室である。

2　(1)(c)(d)　東北地方太平洋沖地震では，太平洋プレートと北アメリカプレートの境界面でずれが生じて，大地震が発生した。

(2)①　会話のナマズの４回目の発言に，Ｓ波は岩盤のような固い物質がずれなければ伝わらないとあるので，Ｓ波は海水中を伝わらないことがわかる。　②　海底を震源とする地震では，津波が発生することがある。

(3)①　会話のナマズの２回目の発言より，Ｐ波の速度を７km/ｓ，Ｓ波の速度を４km/ｓとして考える。震源からの距離を$x$kmとすると，$\frac{x}{4}-\frac{x}{7}=3$より，$x=28$(km)となる。　②　仙台を中心とする 26.2 kmの円と松島を中心とする 33.5 kmの円を描くと，交わる点が２点あるので，震央の候補となる地点は２か所である。

(4)　イ○…海嶺では地下から高温のマグマがわき上がってくる。これが冷やされて海のプレートになる。

(5)　ア○…東北地方太平洋沖地震が発生する前は，太平洋プレートが北アメリカプレートの下に沈みこんで北アメリカプレートが太平洋プレートに引きずりこまれるため，東西に押し縮められて引き起こされる地震が多い。一方，地震発生直後の余震では北アメリカプレートがひずみにたえきれなくなってはね返ったあとなので，東西に引っ張られて引き起こされる地震が多い。

3 ⑴ 有機物には炭素原子〔C〕と水素原子〔H〕が含まれていて，燃焼すると，二酸化炭素〔CO_2〕と水〔H_2O〕が発生する。

⑵ 砂糖，プラスチックは有機物，ステンレス，食塩，ガラスは無機物である。

⑶ 化学反応式をかくときは，反応の前後で原子の種類と数が等しくなるように係数をつける。

⑷**d・e** 炭素の質量を 12 とすると，二酸化炭素〔CO_2〕の質量は 12＋16×２＝44 となるので，12：44＝３：11 となる。 **f・g** 水素の質量を１とすると，水〔H_2O〕の質量は１×２＋16＝18 となるので，１：18 となる。
h $2.2\times\frac{3}{11}=0.6(\mathrm{g})$ **i** $0.9\times\frac{1\times2}{18}=0.1(\mathrm{g})$

⑸ 炭素と水素の質量比が 0.6：0.1＝６：１だから，炭素原子と水素原子の質量比が 12：１であることから，炭素原子と水素原子の数の比は１：２とわかる。よって，ア，ウが正答である。

⑹ ウ○…発生する二酸化炭素と水に含まれる酸素の合計の質量を求めることはできるが，その中でどれだけの酸素が化合物を燃焼させる際に反応したもので，どれだけの酸素がはじめから化合物に含まれていたのかはわからない。

⑺ 化合物の質量から炭素原子と水素原子の質量の和を引けば，酸素原子の質量が求められる。

4 ⑴ 金属などを熱が移動するときの伝わり方は伝導，空気や水などを熱が移動するときの伝わり方は対流である。

⑵ 二酸化炭素などの温室効果ガスは，熱を地球内部にとどまらせている。

⑶ オ○…W「ワット」は電力の単位で〔熱量(Ｊ)＝電力(W)×時間(秒)〕より，１秒あたりの熱量(エネルギー量)は電力と等しい。また/m^2は１m^2あたりという意味である。

⑷ ８分 20 秒→500 秒より，30 万×500＝１億 5000 万→1.5×10^8㎞となる。

⑸ Ｆのうち 70％が吸収されるので，吸収率は 0.7 である。よって，$\mathrm{F}\times\pi r^2\times0.7=0.7\pi r^2\mathrm{F}$となる。

⑹ $0.7\times3\times6.4\times10^6\times6.4\times10^6\times1400=120422.4\times10^{12}\to1.2\times10^{17}$

《2022　社会　解説》

【１】

問１ イ　　イングランドからメイフラワー号に乗った 102 名の清教徒(ピューリタン)が，北アメリカ大陸のニュープリマスに入植した。彼らはピルグリム・ファーザーズと呼ばれた。

問２ ヒスパニック　　スペイン語を母語とする移民またはその子孫をヒスパニックと呼ぶ。

問３ ㋐　　アジア系はカリフォルニア州での割合が多い。ヒスパニックはメキシコとの国境沿いの州で割合が多い。黒人系は南部の州で割合が多い。白人系は北部の州で割合が多い。

問４ ウ　　第二次世界大戦中のドイツでは，ユダヤ人の弾圧が行われた。

問５ 白豪主義を取っていた時代はイギリスとの結びつきが強かったが，1970 年代に多文化共生主義に転換したことで，アジアからの移民が多くなった。そこでオーストラリアはアジア太平洋の結びつきを強固なものとするためにＡＰＥＣ(アジア太平洋経済協力)を呼びかけた。

問６ エ　　アラブ首長国連邦のドバイの労働者の約 96％が外国籍である。アは日本，イは中国，ウはナイジェリア。

【２】

問１ ⑴デルタ　⑵コンパクトシティ　⑶パークアンドライド　　⑴ カタカナでとあるので三角州と書かないこと。広島平野は，典型的な三角州としてよく取り扱われる。　⑵ 「生活に必要な機能を中心部に集める」ことからコンパクトシティを導く。コンパクトシティ…住まいと生活機能が近接している都市および都市計画。

⑶ パーク＝駐車，ライド＝乗車，自家用車などで最寄りの駅まで行き，駐車させた後，バス・鉄道などの公共

交通機関を使って都市の中心部に移動すること。

問2　地方中枢都市　北海道は札幌市，東北地方は宮城県仙台市，中国四国地方は広島県広島市，九州地方は福岡県福岡市が地方中枢都市である。

問3　ウ　Ａ．大型ショッピングセンターなどの商業施設は都市郊外にあるため，自動車がないと不便である。

問4　イ　もともと郊外に住む人々の市街地への移動手段としてＬＲＴがあり，ＬＲＴはコンパクトシティの取り組みと合わせて行われることが多いので，機能が集まっている都市部から郊外に移り住む人の流れができるとは考えにくい。

問5　エ　富山市は日本海に面しているので，北西季節風と対馬海流の影響を受けて雪の降る日が多くなる。よって，１か月の３分の２以上で雪が降るエを選ぶ。アは札幌市，イは松山市，ウは鹿児島市。

【３】

問1　ウ　前漢は紀元をまたいだ約 400 年間を治めた国家だからウを選ぶ。ローマ帝国が成立したのは紀元前 27 年頃である。モヘンジョ・ダロの都市国家が栄えたのはインダス文明の起きた紀元前 24 世紀頃，アレクサンドロス大王によるマケドニア王国の成立は紀元前４世紀のことである。

問2　ウ　Ｂ(邪馬台国・卑弥呼・弥生時代)→Ａ(倭王武＝ワカタケル・古墳時代)→Ｃ(遣隋使・飛鳥時代)

問3　天平文化　奈良時代，聖武天皇は仏教の力で国を安定させようとして，全国に国分寺，奈良の都に東大寺を建て，東大寺に大仏を造立した。聖武天皇の治世に花開いた国際色豊かな仏教文化を天平文化と呼ぶ。

問4　ア　「平安京の造営」とあることから，この天皇は桓武天皇である。桓武天皇は坂上田村麻呂を征夷大将軍に任じ，東北地方に住む蝦夷の討伐を命じた。胆沢の指導者アテルイを中心とした蝦夷は，数年間にわたって朝廷軍を退けてきたが，ついに坂上田村麻呂が率いる軍に降伏した。坂上田村麻呂は捕らえたアテルイの助命を嘆願したが，聞き入れられずアテルイは河内で処刑された。

問5　ア　どちらも正しい。Ａ．京都の警備は大番役といい，御家人の奉公の一つであった。Ｂ．荘園領主と地頭の二重支配が行われ，その解決策として，下地中分や地頭請が行われた。下地中分…領地を荘園領主と地頭で折半して納める取り決め。地頭請…年貢の徴収・納入を地頭が請け負う取り決め。

問6　土倉／酒屋　土倉は現代の質屋である。室町幕府と結びついていた土倉・酒屋は，一揆の対象としてたびたび襲われた。

問7(1)　ア　Ａは織田信長の楽市令，Ｂは正長の土一揆にまつわる柳生の徳政碑文。　**(2)**　カ　Ｃ(永仁の徳政令・13 世紀)→Ｂ(正長の土一揆・15 世紀)→Ａ(楽市令・16 世紀)

問8　武家諸法度　1615 年，豊臣氏を滅ぼした徳川家康は，徳川秀忠の名で大名を統制するための武家諸法度(元和令)を出し，それ以降将軍が代わるたびに発布された。参勤交代は，三代将軍徳川家光によって，初めて武家諸法度に追加された。

【４】

問1(1)　帝国議会　「協賛を得る」「法律をつくる」から大日本帝国憲法下での帝国議会と判断する。

(2)　ワシントン　1920 年以降は，国際協調と軍備縮小が進められ，ワシントン軍縮会議やロンドン軍縮会議が開かれた。

問2　オ　Ｃ(朝鮮出兵・安土桃山時代)→Ａ(元禄文化・江戸時代)→Ｂ(台湾出兵・明治時代)

問3　エ　Ａ．千島列島は，1875 年の樺太千島交換条約によって，すでに日本領となっていた。Ｂ．旅順や大連は，山東半島ではなく遼東半島にある。

問4　ア　ロシア革命は 1917 年に起きた。イ．ドイツ帝国は 1871 年に成立した。ウ．塩の行進は 1930 年のことである。エ．中国共産党による長征は 1934 年のことである。

問5⑴　ウ　　Ⅱの直前に「民族として独立を尊重し，…」とあることからｃを選ぶ。　⑵　エ　　資料２の後半に「人びとが全く歩調を合わせず」とあることからⅢはｂである。吉野作造が民本主義を唱えていたことからⅣはｄと判断する。
⑶　エ　　A．米騒動が起きたときは，原内閣ではなく寺内正毅内閣であった。原内閣は，米騒動の責任を取って退陣した寺内内閣に代わって組織された。B．普通選挙法の制定は，原内閣ではなく加藤高明内閣で行われた。

問６　イ　　A（柳条湖事件・1931年）→C（五・一五事件・1932年）→B（日独防共協定・1936年）

【５】

問１　ウ　　朝鮮戦争のときのアメリカの大統領はトルーマン大統領である。

問２　人間の安全保障　　さまざまな地球的規模の脅威から人間の生命，身体，安全，財産を守り，すべての人々が人間らしく安心して生きることができる社会を目指す考え方を人間の安全保障という。

問３　エ　　2009年制定の海賊対処法に基づき，ソマリア沖を通過するあらゆる船舶の護衛が可能になった。

問４　エ　　B（1948年）→C（1991年）→A（2001年）

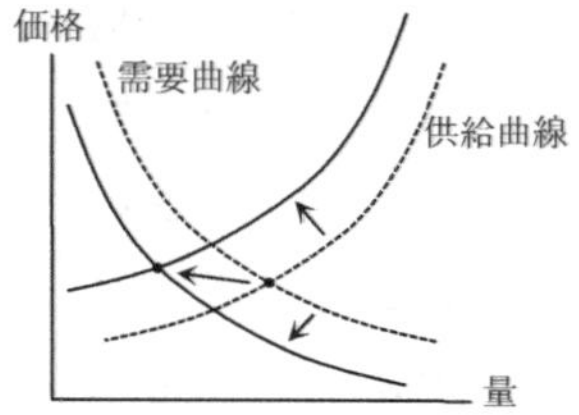

問５⑴　ウ　　デポジットは結果として返金するので金銭的な負荷をかけていない。
⑵　イ　　生産費用が増えると，今までの値段に費用分を上乗せして売りたいので，供給曲線は左上にシフトする。需要が落ち込むと需要曲線は左下にシフトするので，結果として均衡点はイの場所で交わる。

問６　エ　　サプライ＝供給，チェーン＝鎖からも考えられる。オンデマンド…需要があったときに供給すること。受注生産・注文対応など。トレーサビリティ…商品の生産から消費者に届くまでの流通経路を明らかにすること。デジタルデバイド…ＩＣＴの恩恵を受けることができる人と受けることができない人の経済格差。

問７　イ　　主権国家とは，領土・国民・主権の三要素が整った国家形態であり，国連加盟は関係ない。バチカン・コソボ共和国・クック諸島などは国連に加盟していないが主権国家である。

【６】

問１　イ　　日本の大幅な貿易黒字になっているAはアメリカ，日本の貿易赤字になっているCが中国である。

問２　X＝６　Y＝４　Z＝2.5　　A国は60万円の予算でパソコンだけをつくると，60÷10＝６（台）つくれる。B国は20万円の予算で冷蔵庫だけをつくると，80÷20＝４（台）つくれる。よって，（６＋４）÷（２＋２）＝2.5（倍）の生産量になる。

問３　ブロック経済　　イギリス・フランスはブロック経済政策で，アメリカはニューディール政策で世界恐慌を乗り越えようとした。また，ソ連は五か年計画によって世界恐慌の影響をほとんど受けなかった。

問４　イ　　ア．GATTの基本原則は「関税以外の障壁の禁止・関税の廃止と軽減・無差別待遇の確保」である。ウ．鉱工業品分野の関税はウルグアイ・ラウンドによって上限は決められているがゼロではない。エ．実際に非加盟国との貿易も行われている。

問５　ア　　トランプ前大統領が，TPPから離脱を宣言したことで，現在TPP11が発効している。
イ．MERCOSURは，南アメリカ大陸の４か国（ブラジル・アルゼンチン・ウルグアイ・パラグアイ）で構成される。
ウ．ベトナムはASEANに加盟している。エ．EU加盟国でもデンマークなどはユーロを導入していない。

問６　エ　　ASEAN加盟国とはEPAを締結している。また，TPP11・EU加盟国・アメリカ・イギリスなどともEPAを締結している。

問７　ウ　　国土面積の大きい国は，アメリカ・カナダ・オーストラリアであり，ほとんどの年でこの３か国が食料自給率の上位３か国であるが，2015年だけはカナダ＞オーストラリア＞フランス＞アメリカの順である。

問８　サミット　　先進国首脳会議をサミットといい，Ｇ７やG20が開かれている。

滝高等学校

《国　語》

【一】問１．a．栄養　b．活躍　c．隆起　d．沈降　e．縁　問２．エ　問３．Ⅰ．ア　Ⅱ．オ
問４．イ　問５．エ　問６．人工知能がより賢い人工知能を作り出していく過程で人類の知性を超えてしまい、人類がどう扱われるか想像できないという不安。　問７．エ　問８．変化し続ける環境で生物が生き残るためには、自然淘汰によってもたらされる変化が必要で、進化のために死が不可避であるから。

【二】問１．a．動揺　b．崩　c．重篤　d．漕　e．蹴　問２．オ　問３．A．ウ　B．オ　C．エ
問４．エ　問５．ウ，カ　問６．イ　問７．兄が自分からの謝罪を受け入れ、医師としての成長を誓った自分を応援してくれているように感じられ嬉しく思っている。　問８．イ

《数　学》

1　(1)$2\sqrt{3}$　(2)$\frac{3\pm\sqrt{5}}{2}$　(3)②，④　(4)$\frac{8\sqrt{2}}{3}$　(5)144°

2　(1)$a=\frac{1}{3}$　$b=2$　(2)$(-2,\ \frac{4}{3})$　(3)C$(0,\ 10)$　D$(-5,\ \frac{25}{3})$　(4)40

3　(1)15　(2)17　(3)$3\sqrt{34}$

4　(1)6000　(2)150　(3)80，120，200

5　(1)$6\sqrt{3}$　(2)$5\pi-6\sqrt{3}$

6　(1)$-\frac{1}{3}$　(2)$\frac{1}{6}$　(3)$\frac{1}{36}$

《英　語》

【１】〈問題１〉(1)ウ　(2)ウ　(3)イ　〈問題２〉(1)イ　(2)エ　(3)イ　〈問題３〉(1)ア　(2)ア

【２】(1)ウ　(2)イ　(3)ア

【３】(1)ran　(2)stops

【４】(1)without／food　(2)size／of

【５】(1)A．エ　B．カ　(2)A．エ　B．オ　(3)A．ア　B．エ

【６】①(例文)given to children by parents, grandfathers or grandmothers　②(例文)much money we should give

【７】(1)１．to continue　２．telling　３．impressed　４．wearing　(2)ア．only　イ．how　(3)レモネード店の売上金を警察犬用の防弾ジャケット購入費に充てるという計画。　(4)３番目…ask　６番目…to　(5)ウ
(6)イ，オ

【８】(1)自然環境を破壊せず，子どもや孫のためによい状態を保つよう生活すること。　(2)１．ウ　２．イ　３．エ
４．ア　(3)エ　(4)ア．家族　イ．母　(5)ウ，オ，カ

《理　科》

1　(1)X．虹彩　Y．網膜　(2)網膜に達する光の量を調節する。　(3)ア　(4)エ　(5)位置　(6)イ

2　(1)ア　(2)ウ　(3)1012　(4) c　(5)①右図　②右図　(6)イ

2(5)①の図

2(5)②の図

3　(1)電解質　例…NaCl　(2)蒸留　(3)エタノール…63.3　水…50

(4)ア．80　イ．85.1　(5)ウ．質量　エ．体積

(6)①$C_2H_6O+3O_2 \rightarrow 2CO_2+3H_2O$　②$C_6H_{12}O_6 \rightarrow 2C_2H_6O+2CO_2$

4　(1)4.9　(2)60　(3)0.07　(4)0.6　(5)R_6…0.04　電源装置…7.2　(6)R_4…60　R_6…30　(7)16.4

《社　会》

【1】問1．イ　問2．ウ　問3．エ　問4．イ　問5．オ

【2】問1．1．デカン　2．茶　3．ペルシア　4．エルサレム　問2．ウ　問3．E．トルコ　F．イスラエル　問4．A．エ　C．イ　問5．D，E，F　問6．ア　問7．夏の南西からの季節風が西ガーツ山脈に当たり，斜線の地域は降水量が多いから。

【3】問1．ウ　問2．イ　問3．ア　問4．エ　問5．ウ　問6．鑑真　問7．ア　問8．エ

【4】問1．1．高野長英　2．岩倉具視　3．福沢諭吉　問2．イ　問3．①イ　②エ　問4．ウ　問5．ウ　問6．ア

【5】問1．エ　問2．イ　問3．ア　問4．ウ　問5．ア　問6．エ

【6】問1．財政投融資　問2．ウ　問3．ア　問4．イギリス　問5．イ　問6．イ

【7】①カ　②エ　③イ　④オ

2021解説 ＞ 滝高等学校
令和３年度

←解答例は前のページにありますので，そちらをご覧ください。

《2021　国語　解説》

【一】

問２　格助詞「の」が表す意味を見分ける。ＡとＣは、体言の代用になり「こと」と言い換えられる。ＢとＤは連体修飾語を表す。Ｅは主語を表し、「が」と言い換えられる。よって、エが適する。

問３Ⅰ　３行後に「そうでなければ地球はたちまち大腸菌だらけになってしまう」と、［Ⅰ］の前にある内容と似た文があることに注目する。ここにある「そうでなければ」の「そう」が指示するのは、直前の「ほとんどの大腸菌はすぐに死んでしまう」であり、だからこそ、大腸菌の重さが地球の重さを超えることはないのである。よって、アが適する。　　Ⅱ　続く一文が、［Ⅱ］を含む一文を具体的に言い換えていることを手がかりにする。他との関係において成り立つ、ということが読み取れるので、オが適する。

問４　――線部①にある「ろくなことにはならない」とは、続く一文にあるように、大腸菌に変えてもらったとしてもそう長くは生きられないことを表し、「平均余命で考えれば、大腸菌より私たち(＝ヒト)のほうがずっと長生きなのである」。そして、その理由は続く段落で述べている。つまり、「地球の大きさは有限なので」「生きられる生物の量には限界」があり、「定員を超えた分の個体は」「死ななくてはならない」からである。これらの内容をまとめている、イが適する。

問５　「シンギュラリティはすでに起きている」の項にある、それぞれの段落の要点を押さえながら読む。すると、最初の段落で――線部②について、「分裂しなければよい」と一旦解決策を提示している。しかし、続く段落で「子供をつくらないで永遠に生きるというのは無理みたいだ」とその実行が困難であることを述べる。そのうえで、「生物が誕生し、そして生き続けるためには、自然淘汰が必要なのだ」と本文の《結論》につながる話題へと関連づけていく。よって、エが適する。

問６　人々が不安を持つ理由ではなく、それが「どのような不安か」と、不安の具体的な内容を解答することに注意する。８行後の「私たち(＝人類)をはるかに超えた知性を持った人工知能が、私たちをどう扱うか。それがわからない」ことが、この不安の具体的な内容である。これをまとめ、解答の文末に置く。そして、「私たちをはるかに超えた知性を持った人工知能」がどのように出現するのかの説明、つまり、「シンギュラリティ」の過程を説明する内容を加える。

問７　「シンギュラリティ」は、「人工知能が、自分の能力を超える人工知能を、自分でつくれるようになる時点」のことである。それによって人工知能が人間の能力を超える可能性があることに、本文は言及している。この内容を押さえた上で選択肢を見ていく。　ア．「人類の思考が一層進歩して、社会構造も複雑になっていく」とは述べていない。　イ．人類の技術が「完全に消えてしまう」とは述べていない。　ウ．人間同士が将棋を指すのは、娯楽やコミュニケーションのためでもある。だから、人工知能が指せるようになったからといって、人間同士が指す必要がなくなるとは言えない。　エ．――線部④のある段落と、その直後の段落から読み取れる内容と合っている。　オ．「これまでの『ルール』をしっかりと読み解いていく」必要性について、本文では言及していない。

問８　まず、――線部⑤にある「そういう意味」が指示する部分を明らかにする。それを最も端的に言い表したのは、直前にある「死ななければ、生物は生まれなかった～生物は『死』と縁を切ることはできない」という部分である。言い換えると、進化のためには死が不可避である、ということになる。これが――線部⑤の直接の理由にあたるため、「から（ので、ため）。」を付け、解答の末尾に置く。次に、なぜ進化のためには死が不可避であるのかを読み取る。それは、同じ段落にあるように、「死ななくては、自然淘汰が働かない」ため、つまり、自然淘汰を働かせるためである。さらに、なぜ自然淘汰が必要なのかを、一つ前の段落の内容もふまえて読み取る。それらを解答としてまとめる。

【二】

問２　「嗚咽《おえつ》」とは、むせび泣くこと。声をつまらせて泣く様子なので、オが適する。

問４　直前に「その話を、しに来たんだ」とあり、隆治《りゅうじ》は「これまで一度も(両親と)話したことのない、死んだ兄の話」をしようとして、――線部①のような様子になったのである。そして、続く部分に「言っていいのかどうかも、自信がなかった」とあり、隆治はその話題を出すことをためらっている。よって、エが適する。

問５　直前にある「若い男の医者と看護婦」の会話を聞き、父は――線部②のようになったのである。具体的には、「さっき運ばれてきたあの少年」(息子のことだと考えられる)が「無理ですよ」と断言されるような状態であること、つまり、死に直面していること(カ)、また、医者が「明日ゴルフだから」と少年の命よりも自分の楽しみを気にかけていること(ウ)を聞いて、強いショックを受けたのである。カの「この大病院なら」は、「市立病院だ、あの一番大きいところだ」という父の会話から推察できる。

問６　続く部分にある、隆治の考えや心情を述べた段落を手がかりにする。兄の死因がアナフィラキシーショックであると知った隆治は、医師としての経験から兄が死に至った経緯を推察する。そして、当時の医療の状況を考えた上で、「でも、そんなことを言っても仕方がないのだ。兄は三〇年前に生まれ、三〇年前を生きたのだ」と兄の死を理解し、受け入れる。この様子から、イのような理由が読み取れる。

問７　隆治が兄に語りかけた「すごい医者になる」「本当に、ごめんな。兄ちゃん」を手がかりにする。――線部④の直前に「一条の風が吹き、隆治の頬を撫《な》でた」とあり、隆治はその「一条の風」が兄からの返答であると感じ、それを嬉しく思う気持ちが――線部④につながっている。風の様子から、兄からの返答はどのようなものであると隆治が感じたのかを考え、解答としてまとめる。

問８　それぞれの----線部の前後の文脈を丁寧にたどり、選択肢を吟味する。　ア．「お母さんとポットを見比べて、母も年をとったなという～しみじみとした気持ち」を表現しているわけではない。　イ．直前で隆治が「兄ちゃんのこと……」と言い、両親が「母は表情を変えた。父は動かなかった」という様子であることから、適する。　ウ．直前の「『～ちくしょう！　ふざけるな！』父はコップを畳に叩《たた》きつけた」は、「怒りを必死で抑え込んでいる」様子ではない。　エ．「隆治の前向きな心情」につながるのは、次に出てくる「一条の風」である。
オ．「なんとか感じ取ろうという強い意志」は描かれていない。不意に自分のことを助けてくれるかのように吹いた風、自分の思いを受け止め涙をぬぐってくれるかのように吹いた風に、兄を感じたのである。　カ．「お墓の中にいて身動きが取れなくなっている兄の悲しさ」を伝える表現は本文に見られない。

――《2021　数学　解説》――

1　(1)　与式＝$(\sqrt{7}-\sqrt{5})\times\sqrt{3}(\sqrt{7}+\sqrt{5})=\sqrt{3}(\sqrt{7}+\sqrt{5})(\sqrt{7}-\sqrt{5})=\sqrt{3}(7-5)=2\sqrt{3}$

(2)　与式より，$x^2-3x+1=0$　　2次方程式の解の公式より，$x=\dfrac{-(-3)\pm\sqrt{(-3)^2-4\times1\times1}}{2\times1}=\dfrac{3\pm\sqrt{5}}{2}$

(3)　①A組の中央値が4.5点なので，高い方から20番目と21番目の点数の和が$4.5\times2=9$(点)であることに間違いはないが，20番目が6点，21番目が3点ということもあり得るから，正しくない。

②高い方から20番目と21番目の点数が右表のような場合，上位20名を入れ替えても，2クラスの中央値が変わらない。よって，正しい。

	A組	B組
高い方から20番目	5点	5点
高い方から21番目	4点	5点

③B組40名の平均値がx点だとすると，A組の最高点と最低点の平均値がx点より高ければ，その2名を加えた42名の平均値はx点より高くなる。よって，正しくない。

④A組の高い方から20番目が10点だと，21番目が0点でも中央値は4.5点よりも高くなってしまうので，20番目は10点ではない。19番目までの点数は中央値に影響しないので，19番目までが10点ということはあり得るか

ら，正しい。

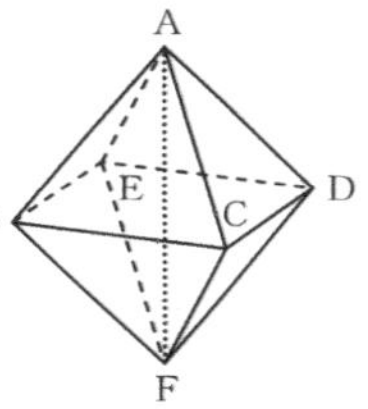

⑷　**【解き方】正八面体は右図のように合同な正四角すいを２つ合わせた立体だから，体積は，底面が正方形ＢＣＤＥで高さがＡＦの角すいの体積と等しい。**

正方形ＢＣＤＥの面積は２×２＝４，△ＡＣＦが直角二等辺三角形だから，

$AF=\sqrt{2}AC=2\sqrt{2}$　　よって，体積は，$\frac{1}{3}\times 4\times 2\sqrt{2}=\frac{8\sqrt{2}}{3}$

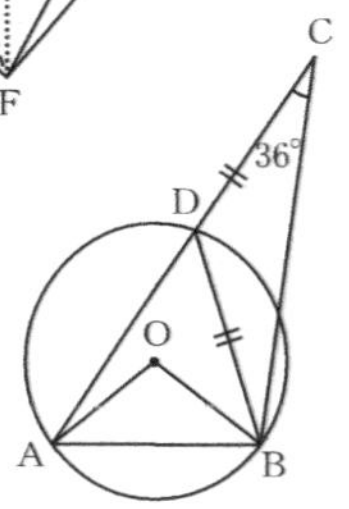

⑸　△ＢＤＣはＢＤ＝ＣＤの二等辺三角形だから，∠ＤＢＣ＝∠ＤＣＢ＝36°

三角形の外角の性質より，∠ＡＤＢ＝∠ＤＣＢ＋∠ＤＢＣ＝36°＋36°＝72°

中心角は，同じ弧に対する円周角の２倍の大きさだから，

∠ＡＯＢ＝２∠ＡＤＢ＝２×72°＝144°

2　⑴　$y=ax^2$のグラフはＢを通るから，$x=3$，$y=3$を代入すると，$3=a\times 3^2$より，$a=\frac{1}{3}$

$y=\frac{1}{3}x+b$のグラフはＢを通るから，$x=3$，$y=3$を代入すると，$3=\frac{1}{3}\times 3+b$より，$b=2$

⑵　**【解き方】$y=\frac{1}{3}x^2$と$y=\frac{1}{3}x+2$を連立させて解く。**

yを消去して，$\frac{1}{3}x^2=\frac{1}{3}x+2$　　$x^2-x-6=0$　　$(x-3)(x+2)=0$　　$x=3,\ -2$

$x=3$はＢのx座標だから，Ａのx座標は$x=-2$で，y座標は$y=\frac{1}{3}\times(-2)^2=\frac{4}{3}$である。$A\left(-2,\ \frac{4}{3}\right)$である。

⑶　**【解き方】平行四辺形ＡＢＣＤにおいて，ＡとＤの位置関係と，ＢとＣの位置関係は同じである。**

Ｂのx座標は３なので，ＣはＢから左に３，上にいくつか進んだ位置にある。したがって，ＤはＡから左に３，上にいくつか進んだ位置にあるので，Ｄのx座標は，$-2-3=-5$である。

$y=\frac{1}{3}x^2$に$x=-5$を代入すると，$y=\frac{1}{3}\times(-5)^2=\frac{25}{3}$となるから，$D\left(-5,\ \frac{25}{3}\right)$である。

ＤはＡから左に３，上に$\frac{25}{3}-\frac{4}{3}=7$進んだ位置にあるので，ＣはＢから左に３，上に７進んだ位置にある。

よって，Ｃのy座標は$3+7=10$だから，$C(0,\ 10)$である。

⑷　**【解き方】平行四辺形ＡＢＣＤの面積は，△ＡＢＣの面積の２倍である。右の「座標平面上の三角形の面積の求め方」を利用する。**

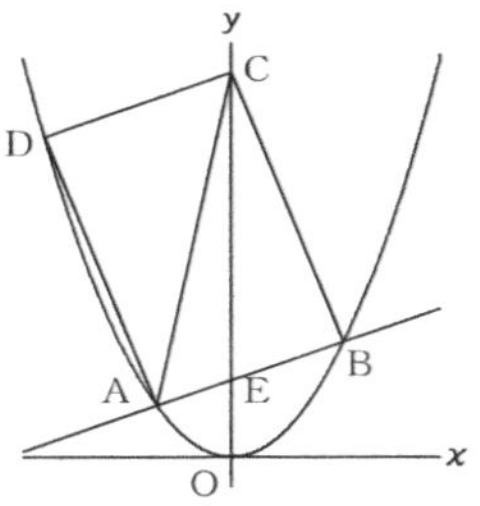

直線ＡＢとy軸との交点をＥとすると，$E(0,\ 2)$，

$CE=10-2=8$だから，

$\triangle ABC=\frac{1}{2}\times CE\times$(ＡとＢの$x$座標の差)＝

$\frac{1}{2}\times 8\times\{3-(-2)\}=20$

よって，平行四辺形ＡＢＣＤの面積は，$20\times 2=40$

座標平面上の三角形の面積の求め方

下図において，△ＯＰＱ＝△ＯＰＲ＋△ＯＱＲ＝△ＯＭＲ＋△ＯＮＲ＝△ＭＮＲだから，

△ＯＰＱの面積は以下の式で求められる。

$\triangle OPQ=\frac{1}{2}\times OR\times$(ＰとＱの$x$座標の差)

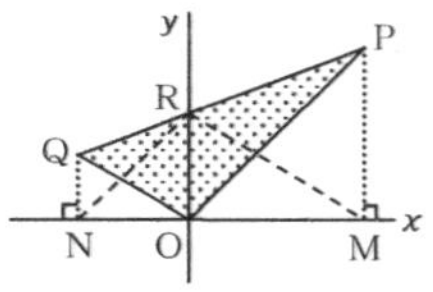

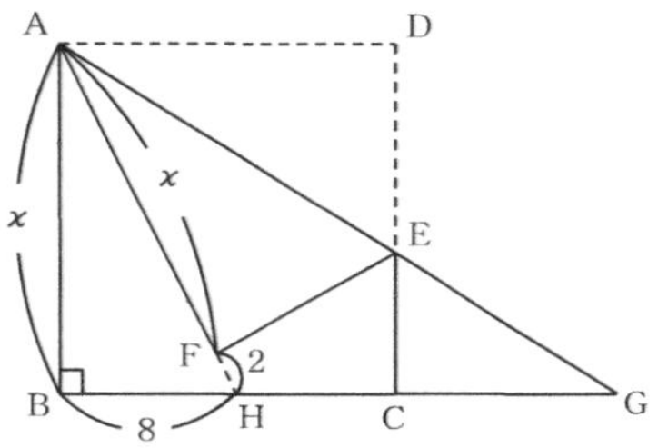

3　⑴　**【解き方】正方形ＡＢＣＤの１辺の長さをxとおく。△ＡＢＨにおいて三平方の定理を利用して，xの方程式を立てる。**

$AF=AD=x$だから，$AB^2+BH^2=AH^2$より，

$x^2+8^2=(x+2)^2$　　$x^2+64=x^2+4x+4$　　$4x=60$

$x=15$　　よって，正方形ＡＢＣＤの１辺の長さは15である。

⑵　**【解き方】平行線の錯角を利用して二等辺三角形を見つける。**

ＡＤ//ＢＧで，平行線の錯角は等しいから，∠ＤＡＥ＝∠ＡＧＨ

折り返したとき重なるから，∠ＤＡＥ＝∠ＦＡＥ

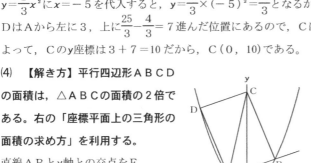

したがって，△ＡＨＧは二等辺三角形だから，ＧＨ＝ＡＨ＝15＋２＝17

(3)　**【解き方】ＤＥの長さを求め，△ＡＤＥにおいて三平方の定理を利用してＡＥの長さを求める。**

ＡＤ//ＢＧより△ＡＤＥ∽△ＧＣＥで，相似比は，ＡＤ：ＧＣ＝ＡＤ：(ＢＨ＋ＧＨ－ＢＣ)＝15：(８＋17－15)＝３：２　したがって，ＤＥ：ＣＥ＝３：２だから，ＤＥ＝$\frac{3}{3+2}$ＤＣ＝$\frac{3}{5}\times 15=9$

よって，ＡＥ＝$\sqrt{\mathrm{AD}^2+\mathrm{DE}^2}=\sqrt{15^2+9^2}=3\sqrt{34}$

4　(1)　**【解き方】100ｇを超えた分の料金は，134－112＝22(ｇ)で14160－8880＝5280(円)である。**

100ｇを超えた分の料金は１ｇあたり5280÷22＝240(円)である。

112ｇだと8880円だから，100ｇの料金は，8880－240×(112－100)＝6000(円)

(2)　100ｇを超えた分の料金が18000－6000＝12000(円)になればよいから，求める重さは，100＋12000÷240＝150(ｇ)

(3)　**【解き方】Ａ社，Ｂ社それぞれについて，xｇ買ったときと料金をy円としてyをxの式で表し，それらを連立方程式として解く。ただし，Ａ社は$0<x\leqq 100$と$x\geqq 100$で２つの式を求めることに注意する。**

Ａ社において，100ｇ以下の場合の１ｇあたりの料金は6000÷100＝60(円)だから，$0<x\leqq 100$のとき，$y=60x$…①

$x\geqq 100$のとき，$y=6000+240(x-100)=240x-18000$…②

Ｂ社において，$y=ax^2$とする(ａは比例定数)。この式に$x=100$，$y=7500$を代入すると，

$7500=a\times 100^2$より，$a=\frac{3}{4}$　　したがって，Ｂ社では，$y=\frac{3}{4}x^2$…③

①，③からyを消去すると，$\frac{3}{4}x^2=60x$　　$x^2-80x=0$　　$x=0$，80　　$0<x\leqq 100$より，$x=80$

②，③からyを消去すると，$\frac{3}{4}x^2=240x-18000$　　$x^2-320x+24000=0$　　$(x-120)(x-200)=0$

$x=120$，200　　これらはどちらも$x\geqq 100$を満たす。

よって，求める重さは，80ｇ，120ｇ，200ｇである。

5　(1)　**【解き方】右のように作図するとＯのまわりに合同な６つの三角形が集まっているように見えるので，そのことを確認する。**

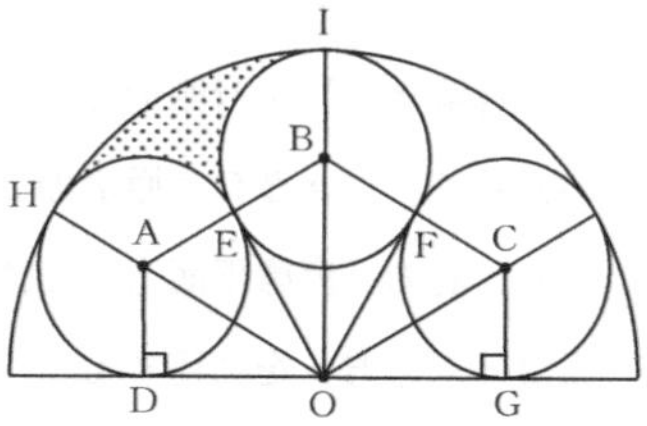

Ｈを通る半円Ｏの接線と，Ｈを通る円Ａの接線は重なり，ＯＨとＡＨはともにその接線と垂直だから，ＯＨとＡＨは重なる。したがって，ＯＡの長さは(半円Ｏの半径)－(円Ａの半径)である。

ＯＢ，ＯＣについても同様なので，ＯＡ＝ＯＢ＝ＯＣである。

二等辺三角形ＯＡＢにおいてＥはＡＢの中点だから，ＡＢ⊥ＯＥである。同様に，ＢＣ⊥ＯＦである。

よって，６つの三角形ＯＡＤ，ＯＡＥ，ＯＢＥ，ＯＢＦ，ＯＣＦ，ＯＣＧは合同だから，∠ＡＯＢ＝$180°\times\frac{2}{6}=60°$

したがって，△ＯＡＢは正三角形であり，△ＯＡＥは３辺の比が１：２：$\sqrt{3}$の直角三角形である。

ＡＥ：ＡＯ＝１：２より，ＡＨ：ＡＯ＝１：２だから，ＯＡ＝ＯＨ$\times\frac{2}{3}=3\sqrt{6}\times\frac{2}{3}=2\sqrt{6}$

ＯＥ＝$\frac{\sqrt{3}}{2}$ＯＡ＝$\frac{\sqrt{3}}{2}\times 2\sqrt{6}=3\sqrt{2}$だから，△ＯＡＢ＝$\frac{1}{2}\times$ＡＢ×ＯＥ＝$\frac{1}{2}\times 2\sqrt{6}\times 3\sqrt{2}=6\sqrt{3}$

(2)　**【解き方】(おうぎ形ＯＩＨの面積)－(おうぎ形ＡＥＨの面積)－(おうぎ形ＢＩＥの面積)－△ＯＡＢで求める。(1)をふまえる。**

おうぎ形ＯＩＨの面積は，$(3\sqrt{6})^2\pi\times\frac{60°}{360°}=9\pi$　　おうぎ形ＡＥＨとおうぎ形ＢＩＥは合同で，半径が$2\sqrt{6}\times\frac{1}{2}=\sqrt{6}$，中心角が$180°-60°=120°$だから，面積は，$(\sqrt{6})^2\pi\times\frac{120°}{360°}=2\pi$

よって，斜線部分の面積は，$9\pi-2\pi\times 2-6\sqrt{3}=5\pi-6\sqrt{3}$

6　(1)　ａ＝４，ｂ＝３，ｃ＝２，ｄ＝－３となるから，$a+bx=c+dx$より，

$4+3x=2-3x$　　$6x=-2$　　$x=-\frac{1}{3}$

(2)　**【解き方】**$a+bx=c+dx$をxについて解くと，$x=\dfrac{c-a}{b-d}$となる。

Wの目が素数のとき，$x=\dfrac{c-a}{b-(b+1)}=a-c$，Wの目が素数ではないとき，$x=\dfrac{c-a}{b-(-b)}=\dfrac{c-a}{2b}$となる。

どちらの場合でも$x=0$となるのは，$a=c$のときである。

$a=c$になる確率を求めるので，ＹとＷの目は影響を与えないから，ＸとＺの出方だけを考える。

ＸとＺの目の出方は全部で，$6\times6=36$(通り)ある。そのうち$a=c$となる出方は，２つの目が同じになるときだから，２つとも１～６が出る場合の６通りある。よって，求める確率は，$\dfrac{6}{36}=\dfrac{1}{6}$

(3)　**【解き方】(2)をふまえ，Wの目が素数のときと素数でないときで場合を分けて考える。**

Wの目が素数のとき，$x=a-c=4$となるのは，(Ｘの出た目，Ｚの出た目)＝(5，1)(6，2)の場合(２通り)であり，Wの目が素数になるのは２，３，５の３通りある。したがって，$x=a-c=4$となるＸ，Ｚ，Wの目の出方は，$2\times3=6$(通り)ある。

Wの目が素数ではないとき，$x=\dfrac{c-a}{2b}=4$となる出方を考える。$\dfrac{c-a}{2b}=4$より$c=a+8b$であり，このようになる出方は存在しない。

以上より，$x=4$となるかどうか考えるとき，Ｙの目(bの値)は影響を与えないから，Ｘ，Ｚ，Wの目だけを考える。Ｘ，Ｚ，Wの目の出方は全部で，$6\times6\times6=216$(通り)あり，条件に合う出方は全部で６通りある。

よって，求める確率は，$\dfrac{6}{216}=\dfrac{1}{36}$

―《2021　英語　解説》―

【1】

〈問題１〉(1)　Ｍ「疲れているみたいだね，メアリー。大丈夫？」→Ｗ「レポートを書かなくてはいけなくて，昨日の晩はあまり寝ていないの」→Ｍ「少し休んだ方がいいよ」→Ｗ「そうしたいけど，今夜は数学のテスト勉強をしなきゃならないわ」の流れより，ウ「メアリーは今夜数学を勉強する」が適当。

(2)　Ｍ「やあ，ジュディ。久しぶりだね？」→Ｗ「ええ。たしか，３年ぶりかしら？」→Ｍ「うん，そのくらい経つよね？今までどうしてた？」→Ｗ「元気だったわ。あなたは？」→Ｍ「就職したよ」の流れより，ウ「男性は長い間ジュディに会っていなかった」が適当。

(3)　Ｗ「次の方，どうぞ」→Ｍ「Journey to Marsのチケットを２枚お願いします。次の回は何時に始まりますか？」→Ｗ「６時 30 分ですが，チケットが１枚しか残っていません。９時の回までお待ちいただけますか？」→Ｍ「それなら結構です。また別の機会に来ます」の流れより，イ「男性は別の日に映画を見ることにした」が適当。

〈問題２〉【放送文の要約】参照。　**(1)**　質問「男性はいつロビンソンズに電話しましたか？」

(2)　質問「男性はいつこのレストランで夕食をとるでしょうか？」

(3)　質問「会話について正しいのはどれですか？」…イ「男性はスタッフに自分の名前のつづりを伝えた」が適当。

【放送文の要約】

スタッフ　：はい，ロビンソンズです。

ジェイミー：こんにちは。明日の夜，４人用のテーブルは空いていますか？

スタッフ　：何時がよろしいですか？

ジェイミー：８時か８時 30 分ごろがいいです。

スタッフ　：少々お待ちください…。明日は大変混み合っておりまして，７時 30 分か９時でしたら可能です。

ジェイミー：ああ，ではそれでかまいません。７時 30 分にしてください。

スタッフ　：お名前をお願いします。

ジェイミー：ジェイミーです。

スタッフ　：J，A…？

ジェイミー：(3)イM，I，Eです。

スタッフ　：わかりました。では，４人用のテーブルを明日１月21日の夜７時30分にご用意いたします。

ジェイミー：(1)イあれ，今日は20日ですか？勘違いしました。(2)エ予約したいのは明後日です。

スタッフ　：少々お待ちを…。あ，それでしたら８時30分にご用意できます。

ジェイミー：よかったです！ありがとうございます。

ナレーター：１時間後。

（電話の呼び出し音）

スタッフ　：はい，ロビンソンズです。

ジェイミー：こんにちは。先ほど，４人用のテーブルの予約の電話をした者です。６人に変更することは可能でしょうか？

スタッフ　：お名前をお願いします。

ジェイミー：ジェイミーです。

スタッフ　：８時30分の，４人用のテーブルですね。では，６時に変更されますか？

ジェイミー：すみません，そうではありません。６名に変更できますか？

スタッフ　：ああ，わかりました。失礼いたしました。それは問題ありません。広いお席に変更できますが，キッチンの近くになります。よろしいですか？

ジェイミー：かまいません。時間も変更できますか？少し遅らせてもらえますか？

スタッフ　：ええと，…はい，可能です。(2)エ９時はいかがでしょう？

ジェイミー：(2)エかんぺきです，ありがとうございます！

〈問題３〉【放送文の要約】参照。

(1)　質問「スーザンの家はどこですか？地図から適当な場所を選びなさい」…駅の北口から出て，デイビッドが通った道を進んだ場所にあるアが適当。

(2)　質問「会話と地図から言えることは何ですか？」…ア「コーヒーショップとＡＢＣスーパーマーケットは同じ通りにある」が適当。デイビッドが見つけたコーヒーショップは地図のウであり，スーパーマーケットと同じ通りにある。

【放送文の要約】

エミリー　：あら，デイビッド。昨晩はなぜパーティーに来なかったの？あなたが来ると思って一晩中待っていたのよ。

デイビッド：やあ，エミリー。行こうとしたんだよ！君が教えてくれた通りに行ったけど，ケイティの家を見つけることができなかったんだよ。

エミリー　：そんなはずないわ！まったく同じ道を行って，私はパーティーに行くことができたもの。話は変わるけど，ケイティの家じゃなかったわ。スーザンの家だったわ。

デイビッド：ああ，そうだ。スーザンの家だね。とはいえ，僕は正しい道を進んだはずだよ。(1)ア出口から，道の反対側にスーパーマーケットが見えるまで西に進んだよ。その角を右折して１区画進んだ。（目的地は）左折して２区画進んだ場所の右側のはずだよね。そこには（目的地ではなく）コーヒーショップがあったんだ。

エミリー　：うーん…。おかしいわね。聞く限りではかんぺきなのに。待って，わかったわ！あなたは南口から出たのね？

デイビッド：うん。

エミリー　：ああ，ごめんなさい。(1)ア私が教えたのは北口からの行き方だったの。

【３】

(1)　・run down「（水，涙などが）流れ落ちる」　・run out of ～「～を使い果たす」

(2)　・stop「駅／停留所」　・stop「（雨などが）やむ／中断する／止まる」

【4】

⑴ if there is no ～「もし～がなければ」は without ～「～なしで」とほぼ同じ意味である。

⑵ half as large as ～「～の半分と同じくらい大きい」は half the size of ～「～の半分の大きさ」とほぼ同じ意味である。

【5】

⑴ How about something a little more expensive for Mary's birthday present?： -thing で終わる単語は後ろに修飾する語句を置く。 ・How about ~?「～はどうですか？」 ・a little＋比較級「少し…」

⑵ We would like to make our daily lives free from worry.：・make＋もの＋状態「(もの)を(状態)にする」 ・daily lives「日常生活」 ・free from ～「～のない／～に悩まされない」

⑶ Is it OK if I come and see how you are?：間接疑問文だから，how のあとは肯定文の語順にする。 ・Is it OK if ~?「～してもいいですか？」

【6】

① 「お年玉とは，(例文)両親や祖父や祖母から子どもに与えられる新年のお祝いのお金です」…お年玉を説明する内容にする。例文は〈過去分詞＋語句〉で後ろから名詞(＝money)を修飾する形で「～される○○」を表している。

② 「それに，私たちは通常，小さな子どもよりも大きな子どもにより多くのお金をあげるから，(例文)いくらあげるべきか考えるだけでも本当に頭が痛いのよ」…例文は間接疑問文だから，how much money のあとが肯定文の語順になっている。

【7】 【本文の要約】参照。

⑴1 ・encourage＋人＋to ～「(人)が～するように励ます」 2 ・was/were＋~ing「～していた」(過去進行形の文) 3 ・be impressed「感動する／感心する」 4 ・○○《名詞》＋~ing《現在分詞》＋語句「～している○○《名詞》」

⑵ア ・not only A but also B「A だけでなく B も」 イ ・how＋形容詞／副詞＋主語＋動詞「～がいかに…か」

⑶ 直前の4文を日本語でまとめる。「～という計画」の形で答えればよい。

⑷ She had to ask her friends to help her at the lemonade stand....：・have to ～「～しなければならない」 ・ask＋人＋to ～「(人)に～するよう頼む」

⑸ ア「ステファニーのアイデアを気に入り彼女のために防弾ジャケットを作った」，イ「警察犬のために防弾ジャケットを買うのは無意味だと思った」，エ「彼女のアイデアに賛成だったが，その計画を実行するには彼女は若すぎると思った」はいずれも不適当。

⑹ ア「ステファニーは動物が大好きだったので，×両親は彼女に獣医になってほしかった」 イ○「ステファニーの両親は，彼女が動物に興味を持つように手を尽くした」 ウ×「ステファニーは政府に，警察犬のための防弾ジャケットを買う手助けをしてくれるよう頼んだ」…本文にない内容。 エ「ステファニーは×レモネードスタンドで警察犬用の防弾ジャケットを100着買うのに十分なお金を手に入れた」 オ○「ステファニーの努力のおかげで多くの警察犬が以前よりも安全に働くことができている」 カ×「ステファニーは獣医にレモネードを販売するために車を買った」…本文にない内容。

【本文の要約】

ステファニー・テイラーは，アメリカのオーシャンサイド出身の12歳の女子学生です。彼女は動物が大好きです。いつもヒヨコ，子犬，子猫を危険から守ろうとします。彼女はまた，けがをした動物の手当てもします。⑹イもちろん両親は彼女が努力を1続けること(＝to continue)を応援し，彼女のそばで手伝いました。彼らはステファニーに，動物園やテレビでやる動物ショーをすべて見る機会を与えました。ステファニーはよく，誕生日やクリスマスに，動物の本やＣＤ，百科事典をもらいました。

ある晩，ステファニーと父親はテレビでニュースを見ていました。ニュースキャスターは，警察の手助けをしていて死んだある警察犬の物語を2伝えていました(＝was telling)。スモーキーという勇敢なその犬は，拳銃を持った強盗のあとを追っていました。その強盗はスモーキーを銃で撃ち，銃弾がスモーキーに当たったのです。しかしスモーキーは，警察がその強盗を捕まえるまで，彼の足をつかんで離しませんでした。そのニュースはステファニーを悲しませたアだけでなく（＝not only），その警察犬は死ななくてもよかったのではないか，と考えさせました。そこで彼女は地元の警察署に，なぜその犬は防弾ジャケットを着ていなかったのかと尋ねるために，電話をしました。その地元の警察署の警官は電話で彼女と話した時，3感激しました（＝was impressed）。彼はその電話を，警察犬を扱う特殊な部署に回しました。彼女は，その警察の部署には，警察犬のために防弾ジャケットを買うお金がなかったことを知りました。防弾ジャケット1着で800ドル以上したのです。

ステファニーは防弾ジャケットのためにお金を作ろうと決めました。彼女はいいアイデアを思いつきました。レモネードスタンドを始めたのです。彼女は放課後レモネードを売り，お金を貯めました。彼女は自分の計画について人々に知らせるための看板を立てました。人々は彼女の計画がイどんなに（＝how）素晴らしいかを知り，すぐに多くの人がステファニーのレモネードを買いにやってきました。彼女は友達にレモネードスタンドを手伝ってくれるよう頼まなければならないほどで，1か月経たないうちに最初の800ドルを売り上げました。彼女はそれを警察犬の部署に送り，警察はそのお金で最初の防弾ジャケットを購入しました。警察は彼女に最初のジャケットを4着ている（＝wearing）犬の写真を送りました。彼女はスタンドにその写真を飾りました。

報道陣は彼女の活動に興味を持つようになりました。ステファニーは全ての大手新聞の一面に載りました。彼女はまた，複数のテレビ番組にも出ました。アメリカ中の人々が⑸ウ彼女を支援したいと思い，それは大きな社会活動に発展しました。ステファニーは国中から多額のお金を受け取るようになりました。⑹オそのお金で，彼女は約100匹の警察犬のジャケットを買うことができました。

ステファニーは政府から，彼女の努力に対する感謝の手紙を受け取りました。彼女は今，新しい計画で大忙しです。それは，移動しながら病気やケガの動物たちに医療を提供する移動式獣医車です。

【8】　【本文の要約】参照。

⑴　下線部①の具体的な内容は直後の文で説明されている。

⑶　下線部②の直後の３文と一致するエが適当。

⑷ア　最後の段落４～５行目の the earth takes care of us like a peaceful family より，「家族」が適当。

イ　最後の段落５行目の the earth is like our mother より，「母」が適当。

⑸　ア「デイビッド・スズキは自然に関するテレビ番組を×数多くプロデュースしたのでカナダで有名になった」
イ×「『The Nature of Things』はブリティッシュコロンビア州のバンクーバーで視聴されているテレビ番組だ」…本文にない内容。　ウ○「地球温暖化と環境を守る方法は，デイビッド・スズキが長年論じてきた問題点である」
エ「デイビッド・スズキは×受けた賞のおかげで多くの国々でよく知られている」　オ○「デイビッド・スズキは2004年のテレビ番組で，カナダの歴史上最も偉大な人物の５人のうちのひとりに選ばれた」　カ○「デイビッド・スズキは今や地球温暖化と戦うには高齢であるため，私たちが彼のように戦うべきである」　キ「デイビッド・スズキは×長年地球温暖化との戦いをひとりで主導してきたので，彼の環境に関する見解は独自のものである」

【本文の要約】

もしあなたがカナダ人に，野生の生物や環境について語る最も有名な人物は誰かと聞いたら，多くのカナダ人はデイビッド・スズキの名前を答えるでしょう。デイビッド・スズキとは誰でしょう？デイビッド・スズキは1936年生まれで，カナダで長年有名なテレビの司会を務めた男性です。彼は喜劇役者でもニュースキャスターでもありませんが，自然についてのテレビ番組の司会を務めました。

デイビッド・スズキが司会を務めたそのテレビ番組は，The Nature of Things と呼ばれていました。それはカナダのテレビ番組で，彼は野生の生物と環境について多くのことを私たちに教えてくれました。⑸ウ彼は私が小さいころに覚えた人のひとりで，地球温暖化と私たちがいかにして環境を守らなければいけないかについて話してくれました。彼は持続可能な生活について話してくれました。これは，自然環境を破壊せず，子どもや孫のために良い状態を保つよう生活することを意味しています。

デイビッド・スズキはブリティッシュコロンビア州のバンクーバーで生まれました。彼の名字からわかるかもしれませんが，彼は日系人です。1ウデイビッド・スズキの祖父母が日本からカナダに移住したので，スズキは日系カナダ人3世です。2イデイビッド・スズキの家族は，カナダに住んでいる日系カナダ人にとって，とても大変な時期に暮らしていました。しかし父親は，幼少期からデイビッド・スズキに自然美について教えていました。3エ父親はよくデイビッド・スズキをキャンプに連れて行き，その経験を通してデイビッド・スズキは環境に興味を持ちました。4アそれで，環境はデイビッド・スズキの人生の仕事になったのです。

デイビッド・スズキが環境について語ると，カナダのだれもが彼の話を聞きます。(5)ウ彼は地球温暖化についての大変強い意見を持つことで有名で，長い間環境を害する企業と戦ってきました。これらはデイビッド・スズキが1980年代から論じてきた問題点です。彼には独自の見解があり，それらの問題について考えている多くの人々が彼を支持しています。彼は多くのカナダ人に影響を与えています。デイビッド・スズキは長い白髪と白いあごひげとめがねで知られています。私の世代の多くのカナダ人にとって，デイビッド・スズキは祖父のような存在なのです。

デイビッド・スズキのテレビショーは他の 40 以上の国々でも見られているので，彼は多くの国でよく知られています。彼はまた，環境のために行った偉大な仕事のために，名声と賞をたくさん得ました。(5)オデイビッド・スズキは2004年，今までで最も偉大なカナダ人についてのテレビ番組で５位にランクされました。

(5)カデイビッド・スズキは今や高齢になり，地球温暖化と戦うための指導者を務めるのは難しくなりました。ですから私たちがデイビッド・スズキの代わりに地球温暖化と戦い続けなければいけません。私たちはまた，デイビッド・スズキが教えてくれた考えを忘れてはいけません。英語では，地球は Mother Earth（母なる大地）と呼ばれます。これは，私たちがみな地球から生まれ，地球は平和な(4)ア家族のごとく私たちの世話をしてくれるからです。つまり，地球は私たちの(4)イ母親のようなものなのです。ですから，デイビッド・スズキが「私たちは母親の世話をする必要がある」と言うように，それは，自分の母親を世話するのと全く同じように重要なのです。

《2021　理科　解説》

1 (3) ア○…近い所を見るときにはレンズの厚みを厚くし，焦点距離を短くして，網膜に像を作る。

(4) エ○…毛様体筋がゆるむとその円周が大きくなるので，チン小帯が引っ張られて，レンズの厚みがうすくなる。スマートフォンを使用するときなど，近いところを長時間見るとき，毛様体筋が縮み続けて目が疲れる。このようなときには，遠くを見る時間を作ることで毛様体筋がゆるみ，目の疲れを和らげることができる。

(5) 魚類やヘビなどの目のレンズは球形をしていて，厚さを変えることができない。このため，レンズの位置を変えることで，ピントを合わせている。

(6) イ○…ウマは瞳孔が横長になる。これは，横方向からの光を幅広く取り入れて(視野を広くして)外敵が近づくのを察知しやすくするためである。

2 (1) ア○…Ｂの中心付近の気圧が1020hPaよりも低い1000hPaになっているので，Ａが高気圧，Ｂが低気圧だとわかる。

(2) ウ○…北半球では，風は高気圧から時計回りに吹き出し，低気圧へ反時計回りに吹きこむので，Ｘ地点では，北西の風が吹く。冬の西高東低の気圧配置のとき，シベリア気団(高気圧)から吹き出す風が日本付近では北西の季節風になるのと同様である。

(3) 等圧線は４hPaごとに描かれ，20hPaごとに太い線で描かれるので，Ｙの気圧は1012hPaである。

(4) ｃ○…等圧線の間隔が狭いほど，気圧の変化が大きいので，風が強くなる。

(5) 冬の天気図を見てみよう。太平洋側が晴れ，日本海側が雪の天気記号になっていることが多い。

(6)　イ○…①富士山山頂は気圧が低いので，ふもとから持っていったお菓子の袋の中の気圧は，周囲の気圧よりも高くなってふくらむ。　④ガラス窓の屋内側の空気が冷やされて露点に達し，結露する。

3　(1)　電解質の化学式は，塩化ナトリウム($NaCl$)の他に，塩化水素(HCl)，水酸化ナトリウム($NaOH$)など，水に溶けるとその水溶液が電気を通す物質であればよい。

(2)　蒸留を利用して，原油からガソリンや灯油などを取り出している。

(3)　質量パーセント濃度が 50%のエタノール水溶液 100 g に含まれるエタノールは 100×0.5＝50(g)，水は 100－50＝50(g)である。表の密度の値を使って，必要なエタノールの体積は$\frac{50}{0.79}$＝63.29…→63.3 ㎤，水の体積は50 ㎤となる。

(4)　ア．質量パーセント濃度が80%だから，水溶液の質量が 100 g のとき，エタノールの質量は 80 g である。

イ．80%のエタノール水溶液 100 ㎤の質量は 0.84×100＝84(g)だから，エタノールの質量は 84×0.8＝67.2(g)であり，体積は$\frac{67.2}{0.79}$＝85.06…→85.1 ㎤となる。

(6)　①有機物を燃焼させるときは，反応前の物質と酸素(O_2)から二酸化炭素(CO_2)と水(H_2O)ができる化学反応式をかく。この化学反応式では，エタノール(C_2H_6O)の係数をxとして C の数に着目すると二酸化炭素の係数が２x，Hの数に着目すると水の係数が３xとなるので，最後にO_2の係数をyとしてOの数に着目すると，x＋２y＝４x＋３xより，y＝３xとなるので，$C_2H_6O + 3O_2 \rightarrow 2CO_2 + 3H_2O$ となる。　②　分解の化学反応式をかくときは，反応前の物質が２種類以上に分かれる。この問題では，グルコースとエタノールの３種類の原子の数を比べると，グルコース($C_6H_{12}O_6$)はエタノール(C_2H_6O)２個に C２個と O４個を加えたものだとわかる。したがって，二酸化炭素(CO_2)は２個できるので，$C_6H_{12}O_6 \rightarrow 2C_2H_6O + 2CO_2$となる。

4　(1)　〔電流(A)＝$\frac{電圧(V)}{抵抗(\Omega)}$〕より，電流は$\frac{2.8}{40}$＝0.07(A)となり，回路全体の抵抗は 30＋40＝70(Ω)となるので，〔電圧(V)＝抵抗(Ω)×電流(A)〕より，電源装置の電圧は 70×0.07＝4.9(V)となる。

(2)　回路全体の抵抗が大きくなるほど，Dを流れる電流の大きさは小さくなる。R_3の抵抗が大きいほど回路全体の抵抗が大きくなるので，R_3の位置に入れた抵抗は 60Ωである。

(3)　並列つなぎの部分の合成抵抗をRとすると，並列つなぎのR_1，R_2の抵抗から〔$\frac{1}{R}=\frac{1}{R_1}+\frac{1}{R_2}$〕が成り立つので，$\frac{1}{R}=\frac{1}{30}+\frac{1}{40}$より，R＝$\frac{120}{7}$(Ω)となる。したがって，回路全体の抵抗は$\frac{120}{7}$＋60＝$\frac{540}{7}$(Ω)となるので，5.4÷$\frac{540}{7}$＝0.07(A)となる。

(4)　R_5を流れる電流は 0.02Aだから，30×0.02＝0.6(V)となる。

(5)　(4)より，R_9の電圧も 0.6V，R_7の電圧は 60×0.02＝1.2(V)だから，R_5，R_7，R_9の電圧の合計は 0.6＋1.2＋0.6＝2.4(V)となる。これはR_6の電圧と等しいので，R_6の電流は$\frac{2.4}{60}$＝0.04(A)となる。したがって，R_4(R_8)の電流は 0.02＋0.04＝0.06(A)となる。電源装置の電圧は並列つなぎのR_6，R_5，R_7，R_9の部分とR_4とR_8の電圧の合計だから，2.4＋(40×0.06)×２＝7.2(V)となる。

(6)(7)　電源装置の電圧が最大値を示すのは，直列つなぎの抵抗をできるだけ大きくし，並列つなぎの抵抗をできるだけ小さくしたときである。R_4とR_8の抵抗を最も大きい 60Ωにし，R_5，R_7，R_9の抵抗の合計が残った抵抗の中で最も大きくなるように 60Ω，40Ω，40Ωにする。また，並列つなぎのR_6は最も小さい 30Ωにする。このとき，R_5，R_7，R_9の抵抗の合計は 60＋40＋40＝140(Ω)，並列部分の電圧は 140×0.02＝2.8(V)，R_6の電流は$\frac{2.8}{30}$Aだから，R_4とR_8の電流は$\frac{2.8}{30}$＋0.02＝$\frac{3.4}{30}$(A)となる。したがって，R_4とR_8の電圧はそれぞれ 60×$\frac{3.4}{30}$＝6.8(V)となるので，電源装置の電圧は 6.8×２＋2.8＝16.4(V)となる。

―《2021　社会　解説》―

【１】

問１　鹿児島は豚の飼育頭数が日本一だから，イを選ぶ。アは宮崎，ウは北海道，エは熊本。

問２　ウを選ぶ。静岡県富士市で製紙・パルプ業が盛んである。Bはイ，Cはエ，Dはアがあてはまる。

問３　アは石油製品の輸出が盛んな千葉港，イは小型軽量な集積回路などの輸出が盛んな関西国際空港，ウは輸出額が最も高く，自動車関連の輸出が盛んな横浜港と判断できるので，三河港はエを選ぶ。

問４　イを選ぶ。Dは野菜の産出額が高いから，近郊農業や抑制栽培の盛んな関東・東山と判断する。Aはエ，Bはア，Cはウがあてはまる。

問５　オが正しい。副業的農家は割合が増加しているC，面積の広い北海道は，経営耕地規模が大きいXと判断する。Aは主業農家，Bは準主業農家。

【２】　Aはインド，Bはスリランカ，Cはバングラデシュ，Dはサウジアラビア，Eはトルコ，Fはイスラエル。

問１⑴　デカン高原では，イギリス(インドを植民地支配していた)向け綿花の単一栽培地域が発達した。

⑶　ペルシャ湾岸には世界最大のガワール油田などがある。

問２　ウ．新期造山帯のアルプス・ヒマラヤ造山帯に属する。

問４Ａ　エ．インド国民の 70%以上がヒンドゥー教徒である。

Ｃ　イ．バングラデシュ国民の約90%がイスラム教徒である。

問５　Ａ(インド)より西に位置するＤ(サウジアラビア)，Ｅ(トルコ)，Ｆ(イスラエル)を選ぶ(右図参照)。

問６　鉄鋼生産は中国が全体の半分を占めるので，アを選ぶ。イは自動車，ウは綿花，エは米。

問７　季節風(モンスーン)は，夏は海洋から大陸に向かって吹く。大量の湿気を含んだ夏の南西季節風は，標高の高い山脈にぶつかって雨を多く降らせる。

【３】

問１　古墳時代のウが正しい。アは弥生時代，イは平安時代，エは縄文時代。

問２　Ｂのみ誤りだからイを選ぶ。京都の祇園祭は，疫病・災厄の除去を祈った祇園御霊会を始まりとする。

問３　飛鳥時代のアが正しい。イとエは平安時代，ウは室町時代。

問４　エの奈良時代の墾田永年私財法が誤り。律は刑罰に関するきまり，令は政治のしくみや租税などに関するきまりで，ア・イ・ウは令である。

問５　Ａのみ誤りだからウを選ぶ。東大寺の大仏は主に銅で作成された。

問６　鑑真は，正式な僧になるために必要な戒律を授けるための戒壇を東大寺に設けた。

問７　アを選ぶ。平安時代の『源氏物語絵巻』は大和絵の代表作である。イは鎌倉時代の『蒙古襲来絵詞』，ウは室町時代の『月次風俗図屏風』，エは鎌倉時代の『一遍上人絵伝』。

問８　エ．Ｂ．朝鮮半島から医博士が来日した(一段落)→Ｃ．医者…を育成する仕組みがとりいれられました(二段落)→Ａ．　日本人による医学書がつくられるようになります(四段落)

【４】

問１⑴　渡辺崋山と高野長英は，モリソン号事件を批判して蛮社の獄で弾圧された。　⑵　岩倉使節団は，不平等条約改正の予備交渉に失敗したため，欧米の進んだ政治や産業を学び，２年近く欧米を歴訪した。　⑶　福沢諭吉の開いた蘭学塾が，その後慶応義塾(慶応義塾大学)と改名された。また，『学問のすすめ』の作者としても知られる。

問２　イ．アメリカのハリスは，日米修好通商条約の締結にあたって，アロー戦争とインド大反乱を引き合いにし，イギリスが日本に出兵する可能性をほのめかして大老井伊直弼に圧力をかけた。

問３①　イが正しい。日米修好通商条約は，アメリカの領事裁判権を認め，日本に関税自主権がないなど，日本にとって不平等なものであった。

問４　ウが誤り。日本の資本主義の父といわれた渋沢栄一は，富岡製糸場設立に尽力し，第一国立銀行や大阪紡績会社などの設立を進めた。ビタミンを研究しビタミンＢ１を発見したのは鈴木梅太郎。

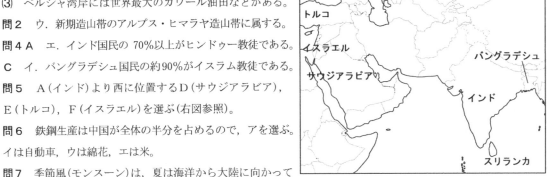

問5　ウ．B．鹿鳴館の完成(明治時代前半)→A．日英通商航海条約の調印(明治時代後半)→C．シベリア鉄道の完成(大正時代)

問6　アが誤り。ヨーロッパを主戦場とした第一次世界大戦(1914～1918)が始まると，日英同盟を理由に連合国側に参戦した日本は，連合国に向けて軍需品を大量に輸出し，輸出が輸入を上回る好景気(大戦景気)となった。当初，不介入・中立の立場をとったのはアメリカであった。

【5】

問1　エが正しい。　ア．「国連児童基金」ではなく「国連教育科学文化機関」である。　イ．「国連総会」ではなく「安全保障理事会」である。　ウ．国際司法裁判所は国家間の争いを裁く裁判所でオランダのハーグにある。

問2　イを選ぶ。　ア．結婚できる年齢は民法に定められており，2022年の改正によって男女ともに18歳になる。ウ．被選挙権年齢は公職選挙法に定められている。　エ．高校生の深夜アルバイトは労働基準法で禁止されている。

問3　ア．「人生最後のあり方」が尊厳死，「自分自身で決めることができる」が「自己決定権」にあたる。

問4　ウが誤り。資産公開法により，国民の監視と批判のもとに置くため，政治家の資産は公開されている。

問5　アを選ぶ。団結権は，団体交渉権・団体行動権(労働基本権)とともに社会権として保障されている。イは日本国憲法に規定されていない新しい人権。ウは自由権，エは平等権。

問6　エが誤り。最高裁判所は，市が行った地鎮祭の目的は世俗的であり，宗教活動にあたらないので政教分離の原則に違反していないと判決を下した。

【6】

問2　ウが正しい。2017 年度の医療・年金の合計額は，社会保障費全体の額の$\frac{394195+548349}{1202443}\times 100=78.3\cdots$(%)。ア．2014 年の年金の額は減少している。　イ．2008 年度から 2017 年にかけての増加率は，社会保障費全体の額が(1202443－958441)÷958441×100＝25.4…(%)，医療の額が(394195－308654)÷308654×100＝27.7…(%)，年金の額が(548349－493777)÷493777×100＝11.0…(%)。よって，医療の額の増加率は，社会保障費全体の額よりも高い。　エ．表に国債の額の情報はなく，社会保障費全体の額の財源を読み取ることはできない。

問3　アが正しい。　イ．国庫支出金の説明である。地方交付税交付金は使いみちが限定されていない。　ウ．最も地方税収入が多い東京都は，地方交付税交付金を交付されていない。　エ．地方交付税交付金は，地方財政の格差を是正するために国から交付される依存財源なので，返済義務はない。

問4　第二次世界大戦後のイギリスで「ゆりかごから墓場まで」の社会福祉政策のスローガンが掲げられた。

問5　イが正しい。　ア．共済年金に加入するのは国家公務員や地方公務員。　ウ．少子化が進むと年金の保険料を支払う人が減るので，保険料は増額される。　エ．国民年金よりも，厚生年金の方が収支はよい傾向である。

問6　イが正しい。　ア．市役所の職員の数を増やすと，人件費が増える。　ウ．市立図書館を増やすと，管理費や運営費が増える。　エ．残業代の支払いが増える。

【7】

①　AとCのみ誤りだからカを選ぶ。　A．労働組合の結成やストライキを行う権利などについて定めているのは労働組合法。労働基準法は労働条件の最低基準を定めている。　C．外国人労働者の賃金水準は日本人正規労働者よりも低く，不景気のときは雇用調整の影響を受けやすい。

②　BとCのみ誤りだからエを選ぶ。　B．日本銀行の公開市場操作では，好景気のとき，国債を売却して市場に出回る通貨の量を減らす売りオペレーションを行う。不景気のとき，国債を購入して市場に出回る通貨の量を増やす買いオペレーションを行う。　C．政府の財政政策は，不景気のときは，減税を行い，公共投資を増やす。

③　Cのみ誤りだからイを選ぶ。「消費者契約法」ではなく「製造物責任法(PL法)」である。

④　Aのみ誤りだからオを選ぶ。「ナショナルブランド」ではなく「プライベートブランド(PB)」である。ナショナルブランドは，商品の企画から製造までをメーカーが行う商品である。

2020 解答例
令和2年度

滝高等学校

《国　語》

【一】問1．a．半端　b．知見　c．削　d．素朴　e．連綿　問2．Ⅰ．ア　Ⅱ．オ　Ⅲ．イ
問3．A．ウ　B．イ　問4．ロシアの教育が幅広い知性と教養を身につけさせるのに対し、日本の教育は主に受験や就職のための実用的な情報を身につけさせるから。　問5．どんな人間 ～ 受けている
問6．判断や行動 ～ ルゴリズム　問7．エ　問8．X．ウ　Y．イ　Z．オ

【二】問1．a．露骨　b．泡　c．弾　d．儀式　e．交　問2．Ⅰ．順風満帆　Ⅱ．自暴自棄
問3．ア　問4．エ　問5．生まれ落ち　問6．家族でさえも苦しみに気づいてくれないことに憤りを覚え、抑えていたいらだちが言葉となって表れてしまった様子。　問7．自分の容姿を隠すことによって、居場所のない現実から目をそらすため。

《数　学》

1　(1) $\frac{1}{8}$　(2) $(a-b)(a^2-2a-2b)$　(3) $x=3\pm\sqrt{14}$　(4) $\frac{5}{12}$　(5) $x=46$　$y=25$

2　(1) $\begin{cases} x+y=29 \\ 3x+2y=65 \end{cases}$　(2) $x=7$，$y=22$

3　(1) $\sqrt{3}$　(2) $y=\frac{\sqrt{3}}{3}x+\frac{2\sqrt{3}}{3}$　(3) $\frac{2\sqrt{3}}{3}\pi$

4　(1) $\frac{1}{2}a^2-3a$　(2) 8　(3) $\frac{32}{5}$

5　(1) 15°　(2) 45°　(3) $\frac{5+3\sqrt{3}}{2}$　(4) $\frac{\sqrt{6}+3\sqrt{2}}{2}$

6　(1) $\frac{32}{3}\pi$　(2) 8π

《英　語》

【1】〈問題1〉(1)ア　(2)ア　(3)エ　〈問題2〉(1)ウ　(2)イ　(3)エ　〈問題3〉(1)ウ　(2)イ　(3)ア　(4)エ　(5)ウ

【2】(1)won　(2)lives　(3)meant

【3】(1)dying　(2)use　(3)in〔別解〕at　(4)save

【4】エ，カ

【5】(1)A．イ　B．エ　(2)A．ア　B．イ

【6】①I think that it will take much time.　②The next bus will come in fifteen minutes.

【7】(1)ア　(2)エ　(3)need humans to take care of them　(4)ウ　(5)ロボットがいつか人間の教師に代わって子供を教えること。　(6)オ　(7)イ，カ

【8】(1)エ　(2)had a long life　(3)ウ　(4)1．ウ　2．イ　3．カ　4．エ　5．オ　6．ア　(5)オ

《理　科》

1　(1)あまり高温にならない　(2)(エ)　(3)408　(4)(カ)　(5)鉄…血液〔別解〕赤血球　カルシウム…骨
(6)カップめんなど，高カロリーだが栄養素の偏りが大きい食品が多く流通しているから。

2　(1)4　(2)地球型惑星　(3)ア．体積／質量／半径 などから1つ　イ．密度　(4)(ウ)　(5)(ア)

3　(1)たたくと薄く広がる。／引っぱるとのびる。　(2)Na^{+}，Zn^{2+}，Ag^{+}，Ca^{2+}　(3)①$CuCl_2 \rightarrow Cu^{2+} + 2Cl^{-}$
②$Cu^{2+} + 2e^{-} \rightarrow Cu$　(4)①$2Cu + O_2 \rightarrow 2CuO$　②黒　③方法…炎の内側に当てる。　理由…炎の内側は酸素が不足し，還元作用があるから。　(5)①3.2　②Cu_2O

4　(1)(a)つりあう　(b)大きい　(2)(ウ)　(3)800　(4)①2000000　②1000000　③50

《社　会》

【1】問1．①焼畑(農業)　③地中海式農業　問2．ゲル　問3．ウ，エ　問4．カ
問5．D．オ　E．ア　F．キ　問6．アンデス

【2】問1．1．多摩　2．地方中枢　問2．エ　問3．ウ　問4．年齢の高い人が増加してきたため，エレベーターのない古い建物では暮らしにくくなってきた。　問5．イ　問6．ア

【3】問1．ウ　問2．ウ　問3．X．エ　Y．ア　Z．ウ　問4．エ　問5．イ　問6．共和

【4】問1．1．関白　2．楠木正成　問2．ア　問3．エ　問4．イ　問5．イ　問6．1．ア　2．エ

【5】問1．1．人間の安全保障　2．ア　問2．ア　問3．エ　問4．イ，ウ　問5．ビッグデータ

【6】問1．エ　問2．ウ　問3．ウ　問4．ベンチャー　問5．イ　問6．55億円　問7．エ

【7】1．オ　2．キ　3．イ　4．カ

←解答例は前ページにありますので，そちらをご覧ください。

《2020　国語　解説》

【一】

著作権に関係する弊社の都合により本文を非掲載としておりますので、解説を省略させていただきます。ご不便をおかけし申し訳ございませんが、ご了承ください。

【二】

問３　樹里は、「アースビレッジ仲間の一人で、同じ中二の女の子」「シッカと同様に、国籍の異なる両親を持つ」「二重国籍を持つ」など、「自分と似た境遇の持ち主」で、この日のように「いろいろな相談のできる頼りになる友人ではある」。しかしシッカは、「学校で～茶色い肌や巻き毛などの特徴的な外見をからかわれて」いる自分と、「ほんのりエキゾチックで綺麗《きれい》な顔立ちをしている樹里」を比べて、「いいとこどりじゃん、なんて、見ていると胸がちくっとすることがある」。―― 線部①の「そういったところも」は、直前の「家だって、都内一等地の大きな一戸建てに住んでいるお金持ち」「樹里パパは～娘にひそかに英才教育をしているのかもしれない」などを指す。シッカは、容姿だけでなく、そういった環境についても自分と樹里を比べてしまう。そして、樹里が自分よりも「容姿や環境の面で恵まれているように思えて、もやもやとしたわだかまりを感じている」と思われる。その気持ちが、「同じハーフなのに、シッカと違って順風満帆な友だちに、弱みを見せたくない。つまらないプライドかもしれないけど」などから読み取れる。よってアが適する。

問４　―― 線部②の「トモちゃんと呼ばれて曖昧に笑っている自分や、巧《たくみ》に言い返すこともできずにうつむいている自分」という部分は、「学校での自分の振る舞いに納得がいか」ないことや「周囲からの扱われ方にも惨めな気持ちになる」ことを表している。だからといって、「半分《ハーフ》。混合《ミックス》。二重《ダブル》～どの呼び方も、シッカにはしっくりこない。クラスメートにトモちゃんと呼ばれるのと同じで、心のどこかで『そんなの、あたしじゃない』と感じる。でもそれなら〈あたし〉はどこにいる？　どんな名前で呼ばれて、どう感じるのが自分らしいということなのだろう～考えれば考えるほど、わからなくなる。自画像なんて描いても描かなくても、自分のすがたを、シッカは知らないのかもしれない」とあるように、シッカ自身「どのような状態であれば自分らしいと言えるのかも分からず」、「もう一人の自分が教室の天井から見ているみたい」な、「心の拠《よ》り所を持て」ない心境にある。よってエが適する。

問５　「れっきと」とは、出どころが明らかで確かな様子。シッカのパパは、シッカのことを「おまえはれっきとした日本人」だと言うが、シッカは「れっきとした日本人だなんてよく言えるよね」と反感を抱いている。また、「シッカは日本で生まれた日本の子だ」が、「故郷《ホーム》のはずのここで居場所のない自分」を感じているし、「シッカはほかのクラスメートたちと違う」と思っている。シッカにとって、「ほかのクラスメートたち」こそ「れっきとした日本人」（＝「普通の日本人の子」）なのだ。つまり、「生まれ落ちたときに『フツウ』を与えられ、自分と同じ髪と目の色をした大勢の『フツウ』に囲まれていて、疑うことなく、ためらうことなく、薄橙色《うすだいだいいろ》に肌を塗って自画像を描けるあの子たち」のような人が「れっきとした日本人」だとシッカは見ている。

問６　「溶岩」とは、地下の深いところにあるマグマが、噴出して流れ出たもの。シッカが今まで抑えていたいら立ちを一気に言葉にして吐き出したことをたとえている。「サンバのせいで嫌なことを言われるかもしれないって自覚はあるんだ～そこまでわかるのに、シッカの気持ちだけ、わからないのか」「優しく教えさとすような口調に、シッカはひどくイラッとする」「シッカの悩みは～ブラジルなんかにはない。いま、ここ、目の前にしかない」「パパもママも何もわかっていない」「これまで、大声を上げてキレたこともほとんどないし、傷つけようとして母親を傷つけたこともない」などから、シッカのこれまで我慢してきた苦しみや抑えてきた憤りを読み取ることができる。

問７　――線部⑤の直後に「鏡がキライなのと自分が嫌いなのは、たぶん同じことだ。朝の身支度をするときも、お風呂のときも、自室でも、極力鏡を見ないようにしている。鏡は現実を突きつけてくる。いまのシッカが見たくないものを……」とある。鏡は、肌の色も髪の色も目の色も「普通の日本人の子」とは違う自分の容姿を映し、ここには自分の居場所がないという現実を突きつけてくる。その現実から目をそらすため、鏡にベールをかけるのだ。

《2020　数学　解説》

1　(1)　与式$=6xy^2\div(-27x^3y^3)\times\frac{9}{4}x^4y^2=-\frac{6xy^2\times9x^4y^2}{27x^3y^3\times4}=-\frac{1}{2}x^2y$

ここで，$x=\frac{3}{2}$，$y=-\frac{1}{9}$を代入すると，$-\frac{1}{2}\times(\frac{3}{2})^2\times(-\frac{1}{9})=-\frac{1}{2}\times\frac{9}{4}\times(-\frac{1}{9})=\frac{1}{8}$

(2)　与式$=a^2(a-b)-2(a^2-b^2)=a^2(a-b)-2(a+b)(a-b)=(a-b)\{a^2-2(a+b)\}=$
$(a-b)(a^2-2a-2b)$

(3)　与式より，$6x^2-2x+3x-1-37x-29=0$　　$6x^2-36x-30=0$　　$x^2-6x-5=0$

２次方程式の解の公式より，$x=\frac{-(-6)\pm\sqrt{(-6)^2-4\times1\times(-5)}}{2\times1}=\frac{6\pm\sqrt{56}}{2}=\frac{6\pm2\sqrt{14}}{2}=3\pm\sqrt{14}$

(4)　素数とは，１とその数自身のみを約数にもつ自然数である。引き方は樹形図より，全部で$4\times3=12$(通り)ある。そのうち，できた２桁の整数が素数となるのは，樹形図の☆印の５通りなので，求める確率は，$\frac{5}{12}$である。

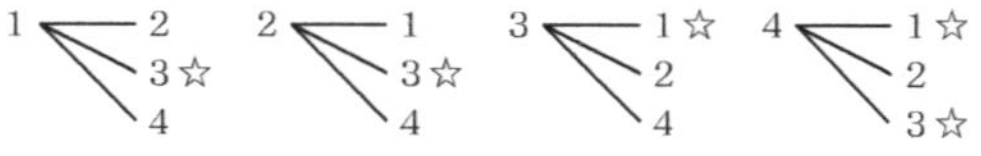

(5)　ＡＢとＣＤとの交点をＥとする。△ＯＢＣはＯＢ＝ＯＣの二等辺三角形なので，
$\angle$ＯＣＢ＝$\angle$ＯＢＣ＝44°だから，$\angle$ＢＯＣ$=180-44-44=92$(°)である。
$\overset{\frown}{BC}$について，円周角の定理より，$\angle x=\frac{1}{2}\angle$ＢＯＣ$=46$(°)
△ＡＣＥについて，外角の性質より，$\angle y=71-46=25$(°)

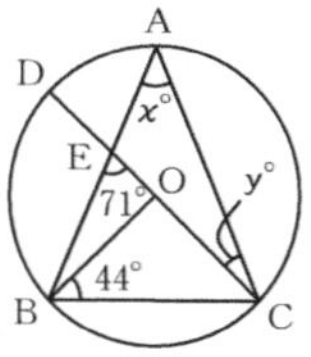

2　(1)　計画時点での大人と子供の人数の合計は29人だから，$x+y=29$…①

計画時点での大人と子供の入場料の合計は，$600\times x+400\times y=600x+400y$(円)である。子供が５人増えて$(y+5)$人になると，グループ割引が適用されて，入場料の合計が$\{600x+400(y+5)\}\times(1-\frac{20}{100})=$
$(600x+400y+2000)\times\frac{4}{5}=480x+320y+1600$(円)となる。これが計画より1000円安いので，
$480x+320y+1600=600x+400y-1000$　　$120x+80y=2600$　　$3x+2y=65$…②

(2)　(1)の解説より，②－①×２でyを消去すると，$3x-2x=65-58$　　$x=7$
①に$x=7$を代入すると，$7+y=29$　　$y=22$

3　(1)　Ｐ，Ｑのx座標を求めるために，$y=ax^2$と$y=a$を連立させると，$ax^2=a$
$a\neq0$より，$x^2=1$　　$x=\pm1$　　Ｐのx座標は負なので，$x=-1$，Ｑのx座標は$x=1$である。右のように作図すると，ＯＨ＝(ＯとＱのx座標の差)＝１であり，
△ＯＱＨは，３辺の長さの比が$1:2:\sqrt{3}$の直角三角形とわかるので，
ＱＨ$=\sqrt{3}$ＯＨ$=\sqrt{3}$である。よって，Ｑのy座標は$y=\sqrt{3}$だから，$a=\sqrt{3}$

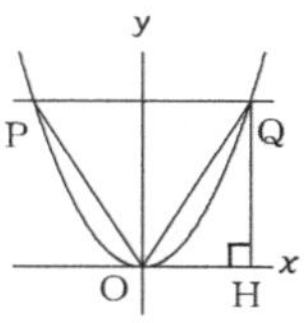

(2)　Ｑを通り△ＯＰＱの面積を２等分する直線は，ＯＰの中点を通る。ＰとＱはy軸に対して対称な点であり，

Q(1，$\sqrt{3}$)なので，P(−1，$\sqrt{3}$)である。よって，OPの中点をMとすると，Mの座標は，
$\left(\dfrac{(\text{OとPの}x\text{座標の和})}{2}，\dfrac{\text{OとPの}y\text{座標の和}}{2}\right)=\left(\dfrac{-1+0}{2}，\dfrac{\sqrt{3}+0}{2}\right)=\left(-\dfrac{1}{2}，\dfrac{\sqrt{3}}{2}\right)$である。
直線ℓの式を$y=mx+n$とする。Qを通るので，$\sqrt{3}=m+n$，Mを通るので，$\dfrac{\sqrt{3}}{2}=-\dfrac{1}{2}m+n$が成り立つ。
これらを連立方程式として解くと，$m=\dfrac{\sqrt{3}}{3}$，$n=\dfrac{2\sqrt{3}}{3}$が成り立つので，直線ℓの式は，$y=\dfrac{\sqrt{3}}{3}x+\dfrac{2\sqrt{3}}{3}$

(3) これまでの解説をふまえる。△OPQが正三角形だから，∠OMQ＝90°なので，
1回転させてできる回転体は，右図のように，半径がMO，高さがMQの円すいと，
半径がMO，高さがMRの円すいをあわせた立体なので，体積は，

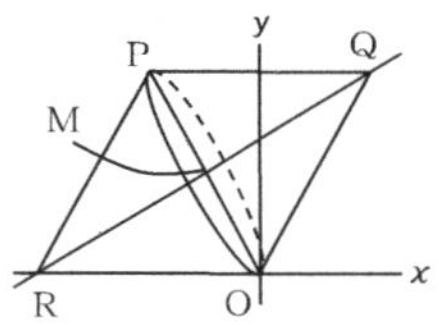

$\dfrac{1}{3}\times MO^2\pi\times MQ+\dfrac{1}{3}\times MO^2\pi\times MR=\dfrac{1}{3}\times MO^2\pi\times(MQ+MR)=\dfrac{1}{3}\times MO^2\pi\times QR$
で求められる。△OPQの1辺の長さは$1\times2=2$なので，$MO=2\times\dfrac{1}{2}=1$，$MQ=\sqrt{3}MO=\sqrt{3}$
△PQM≡△ORMだから，$QR=2MQ=2\sqrt{3}$
以上より，求める体積は，$\dfrac{1}{3}\times1^2\pi\times2\sqrt{3}=\dfrac{2\sqrt{3}}{3}\pi$である。

4 (1) $BF=BC-FC=a+6-6=a$，$EB=AB-AE=a-6$なので，
$\triangle EBF=\dfrac{1}{2}\times BF\times EB=\dfrac{1}{2}\times a\times(a-6)=\dfrac{1}{2}a^2-3a$

(2) △DEF＝(四角形ABCDの面積)−△EBF−△ADE−△CDFから，aについての方程式をたてる。
四角形ABCDの面積は，$AB\times BC=a\times(a+6)=a^2+6a$，$\triangle ADE=\dfrac{1}{2}\times AD\times AE=\dfrac{1}{2}\times(a+6)\times6=3a+18$，$\triangle CDF=\dfrac{1}{2}\times CF\times DC=\dfrac{1}{2}\times6\times a=3a$である。
よって，$38=a^2+6a-\left(\dfrac{1}{2}a^2-3a\right)-(3a+18)-3a$　　$38=\dfrac{1}{2}a^2+3a-18$　　$\dfrac{1}{2}a^2+3a-56=0$
$a^2+6a-112=0$　　$(a+14)(a-8)=0$　　$a=-14,\ 8$　　$a>6$より，$a=8$である。

(3) $a=8$として，右図のように作図し，AH＝AI−IHで求める。

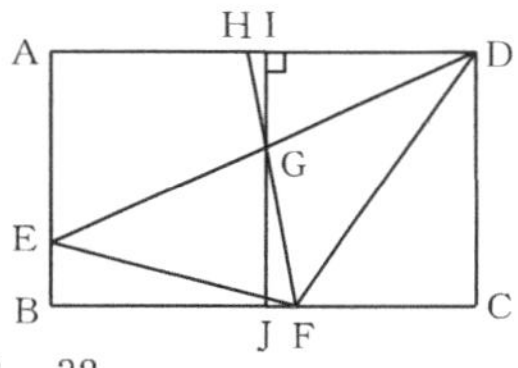

$AD=8+6=14$であり，AE//IGで，GはDEの中点だから，中点連結定理より，
$AI=\dfrac{1}{2}AD=7$，$IG=\dfrac{1}{2}AE=3$である。AD//BCより，△IHG∽△JFG
であり，$JF=JC-FC=7-6=1$，$JG=8-3=5$なので，
$IH:JF=IG:JG$　　$IH:1=3:5$　　$IH=\dfrac{3}{5}$　　よって，$AH=7-\dfrac{3}{5}=\dfrac{32}{5}$である。

5 (1) 折って重なる角だから，∠DFE＝∠DAE＝75°である。DF⊥BCだから，∠BFD＝90°である。
よって，∠EFC＝180−(90＋75)＝15(°)である。

(2) 折って重なる辺だから，$FD=AD=\sqrt{3}$である。よって，$BF:FD=1:\sqrt{3}$より，△BDFは3辺の長さの比が，$1:2:\sqrt{3}$の直角三角形である。したがって，∠DBF＝60°であり，△ABCについて，内角の和は180°だから，∠ACB＝180−(60＋75)＝45(°)である。

(3) 右のように作図し，BC＝BG＋CGで求める。DF//AGより，△BDF∽△BAG
なので，△BAGは3辺の長さの比が$1:2:\sqrt{3}$の直角三角形である。

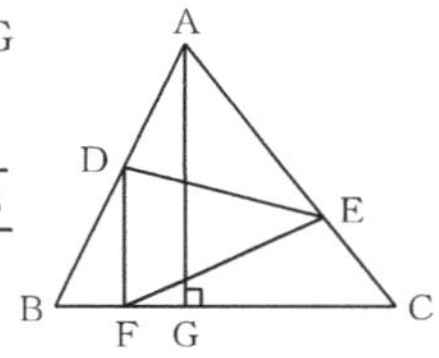

$AB=AD+DB=\sqrt{3}+2$より，$BG=\dfrac{1}{2}AB=\dfrac{\sqrt{3}+2}{2}$，$AG=\sqrt{3}BG=\dfrac{3+2\sqrt{3}}{2}$
△ACGはAG＝CGの直角二等辺三角形なので，$CG=AG=\dfrac{3+2\sqrt{3}}{2}$
したがって，$BC=\dfrac{\sqrt{3}+2}{2}+\dfrac{3+2\sqrt{3}}{2}=\dfrac{5+3\sqrt{3}}{2}$

(4) 右のように作図し，AE＝AC−ECで求める。(3)の解説より，$AC=\sqrt{2}CG=\dfrac{2\sqrt{6}+3\sqrt{2}}{2}$である。∠ADE＝(180−30)÷2＝75(°)より，△EADはEA＝EDの二等辺三角形だとわかるので，$AI=\dfrac{1}{2}AD=\dfrac{\sqrt{3}}{2}$である。

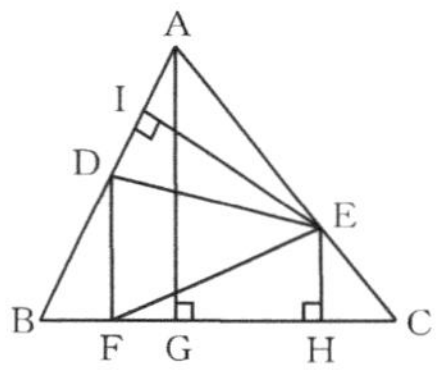

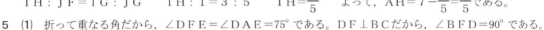

また，∠ＦＥＨ＝180－(90＋15)＝75(°)なので，△ＡＥＩと△ＥＦＨについて，

∠ＡＩＥ＝∠ＥＨＦ＝90°，ＡＥ＝ＥＦ(折って重なる辺)，∠ＥＡＩ＝∠ＦＥＨ＝75°より，△ＡＥＩ≡△ＥＦＨ

よって，$EH=AI=\frac{\sqrt{3}}{2}$であり，△ＨＥＣはＥＨ＝ＣＨの直角二等辺三角形なので，$EC=\sqrt{2}EH=\frac{\sqrt{6}}{2}$

したがって，$AE=\frac{2\sqrt{6}+3\sqrt{2}}{2}-\frac{\sqrt{6}}{2}=\frac{\sqrt{6}+3\sqrt{2}}{2}$である。

6 (1) 立方体ＡＢＣＤ－ＥＦＧＨに内接している球は，立方体の各面の対角線の交点で，立方体と接している。３点Ａ，Ｃ，Ｆを通る平面で立方体を切ると，切り口は右図の△ＡＣＦとなる。３点Ｉ，Ｊ，ＫはそれぞれＡＣ，ＡＦ，ＦＣの中点であり，これは立方体と球との接点である。△ＡＣＦは正三角形だから，３点Ａ，Ｃ，Ｆを通る平面で球を切ると，球の切り口は右図のように，△ＡＣＦに内接する半径がＯＩの円となる。

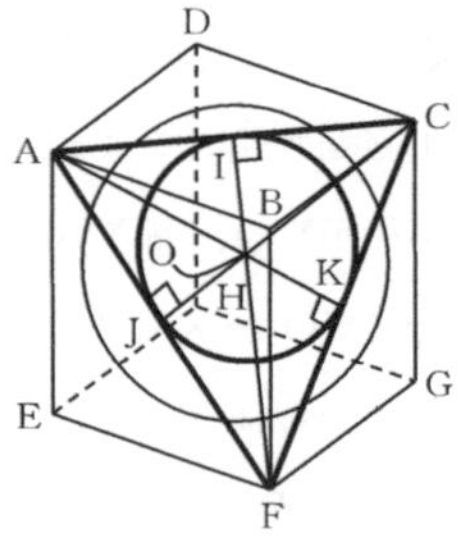

△ＡＢＣはＢＡ＝ＢＣの直角二等辺三角形なので，$AC=\sqrt{2}AB=8\sqrt{2}$であり，

$IC=\frac{1}{2}AC=4\sqrt{2}$である。△ＡＣＦは正三角形なので，$\angle ICO=\frac{1}{2}\angle ACF=30$(°)となる。

よって，△ＯＩＣは３辺の長さの比が$1:2:\sqrt{3}$の直角三角形なので，$OI=\frac{1}{\sqrt{3}}IC=\frac{4\sqrt{6}}{3}$である。

したがって，求める面積は，$(\frac{4\sqrt{6}}{3})^2\pi=\frac{32}{3}\pi$である。

(2) (1)の解説をふまえる。４点Ｐ，Ｑ，Ｒ，Ｓを通る平面で立方体を切ると，切り口は右図の四角形ＰＱＲＳとなる。Ｊ，ＫはそれぞれＰＱ，ＳＲの中点となるので，４点Ｐ，Ｑ，Ｒ，Ｓを通る平面で球を切ると，切り口は右図のように，直径がＪＫの円となる。△ＢＰＳは$BP=BS=\frac{1}{2}AB=4$の直角二等辺三角形なので，$PS=\sqrt{2}BP=4\sqrt{2}$である。よって，$JK=PS=4\sqrt{2}$なので，求める円の半径は$\frac{1}{2}\times4\sqrt{2}=2\sqrt{2}$となるから，面積は，$(2\sqrt{2})^2\pi=8\pi$である。

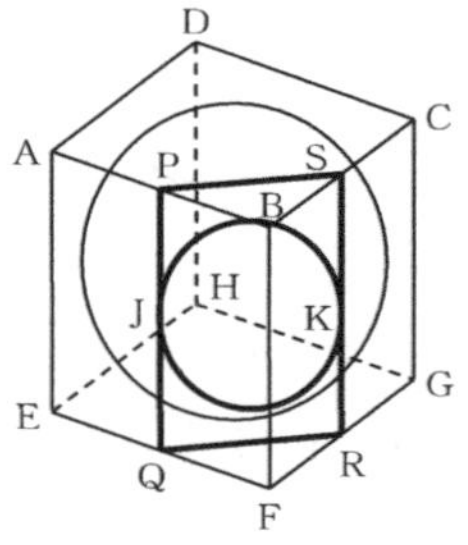

《2020　英語　解説》

【１】

〈問題１〉(1)　Ａ「フレッド，今夜の夕食は何がいいかしら？」→Ｂ「ラーメンはどう，お母さん？」→Ａ「２日前に麺類を食べたわ。他のものを考えて」→Ｂ「アＯＫ，ハンバーガーにしようよ」

(2)　Ａ「昨日僕らは一緒に野球をしたんだ！でも君はいなかったね」→Ｂ「ごめん，外出できなかったよ」→Ａ「そうなの？いい天気だったのに！君は日曜日に何をしていたの？」→Ｂ「ア自分の部屋を掃除しなければならなかったよ」

(3)　Ａ「もしもし，ハッピーピザです。ご用件をどうぞ？」→Ｂ「はい，ベーコンとオニオンのピザのラージサイズを１枚ください。いつできあがりますか？」→Ａ「そうですね，申し訳ありませんがただ今大変混み合っておりまして，１時間ほどかかりそうです」→Ｂ「本当にそんなにかかりますか？」→Ａ「エはい，申し訳ありません」

〈問題２〉(1)　質問「キャシーはどこに傘を忘れてきましたか？」

(2)　質問「ルーシーは先月，祖母宛てに何通の手紙を書きましたか？」

(3)　質問「ミキは今週の金曜日に何をしましたか？」

(1)　ウキャシーはレストランでコーヒーを飲んだ後，傘を忘れてきた。彼女は電車に乗るために駅まで歩いていた。ひとりのウェイトレスがそれを見つけ，キャシーの後を走って，彼女にそれを渡した。外は雨が降っていなかったので，キャシーは傘をもっていないことに気づかなかったのだ。

(2)　イルーシーは１か月に１度ニューヨークの祖母に手紙を書く。しかし先月の中旬，彼女は祖母から素敵なプレゼントをもらったので，彼女は翌日また感謝の手紙を書いた。すぐに祖母はルーシーに手紙を送った。ルーシーはそれを受け取って幸せだった。

(3)　カナとミキは高校のテニス部の部員だ。彼女たちは火曜日と金曜日の放課後にテニスをする。しかし今週の金曜日，カナはひどい風邪をひいて学校に来なかった。エミキはさびしく感じ，他の部員と練習した。ミキは，カナが早くよくなればいいなと思っている。

〈問題３〉【放送文の要約】参照。

(1)　質問「スリー・カップス・オブ・ティーについて，どれが本当のことですか？」…ウ「これはモーテンソンがパキスタンとアフガニスタンに学校を作るためにした努力に関する本です」が適当。

(2)　質問「コーフとは何ですか？」…イ「パキスタンにある村の名前です」が適当。

(3)　質問「モーテンソンはなぜ学校を建てることを決心しましたか？」…ア「恩返しがしたかったからです」が適当。

(4)　質問「この物語について，どれが本当のことですか？」…エ「モーテンソンは，異なる考えを持っていたために学校を建てる際に苦労した」が適当。

(5)　質問「地域の人々と一緒にお茶を飲んだことは，モーテンソンに何をもたらしましたか？」…ウ「地域の問題点を理解すること」が適当。

【放送文の要約】

グレッグ・モーテンソンという名前のアメリカ人が，とても変わった題名の，とても人気になった本を書いた。それは，「スリー・カップス・オブ・ティー」という。(1)ウその中でモーテンソンは，パキスタンとアフガニスタンで貧しい子どもたちのための学校を建てたという自身の経験について語っている。なぜ彼はこれをしたのだろう？そして本のタイトルはなぜこうなったのだろう？

1993 年，モーテンソンはパキスタンのＫ２と呼ばれる山に登りたいと思った。その山は標高 8611 メートルだ。彼は 70 日間山に滞在したが，頂上まで到着することはできなかった。下山した後，彼は重い病気になり，弱っていた。２人の地元の男たちが彼を(2)イコーフと呼ばれる小さな村に連れて行った。そこでは村人たちが，彼が元気になるまでの７週間彼の世話をしてくれた。(3)ア村人たちの親切に感謝するため，彼はコーフに学校を建てる決心をした。

モーテンソンは，自分の初めての学校のための資金を得るために，何年も一生懸命働いた。それ以来彼は 70 以上の学校を建て，25000 人以上の少年少女たちがそこで勉強した。(4)エ彼の仕事は，困難な時があった。なぜなら彼が外国人で，そこの人たちと考え方が違っていたからだ。村人の中には，彼に対してひどく腹を立てた人もいた。彼らは女の子を学校に行かせたくなかったのだ。

しかしモーテンソンは地域の文化を学び，打ち解けるためのよい糸口を見つけた。それは人々と一緒にお茶を飲むことだった。これがこの本のタイトルの由縁である。地域の人々は「最初に私たちとお茶を飲んだ時は，あなたはよそ者だった。２回目に飲んだ時に，お客になった。３回目にお茶を共にした時は，家族になった」と言った。

パキスタンとアフガニスタンの山岳地帯に住む人々と３杯のお茶を飲むことによって，(5)ウ彼は地域の人たちとつながることができ，彼らの村や問題点について学ぶことができた。彼が建てた学校は，その地域の子どもたちによりよい将来をもたらした。

【２】

(1)　同じ発音の違う単語の関係だから，won が適当。

(2) 単数形：複数形の関係だから，lives が適当。語尾が f(e) の名詞の複数形は f(e) を ve に変えて s を付ける。

(3) 現在形：過去形の関係だから，meant が適当。mean-meant-meant

【3】

(1) 「枯れる／死ぬ」＝die　現在進行形〈be＋～ing〉の文だから，die の ing 形，dying が適当。

(2) 持ち運べない大きさのものを借りたい場合は May I use ～?を使う。したがって，use が適当。

(3) 「(場所)に～しに行く」は〈go ～ing＋場所の前に置く前置詞〉で表す。to としないこと。

(4) この「浮かせる」は「節約する」という意味だから，save が適当。

【4】

エ…Which＋○○＋do you like better の後に続く選択肢は２つが正しい。選択肢が３つだから誤りである。

カ…「友達と話す」は talk <u>with</u> friends と表すから，「話す友達」は friends to talk <u>with</u> である。with は省略しない。

【5】

(1) You are <u>the only</u> person who <u>knows</u> that thing.：「君はそのことを知る唯一の人だよ」という文にする。「そのことを知る唯一の人」は〈関係代名詞 who 語句 knows that thing〉で後ろから〈the only 名詞 person〉を修飾して表す。

(2) You are <u>encouraged</u> to ask <u>me</u> any questions.：「あなたは私に何でも質問することを促されています」という文にする。〈encourage＋人＋to ～〉「(人)に～するよう促す」の受動態で表す。

【6】【本文の要約】参照。

① 「私は～と考えます」＝I think＋主語＋動詞.　「(時間)がかかる」＝it takes＋時間

② 「次のバス」＝the next bus　「あと～分で」＝in ～ minute(s)

【本文の要約】

A：すみません。清水寺に行きたいのですが，歩いて行けますか？

B：歩いて清水寺まで行きたいのですか！？①すごく時間がかかると思いますよ。バスで行く方がいいですよ。

A：バスはすぐに来るでしょうか？

B：時刻表を確認しますね。ええと，今 11 時 40 分だから…そうだな…うん。②次のバスはあと 15 分で来ますよ。

A：わかりました。どうもありがとうございました。

B：どういたしまして。旅行を楽しんでくださいね。

【7】【本文の要約】参照。

(1) ：(コロン)の後の部分は，前の部分を説明する。：の後の内容より，アが適当。

(2) this reason は直前の１文を指すから，エが適当。

(3) These robots <u>need humans to take care of them</u>.：・need＋人＋to ～「(人)に～してもらう必要がある」　・take care of ～「～の世話をする」

(4) ア○「子どもたちは学校でロボットに教えることを楽しみ，ロボットと共に学んでいる」　イ○「ロボットのおかげで児童は教室で勉強したことを復習することができる」　ウ×「とても小さくて運ぶのが容易という理由で有用なロボットもある」…本文にない内容。　エ○「子どもたちは学校の外でも教えるゲームをする経験ができる」

(5) 直前の文で保護者が心配していることに関して説明している。This は直前の文の other parents are afraid that 以下を指す。　・one day「いつか」　・instead of ～「～に代わって」

(6) make＋もの＋状態「(もの)を(状態)にする」より，オが適当。

(7)　ア「ナオは2004年に×ソフトバンクロボティクスと呼ばれる日本の会社で生まれた」　イ○「世界中の多くの学校にたくさんのナオがいる」　ウ「×人間の世話をするロボットは『ケア・レシービング・ロボット』と呼ばれている」　エ「ナオは×見た目がとても美しいので人間の児童たちはくつろいだ気分になる」　オ「ナオの周辺で子どもたちが遊ぶことを危険だと思う親は×１人もいない」　カ○「ケア・レシービング・ロボットは日本の児童の英語力を向上させるのに役立つだろう」

【本文の要約】

ある小学校の教室で，子どもたちがナオの周りに集まっていた。彼らはその日国語の授業で読んだ物語について，彼女に話した。ナオはその物語について質問し，彼らは彼女に答えた。このような光景は日本のどの教室でも見られるが，１つAア特別な(＝special)ことがある。それは，ナオは他の子どもたちよりもずっと背が低く，たった63.5センチしかないことだ。実際は，ナオは人間の子どもではなく，ロボットなのである。

ナオは2004年にフランスのあるロボット会社でプロジェクトナオとして生まれた。2015年，日本のソフトバンクグループがそのフランスの会社を買いとり，ソフトバンクロボティクスという名前にした。(2)エナオはとても小さな人間の子どものように見える。この理由のため，児童たちがこのロボットと仲良くなるのが容易なのだ。(7)イそれは世界中の多くのさまざまな学校で使われている。現在5000体以上のナオが，50以上の国で使用されている。

ほとんどのロボットは，人間に何かをしてあげるために使われる。それらは「ケア・ギビング・ロボット（お世話するロボット)」と呼ばれる。しかし，ナオは「ケア・レシービング・ロボット（お世話されるロボット)」と呼ばれる，新しいタイプのロボットの１例なのだ。これらのロボットは人間に自分の世話をしてもらう必要がある。教室で，ナオは児童に学校の教科を教えはしない。彼女はよく間違いをする，か弱い児童として作られている。そこで，人間の児童がナオに間違いを直して「教えて」あげるのだ。(4)イこのことは，児童たちが，勉強したことを復習するのに役に立つ。(4)ア多くの子どもたちはナオとのコミュニケーションをとても楽しんでいて，(4)エ学校の外でもナオに教えるゲームをして遊ぶ。また，親や教師は時々，子どもたちにすべてにおいてうまくやってほしいと願うが，ナオは彼らにプレッシャーをかけないので，彼らは気楽な気持ちで学ぶことができる。ナオのようなケア・レシービング・ロボットは，教育の未来の鍵になる可能性がある。

しかしながら，教室でロボットの役割が増えるのを必ずしもよいと思わない人もいる。ロボット周辺での子どもたちの安全について心配している親がたくさんいる。このため，ケア・レシービング・ロボットは，小さな子どもを怖がらせたり傷つけたりしないように，たいてい小さく，見た目もか弱そうに作られている。ケア・レシービング・ロボットの中には，児童の会話を録音できるものもあるので，教室の先生は後からそれを聞くことができる。それでも，ロボットがいつの日か人間の教師に代わって子どもたちを教えるのではと恐れている親もいる。ロボットエンジニアたちは，これは起こらないだろうと言っている。なぜならロボットは便利な道具として作られており，主要な教師として作られているのではないからだ。教室での友達として，Bオケア・レシービング・ロボットを非の打ちどころのないものにする(＝make care-receiving robots perfect)ためには，将来より多くの研究と変更が必要だ。

日本は今，子どもたちの英語コミュニケーション能力を向上させようと必死である。ナオのようなケア・レシービング・ロボットがこれをする１つの方法かもしれない。日本は約500体のロボットを使って，全国であるプロジェクトをスタートさせてる。(7)カこれらのロボットは，子どもたちが英語を話して書く力を向上させるのに役立つかもしれない。このような大きなプロジェクトで，ケア・レシービング・ロボットの役割は，将来増え続けるかもしれない。

【８】【本文の要約】参照。

(1)　some ～, others …「～する人もいれば…する人もいる」より，エが適当。

(3) 下線部直後の to give them their faded appearance（目的を表す to 不定詞の副詞的用法「～するために」）より，ウが適当。　・faded「色あせた」

(5) ア×「ジェイコブ・デイビスとリーバイ・ストラウスはデニムジーンズを作り始める前に，それに金属を使うというアイデアについて話し合った」…本文にない内容。　イ×「ジーンズははく前に数回洗う×必要があった」　ウ×「ヨーロッパと日本では，人々がジーンズをアメリカ人に見せるのが好きだったため，瞬く間に人気になった」…本文にない内容。　エ×「第２次世界大戦後，世界中の人々がアメリカ人の生活様式を真似し始めた」…本文にない内容。　オ○「働く女性は家事に充てる時間があまりないので，彼女たちにとってジーンズは有益である」

【本文の要約】

ジーンズは，世界で最も身に着ける機会の多い衣服の１つになりました。農夫から弁護士，ファッションモデルから主婦まで，だれでもジーンズをはきます。しかし，なぜジーンズはこんなに人気になったのでしょう？それには多くの理由があります。見た目がかっこいいという人もいれば，単にくつろぐ時の服だという人もいます。

ジーンズが最初にデザインされたのは，アメリカ西部の州で，①長い間着ることができる農夫の作業パンツとしてでした。ネバダ州で男性の衣類の仕立て屋をしていたジェイコブ・デイビスは，金属でポケットの角を補強するという考えを思いつきました。それは人気となり，すぐに多くの人々が買いました。

デイビスは，自分が，多くの人々が買いたいと思うすばらしい製品を所有していることを知っていましたが，特許権を取るためのお金がありませんでした。そこで彼は生地商人のリーバイ・ストラウスに助けを求めました。２人は協力して働き，伸縮性のよいデニムジーンズの販売を始めたのです。それらははきやすさ抜群でした。また，しばらくはくと柔らかくなりました。それらは藍を使って違う色に染まりました。今では販売前にほとんど必ずそれらを数回洗い，色あせた雰囲気を持たせています。

最初ジーンズは作業する人，特に工場で働く人だけがはいていました。アメリカの東部では，人々はジーンズをはくことが好きではありませんでした。1ウこれは，ジーンズが労働者階級の人々のイメージだったからです。2イしかし裕福な東部の人が，日常生活から逃避するため休みに出かけるとき，しばしば彼らはジーンズをはきました。3カですから，ジーンズは東部の人々の間でも人気になりました。

ジェームス・ディーンとマーロン・ブランドが，映画の中でジーンズを人気なものにし，みんなそれをはきたいと思いました。ジーンズは1950年代と1960年代の，若者の反抗心の象徴となりました。4エ大学生はベトナム戦争と政府に対し，反対の意思表示をするためにジーンズをはき始めました。5オだから人々は，レストラン，劇場，映画館などの公共施設でこの新しいズボンをはくべきではない，と言われました。6アしかし，時が過ぎ，ジーンズは多くの人々に受け入れられるようになり，今日ではふだん着としてだけでなく，格式ばった行事の時にもはかれるようになりました。

ジーンズはすぐに他の国でも人気になりました。ヨーロッパと日本にいたアメリカの軍人たちが，仕事をしていないときに，自分たちがアメリカ人であることを示すためにジーンズをはいていました。そのズボンは，世界により幸せな生活を見せてくれました。それは特に第２次世界大戦後に人々が必要としていたものでした。

また，それほど高価ではなく，①長持ちするという理由でジーンズがはかれました。(5)オ今日，ジーンズは主婦にとっても有益です。他のズボンのようにしばしば洗う必要もないし，女性がアイロンをかける必要もありません。これは大変重要なことです。なぜなら，働き始めて家事に充てる時間が少なくなった女性がますます増えているからです。

《2020　理科　解説》

1　(2)　(エ)○…アトウォーター係数は〔物理的燃焼量×消化吸収率－排泄熱量〕で求めることができる。アトウォーター博士の実験結果のまとめの表より，炭水化物は4.1×0.97－0＝3.977→4kcal/g，タンパク質は5.7×0.92－1.25＝3.994→4kcal/g，脂質は9.4×0.95－0＝8.93→9kcal/gである。

(3)　(2)のアトウォーター係数を利用して，4×35.5＋4×9.4＋9×25.4＝408.2→408kcalとなる。

(4)　(ア)×…このような1本の管を消化管という。　(イ)×…脂質は柔毛からリンパ管に入り，首の下あたりで血管に合流し，血液によって全身に運ばれる。　(ウ)×…体長に対する腸の長さは草食動物のヒツジが最も長く，肉食動物のコヨーテが最も短い。　(エ)×…胆汁は肝臓でつくられる。　(オ)×…ベネジクト液を加えて加熱すると，デンプンが分解されてできた糖に反応して赤褐色の沈殿が生じる。なお，だ液は体温に近い40℃くらいで最もよくはたらく。　(カ)○…すい液には，炭水化物を分解するアミラーゼ，タンパク質を分解するトリプシン，脂質を分解するリパーゼなどが含まれている。

2　(1)　環を持つ惑星として有名なのは土星だが，木星，天王星，海王星も環を持っている。

(2)(3)　主に岩石からなる体積が小さく密度が大きいAを地球型惑星，主に水素やヘリウムなどの気体からなる体積が大きく密度が小さいBを木星型惑星という。

(4)　(ウ)○…4年に1度，1年の日数が366日になる(365日より1日多くなる)のは，実際の公転周期が365日より24(時間)÷4(年)＝6(時間)多いためである。

(5)　(ア)○…もし公転軌道が交わっていたら，惑星どうしが衝突する可能性がある。　(イ)×…水よりも密度が小さい惑星は，土星だけである。　(ウ)×…例えば，火星は地球より質量が小さいが，公転周期は火星の方が長い。公転軌道が太陽に近い惑星ほど，公転周期が短くなる。　(エ)×…金星は自転の向きと公転の向きが反対である。(オ)×…水星と金星は衛星を持たない。

3　(3)①　塩化銅を水に溶かすと銅イオンと塩化物イオンに分かれる〔$CuCl_2 \to Cu^{2+} + 2Cl^-$〕。　②　陽イオンである銅イオンは陰極に引かれ，陰極から電子を2個もらい銅原子になる〔$Cu^{2+} + 2e^- \to Cu$〕。

(4)①②　赤色の銅を加熱すると空気中の酸素と化合して黒色の酸化銅になる。

(5)①　Aの質量をxgとすると，Bの質量は1.8xgであり，$x+1.8x=9.6+1.6$が成り立つから，$x=4.0$(g)である。(4)の手順で作成した酸化銅は，銅原子と酸素原子が1：1の数の比で結びついたCuOであり，銅原子1個と酸素原子1個の質量比は4：1だから，4.0gのAに含まれていた銅は$4.0\times\frac{4}{1+4}=3.2$(g)である。

②　4.0×1.8＝7.2(g)のBに，銅原子は9.6－3.2＝6.4(g)，酸素原子は7.2－6.4＝0.8(g)含まれているから，Bは，銅原子と酸素原子が$\frac{6.4}{4}:\frac{0.8}{1}=2:1$の数の比で結びついたものだとわかる。よって，Bの化学式はCu_2Oである。

4　(3)　2Lの海水の質量は2kg→2000gだから，ペットボトル1本あたり$\frac{2000}{100}=20$(N)の重力がはたらく。よって，〔圧力(Pa)＝$\frac{力(N)}{面積(m^2)}$〕より，1m^2の板から床に加わる圧力は$\frac{20\times40}{1}=800$(Pa)である。

(4)①　水深200mでは1m^2の面の上に200m^3の海水がある。200m^3→200000000cm^3→200000L→200000kg→2000000Nより，水深200mでの水圧は$\frac{2000000(N)}{1(m^2)}=2000000$(Pa)である。　②　潜水艦Aの体積は100$m^3$だから，潜水艦Aにはたらく浮力は100$m^3$の海水にはたらく重力の大きさに等しい。①解説より，200m^3の海水にはたらく重力が2000000Nだから，100m^3ではその半分の1000000Nである。　③　潜水艦Aにはたらく浮力と，潜水艦A全体にはたらく重力がつりあっていると，その水深を保つことができる。よって，②より，水深200mを航行するときの潜水艦A全体にはたらく重力は1000000Nだから，その質量は100000kgである。海水を抜いた状態での潜水艦Aの総質量は

50000kgだから，海水槽内の海水の質量は100000－50000＝50000(kg)である。50000kgの海水の体積は50000Ｌ→50000000cm³→50m³である。

《2020　社会　解説》

【１】

問１　①は焼畑農業，②は遊牧，③は地中海式農業，④はアメリカの適地適作，⑤はアンデス山中の等高線耕作。

問２　ゲルは，中国語読みでパオと呼ばれることもある(右図Ａ参照)。

問３　ウとエが適切でない。イギリスもニュージーランドも西岸海洋性気候だから，地中海式農業は行われない。

問４　カが正しい。右の写真は，Ｂヤク，Ｃリャマ，Ｄカリブーである。

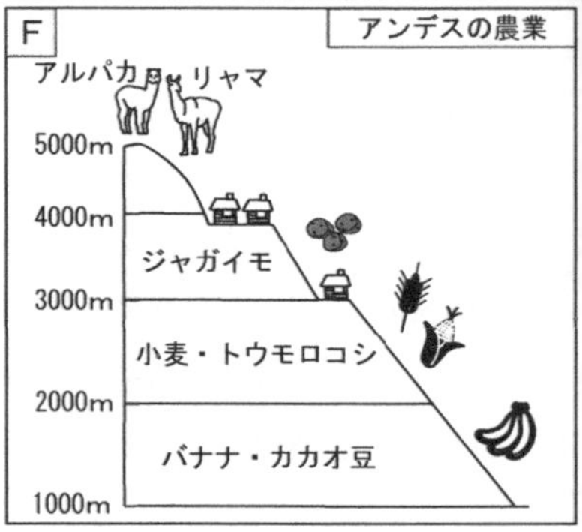

問５　Ｄ＝オ，Ｅ＝ア，Ｆ＝キが正しい。

アメリカの地形については，右図Ｅを参照。

カナートは，イランの地下用水路。プランテーションは，単一作物の大農園。緑の革命は，1940年代から60年代にかけて，品種改良と化学肥料の大量投入によって，穀物生産が急成長した農業革命のこと。

問６　アンデスの農業の形態は，右図Ｆを参照。アンデス山脈では，細かな気候の違いによって，数多くの種類のジャガイモなどが栽培される。

【２】

問１　地方中枢都市には中央官庁の出先機関や大企業の支社などが集中し，その地方の政治・経済の中心となる。

問２　エが正しい。神奈川県は人口は多いが東京に通勤・通学する人が多いので，昼夜間人口比率は極端に低くなる。アは愛知県，イは大阪府，ウは三重県。

問３　ウが誤り。工業の発達に農業の要因は関連しない。

問４　多摩ニュータウンや千里ニュータウンには，鉄筋コンクリートの団地が数多く建設された。その老朽化と不便さに，住民の高齢化をからめて記述しよう。

問５　イが正しい。鳥取県鳥取市は，冬に降水量(降雪量)が多くなる日本海側の気候である。アは１年中温暖な南西諸島の気候の沖縄県那覇市。ウは夏と冬の気温差が大きく，１年を通して降水量が少ない内陸性の気候の長野県長野市。エは夏に降水量が多くなる太平洋側の気候の高知県高知市である。

問６　アが誤り。北海道だけでなく国内の漁業生産量は，30年前と比べて減少している地域が多い。

【３】

問１　ウが正しい。宗教改革によってカトリックの勢力が衰えると，アジアにカトリック信者を求めてイエズス会のザビエルらが派遣された。その数年前に種子島に鉄砲が伝来していた。よって，ウと判断する。御成敗式目の制定は1232年，金閣の建立は1397年，応仁の乱の開始は1467年，鉄砲伝来は1543年，参勤交代の制定は1636年のことであった。

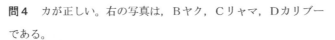

問2　ウが誤り。「高麗が滅び，渤海が朝鮮半島を統一」の部分が誤り。正しくは「渤海が滅び，高麗が朝鮮半島を統一」である。

問3　X＝エ，Y＝ア，Z＝ウである。プロテスタントやフランスが対抗して30年にわたった戦争は，「三十年戦争」と呼ばれる最大の宗教戦争であった。ウェストファリア条約は，神聖ローマ皇帝，ドイツ諸侯，フランス，スウェーデン，オランダ，スペインなどの代表が集まった，世界初の大規模な国際会議であった。王権神授説とは，王の権利は神から与えられたものであり，人民・ローマ教皇・神聖ローマ皇帝らから拘束されることはないという考え方。

問4　エが正しい。社会契約説を唱えたのはルソーやロック，三権分立を唱えたのはモンテスキュー，マルクスが唱えたのは科学的社会主義(マルクス主義)。

問5　イが正しい。イギリスがアメリカ植民地に対して課した印紙条例に反対して，植民地議会で決議された内容である。

問6　共和制の対義語は君主制である。

【4】

問1⑴　関白は，成人天皇を補佐する公家の最高位(太政大臣より上位)である。　**⑵**　楠木正成は，河内出身の悪党として知られる。古典文学『太平記』では楠正成と表記される。

問2　ともに正しいからアを選ぶ。

問3　エが正しい。Ｂ．学制の発布(1872年)→Ｃ．教育勅語(1890年)→Ａ．原敬内閣(1918年～1921年)

問4　イが正しい。伊藤博文についての記述である。アの「平民宰相」は原敬に名付けられた。ウの「鹿児島の士族と共に，政府に対する反乱を起こ」したのは西郷隆盛である。エの「海軍の青年将校などによって，暗殺され」たのは，五・一五事件の犬養毅である。

問5　イが正しい。自然主義文学には，島崎藤村・田山花袋らがいる。白樺派には，志賀直哉・有島武郎・柳宗悦らがいる。浮世草子は，江戸時代の井原西鶴を代表とする小説である。

問6⑴　アが正しい。Ｘの教科書では日本の侵略行為を「りっぱなふるまい」，それに対する朝鮮の人々が「深い感銘」と表現しているのに対して，Ｙの教科書では，同じ侵略行為を「多くの人の命とたくさんの費用をむだにしただけ」と表現していることから，侵略(戦争)を否定した考えに変わったことがわかる。　**⑵**　エが正しい。⑴が解ければ，戦争を否定する内容が入ると判断できる。

【5】

問1⑵　アが誤り。「ベルリンの壁」は，ベルリン市内を東と西に分ける壁であった。

問2　アが正しい。冷戦は，1947年から1991年までの，アメリカを代表とする自由主義陣営とソ連を代表とする社会主義陣営による戦火を交えない緊張状態をいう。アは1951年，イは2016年，ウは1992年，エは1996年。

問3　エが正しい。アメリカがＩＮＦの破棄をロシアに通告し，ロシアも条約履行の停止を宣言した。

問4　イとウが正しい。相手企業を「開発する」に固定したうえで，こちら側の企業の点数が「開発しない」より「開発する」の方の点数が高ければ，条件に合う。つまり，右表で企業Ａも企業Ｂも□の点数より○の点数が高ければ，「開発する」方がよいことになる。

		企業Ｂ	
		開発する	開発しない
企業Ａ	開発する	Ａ Ｂ	Ａ Ｂ
	開発しない	Ａ Ｂ	Ａ Ｂ

【6】

問1　エが正しい。アについて，３Ｃはカラーテレビ・車(カー)・クーラーである。イについて，「所得倍増計画」

は田中角栄内閣ではなく，池田勇人内閣で発表された。ウについて，ＧＮＰが世界第２位になったときの１位は，中国ではなくアメリカ合衆国である。

問２　ウが正しい。談合は，競争入札の参加者らが事前に入札金額を決める不正な話し合い。会計検査院は，政府機関・独立行政法人・地方公共団体などの会計を検査するための機関。

問３　ウが誤り。日本の少子高齢化は，石油危機以降の 1975 年あたりから始まった。

問５　イが正しい。アについて，個人情報保護法は，民間事業者だけでなく行政機関のもつ個人情報も対象となる。ウについて，フィルタリングサービスの義務化は，スマホ使用者が 18 歳未満の場合だけに適用される。エについて，プライバシーの権利についての憲法の規定はない。

問６　ＧＤＰは，国内で生産された財やサービスの付加価値の総和で，売り上げから原材料費を除いた額の総和である。よって，農家が生産した小麦に，価値を付加して 55 億円にしたパンを消費したから，55 億円がＧＤＰになる。または，20＋(30－20)＋(55－30)＝55(億円)と計算してもよい。

問７　エが正しい。アについて，「固定為替相場」ではなく「変動為替相場」である。イについて，「ＩＢＲＤ国際復興開発銀行」ではなく「ＩＭＦ国際通貨基金」である。ウについて，円高は輸入業者と外国製品を購入する消費者にとって有利となる。

【７】

⑴　Ａだけが誤りだからオである。国務大臣の任免権は首相にあり，過半数が国会議員でなければならない。

⑵　ＡとＢが誤りだからキである。Ａ．通常国会は「４月」ではなく毎年「１月」に召集される。Ｂ．「30 日」ではなく「60 日」,「総議員の過半数で再可決」ではなく「出席議員の３分の２以上で再可決」である。

⑶　Ｃだけ誤りだからイである。朝日訴訟は，生存権と生活保護法についての行政訴訟で，原告の死亡により訴訟は終了した。

⑷　ＡとＣが誤りだからカである。Ａ．国庫支出金は依存財源である。Ｃ．首長には議決した条例や予算を差し戻す権利がある。また，議会には首長の不信任決議権がある。

■ ご使用にあたってのお願い・ご注意

（1）問題文等の非掲載

著作権上の都合により，問題文や図表などの一部を掲載できない場合があります。

誠に申し訳ございませんが，ご了承くださいますようお願いいたします。

（2）過去問における時事性

過去問題集は，学習指導要領の改訂や社会状況の変化，新たな発見などにより，現在とは異なる表記や解説になっている場合があります。過去問の特性上，出題当時のままで出版していますので，あらかじめご了承ください。

（3）配点

学校等から配点が公表されている場合は，記載しています。公表されていない場合は，記載していません。

独自の予想配点は，出題者の意図と異なる場合があり，お客様が学習するうえで誤った判断をしてしまう恐れがあるため記載していません。

（4）無断複製等の禁止

購入された個人のお客様が，ご家庭でご自身またはご家族の学習のためにコピーをすることは可能ですが，それ以外の目的でコピー，スキャン，転載（ブログ，ＳＮＳなどでの公開を含みます）などをすることは法律により禁止されています。学校や学習塾などで，児童生徒のためにコピーをして使用することも法律により禁止されています。

ご不明な点や，違法な疑いのある行為を確認された場合は，弊社までご連絡ください。

（5）けがに注意

この問題集は針を外して使用します。針を外すときは，けがをしないように注意してください。また，表紙カバーや問題用紙の端で手指を傷つけないように十分注意してください。

（6）正誤

制作には万全を期しておりますが，万が一誤りなどがございましたら，弊社までご連絡ください。

なお，誤りが判明した場合は，弊社ウェブサイトの「ご購入者様のページ」に掲載しておりますので，そちらもご確認ください。

■ お問い合わせ

解答例，解説，印刷，製本など，問題集発行におけるすべての責任は弊社にあります。

ご不明な点がございましたら，弊社ウェブサイトの「お問い合わせ」フォームよりご連絡ください。迅速に対応いたしますが，営業日の都合で回答に数日を要する場合があります。

ご入力いただいたメールアドレス宛に自動返信メールをお送りしています。自動返信メールが届かない場合は，「よくある質問」の「メールの問い合わせに対し返信がありません。」の項目をご確認ください。

また弊社営業日（平日）は，午前９時から午後５時まで，電話でのお問い合わせも受け付けています。

2025 春

株式会社教英出版
〒422-8054　静岡県静岡市駿河区南安倍３丁目 12-28
TEL　054-288-2131　　FAX　054-288-2133
URL　https://kyoei-syuppan.net/
MAIL siteform@kyoei-syuppan.net

学校別問題集

北海道

①札幌北斗高等学校
②北星学園大学附属高等学校
③東海大学付属札幌高等学校
④立命館慶祥高等学校
⑤北海高等学校
⑥北見藤高等学校
⑦札幌光星高等学校
⑧函館ラ・サール高等学校
⑨札幌大谷高等学校
⑩北海道科学大学高等学校
⑪遺愛女子高等学校
⑫札幌龍谷学園高等学校
⑬札幌日本大学高等学校
⑭札幌第一高等学校
⑮旭川実業高等学校
⑯北海学園札幌高等学校

青森県

①八戸工業大学第二高等学校

宮城県

①聖和学園高等学校(A日程)
②聖和学園高等学校(B日程)
③東北学院高等学校(A日程)
④東北学院高等学校(B日程)
⑤仙台大学附属明成高等学校
⑥仙台城南高等学校
⑦東北学院榴ケ岡高等学校
⑧古川学園高等学校
⑨仙台育英学園高等学校(A日程)
⑩仙台育英学園高等学校(B日程)
⑪聖ウルスラ学院英智高等学校
⑫宮城学院高等学校
⑬東北生活文化大学高等学校
⑭東北高等学校
⑮常盤木学園高等学校
⑯仙台白百合学園高等学校
⑰尚絅学院高等学校(A日程)
⑱尚絅学院高等学校(B日程)

山形県

①日本大学山形高等学校
②惺山高等学校
③東北文教大学山形城北高等学校
④東海大学山形高等学校
⑤山形学院高等学校

福島県

①日本大学東北高等学校

新潟県

①中越高等学校
②新潟第一高等学校
③東京学館新潟高等学校
④日本文理高等学校
⑤新潟青陵高等学校
⑥帝京長岡高等学校
⑦北越高等学校
⑧新潟明訓高等学校

富山県

①高岡第一高等学校
②富山第一高等学校

石川県

①金沢高等学校
②金沢学院大学附属高等学校
③遊学館高等学校
④星稜高等学校
⑤鵬学園高等学校

山梨県

①駿台甲府高等学校
②山梨学院高等学校(特進)
③山梨学院高等学校(進学)
④山梨英和高等学校

岐阜県

①鶯谷高等学校
②富田高等学校
③岐阜東高等学校
④岐阜聖徳学園高等学校
⑤大垣日本大学高等学校
⑥美濃加茂高等学校
⑦済美高等学校

静岡県

①御殿場西高等学校
②知徳高等学校
③日本大学三島高等学校
④沼津中央高等学校
⑤飛龍高等学校
⑥桐陽高等学校
⑦加藤学園高等学校
⑧加藤学園暁秀高等学校
⑨誠恵高等学校
⑩星陵高等学校
⑪静岡県富士見高等学校
⑫清水国際高等学校
⑬静岡サレジオ高等学校
⑭東海大学付属静岡翔洋高等学校
⑮静岡大成高等学校
⑯静岡英和女学院高等学校
⑰城南静岡高等学校
⑱静岡女子高等学校
⑲常葉大学附属常葉高等学校
　常葉大学附属橘高等学校
　常葉大学附属菊川高等学校
⑳静岡北高等学校
㉑静岡学園高等学校
㉒焼津高等学校
㉓藤枝明誠高等学校
㉔静清高等学校
㉕磐田東高等学校
㉖浜松学院高等学校
㉗浜松修学舎高等学校
㉘浜松開誠館高等学校
㉙浜松学芸高等学校
㉚浜松聖星高等学校
㉛浜松日体高等学校
㉜聖隷クリストファー高等学校
㉝浜松啓陽高等学校
㉞オイスカ浜松国際高等学校

愛知県

①[国立]愛知教育大学附属高等学校
②愛知高等学校
③名古屋経済大学市邨高等学校
④名古屋経済大学高蔵高等学校
⑤名古屋大谷高等学校
⑥享栄高等学校
⑦椙山女学園高等学校
⑧大同大学大同高等学校
⑨日本福祉大学付属高等学校
⑩中京大学附属中京高等学校
⑪至学館高等学校
⑫東海高等学校
⑬名古屋たちばな高等学校
⑭東邦高等学校
⑮名古屋高等学校
⑯名古屋工業高等学校
⑰名古屋葵大学高等学校
(名古屋女子大学高等学校)
⑱中部大学第一高等学校
⑲桜花学園高等学校
⑳愛知工業大学名電高等学校
㉑愛知みずほ大学瑞穂高等学校
㉒名城大学附属高等学校
㉓修文学院高等学校
㉔愛知啓成高等学校
㉕聖カピタニオ女子高等学校
㉖滝高等学校
㉗中部大学春日丘高等学校
㉘清林館高等学校
㉙愛知黎明高等学校
㉚岡崎城西高等学校
㉛人間環境大学附属岡崎高等学校
㉜桜丘高等学校

㉝光ヶ丘女子高等学校
㉞藤ノ花女子高等学校
㉟栄徳高等学校
㊱同朋高等学校
㊲星城高等学校
㊳安城学園高等学校
㊴愛知産業大学三河高等学校
㊵大成高等学校
㊶豊田大谷高等学校
㊷東海学園高等学校
㊸名古屋国際高等学校
㊹啓明学館高等学校
㊺聖霊高等学校
㊻誠信高等学校
㊼誉高等学校
㊽杜若高等学校
㊾菊華高等学校
㊿豊川高等学校

三重県

①暁高等学校(3年制)
②暁高等学校(6年制)
③海星高等学校
④四日市メリノール学院高等学校
⑤鈴鹿高等学校
⑥高田高等学校
⑦三重高等学校
⑧皇學館高等学校
⑨伊勢学園高等学校
⑩津田学園高等学校

滋賀県

①近江高等学校

大阪府

①上宮高等学校
②大阪高等学校
③興國高等学校
④清風高等学校
⑤早稲田大阪高等学校
(早稲田摂陵高等学校)
⑥大商学園高等学校
⑦浪速高等学校
⑧大阪夕陽丘学園高等学校
⑨大阪成蹊女子高等学校
⑩四天王寺高等学校
⑪梅花高等学校
⑫追手門学院高等学校
⑬大阪学院大学高等学校
⑭大阪学芸高等学校
⑮常翔学園高等学校
⑯大阪桐蔭高等学校
⑰関西大倉高等学校
⑱近畿大学附属高等学校
⑲金光大阪高等学校
⑳星翔高等学校
㉑阪南大学高等学校
㉒箕面自由学園高等学校
㉓桃山学院高等学校
㉔関西大学北陽高等学校

兵庫県

①雲雀丘学園高等学校
②園田学園高等学校
③関西学院高等部
④灘高等学校
⑤神戸龍谷高等学校
⑥神戸第一高等学校
⑦神港学園高等学校
⑧神戸学院大学附属高等学校
⑨神戸弘陵学園高等学校
⑩彩星工科高等学校
⑪神戸野田高等学校
⑫滝川高等学校
⑬須磨学園高等学校
⑭神戸星城高等学校
⑮啓明学院高等学校
⑯神戸国際大学附属高等学校
⑰滝川第二高等学校
⑱三田松聖高等学校
⑲姫路女学院高等学校
⑳東洋大学附属姫路高等学校
㉑日ノ本学園高等学校
㉒市川高等学校
㉓近畿大学附属豊岡高等学校
㉔夙川高等学校
㉕仁川学院高等学校
㉖育英高等学校

奈良県

①西大和学園高等学校

岡山県

①[県立]岡山朝日高等学校
②清心女子高等学校
③就実高等学校
(特別進学コース〈ハイグレード・アドバンス〉)
④就実高等学校
(特別進学チャレンジコース・総合進学コース)
⑤岡山白陵高等学校
⑥山陽学園高等学校
⑦関西高等学校
⑧おかやま山陽高等学校
⑨岡山商科大学附属高等学校
⑩倉敷高等学校
⑪岡山学芸館高等学校(1期1日目)
⑫岡山学芸館高等学校(1期2日目)
⑬倉敷翠松高等学校
⑭岡山理科大学附属高等学校
⑮創志学園高等学校
⑯明誠学院高等学校
⑰岡山龍谷高等学校

広島県

①[国立]広島大学附属高等学校
②[国立]広島大学附属福山高等学校
③修道高等学校
④崇徳高等学校
⑤広島修道大学ひろしま協創高等学校
⑥比治山女子高等学校
⑦呉港高等学校
⑧清水ヶ丘高等学校
⑨盈進高等学校
⑩尾道高等学校
⑪如水館高等学校
⑫広島新庄高等学校
⑬広島文教大学附属高等学校
⑭銀河学院高等学校
⑮安田女子高等学校
⑯山陽高等学校
⑰広島工業大学高等学校
⑱広陵高等学校
⑲近畿大学附属広島高等学校福山校
⑳武田高等学校
㉑広島県瀬戸内高等学校(特別進学)
㉒広島県瀬戸内高等学校(一般)
㉓広島国際学院高等学校
㉔近畿大学附属広島高等学校東広島校
㉕広島桜が丘高等学校

山口県

①高水高等学校
②野田学園高等学校
③宇部フロンティア大学付属香川高等学校
(普通科〈特進・進学コース〉)
④宇部フロンティア大学付属香川高等学校
(生活デザイン・食物調理・保育科)
⑤宇部鴻城高等学校

徳島県

①徳島文理高等学校

香川県

①香川誠陵高等学校
②大手前高松高等学校

愛媛県

①愛光高等学校
②済美高等学校
③FC今治高等学校
④新田高等学校
⑤聖カタリナ学園高等学校

福岡県

①福岡大学附属若葉高等学校
②精華女子高等学校（専願試験）
③精華女子高等学校（前期試験）
④西南学院高等学校
⑤筑紫女学園高等学校
⑥中村学園女子高等学校（専願入試）
⑦中村学園女子高等学校（前期入試）
⑧博多女子高等学校
⑨博多高等学校
⑩東福岡高等学校
⑪福岡大学附属大濠高等学校
⑫自由ケ丘高等学校
⑬常磐高等学校
⑭東筑紫学園高等学校
⑮敬愛高等学校
⑯久留米大学附設高等学校
⑰久留米信愛高等学校
⑱福岡海星女子学院高等学校
⑲誠修高等学校
⑳筑陽学園高等学校（専願入試）
㉑筑陽学園高等学校（前期入試）
㉒真颯館高等学校
㉓筑紫台高等学校
㉔純真高等学校
㉕福岡舞鶴高等学校
㉖折尾愛真高等学校
㉗九州国際大学付属高等学校
㉘祐誠高等学校
㉙西日本短期大学附属高等学校
㉚東海大学付属福岡高等学校
㉛慶成高等学校
㉜高稜高等学校
㉝中村学園三陽高等学校
㉞柳川高等学校
㉟沖学園高等学校
㊱福岡常葉高等学校
㊲九州産業大学付属九州高等学校
㊳近畿大学附属福岡高等学校
㊴大牟田高等学校
㊵久留米学園高等学校
㊶福岡工業大学附属城東高等学校（専願入試）
㊷福岡工業大学附属城東高等学校（前期入試）
㊸八女学院高等学校
㊹星琳高等学校
㊺九州産業大学付属九州産業高等学校
㊻福岡雙葉高等学校

佐賀県

①龍谷高等学校
②佐賀学園高等学校
③佐賀女子短期大学付属佐賀女子高等学校
④弘学館高等学校
⑤東明館高等学校
⑥佐賀清和高等学校
⑦早稲田佐賀高等学校

長崎県

①海星高等学校（奨学生試験）
②海星高等学校（一般入試）
③活水高等学校
④純心女子高等学校
⑤長崎南山高等学校
⑥長崎日本大学高等学校（特別入試）
⑦長崎日本大学高等学校（一次入試）
⑧青雲高等学校
⑨向陽高等学校
⑩創成館高等学校
⑪鎮西学院高等学校

熊本県

①真和高等学校
②九州学院高等学校（奨学生・専願生）
③九州学院高等学校（一般生）
④ルーテル学院高等学校（専願入試・奨学入試）
⑤ルーテル学院高等学校（一般入試）
⑥熊本信愛女学院高等学校
⑦熊本学園大学付属高等学校（奨学生試験・専願生試験）
⑧熊本学園大学付属高等学校（一般生試験）
⑨熊本中央高等学校
⑩尚絅高等学校
⑪文徳高等学校
⑫熊本マリスト学園高等学校
⑬慶誠高等学校

大分県

①大分高等学校

宮崎県

①鵬翔高等学校
②宮崎日本大学高等学校
③宮崎学園高等学校
④日向学院高等学校
⑤宮崎第一高等学校（文理科）
⑥宮崎第一高等学校（普通科·国際マルチメディア科·電気科）

鹿児島県

①鹿児島高等学校
②鹿児島実業高等学校
③樟南高等学校
④れいめい高等学校
⑤ラ・サール高等学校

新刊
もっと過去問シリーズ

愛知県

愛知高等学校
7年分（数学・英語）

中京大学附属中京高等学校
7年分（数学・英語）

東海高等学校
7年分（数学・英語）

名古屋高等学校
7年分（数学・英語）

愛知工業大学名電高等学校
7年分（数学・英語）

名城大学附属高等学校
7年分（数学・英語）

滝高等学校
7年分（数学・英語）

※もっと過去問シリーズは入学試験の実施教科に関わらず、数学と英語のみの収録となります。

教英出版
〒422-8054
静岡県静岡市駿河区南安倍3丁目12−28
TEL 054-288-2131
FAX 054-288-2133
詳しくは教英出版で検索
教英出版　検索
URL https://kyoei-syuppan.net/

滝高等学校

令和六年度

国語

（60分）

・合図があるまで、中を見てはいけません。
・試験開始の合図があったら、はじめに受験番号を書き、
QRコードのシールをはってください。
・解答は、解答欄の枠内に、濃い字で記入してください。
問題は 二ページから 二十ページです。

H

2024(R6) 滝高
教英出版

※設問に字数制限のあるものは、句読点等も一字に数えるものとする。

【一】次の文章を読んで、後の問いに答えよ。なお、設問の都合により本文を一部改変してある。

日本を代表する発達心理学の研究者の一人に、今井むつみ（慶應《けいおう》大学教授）がいる。認知科学、特に言語認知発達や言語心理学などで重要な実績を残しており、『ことばの発達のaナゾを解く』『親子で育てることば力と思考力』など一般向けの著作も多い。

学校の教員たちが、子供たちの国語力の発達に家庭格差が大きく影響していると考えていることを紹介してきたが、発達心理学の専門家はこうした現状をどう受け止めているだろうか。今井に話を聞いてみることにした。

今井はおおらかな人柄で丁寧な話し方をするタイプだ。彼女は、子供の言語発達について次のように語った。

「①子供は生まれながらにして言葉を学習しようとしますが、それは決して簡単なことではないのです。［A］、すごく難しいことなんです。普通の小学生であっても、言葉の意味をきちんと理解して、つかいこなせているわけではありません。一つの言葉であっても、いろんな意味や使用法があるので、上手につかえるようになるには相応の時間と経験が必要なのです」

［B］、日本語に「くっつく」という言葉がある。大方の人は物が接着するイメージを抱くだろう。だが、辞書を開けばそれ以外にもたくさんの意味があり、男女が交際することも「くっつく」と言うし、国と国とが同盟を組む場合もそう言う。あるいは、子犬が親犬の後をついて回ることも、子供が親のもとに身を寄せて生きるのも同じ表現だ。これを言葉の多様性と呼ぶ。

「言葉の多様な意味を理解するには、経験や年齢も必要になってきます。『切る』という言葉一つとっても、簡単な意味から難しい意味までいろいろです。ハサミで紙を切断するという意味なら、未bシュウ学児でも知っています。でも、*シャッターを切るという使い方は中高生くらいにならないとできませんよね。［C］、*水を切るだと、料理をするくらいの年齢にならないとわからないでしょう。

抽象的な言葉はもっと難しいです。小学生でも『愛する』という言葉は知っています。では、高校生の『愛する』と、三十代の夫婦の『愛する』と、老夫婦の『愛する』は同じでしょうか。スポーツや芸術を『愛する』は？　違いますよね。いくら親が小学生に説明しても、ちょっとやそっとで理解できるものではありません。

こうしてみると、人はいろんな形で言葉を聞いたり、読んだり、つかったりすることによって意味を深めていき、徐々につかいこなせるようになるのです。言葉は、暗記して終わりというものではなく、長い時間をかけて育てていくものなのです」

言葉を適切につかうには、言葉が持つ多様な意味を知らなければならない。もし言葉が持つ意味が三つあった場合に一つしか把握していなければ、三万語の＊ボキャブラリーがあっても、実際は三分の一くらいしか使用できていないことになる。

本人の中で言葉を育てられているかどうかは、国語力にも直結することだ。言葉の意味を一つしか知らない人と、五つも六つも知っていてつかいこなせる人とでは、数の上でのボキャブラリーは同じであっても、物事を知覚したり、表現したりするレベルはまったく異なってくるだろう。

これは、先ほどの「愛する」という言葉におけるグラデーションを考えればわかりやすい。愛を性愛の意味でしか考えられない人間と、思いやりやいつくしみの意味まで広げて考えられる人間とでは、物事の考え方からコミュニケーションの幅までまったく違ってくるはずだ。

②子供が言葉を育めるようになるかどうかの分岐点はどこにあるのか。今井は言う。

「誰もが生まれ持って分析力、推論力、学習力をcカね備えていますが、それを発揮させられるかどうかは家庭環境が非常に大きな役割を担っています。よく親の経済力や遺伝が子供の語彙力を左右すると言う人がいます。［D］、アメリカの研究でも日本の研究でも、親が子供に対して話しかける言葉の量と質が、経済力よりはるかに大きな影響を与えることがわかっています。

具体的には、親が頻繁に子供の語彙を増やせるような適度に複雑な表現をするとか、同じ言葉であっても様々な形でつかってみせるといったことです。あるいは、親が子供の発言に一つひとつしっかりと応えることでコミュニケーションの訓練をさせるということもあるでしょう。親からそうした働きかけをしてもらった子供は、自然と言葉を育てる習慣がつきます。

読書習慣が及ぼす影響も無視できません。子供たちが日常会話の中で接する言葉は限られていますので、読書によって非日常的な言葉に接することが重要になってくるのです。小さな子であればお気に入りの絵本をくり返し読む、もう少し上の年齢の子であれば背伸びしてちょっと難しい本を読むことで語彙は相当磨かれます。

あとは、家庭の中に子供たちを本当の意味で遊ばせる環境があるかどうかも重要な要素ですね。子供は言葉を記号のように覚えるわけではなく、友達と戯れたり、自然に接したりする中で、言葉の使い方を学んでいくものです。新しいものに興味を抱く、感覚をくすぐられる、物事の因果関係を考えるといったことを通して、言葉を育てていくのです」

このような経験によって言葉を身につければ、子供たちは視覚化できない抽象的な概念を理解したり、いろいろな情報や経験から共通するものを抽出して一般知識としてまとめたりできるようになる。

後者は心理学用語で「スキーマ」と呼ばれるもので、たとえば「それは夜になって空に浮かび、白銀の光で世界を照らしつづけた後、夜明けとともに去っていった」と言われれば、大概の人は「月」だとわかるだろう。これは月のスキーマ（構造化された知識）を持っているからだ。

③人は様々なスキーマを身につけることで、テキストやコミュニケーションにおける行間を読めるようになる。

それと同時に、人は覚えた言葉によって思考力を成長させていく。思考力とは、物事を推論することによって問題を解決する力のことだ。推論は、ある事実をもとにして、未知の事柄を推し量って論及することである。つまり、思考力をつけるには、言葉や知識を覚えるだけでなく、推論の能力を上げる訓練が必要になるのだ。

簡単にこう見るだけで、人間が言葉をつかいこなせるようになるまで、相応の経験や訓練が欠かせないのがわかるだろう。ただし、小さな子供はこれらを勉強として行っているわけではない。親との日常的なコミュニケーション、自発的な遊び、それに絵本などを通して自然に身につけているのだ。だからこそ、家庭にそうした環境があるかどうかが子供に多大な影響を与えることになり、場合によっては国語力のカーストともいうべき状況を生むのである。

国語力の違いがdケン著になるのは、大体小学校の高学年にさしかかるくらいの年齢だ。心理学で「九歳の壁」という概念があるように、小学四年くらいから学校の勉強や人間関係が急に［　X　］する。それ以前は日常生活でつかわれる語彙だけでなんとなくやり過ごせたものが、そうではなくなるので、国語力を磨いてこなかった子供たちは、三、四年生くらいから授業についていけない、人間関係がこじれるといったことが起こり、だんだんと劣等感を膨らませていく。この年代で、勉強嫌い、不登校、非行が表出するのはそのためだ。

このように考えてみると、九歳くらいまでの家庭環境がどれだけ重要かがわかるのではないか。親の接し方が、思春期を迎える子供たちの命運を握っていると言っても過言ではない。

家庭格差の下層にいる子供たちが、言葉を習得するという点において不利益を被っていることは今井も認める。彼女は次のように言う。

「日本に家庭の事情で適切な語彙を持てずに育ち、様々な面で苦労している子供がいるのは揺るぎない事実でしょう。先ほども言いましたように、④お金をかければ何とかなるといったわけでもありません。親の意識が変わるか、誰かが手を差し伸べるかしなければ、子供は言葉を育てるチャンスを失います。

海外でも家庭によって養育環境が違うのは同じですが、欧米と比較した場合、日本とは少し状況が異なります。欧米では子供の生活環境がとても重要視されていて、法律によってそれを保障しようという意識が日本より高いのです。家庭の環境が悪いことがはっきりすれば、国が積極的に介入して支援を手厚く行ったり、施設や里親が育児の代行をしたりすることに躊躇《ためら》いが少ない。［　E　］、家庭格差はあっても、子供は国の支援によって言葉を育てていく環境を守ってもらえるのです」

子育てに優しい国として知られているフィンランドでこれを担っているのが、「ネウボラ（フィンランド語で「アドバイスの場」の意味）」という子育て支援制度だ。第二次世界大戦中の一九四四年に法制化されたもので、利用率はほぼ一〇〇%といわれている。

この制度では、親の妊娠がわかった時期から小学校入学まで、一家族に一人の保健師が担当について、妊娠、出産、子育てに関するアドバイスを一貫して行う。原則として担当者は変わらないので助言がぶれることはないし、家族の変化にも対応できる。

保健師が行う育児のアドバイスの中には、今井が重要だと指摘していた親が子供にかける言葉の数や質のことも含まれている。親はどう話しかけるべきか、なぜ絵本の読み聞かせが重要なのか、自発的な遊びが何を育むのか。それによって親は科学的な知見に基づいた育児を意識してやるようになる。国が家庭の中にまで踏み込み、無償で子供の国語力を底上げしているのだ。

「日本では広島県など一部の地域で欧米型の子育て支援を取り入れようとしていますが、まだまだ整っているとは言い難《にく》いです。日本が欧米に比べてこうした点で後れを取ったのは、日本独特の子育て観が大きいのではないでしょうか。

日本には、子育ては親がそれぞれの考え方ですることであり、成功するのも失敗するのも親の責任といった風潮があります。だから、国にしても、地域住民にしても、家庭に介入することに二の足を踏む。

一方、欧米には子供は国の宝物なのだから、社会全体で育てていこうという空気があります。不適切な育児が行われていることが明らかになれば、即座に介入して社会的養護につなげますし、先ほど話したように子育ての方法を国民みんなで分かち合います」

この指摘は核心を突いていると思う。そもそも欧米では、虐待をはじめとした不適切な養育の基準が日本に比べて厳しい。たとえば、子供を夜遅くまで一人で留守番させたり、親が癇癪《かんしゃく》を起こしてeド鳴りつけたりしただけで「虐待」と見なされ、日本でいう一時保護、場合によっては親子分離がなされる。それは社会全体で子供を守り、育てていくという通念があるからだ。

日本はそうではない。国が設けている不適切な養育の基準はかなり低く、生命の危険があると判断されない限り、児童相談所が家庭に強制的に介入し、子供を一方的に保護することはない。また、家庭の側にしても、第三者に介入されることに対する強い拒絶感がある。こうしたことが、家庭格差による国語力の差を広げる一因になっていることは間違いない。

考えなければならないのは、このような日本式の考え方が必ずしも伝統的な観念というわけではないという点だ。かつての日本のムラ社会では子供はみんなで育てるものであり、親の所有物という考えはなかった。それが戦後になって全国で急激に都市化が進み、核家族が形成されていく中で、いつしか子育てが親の責任といわれるようになったのだ。そう考えれば、この風潮はわずか数十年でできたものであり、いつまでも束縛されなければならない日本の伝統文化というわけではないはずだ。

《石井《いしい》　光太《こうた》・著『ルポ　誰が国語力を殺すのか』文藝春秋《ぶんげいしゅんじゅう》刊による》

【注】＊シャッターを切る…フィルムカメラで写真を撮影する際に、シャッターを作動させるボタンを押す行為。

＊水を切る…食材をザルなどにあげて、余分な水分を取り除く行為。

＊ボキャブラリー…語彙のこと。

問1 〰〰〰線部a～eのカタカナを漢字に直せ。（楷書で大きく濃く丁寧に書くこと。）

問2 本文中の空欄 A ～ E にあてはまる最適の言葉を、次の中からそれぞれ選び、記号で答えよ。（ただし、同じ記号を二度以上使用してはならない。）

ア あるいは　イ しかし　ウ だから　エ たとえば　オ むしろ

問3 ――線部①「子供は生まれながらにして言葉を学習しようとしますが、それは決して簡単なことではない」とあるが、なぜか。その説明として最適のものを次の中から選び、記号で答えよ。

ア 言葉は多様な意味を持っているので、語彙数が同じでも意味の理解の深さによって物事の知覚や表現のレベルが異なることがあり、話し相手のレベルを見分けるには経験が必要だから。

イ 言葉の多様な意味の中には一定の年齢にならなければ理解できない難しいものもあり、それらは心理学の概念の習得を前提にしているので、使いこなすには高度な教育が必要だから。

ウ 言葉の意味には多様性があり、それらを理解して使いこなせる人間とそうでない人間とでは、物事の考え方からコミュニケーションの幅まで違うので、接する相手の選定が必要だから。

エ 言葉の意味は多様であり辞書や親の説明だけでは使いこなせず、しかるべき年齢になるまでに様々な経験を積んでおかなければならないが、そのことを理解するには時間が必要だから。

オ 言葉には具体的なものから抽象的なものまで様々あり、また一つの言葉には複数の意味やその広がりもあるので、それらを理解し使いこなすには多くの経験と長い時間が必要だから。

問4 ――線部②「子供が言葉を育めるようになるかどうかの分岐点」とあるが、今井が指摘する「分岐点」の説明として最適のものを次の中から選び、記号で答えよ。

ア 適度に複雑な言葉を使った会話や子供にきちんと向き合った対話、好奇心を刺激したり論理的に物事を考えたりするような遊びができる環境に加え、読書を通じて非日常的な言葉に触れられる機会が、家庭の中に日常的にあるか否か。

イ 語彙が増えるような表現を使って丁寧に働きかけてくれる大人や、自然や友人との触れ合いを通じてコミュニケーションの訓練になるような遊びができる環境、そして適度に複雑な言葉を吸収できる読書の習慣が、その子供にあるか否か。

ウ 会話の中で適度に複雑な表現や非日常的な言葉を頻繁に使うことで、子供の語彙が増えるようにしてくれる親や、きちんと向き合って対話をすることで、子供のコミュニケーションの訓練をしてくれる親が、その子供にいるか否か。

エ 日常生活の中では使わない言葉に触れるために読書習慣を確立したいという意欲や、友達との遊びの中で、新しいものに興味を持ったり物事の因果関係を考えたりして推論の能力を上げたいという意志が、その子供にあるか否か。

オ 子供の発言の一つ一つにきちんと対応することでコミュニケーションの能力を上げたり、読書によって非日常的な言葉に接したり、友達と戯れたり自然と接する中で言葉の使い方を学んだりするような綿密な計画が、家庭の中にあるか否か。

問5　——線部③「人は様々なスキーマを身につけることで、テキストやコミュニケーションにおける行間を読めるようになる」の具体例として、最適のものを次の中から選び、記号で答えよ。

ア　意味の分からない言葉を見つけると、必ず国語辞典を引くようにして、ことばの多様な意味を少しずつ身につけてきたので、古風な文体で書かれた小説が国語の授業で扱われた時も、他の生徒たちよりも流暢《りゅうちょう》に音読することができた。

イ　親の趣味のかねあいで、幼少期のころから美術館や博物館に行く機会があり、数多くの芸術作品を鑑賞してきたことで、初めて目にする作品に対しても、時代背景や制作方法について、専門家並みの解説ができるようになっていた。

ウ　子供のころは録音された音源でしかクラシック音楽を聴いたことがなかったが、大人になってオーケストラの実演を聴いたことで、クラシック音楽に対する関心が強くなり、日常生活で耳にした時に安らぎを覚えるようになった。

エ　四季折々の魅力を表現した『枕草子』の序段や、「春の小川」や「もみじ」といった童謡などを何度も口ずさんで、日本の伝統的な季節感を追体験してきたので、現代小説の何気ない情景描写から、秋の訪れを感じとることができた。

オ　瀧廉太郎《たきれんたろう》が作曲した「荒城の月」を何度も聞いたり、『竹取物語』で描かれる「月」を分析したりするなかで、視覚化できない抽象的な概念としての「月」を理解できるようになり、文学作品や芸術作品にふれた時の心の動きが大きくなった。

問6　本文中の空欄 X にあてはまる表現として、最適のものを次の中から選び、記号で答えよ。

ア　高度化・国際化　　イ　抽象化・複雑化　　ウ　具体化・多様化　　エ　難化・希薄化　　オ　深化・専門化

問7　——線部④「お金をかければ何とかなるといったわけでもありません」とあるが、なぜか。その理由にあたる箇所を、解答欄の「〜から。」に続く形で本文中から四十字以内で抜き出し、最初と最後の五字を記せ。

問8　――線部「家庭格差の下層にいる子供たちが、言葉を習得するという点において不利益を被っている」とあるが、なぜか。欧米と日本の違いを踏まえ、解答欄の「子供の家庭環境が悪い場合に」に続く形で、百字以内で説明せよ。

※設問に字数制限のあるものは、句読点等も一字に数えるものとする。

【二】 次の文章を読んで、後の問いに答えよ。なお、設問の都合により本文を一部改変してある。

「あたし、コンテストに出たいんです」
和菓子協会が主催するコンテストの東京大会が五月にある。それに出場して力を試すのが、自分の店を持つことへの第一歩と考えたのだ。だが口にしたあと、すぐにワコは顔が熱く火照る。
「①まったく身のほど知らずだとは思うのですが……」
「コンテストに出場するのはいいとして、五月まで準備期間が二ヵ月《げつ》しかないぞ」
「今の自分の実力が知りたいんです」
「分かった。この五年間で身に付けた技術を出し切れ」
通勤途中に通り抜ける隅田公園の桜並木が、ほんの少し色づき始めていた。
コンテストの課題は、春と秋をテーマにした上生菓子をひとつずつつくること。上生菓子の代表格は、白あんを着色して四季折々の風物に題材を取った、*練りきりだろう。ほかにも羊羹《ようかん》、*求肥《ぎゅうひ》などを使い、つくり手の創意工夫で自由に表現される。いわば、和菓子の華だ。
「上生菓子をつくるには、感性を磨くことが必要だ」作業場に出ると、曽我が声をかけてきた。
「では、その感性とはなんだと思う?」
ワコは応えられなかった。
「私は以前、みんなにaアイマイさを排除しようと言った。〝なぜ、そうするのか〟を具体的、論理的にしろとな。おまえなりに感性を具体的、論理的に突き詰めるんだ。そこからワコの上生菓子が生まれるはずだ」
――あたしの上生菓子。
出勤の時に眺める桜の蕾《つぼみ》がふくらんでいき、やがて花開いた。
「たとえば朝起きて、窓の外を見ると雪が降っていたとします。顔を洗おうとbジャグチをひねると、刺すように水が冷たい。見たもの、感じたもので真冬という季節をどう表現するか? その表現力の豊かさだと思います」
「まだ足らんな」

曽我に一蹴された。

奥山堂からの帰路、夕暮れの隅田公園でワコはふと立ち止まる。桜吹雪が舞う中、浅草寺の鐘の音が聞こえた。浅草でお菓子の修業ができてよかったとワコは思う。まがい物めいたものもあるけれど、確かな伝統も息づいている。ある日突然、隣の宮大工のおじいさんが人間国宝になったり、飾り職人のおじさんが伝統産業功労賞を受賞したりする。ワコは夜の仲見世《なかみせ》を歩くのも好きだった。賑《にぎ》わう昼間とは違い、静かなシャッター通りがライトに照らされた風景は幻想的ですらある。この街は、見る人の目によってさまざまに映るだろう。②……そこではっと気づいた。

「雪の朝、顔を洗おうとしたら、あまりに水が冷たかった。それでまた布団に戻り、もぐり込んでしまう人。あるいは顔を洗ったあと、さらに手で冷たい水をすくって飲む人。その水によって身体が浄化されたようで、思わず雪の中に飛び出して駆け回りたい衝動にかられる人。雪の朝をどのような形で表現するかが感性だと思います」

曽我がワコに目を向ける。

「おまえがそう思うなら、やってみろ」

その日は来た。日本橋にある和菓子協会東京本部のキッチンスタジオには、三百人の年齢が異なる和菓子職人がコンテストのために集まった。ガラスの向こうでは、大勢のギャラリーが中を覗《のぞ》き込《こ》んでいる。

「ほほう、女の職人とは珍しい」

審判員を務めるベテランの協会員が、作業台に向かって立つワコの前で聞こえよがしに呟《つぶや》く。確かにそのとおりで、出場者の中に女性は自分ひとりきりだった。

「今の自分の実力が知りたいんです」と曽我には言った。しかし、こうして参加したからには勝ちたい。それになにより、ひとりの人物が混じっていた。

――ツルさん！

おそらく笹野庵《ささのあん》の制服なのだろう、鶴ヶ島《つるがしま》は紫色の作務衣《さむえ》を着ていた。長い作業台が横三列、cタテ十列並んでいる。ひとつの作業台に十人ずつが横並びになってお菓子づくりを行う。鶴ヶ島は前のほうの作業台にいて、ワコは中ほどにいた。離れてはいるが、鶴ヶ島の背中を斜め後方から眺めることになる。気になった。

だが審判員の、「始め！」の声が会場に響き渡ると、Xすべては消し飛ぶ。

持ち時間は二時間だ。練り切りの生地をつくるところから始める。餅粉に水を加えてこね、耳たぶくらいの硬さにする。＊中綿《なかわた》にするこし餡《あん》は、昨日のうちにつくって冷蔵庫で冷ましたものを各自持参していてそれを使う。

この五年間、お菓子づくりに役立つと聞けば、自然とその方向に足が向いた。ほかの店のお菓子を見て歩いたり、美術館で絵画を鑑賞したり、百貨店の着物売り場で美しい晴れ着の柄を眺めたりした。思わず入ってしまった格式のある呉服屋で、店員に高い帯を勧められて困ったことも……。目にして印象に残ったものは、絵や文で書き留めるように努めてきた。そうした日々のさまざまな積み重ねが、自分を自然と刺激してくれていたらいい。

つまんで伸ばし、粘りを出し、裏ごしし、もみ込んで生地をつくる。できた生地に色素を加えて着色し、形をつくり、角棒で刻みを入れる。制限時間内に、春と秋の上生菓子が十個ずつはつくれるだろう。それぞれ一番よくできたものを提出する。

時間は刻々と経《た》ってゆく。だが、この張り詰めたような空間の中でも、お菓子づくりの喜びと確かな充実がある。そして、ワコは感性を発露させた。

「終了！」

その声を聞いた途端、力尽きてその場にくたりと座り込みそうになる。

審判員によって、出場者はスタジオの外に出るよう促された。味は審査の対象にならない。作業台に残された菓子の姿だけが審査されるのだ。

競技会場から退出した職人たちは、ロビーで手持ち無沙汰の時間を過ごす。顔見知り同士は会釈したり、話し込んでいる姿もある。そうした人たちは笑顔を浮かべてはいるが、どこか虚《うつ》ろだ。みんなが落ち着かない待ち時間をdツイやしていた。人々の向こうに、鶴ヶ島の姿が見える。挨拶しに行きたいが、近寄りがたい雰囲気を纏《まと》っていた。

審判員の指示で、再び会場に戻る。

「結果発表――」

審査員長が正面のステージに立ってそう宣告した。会場中が固唾を呑《の》んでいる。もちろんワコも。自分の心臓が音を立てているのが聞こえるようだった。

なんの前触れもなく、ワコの顔がステージ上のスクリーンに大写しになる。その顔は、きょとんとしていた。

「和菓子コンテスト東京大会準優勝は、奥山堂の樋口《ひぐち》選手」

それを聞いた途端、自分の心臓は確かに一度止まったかもしれない。Y耳にいっさいの音が届かなくなった。

スタッフに案内され、ふわふわした足取りでステージに登壇する。突然、大きな拍手の音が耳の中になだれ込んできた。自分よりも若い振り袖姿の女子が、渋い和皿に載せた上生菓子を運んでくる。ワコがつくったお菓子だ。壇上のテーブルに置かれたそのお菓子が、スクリーンに映し出される。③春をテーマにウグイスを、秋をテーマに柿をつくった。それぞれ『初音《はつね》』、『照り柿』という菓銘を付けている。自信作だった。

自分の姿が映った時よりも晴れがましさを感じる。スクリーンのお菓子と自分に向けて、出場者とギャラリーが拍手を送り続けてくれていた。
ワコは胸がいっぱいになる。
しかし審査員長が再びマイクを握ると、ワコの興味はすでにほかに移っていた。
「優勝は、笹野庵の鶴ヶ島選手です」

ワコは準優勝した上生菓子を、五センチ四方のプラスチックの菓子ケースに入れて奥山堂に持ち帰り、作業場の皆に見せた。コンテストは、店がｅイソガしくなる週末ではなく平日に開催されていた。
「よくできてるよ。ねえ、ハマさん」
と浅野が感心したように言う。
「さっすが準優勝の作品。三百人中の二番だろ、大したもんだ」
浜畑がそう褒めてくれた。
もちろん嬉《うれ》しい。けれど、ワコの表情はすぐれない。鶴ヶ島の作品を見た途端、準優勝の喜びは吹っ飛び、敗北感ばかりが募ってきたのだ。
鶴ヶ島がつくった優勝作品の菓銘は、春が『おぼろ月』、秋が『もみじ』である。春のほうは一見すると普通の蒸し羊羹のようだ。けれど、四角いこし餡の中に杏子《あんず》のシロップ漬けが沈んでいる。ぼかしという手法で、まさに柔らかくほのかにかすんで見える春の夜の月というたたずまいだった。秋のほうは、求肥餅にすりごまを混ぜてつくった濡《ぬ》れたような石に、紅《あか》いもみじの葉が一枚落ちている。それだけで、清らかな冷たい水の流れが見えるのだ。そこには、過ぎ去った夏の思い出さえ感じられる。なにより……とワコは思う。なにより、どちらのお菓子もとてもおいしそうだ。
表彰式の時、鶴ヶ島はワコのほうをちらりとも見なかった。真《ま》っ直《す》ぐに前を向いていた。鶴ヶ島がつくった上生菓子も壇上に運ばれていた。ワコは、そのふたつの菓子に視線が釘《くぎ》づけになっていた。
表彰式が終わるとワコは、「おめでとうございます」夢中で鶴ヶ島に声をかけた。「ツルさんがコンテストに出場されてるなんて、意外でした」
「俺が出場する理由は、自分の技術の確認のためだ。店の連中が、俺に注意することはないからな。自分の技量が落ちていないかを、客観的に査定する機会が必要だからだ」
それだけ言うと、鶴ヶ島は立ち去った。よいお菓子をつくりたい、それだけに没頭している人。
「どうした?」
曽我の声に、物思いにふけっていたワコははっとする。

「浮かない顔だな」

「④優勝したツルさんのお菓子とは、たいへんな隔たりがあります」

曽我が頷《うなず》いていた。

「ワコ、おまえの上生菓子は技巧的には確かに優れている。しかし、このお菓子におまえが言った感性があるだろうか？」

再び激しいショックを受ける。

「コンテストの前、おまえは感性について自分なりに語ってみせた。それはいいだろう。だが、お菓子に表現するやり方が違っている。蔕《へた》のある側の柿をつくるのでは、たとえそれがよくできていても単なる説明だ。これは柿です、という説明をしているに過ぎないんだ。むしろ、花落ち側の頭をつくったらどうだ。そうすることで、柿の木を見上げた時の秋の夕映えの景色が目に浮かんでくる。ウグイスも、姿をそのままつくったならば説明だ。⑤『初音』という菓銘ならば、鳴き声をつくるようにしろ」

鳴き声!?　ワコは絶句した。

《上野《うえの》　歩《あゆむ》・著『お菓子の船』講談社　による》

【注】＊練りきり…和菓子の一種で、「白あん」を細工してつくられたもの。

＊求肥…和菓子の材料。

＊中綿…「練りきり」の中に入れる「あん」のこと。

問１　〰〰線部ａ～ｅのカタカナを漢字に直せ。（楷書で大きく濃く丁寧に書くこと。）

問２　――線部①「まったく身のほど知らずだとは思うのですが……」とあるが、ここからはワコのどのような心情が読み取れるか。六十五字以内で説明せよ。

問3 ――線部②「……そこではっと気づいた」とあるが、どういうことか。その説明として最適のものを次の中から選び、記号で答えよ。

ア ワコは、コンテストで上生菓子を作る時に、自分自身の感性を季節感に落とし込む過程が大切だと考えていたが、奥山堂から帰る途中の浅草寺で、自分とは異なる感性で季節を捉える人もいると悟り、人の多様な価値観を包み込むような表現力が求められると認識するようになったということ。

イ ワコは、「冬」という季節を上生菓子を通じて表現する際に、食べる人の視点に立って作ってきたつもりだったが、曽我に一蹴されて再度考え直してみると、季節に対する印象に幅があることに気付き、感性を磨いて「冬」をどのような形で表現するかが重要だと考えるようになったということ。

ウ ワコは、上生菓子と季節感を結びつける際に、見たものや感じたものを表現する豊かさを重視していたが、見る人によって浅草の街に対する印象が異なるように、季節に対する印象も多様であると気付いたことで、季節をどのような視点で表現するかが重要だと感じるようになったということ。

エ ワコは、上生菓子を通じて「冬」という季節を表現する際に、食べる人の気持ちに寄り添って作ってきたつもりだったが、奥山堂から帰る途中で「冬」にも様々な見え方があることを悟り、上生菓子を通じて何を表現したのかを想像させる視点が重要だと考えるようになったということ。

オ ワコは、コンテストに出場するにあたり、自分が見たものや感じたものを上生菓子を通じて伝えればよいと考えてきたが、曽我に一蹴されて自分が親しむ浅草の街について考えているうちに、食べる人の様々な価値観を踏まえるだけでなく、味に対するこだわりも必要だと考えるようになったということ。

問4　――線部X「すべては消し飛ぶ」と、――線部Y「耳にいっさいの音が届かなくなった」は、ともにワコ自身が周囲の空間から切り離されたように感じていることを表す表現だが、どのような違いがあるか。その説明として最適のものを次の中から選び、記号で答えよ。

ア　Xはワコがコンテスト開始とともに制限時間を気にしつつ急いで和菓子を作りはじめたことを表し、Yは自分の自信作に優勝への手応えはあったので、ワコを祝福する周囲とは対照的に、準優勝が信じられないことを表している。

イ　Xはワコがコンテスト開始とともに感性の表現を一心不乱に考えはじめたことを表し、Yは準優勝という結果に驚くばかりで、ワコを祝福する周囲とは対照的に、自分の作品にその価値があるのが信じられないことを表している。

ウ　Xはワコがコンテスト開始とともに鶴ヶ島へのライバル心を振り払って和菓子を作りはじめたことを表し、Yは自分の結果が最初に発表されたので気が動転し、ワコを祝福する周囲とは対照的に、困惑していることを表している。

エ　Xはワコがコンテスト開始とともに持てる力の全てで和菓子を作りつつ過去を回顧しはじめたことを表し、Yは準優勝に驚きはしたが、ワコを祝福する周囲とは対照的に、努力の結果に確かな手応えを感じていることを表している。

オ　Xはワコがコンテスト開始とともに雑念なく全力で自分の和菓子作りに集中しはじめたことを表し、Yは準優勝という結果が自分でも信じられず、ワコを祝福する周囲とは対照的に、現実感を持てていないことを表している。

問5　――線部③「春をテーマにウグイスを、秋をテーマに柿をつくった」とあるが、これらを曽我はどのように評価しているか。本文中から二文字で抜き出して答えよ。

問6 ――線部④「優勝したツルさんのお菓子とは、たいへんな隔たりがあります」とあるが、鶴ヶ島の菓子とワコの菓子の決定的な違いは、どのような点か。その説明として最適のものを次の中から選び、記号で答えよ。

ア 鶴ヶ島の菓子には、見る人に春や秋の趣深い景色を想起させる力があるが、ワコの菓子は季節を代表する動植物の姿形を菓子でうまく表現しただけである点。

イ 鶴ヶ島の菓子を見ると、春や秋の景色が脳裏にはっきりと浮かんでくるが、ワコの菓子を見てもぼんやりとしたイメージしか浮かばず、説得力に欠ける点。

ウ 鶴ヶ島の菓子は、春や秋の味覚を連想させて実においしそうに見えるが、ワコの菓子はウグイスや柿の姿形を再現していても味覚には訴えかけてこない点。

エ 鶴ヶ島の菓子からは、鶴ヶ島に繊細な感性が備わっていることがわかるが、ワコの菓子は、ワコのつたない感性を技巧で補っていることを証明している点。

オ 鶴ヶ島の菓子には、自分の技術を確認したいという目的意識が込められているが、ワコの菓子は自分の技巧をひたすらに詰め込んだに過ぎないという点。

問7　左の［　　］内の**【文章】**は、本文の後に続く部分である。この**【文章】**を参考にして、——線部⑤「『初音』という菓銘ならば、鳴き声をつくるようにしろ」という曽我の言葉の解釈として、最適のものを次の中から選び、記号で答えよ。

【文章】

厳しい残暑が続いていた。朝の通勤時、日差しは早くも勢いを増しつつある。隅田《すみだ》公園は、セミの声が降るようだ。園内には人影はなく、百日紅《さるすべり》の赤い花だけがここを先途《せんど》と咲き誇っているだけだった。今日も暑くなりそうだ。ふと、萩《はぎ》がひっそりと蕾をつけているのに気づく。

ウグイスの声をお菓子にする！　ワコには、やっと分かったような気がした。萩の花で秋を表現するとしたら、それは説明だ。陽《ひ》が照りつける百日紅の赤い花の傍らで蕾をつけている萩のほうが、静かに忍び寄る秋を知らせている。

ア　単にウグイスを菓子にするのではなく、梅の木にとまるウグイスの動きをよく観察して、初鳴きをするウグイスの姿勢を忠実に菓子に写し取り、見た人が春を感じるような菓子を作れ、ということ。

イ　ウグイスだけで早春の趣を表現するのではなく、冬と春という二つの季節の代表的な景物を写し取って季節の移ろいを表現し、見た人がウグイスの初音を想像するような菓子を作れ、ということ。

ウ　ウグイスを写実的に菓子にするだけではなく、趣深く響くウグイスの初音にふさわしい色彩でウグイスの菓子を作ることで、見た人が春の盛りの景色を思い起こすような菓子を作れ、ということ。

エ　ウグイスの姿形を写した菓子を作るのではなく、ほころびかけた梅の木の間からウグイスの初音が聞こえてくる早春の情景が、見た人の脳裏に鮮明に浮かんでくるような菓子を作れ、ということ。

オ　通俗的なウグイスを菓子にするのではなく、誰も目に留めないような些細《ささい》な事物から連想されるウグイスの初音の趣深さが、見た人の心にそれとなく伝わってくるような菓子を作れ、ということ。

問8 この文章の表現に関する説明として、適切なものを次の中から二つ選び、記号で答えよ。（ただし、解答の順序は問わない。）

ア この文章中には、「……」と「――」が度々使用されている。それらはともに、ワコの心情を表現するために用いられ、初めのうちは和菓子作りへの自信の無さや迷いから「……」が多く出てきている。しかし、17行目の「――あたしの上生菓子」に代表されるように、和菓子作りへの思いが段々と強まると「――」が多くなっており、ワコの迷いが吹っ切れて決心・決断へと変化していることが分かる。

イ この文章では、時間の経過は一定ではなく、9行目「桜並木が、ほんの少し色づき始めていた」や23行目「桜吹雪が舞う中、浅草寺の鐘の音が聞こえた」というように、前半では風景描写を用いて和菓子協会主催のコンテストに向けての二ヶ月間を足早に進めている。一方、後半のコンテスト当日の様子はじっくりと描かれることで、和菓子を作り上げるワコの様子がクローズアップされている。

ウ この文章において、ワコは曽我と鶴ヶ島を自分より優れている相手だと考えている。その際、曽我については「曽我」と呼び捨てている一方で、鶴ヶ島は「ツルさん」と敬称を付けて呼んでいる。この呼び方の違いからは、鶴ヶ島に対して強いライバル心を抱きつつも尊敬し続け、曽我に対しては和菓子作りの師と認めつつも学ぶべきことは既に学んだと、尊敬の度合いが薄れてきていることがうかがわれる。

エ この文章では、46行目「持ち時間は二時間だ」以降に、ワコが実際に和菓子を作り上げていく時の細かな作業が出てくる。この場面では読点が多用されていて、それは文を区切ることで和菓子作りの各工程をそれぞれまとめるのに役立っている。同時に、このような歯切れの良い文体からは、ワコが一心不乱に目の前の和菓子のことだけを考え、集中して手早く作業を進めていることが伝わってくる。

オ この文章では、43行目「鶴ヶ島の背中を斜め後方から眺めることになる。気になった」とあるように、語り手はワコの視点に寄り添いつつ内面にも入り込んでいる。特に最後の場面では、83行目「もちろん嬉しい。けれど、ワコの表情はすぐれない」の後の描写が、鶴ヶ島をめぐる回想へと切れ目なくつながっている。このような語り方によって、読者にはワコの心の動きが分かりやすくなっている。

問題は以上です。

令和 6 年度

数　学

（60分）

・ 合図があるまで、中を見てはいけません。
・ 試験開始の合図があったら、はじめに受験番号を書き、QRコードのシールをはってください。
・ 解答は、解答欄の枠内に、濃い字で記入してください。

問題は 2 ページから 7 ページです。

H

（注）答はすべて解答用紙に記入せよ。ただし，円周率は π とし，根号は小数に直さなくてよい。

1. 次の各問いに答えよ。

(1) $\dfrac{2\left(6+\sqrt{2}\right)}{3}-\dfrac{\sqrt{8}+\sqrt{4}}{0.5}$ を計算せよ。

(2) $\dfrac{(1+x)(1+2x)}{2}-x(x+2)$ を簡単にせよ。

(3) 方程式 $3x(2x+1)=(x+4)(2x+1)$ を解け。

(4) 濃度 5 %の食塩水を A，濃度 8 %の食塩水を B，濃度 15 %の食塩水を C とする。A，B，C を混ぜて 11 %の食塩水を 600g つくる。このとき，C は何 g 混ぜればよいか。ただし，B は A の 2 倍の量を混ぜるとする。

(5) 下の図のように，円 O の円周上に点 A，B，C，D があり，直線 AB と直線 DC の交点を E，直線 AD と直線 BC の交点を F とする。$\angle\mathrm{BAD}=38^\circ$，$\angle\mathrm{AED}=30^\circ$ のとき，$\angle\mathrm{AFB}$ の大きさを求めよ。

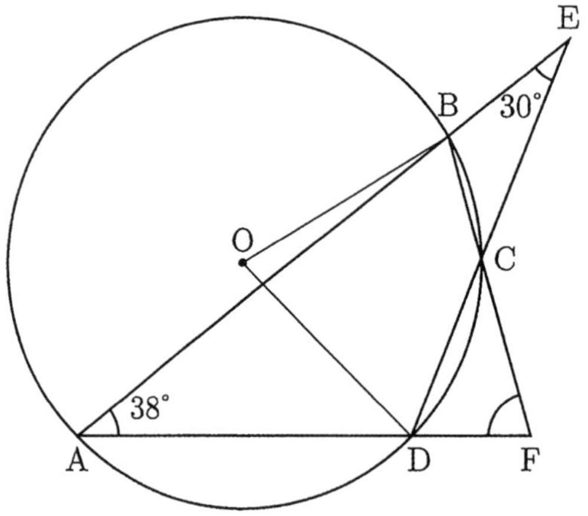

2. 次の各問いに答えよ。

(1) 分子が 1 で，分母が 2 から始まり 1 ずつ増えていく 9 個の分数 $\frac{1}{2}, \frac{1}{3}, \cdots\cdots, \frac{1}{10}$ を小数で表したとき，有限小数となるものをすべて答えよ。

(2) 分子が 1 で，分母が 2 から始まり 1 ずつ増えていく 99 個の分数 $\frac{1}{2}, \frac{1}{3}, \cdots\cdots, \frac{1}{100}$ の中に，有限小数はいくつあるか。

(3) $\frac{1}{2^6 \times 5^{10}}$ を小数で表したとき，小数第何位に初めて 0 でない数が現れるか。

3.　下の図のような，AC を直径とする半径 1 の円 O がある。$\overset{\frown}{AB}:\overset{\frown}{BC}=1:2$ であり，点 B における円 O の接線と点 C における円 O の接線との交点を D とする。また，AD と円 O の交点のうち，A でない方を E とする。次の各問いに答えよ。

(1)　△ABC の面積を求めよ。

(2)　△BCD の面積を求めよ。

(3)　△ACE の面積を求めよ。

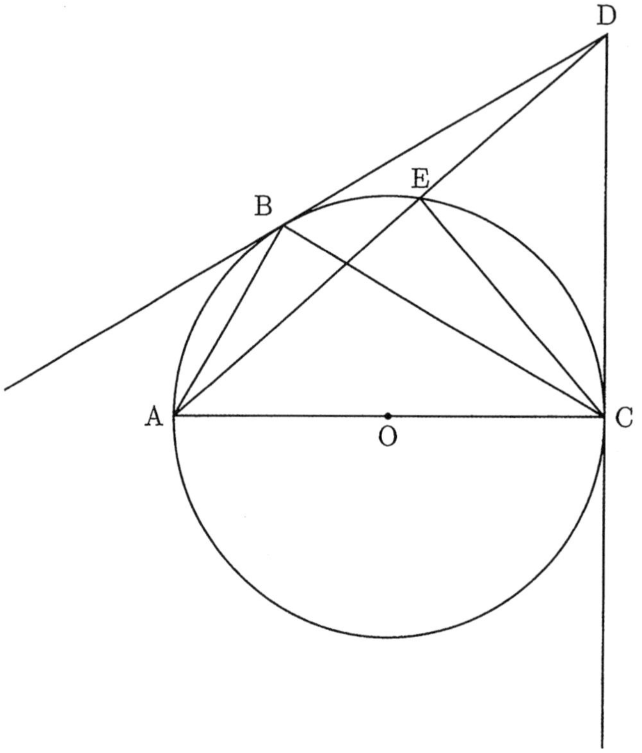

4. 5枚のカードA，B，C，D，Eがあり，以下のように両面に数字が書かれている。

カードA ： 片面が1で，片面が100
カードB ： 片面が5で，片面が10
カードC ： 片面が1で，片面が10
カードD ： 片面が1で，片面が10
カードE ： 片面が1で，片面が5

この5枚のカードA，B，C，D，Eすべてを，無作為に横一列に並べたとき，カードの見えている数字の和をSとする。次の各問いに答えよ。

(1) Sが最大となるときのSの値を求めよ。

(2) Sが最大となる確率を求めよ。

(3) Sが125より大きくなる確率を求めよ。

5. 下の図のような，点 A$(6, 9)$ を通る放物線 $y = ax^2 \cdots\cdots$ ① がある。点 A と点 B$(-3, 0)$ を通る直線 AB と放物線①との交点のうち，A でない方を C とする。点 A を通り，直線 OC に平行な直線と放物線①との交点のうち，A でない方を D とする。次の各問いに答えよ。

(1) 定数 a の値を求めよ。

(2) 点 C の座標を求めよ。

(3) 直線 AD の式を求めよ。

(4) 線分 AD 上に点 P をとる。点 P から x 軸に垂線 PH を引き，PH と放物線①の交点を Q とする。点 H の座標を $(t, 0)$ とするとき，PQ $=$ QH となるような t の値を求めよ。

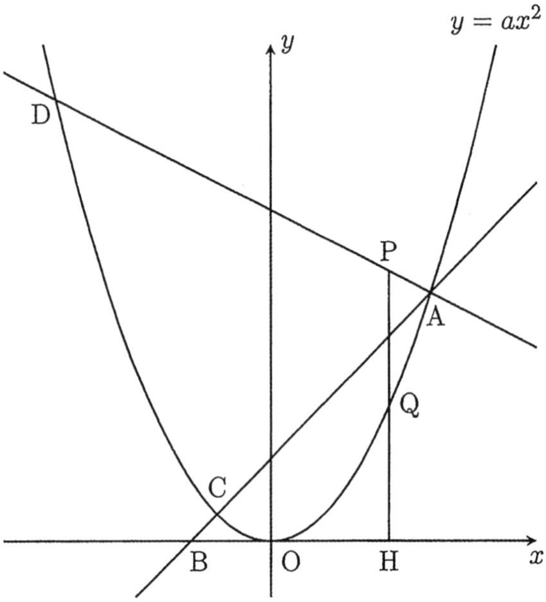

6. 下の図のような，$AB=6$，$OA=3\sqrt{3}$ であるふたのない正四角錐《すい》の容器がある。また，長さ 6 の線分をこの容器に差し込み，線分の一方の端を O で固定し，他方の端を P として，この線分を動かすことを考える。ただし，容器の厚みを考えないものとして，線分は容器の側面をすりぬけて動くことはないものとする。次の各問いに答えよ。

(1) この容器の容積を求めよ。

(2) 線分 AB，CD の中点をそれぞれ M，N とする。線分 OP が，3 点 O，M，N を通る平面上を可能な限り動く。このとき，線分 OP が通る部分の面積を求めよ。

(3) 線分 OP が，可能な限り動く。このとき，線分 OP が通る部分のうち，容器からはみ出た部分の体積を求めよ。

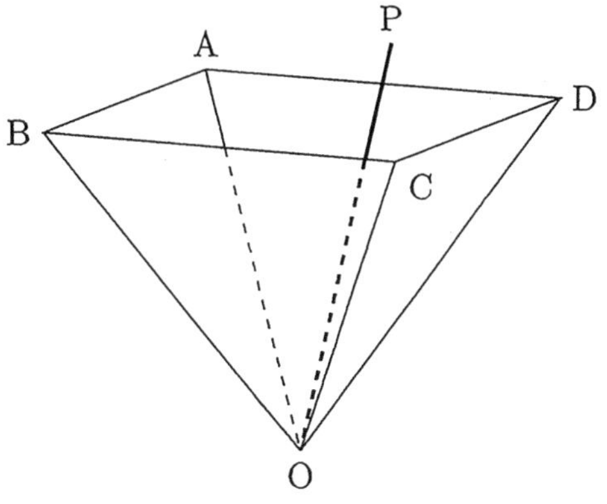

2024(R6) 滝高
K 教英出版

令和 6 年度

英　語

（60分）

・ 合図があるまで、中を見てはいけません。

・ 試験開始の合図があったら、はじめに受験番号を書き、QRコードのシールをはってください。

・ 解答は、解答欄の枠内に、濃い字で記入してください。

問題は 2 ページから 10 ページです。

H

【１】次の〈問題１〉と〈問題２〉は放送による問題です。それぞれ、放送の指示に従って答えなさい。放送を聞きながらメモをとってもかまいません。

　このテストには、＜問題１＞と＜問題２＞があります。英文は＜問題１＞では１回、＜問題２＞では２回放送します。なお、＜問題１＞では例題を１題放送します。＜問題２＞には例題はありません。

〈問題１〉これから放送される英語の質問に対する答えとして最も適当なものをア～ウの中からそれぞれ１つずつ選び、記号で答えなさい。質問は１回だけ放送します。

※教英出版注
音声は，解答集の書籍ＩＤ番号を教英出版ウェブサイトで入力して聴くことができます。

例題

ア．My name is Taro.

イ．Hanako is my best friend.

ウ．I’m from Nagoya.

(1)

ア．She works at the department store.

イ．She’s in the backyard.

ウ．She’s much better now.

(2)

ア．Oh, I like barbecues.

イ．No, I have to be in Korea this weekend.

ウ．I’ve known them for five years.

(3)

ア．Not really.

イ．I hope not.

ウ．I’m not feeling well.

(4)

ア．Because I had a stomachache then.

イ．That’s a good idea.

ウ．To enjoy talking with my friends.

(5)

ア．By writing a letter to you.

イ．I heard that after a while.

ウ．By noon tomorrow.

〈問題２〉これから、Médecins Sans Frontières （国境なき医師団：略称 MSF）についての英文を放送します。アフリカの Sierra Leone（シエラレオネ）における活動などについての英文を聞いて、各質問に対する答えとして最も適当なものをア～エの中からそれぞれ１つずつ選び、記号で答えなさい。英文と質問は２回ずつ放送します。

(1)

ア．In Africa in 1915.

イ．In Sierra Leone in 1950.

ウ．In Europe in 1971.

エ．In France in 1917.

(2)

ア．Most people in this country have regular jobs.

イ．Many Japanese people have heard that this country is a very poor country.

ウ．The capital of this country is a big city, but there is not much traffic there.

エ．People in this country eat foods known to the Japanese people.

(3)

ア．Because they usually run to the city hall to use the toilet.

イ．Because they do not wash their hands before meals.

ウ．Because they do not know well how precious water is.

エ．Because they always use well water to wash their hands.

(4)

ア．She hopes the number of sick children will decrease.

イ．She hopes that more young Japanese people will continue to make efforts to be good doctors.

ウ．She hopes that many countries in Africa will be rich.

エ．She hopes that the number of international volunteers will get larger in the future.

【2】次の各文の(　　　)に入る適当な語を答えよ。ただし、(　　　)内に与えられている文字で始まる語を答えること。

(1) A (c-　　) is a period of a hundred years.

(2) If you are (s-　　), you will not be good at speaking in front of people, or you cannot ask for help easily.

(3) The (t-　　) month of the year is December.

(4) A (g-　　) is a present or something that is given to someone.

【3】次の日本語を参考にして、(　　　)に入る適当な語を答えよ。

(1) その情報は調査する価値がある。

The information is (　　　)(　　　) out.

(2) パリは美しい都市だそうです。

It (　　　)(　　　) that Paris is a beautiful city.

(3) この部屋は今すぐに掃除しなければならない。

This room (　　　)(　　　)(　　　) right now.

(4) あなたの町はどんなことで知られているのか教えてよ。

— 縄文遺跡が有名で、海外の人にも人気です。

Tell me (　　　) your city is known (　　　).

— The Jomon sites are famous, and are popular among foreign visitors, too.

【4】[　　] 内の語(句)を [　　] に入れて英文を作るとき、[①]・[②]・[③] の位置に来る語(句)を記号で答えよ。ただし、不要な選択肢が1つずつある。

(1) [　　]-[①]-[　　]-[②]-[　　]-[③]-[　　] the station.

ア．me　/ イ．to　/ ウ．the way　/ エ．heard
オ．carrying　/ カ．a suitcase　/ キ．asked　/ ク．a foreign woman

※(1)の選択肢は、文頭に来る語も小文字で記してある。

(2) [　　]-[①]-[　　]-[　　]-[②]-[　　]-[　　]-[③] now.

ア．TV　/ イ．number　/ ウ．of　/ エ．who　/ オ．have grown
カ．is increasing　/ キ．the　/ ク．people　/ ケ．have stopped watching

※(2)の選択肢は、文頭に来る語も小文字で記してある。

(3) This is [　　]-[①]-[　　]-[②]-[　　]-[③]-[　　].

ア．the bag　/ イ．one　/ ウ．of　/ エ．to
オ．for　/ カ．bought　/ キ．my best friends　/ ク．me

【５】次の英文を読んで、後の問いに答えよ。

We can see news these days about big animals coming into towns and cities. There have been bears in parks in *Vancouver, leopards on the streets of *Mumbai and wild pigs in gardens in Berlin. What happens when big animals come into our cities? Is it a good thing or is **1** it dangerous for us and the animals?

Usually, wild animals come into cities to look for food. In Cape Town, South Africa, *baboons enter the city. They eat fruit from gardens and go into people's kitchens and take food! Baboons are strong animals and sometimes scare children and fight with pets. But the city can be dangerous for baboons, too; [**2**]. Cape Town has a team of Baboon Monitors. Their job is to find baboons in the city and take them back out of the city. This makes the city safer for people, and it is safer for the baboons. But a lot of baboons will come back to the city to find food again.

In Berlin in Germany, groups of wild pigs sometimes come into the city to look for food. Pigs have always come to the cities. But now the winters are warmer, so there are more pigs than in the past. Pigs eat flowers and plants and dig in gardens and parks. They also walk in the street and some people in the city give food to the pigs. But *the city officials are worried about the traffic accidents. **3** They [ア. food / イ. giving / ウ. have / エ. people / オ. the pigs / カ. stop / キ. to / ク. told] and have put up fences to stop the pigs entering the city.

In Moscow in Russia, there are 35,000 wild dogs. They live in parks, empty houses, markets and train stations. Some of the dogs were pets that people did not want, so they left **4** them on the streets. Others were born on the streets and have always lived there. Some dogs live alone, and others live in packs (a pack is the name for a group of dogs). In 2010, scientists studied the dogs. They found some very interesting facts:

1. Packs have leaders. The leaders are the most intelligent dogs and not the biggest or strongest ones.
2. Dogs know that it is safer to cross the street with people and some dogs understand traffic lights.
3. Dogs have learned that people give more food to small, cute dogs than to big ones. The cutest dogs in a pack wait on the street for food given by people. When they get some food, they share it with the other dogs in the pack.
4. Some dogs have started travelling on the Moscow underground trains.

The winter in Moscow is very cold with lots of snow and temperatures of -10 ℃. A lot of people like the dogs, so **5** some citizens have built small huts (❶) the dogs to live (❷) during the winter.

Bigger animals like the dogs in Moscow can **6** (s-) in the city with a little help from their human friends. For many big animals, cities are dangerous places and they need our help to **7** (r-) to the countryside.

（注） Vancouver：バンクーバー　　Mumbai：ムンバイ　　baboon(s)：ヒヒ
the city official(s)：市役所職員

〈問題２〉 これから、Médecins Sans Frontières （国境なき医師団：略称 MSF）についての英文を放送します。アフリカの Sierra Leone（シエラレオネ）における活動などについての英文を聞いて、各質問に対する答えとして最も適当なものをア～エの中からそれぞれ１つずつ選び、記号で答えなさい。英文と質問は２回ずつ放送します。

Médecins Sans Frontières（MSF）was founded in France in 1971 by a small group of French doctors who had worked in Biafra in Africa. For more than 50 years, MSF has been helping people who are sick or injured. This is a speech given to Japanese high school students by a doctor in this group, who is working in Sierra Leone.

Sierra Leone is a small country in Africa, and it is about the size of Hokkaido. Few Japanese people know much about Sierra Leone because we learn nothing of it at school. However, this small country has a sad history of war, and people there continue to have a difficult life today. I hope that young Japanese people will try harder to know and imagine the situation in this country.

Though Sierra Leone is a poor country, the capital Freetown has tall buildings, a soccer stadium, and a big market. There are many cars and heavy traffic jams, and streets are crowded with people.

However, in most areas outside of the capital, people live in the same way they have lived for centuries. Most people have no regular job, and basically live by growing rice and cassava plants, and fishing in nearby rivers. They eat foods we know well, too, such as rice, potatoes, corn and so on.

People's homes have no electricity, so they don't have television or video games. At night, they use candles or oil lamps.

Most areas do not have running water, so well water is widely used. Toilets are just holes in the ground, and there are no baths or showers. People use water from the well to wash their hands and bodies. Many children, however, do not wash their hands after going to the toilet or before eating meals. Because of this, they often have stomach problems.

In Africa, many children die before reaching the age of five. Several times in Africa, I saw scenes of mothers carrying small bodies wrapped in cloth. There is very little we can do. A member of an international volunteer group may not be able to save a lot of people. I continue this work, however, in the belief that these small efforts can make all the difference. Because I want the children to keep on smiling for just a little longer, I am always ready for help. I really hope that more people will take an interest and play an active part in international assistance and world health in the future.

(Letters from Africa / 数研出版から一部改変)

(1) When and where was MSF established?

(2) What is true about Sierra Leone?

(3) Why do many children have stomachache?

(4) What is this doctor's hope?

(1) 下線部1の it が指す内容を日本語で答えよ。

(2) [2]に入る最も適当なものをア～エの中から１つ選び、記号で答えよ。

ア．baboons are sometimes hurt in car accidents

イ．in the past, people in some villages gave baboons poison to kill them

ウ．one day, baboons were scared by people and attacked them

エ．baboons are often attacked by wild wolves

(3) 下線部3の[ ]内の語(句)を正しい順番に並べかえるとき、[ ]内で、２番目・５番目・７番目に来るものをア～クの中からそれぞれ選び、記号で答えよ。

ア．food / イ．giving / ウ．have / エ．people / オ．the pigs

カ．stop / キ．to / ク．told

(4) 下線部4が指す内容として最も適当なものをア～エの中から１つ選び、記号で答えよ。

ア．people　　イ．parks, empty house, markets and train stations

ウ．some of the pet dogs　　エ．some city officials

(5) 下線部5の(❶)・(❷)に入れるのに最も適当な語の組み合わせをア～カの中から１つ選び、記号で答えよ。

ア．of － by　　イ．of － for

ウ．for － in　　エ．for － by

オ．with － in　　カ．with － for

(6) 6( )・7( )に入る最も適当な語を答えよ。ただし、それぞれ( )内に与えられた文字で始まる語を答えること。

(7) 本文の内容と一致するものをア～カの中から２つ選び、記号で答えよ。

ア．In South Africa, Baboon Monitors work to help both people and baboons.

イ．Baboons never come back to the city if Baboon Monitors take them out of the city.

ウ．People in Berlin give food to wild pigs because they want to protect their gardens and parks.

エ．Wild dogs in Moscow always live in packs because they can live more easily than living alone.

オ．Dogs are so smart that they can always make the right decision when traffic lights change.

カ．The cutest dogs in the pack play an important role to get food from people.

【６】次の英文を読んで、後の問いに答えよ。

After graduating from high school, I decided to take a gap year. This is a year-long break before o after university which [1]. My parents disagreed with my plan at first, but they eventually agree to (あ) me travel to South America. I was excited to travel various countries for ten months.

Before I went, [A]. Some of them seemed easy to do, but others seemed very difficul However, I'm proud to say that I was able to do everything on it.

I especially wanted to learn Spanish, do volunteer work, and learn their cultures. First, I took three-week Spanish course in *Ecuador, then traveled south to *Argentina. I usually stayed at hostel (cheap hotels for travelers or students), but sometimes I stayed with local farmers. [B]. One o the most impressive experiences of my trip was that when I stayed at a farmer's house in the Amazon fo two weeks, I experienced life without water or electricity. 2 It was very different from our convenien life, but I learned a lot through the life with 3 them. I also learned about sustainable farming and th importance of protecting the natural environment.

I met foreigners who were also traveling like me. I (い) friends with them. One of them wa a Japanese student on a gap year. We climbed *Mount Cotopaxi in the Andes Mountains in centra Ecuador. The highest point of it is 5,897 meters above sea level. We also visited amazing places suc as *Machu Picchu and *Iguazu Falls together. They were so beautiful that [C].

Besides the natural beauty, the thing I loved most were the local people I met. They were not ver rich, but they were always friendly and welcoming. They are fully enjoying their lives. I learned thei cultures and a lot of important things in life. I began to think about my future life in a different way.

When it was time to leave South America and go back home, I had 4 mixed feelings. I was sad t say goodbye to my friends and the beautiful countries, but I was also excited to share my experience with my family and friends back home.

After I took a gap year, [D] and the world around me. I learned to be open to new experience and to accept differences, and I made lifelong memories and friendships that I will never forget.

I strongly encourage young people to take a gap year. It will be a life-changing experience for you My advice for you is "5 Push yourself out of your comfort zone when you are young."

（注）Ecuador：エクアドル　Argentina：アルゼンチン
Mount Cotopaxi：コトパヒ山（エクアドルの山）　Machu Picchu：マチュピチュ
Iguazu Falls：イグアスの滝（ブラジルとアルゼンチンの国境にある滝）

(1) 本文の内容を踏まえて、［ 1 ］に入る最も適当なものをア～エの中から１つ選び、記号で答えよ。

ア． gives students the chance to try new things

イ． helps students make enough money to live by themselves

ウ． encourages students to learn more about the environment

エ． shows students that Spanish is the most popular language in the world

(2) （ あ ）・（ い ）に入る最も適当なものをア～エの中からそれぞれ１つずつ選び、記号で答えよ。

（ あ ）	ア． allow	イ． let	ウ． bring	エ． tell
（ い ）	ア． got	イ． received	ウ． made	エ． helped

(3) ［A］～［D］に入る最も適当なものをア～キの中からそれぞれ１つずつ選び、記号で答えよ。ただし、記号は一度しか使えないものとする。

ア． I took a history lecture on South America and read so many books about it

イ． I wrote a list of things I wanted to do

ウ． I realized how much I learned about myself

エ． I was not able to communicate with the local people

オ． I did volunteer work there and learned their way of life

カ． I couldn't keep standing there and then ran away quickly

キ． I couldn't say anything for a while

(4) 下線部 2 と 3 が指すものを本文中から抜き出し、そのままの形で答えよ。

※ 3 の問題は学校当局により全員正解となりました。

(5) 下線部 4 の内容を具体的に述べている英文（１文）を本文中から探し、その文を日本語に訳せ。

(6) 本文の内容を踏まえ、下線部 5 の内容に最も近いものをア～オの中から１つ選び、記号で答えよ。

ア． Work as hard as you can if you want time to relax

イ． You should not try anything uncomfortable for you

ウ． Stop wasting your time and use your time for your hobby

エ． Never go to a new country without useful tools and information

オ． Don't keep doing the same thing but try something you have never done

【７】 次の対話は、愛知県に住む日本人の Yumi と、カナダから愛知県に来ている留学生の Tom とのものである。自然な流れになるように、以下の条件に従って①～③の［　　　］に５～１０語の英語を入れ、対話文を完成せよ。

条件
＊［　　　］内に示されている語を必ず用いること。
＊ I'm などの短縮形は１語と数え、コンマ（ , ）やピリオド（ . ）は使わないこと。

Yumi : Hi, Tom, what is your plan for the summer vacation? Are you going back to Canada?

Tom : No, I'm going to stay in Japan. I'm thinking of visiting Tokyo or Kyoto, but ①[haven't / should]. Can you give me some advice?

Yumi : Sure. Tokyo is the capital city in Japan, as you know, so it must be an exciting city. However, I'm afraid that ②[there / too] Tokyo. Every place is crowded with people, so you may get tired soon.

Tom : That's too bad. I don't want to be tired on the summer break! What do you think about Kyoto? Is it also a crowded city?

Yumi : Yes, but in my opinion, ③[tourists / as] Tokyo. If you're interested in Japanese history, you should go there.

Tom : Why?

Yumi : Kyoto is a very old city, so you can visit many old temples all around the city if you like.

Tom : I see. Thank you, Yumi. Kyoto sounds like a good place to visit.

問題は以上です。

令和 6 年度

理　科

（40分）

・ 合図があるまで、中を見てはいけません。
・ 試験開始の合図があったら、はじめに受験番号を書き、QRコードのシールをはってください。
・ 解答は、解答欄の枠内に、濃い字で記入してください。

問題は 2 ページから 15 ページです。

H

Ⅰ. 光合成について以下の問いに答えよ。

光合成のはたらきを調べるために、次の①～③の順序で実験をした。

〔実験〕

① 3本の試験管A、B、Cに、調製したインジゴカーミン溶液を入れ、次にハイドロサルファイト溶液を、液の青色が消えるところまで少しずつ加える。

② AとBには、カナダモを入れ、Cにはカナダモを入れないで、3本の試験管に空気が残らないようにして、ゴムせんをする。Aはアルミはくで覆う。

③ A、B、Cに約20分間光を当てた後、液の色がどうなっているかを調べる。

なお、インジゴカーミン溶液は酸素にふれると青色になる。また、ハイドロサルファイト溶液は、インジゴカーミン溶液から酸素をうばいとる性質を持つ。

(1) 上の実験の結果、液全体が青色に変わっている試験管をA～Cから1つ選び、記号で答えよ。

(2) また、液の色が青色に変わったのは、何が発生したからか。

(3) Cの試験管を用意したのはなぜか。「インジゴカーミン溶液」および「変化」という語を用いて説明せよ。

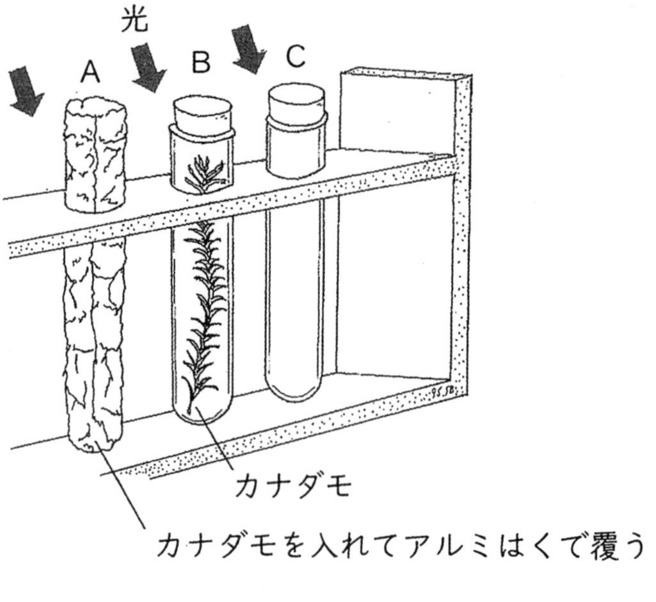

（４）光合成の実験によく用いられるオオカナダモやクロモはどのような場所に生えているか。次の（ア）～（カ）から最も適当なものを1つ選び、記号で答えよ。

（ア）池や沼　（イ）浅い海　（ウ）海岸の岩の上
（エ）森林の岩の上　（オ）畑や道端　（カ）草むらの中

（５）下のグラフは、カナダモ1本に光を当てたときの、光の強さと二酸化炭素の吸収量（マイナスは排出量）の関係を示したものである。二酸化炭素の出入りから、栄養分の量を求めることが出来る。図の矢印D、Eは、それぞれ次の（ア）～（オ）のどれにあたるか。次の（ア）～（オ）からそれぞれ1つずつ選び、記号で答えよ。

（ア）光合成によってつくられる栄養分の総量
（イ）呼吸によっていつもほぼ定量使われる栄養分の量
（ウ）光合成によってつくられる栄養分と呼吸でつくられる栄養分の総量
（エ）光合成や呼吸の結果、植物体に蓄積される栄養分の量
（オ）植物体が呼吸や光合成によって消費する栄養分の総量

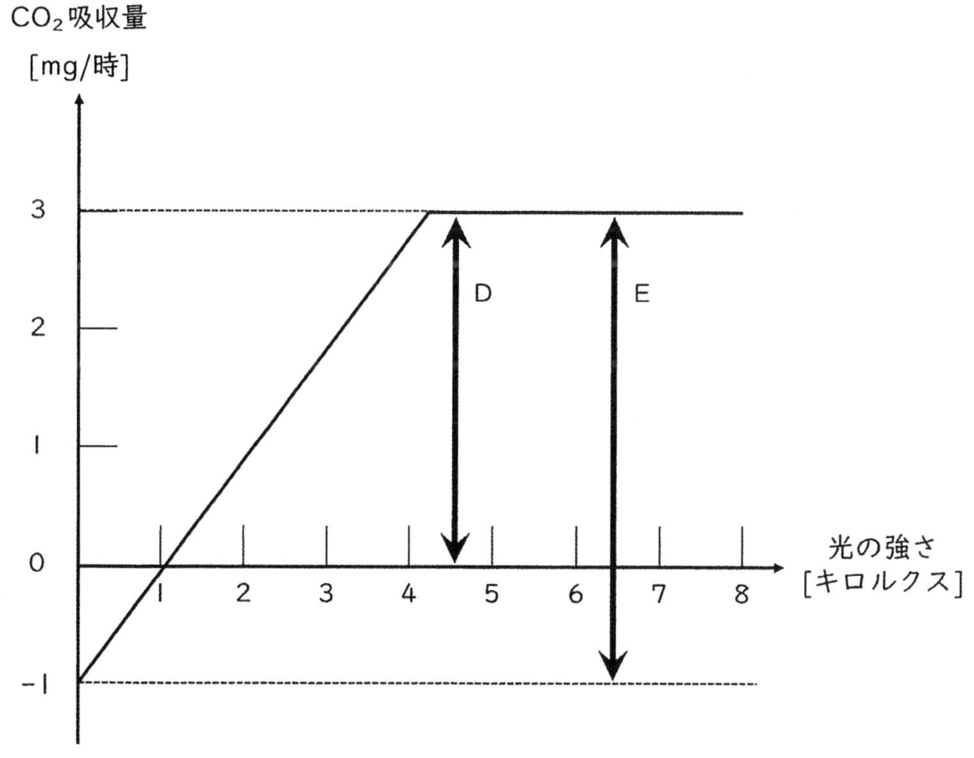

（６）ある水槽にカナダモを１本入れ、５キロルクスの光を 14 時間当て、10 時間光を遮断した。この 24 時間で、水槽の中のカナダモによって二酸化炭素が増加した量または減少した量はいくらになるか。例にならって答えよ。

例１：215mg 増えた。
例２：342mg 減った。
例３：変化なし。

（７）（６）の水槽に、１時間当たりの二酸化炭素量で 2.5 mg の呼吸を行うメダカを２匹入れた。（６）と同じように、５キロルクスの光を 14 時間当て、10 時間光を遮断した。このとき、24 時間で水槽で発生する二酸化炭素量を０にするには、（６）と同じカナダモが最低何本入っている必要があるか。整数で答えよ。

この後も問題が続きます。

２．天体について以下の問いに答えよ。

（１）太陽は高温の気体のかたまりである。太陽に最も多く含まれる気体の名称を答えよ。

（２）次の（ア）～（オ）を温度が高い順に並び変え、記号で答えよ。

（ア）太陽のコロナ　（イ）プロミネンス　（ウ）黒点
（エ）太陽の表面温度　（オ）太陽の中心温度

（３）太陽の活動は活発になるときと弱まるときがある。次の（ア）～（エ）のうち、太陽の活動が活発なときにみられるものをすべて選び、記号で答えよ。

（ア）黒点が減る。
（イ）地球でオーロラが見られる。
（ウ）地球で電波障害が起きる。
（エ）地球が寒冷化する。

（４）次の①～④の内容にもっとも関係の深い太陽系惑星をそれぞれ答えよ。

① 直径は地球の約 11 倍と大きい。しま模様が見られ、環をもっている。エウロパやカリストなどの衛星をもつことで知られている。

② 太陽系惑星の中で一番小さい。表面は月のようにクレーターが無数にあり、灰色の惑星である。明け方に東の空に見えることがある。

③ 太陽系惑星の中で唯一、表面に液体の水を有する。太陽系惑星の中で最も密度が大きい。地震や火山活動が活発な惑星である。

④ 地球からは淡い青緑色に見える。自転軸が大きく傾いており、転がるように自転している。望遠鏡で最初に発見された惑星である。

（５）文章を読み、以下の①、②に答えなさい。

兵庫県明石市（東経 135 度）在住のＡさんとＢさんは親友で、２人でよく宇宙や星の話をしていた。

Ａさんは２月６日の 20 時にＢさんと町の高台で星座観測をしていた。20 時に真南の空の高いところに、リゲルやベテルギウスを含む星座がみえた。

この星座をみながら、ＡさんはＢさんから来月イギリス、ロンドンのグリニッジ（東経０度）に引っ越すことを打ち明けられた。

① 下線部の星座の名前を答えよ。

② ２人で星座をみてからちょうど 10 か月経った 12 月６日に、Ａさんは、一緒にみた①の星座がグリニッジで南中する時刻に Ｂ さんに電話をかけようと考えた。Ａさんは日本時間で 12 月６日の何時に電話をかけたらよいか答えよ。

３．次のⅠ、Ⅱについて文章を読み、以下の問いに答えよ。

Ⅰ

二酸化炭素は空気より重い気体である。ここで、「空気より重い」とは、同じ圧力・同じ温度の下で、「1 L あたり」など、きまった体積あたりの質量が、空気と比べて大きいことを意味する。私たちが暮らしている 1 気圧のもとでは、25 ℃ の空気の密度は 1.2 g/L である。ドライアイス 1 g を 25 ℃ ですべて気体にすると、その体積は（　ア　）mL になる。ここから、二酸化炭素の密度は 1.8 g/L ということがわかる。

二酸化炭素は①石灰石に塩酸をかけたり、②炭酸水素ナトリウムを加熱したりすると生じる気体である。二酸化炭素が水に溶けたものは「炭酸水」と呼ばれ、清涼飲料水などとして利用されている。

（１）（　ア　）にあてはまる値を計算し、小数第一位を四捨五入して整数で答えよ。

（２）二酸化炭素の発生について、下線部①の石灰石に塩酸をかける方法と、下線部②の炭酸水素ナトリウムを加熱する方法のそれぞれを、化学反応式で書け。

（３）塩酸に溶けている気体の名称を答えよ。

この後も問題が続きます。

Ⅱ

二酸化炭素が水に溶けることについて、次の実験を行い、くわしく調べることにした。ただし、実験で使う注射器はすべてガラス製で、ピストンが滑らかに動くものとする。また、ピストンの重さは無視できるものとする。

[実験]

2 つの注射器 A、B とコックからなる装置を組み立て（図 1）、注射器 A から水が入った注射器 B へ二酸化炭素を 5 mL 移してすぐにコックを閉じ、注射器 B を振ってから静かに置いた。その後、気体の部分の体積を記録した（図 2）。注射器 B に入れる水の温度と体積を変えて実験を行った。結果を表に示す。

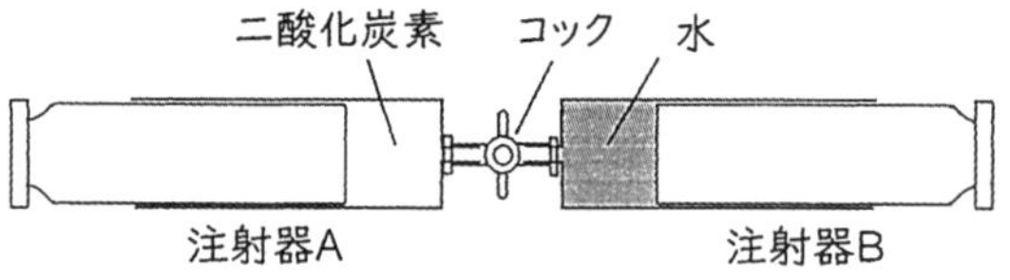

図1

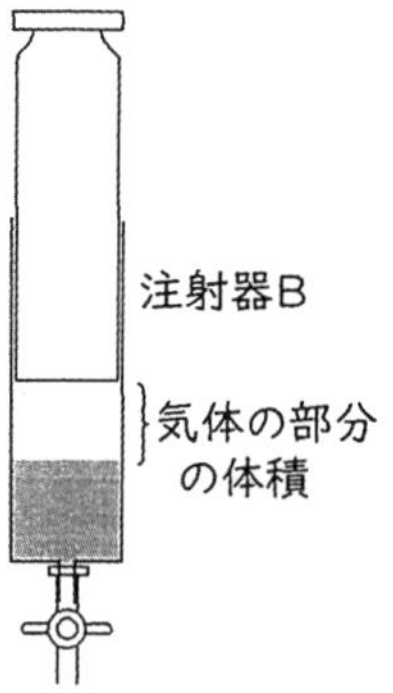

図2

表　注射器 B の気体の部分の体積 [mL]

		水の体積 [mL]		
		1	2	3
温度 [℃]	5	3.5	2	0.5
	25	4.3	3.6	2.9

（４）この実験からわかることを次の文にまとめた。(　イ　)、(　ウ　)に当てはまる語を答えよ。

二酸化炭素は、水の温度が(　イ　)ほどよく溶け、その体積は水の体積に(　ウ　)する。

（５）水の体積が２mL、温度が25℃のとき、溶けた二酸化炭素の体積［mL］と質量［mg］を答えよ。必要があれば、小数第二位を四捨五入して、小数第一位まで答えよ。

4．次の文を読み、以下の問いに答えよ。

ニュートンは、「物体は、いくつかの力がはたらいていても合力が０ならば、静止しているときはいつまでも静止し続けようとし、運動しているときはいつまでも等速直線運動を続けようとする性質がある。」という（　ア　）の法則をニュートンの運動の三法則の１つとして定めた。

（１）（　ア　）にあてはまる語を答えよ。

（２）ニュートンの運動の三法則のうち、上記の法則以外のものを１つ答えよ。

図１のように摩擦のある水平面上に質量 1000 g の物体 A を置いて、水平方向右向きに一定の大きさの力で引っ張った。このとき、物体Aは一定の速さで動き、ばねばかりは常に 5.0 N を示した（実験１)。ただし、質量 100 g の物体にはたらく重力の大きさを 1.0 N とする。

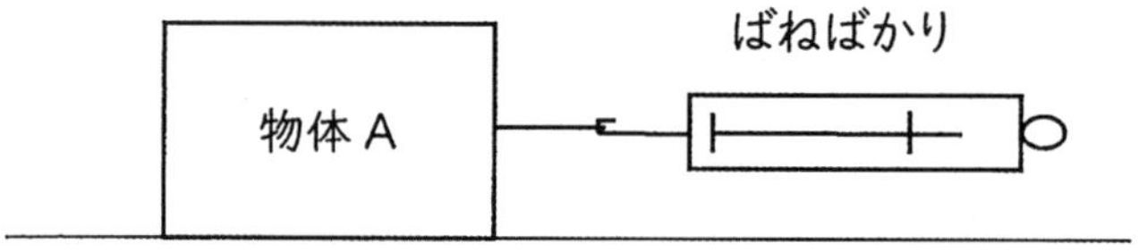

図１

（３）実験１のとき、物体Aと水平面の間にはたらく摩擦力の大きさは常に一定の値となる。その値は何 N か。

物体が動いているときに、はたらく摩擦力を動摩擦力《どうまさつりょく》という。動摩擦力をくわしく調べてみると、物体にはたらく垂直抗力に比例することがわかった。よって、

動摩擦力　＝　比例定数　×　垂直抗力

の式が成り立つ。また、この式は物体の速度が変化する場合でも成り立つ。ここで、上の式の比例定数は動摩擦係数と呼ばれ、接触する物体の面と、接触する水平面の種類や状態によって決まる定数である。

（４）実験１の結果を利用して、物体Ａと水平面の間の動摩擦係数を答えよ。

つぎに、図２のように実験１と同じ水平面上に、物体Ａを水平面に対して、水平方向右向きより x° の角度を保ちながら5.0Ｎの一定の大きさの力で引っ張った（実験２）。このとき、物体Ａは水平方向右向きに運動をした。ただし、斜めに引くことで物体Ａの底面が床から離れることはないものとする。図３は１つの角度が x° の直角三角形の辺の比を示したものである。

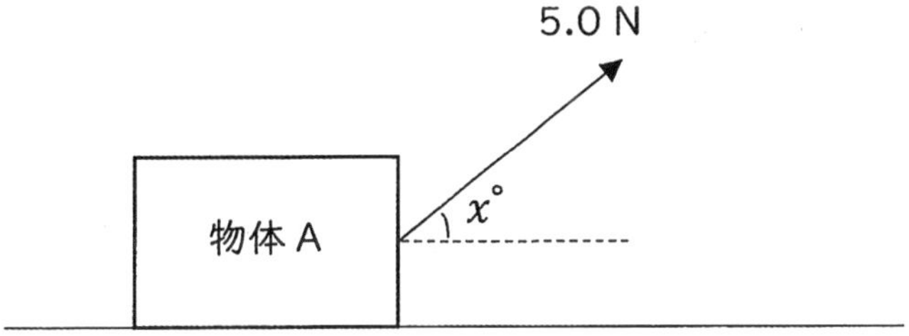

図２

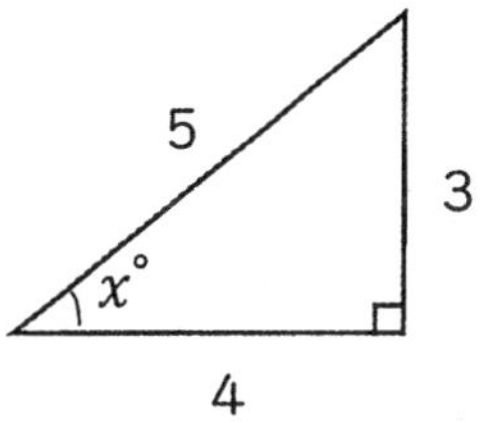

図３

以下は、実験２における物体Ａにはたらく動摩擦力について、太郎さんと花子さんが考察している会話文である。ただし、鉛直方向とは水平面に対して直角をなす方向を指す。

[会話文]

【太郎】物体Ａを斜めに5.0Ｎの大きさで引くというのはどういうことなんだろう？

【花子】水平面に対して斜めに力を加えたときは、その力（矢印）を図形の辺の比を利用して水平方向と鉛直方向に分解することができたね。

【太郎】そうだったね。図３にある直角三角形の辺の比を利用すると、図４のように力を分解できるね。

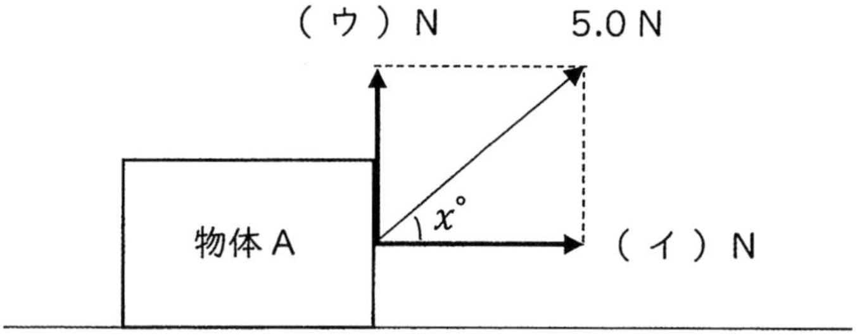

図４

【花子】つまり、図２のような角度で斜めに5.0Ｎの大きさで物体Ａを引くということは、水平方向に（　イ　）Ｎの大きさで、鉛直方向に（　ウ　）Ｎの大きさで同時に引いているのと同じ状態ということだね。

【太郎】ということは、物体Ａは鉛直方向に動かないから鉛直方向の力のつり合いの関係が実験１と実験２で変わってくるね。

【花子】確かにそうだね。動摩擦力の大きさを計算するときに注意しなきゃ！

（５）会話文中の（　イ　）、（　ウ　）にあてはまる数値を答えよ。

（６）実験２における物体Ａにはたらく垂直抗力の大きさは何Ｎか。

（７）実験２における物体Ａにはたらく動摩擦力の大きさは何Ｎか。

問題は以上です。

リスニングテスト　放送文

【１】次の〈問題１〉と〈問題２〉は放送による問題です。それぞれ、放送の指示に従って答えなさい。放送を聞きながらメモをとってもかまいません。

このテストには、〈問題１〉と〈問題２〉があります。英文は〈問題１〉では１回、〈問題２〉では２回放送します。なお、〈問題１〉では例題を１題放送します。〈問題２〉には例題はありません。

〈問題１〉これから放送される英語の質問に対する答えとして最も適当なものをア～ウの中からそれぞれ１つずつ選び、記号で答えなさい。質問は１回だけ放送します。

例題を見てください。質問が１回だけ読まれますので、その答えを選んでください。

（放送→）May I have your name, please?

皆さんは、今の質問の答えを１つだけ選びます。ここではアが正しい答えになります。以上、説明が終わりましたので、問題を始めます。

(1) How is your wife?
(2) Are you coming to the dinner party at the Tanakas on Sunday?
(3) You want to go there by yourself, don't you?
(4) Why don't we eat lunch this afternoon?
(5) How soon will I hear from you?

令和 6 年度

社　会

（40分）

・ 合図があるまで、中を見てはいけません。
・ 試験開始の合図があったら、はじめに受験番号を書き、QRコードのシールをはってください。
・ 解答は、解答欄の枠内に、濃い字で記入してください。

問題は 2 ページから 24 ページです。

H

【　1　】次の地図 1 と地図 2 は志摩半島の先端に立地する三重県志摩市のものである。2 つの地図を見て、下の問いに答えなさい。地図 2 は、地図 1 のわく線の範囲を示している。

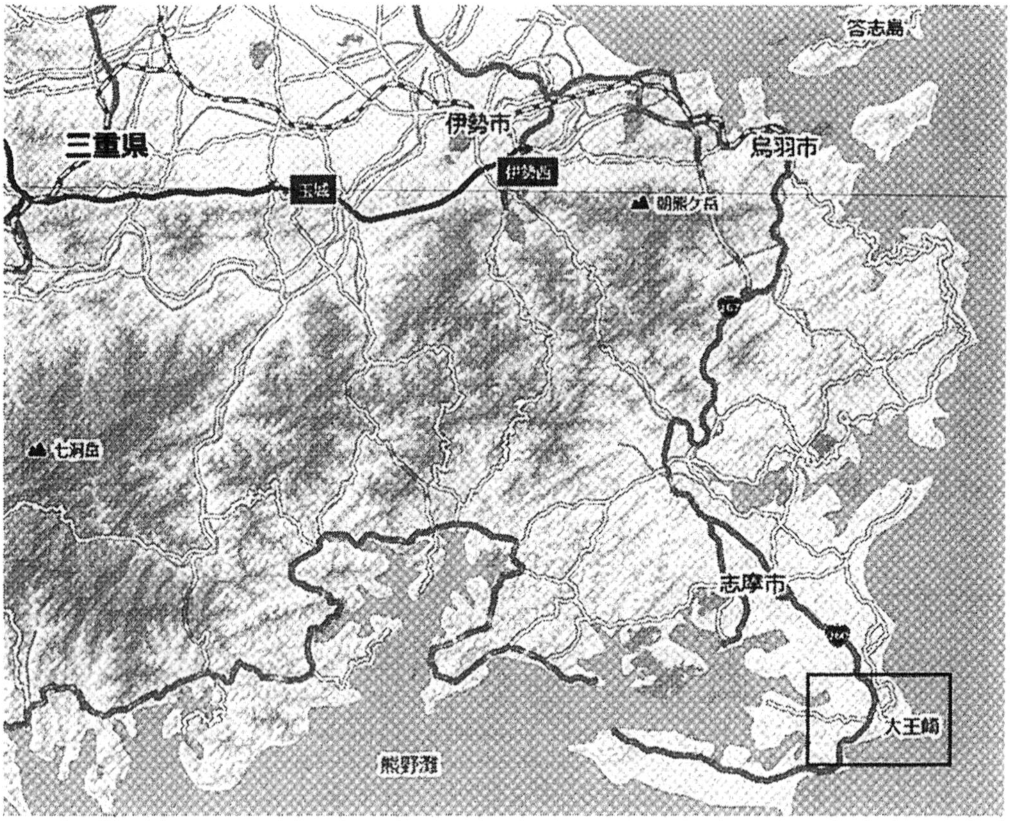

地図 1　　NAVITIME 地図をもとに作成

地図 2

国土地理院発行 25000 分の 1 地形図「浜島」「波切」を加工

問 1　中学 3 年生の太郎さんは、自転車でこの地域を散策した。下の文はその時の様子を記したものである。次の（1）～（3）の問いに答えなさい。

私は地図 2 の「X」の地点から自転車に乗って散策をしました。右手に漁港をみながら道なりに西に進み、「石塚」集落の交差点に差しかかりました。ここを左折して南に進みます。この道路は集落を南北につなぐ県道のようです。250m ほど進むと右手に（　a　）がありました。これを過ぎて、正面に「←大王崎　1km」の道路標識がある交差点を右折します。しばらくすると道が二手に分かれており、右の道に進むと、国道に出ました。これを左折し 400m ほど進むと右手に病院が見え、道を隔てた反対側には（　b　）がありました。国道をそのまま進むと右手に墓地が見えます。周囲の土地利用としては、森や荒地が多いですが、小規模な（　c　）として利用されているところもあります。水が得にくいのかもしれません。その後、長い［　あ　］が続き、道なりに左にカーブすると砂浜の海岸が見えてきました。

（1）（　a　）～（　c　）に適するものを、次のア～ケからそれぞれ１つずつ選び、記号で書きなさい。

ア．消防署　　イ．果樹園　　ウ．交番　　エ．寺院　　オ．小学校
カ．神社　　キ．郵便局　　ク．畑　　ケ．保健所

（2）［　あ　］に適するものを次のア～ウから１つ選び、記号で書きなさい。

ア．上り坂　　イ．平坦な道　　ウ．下り坂

（3）太郎さんが通ったルートの中で、最も高い地点と、最も低い地点の標高差はどれだけか。最も近いものを次のア～エから１つ選び、記号で書きなさい。

ア．10m　　イ．25m　　ウ．50m　　エ．65m

問２　太郎さんは、志摩市のハザードマップを調べてみた。すると津波の危険がある地域があることが分かった。地図２中のＡ～Ｄの地点のうち、最も津波の被害を受けにくい場所はどこか、Ａ～Ｄの記号で書きなさい。

問３　太郎さんは、地図２の西に「Ｙ」のような養殖の設備があることに気づいた。この地域で養殖がさかんな理由を、<u>この地域の地形の名称を記したうえで</u>、以下の語句を用いて書きなさい。

水深　　　波

問４　太郎さんは、志摩市の人口減少率が三重県の平均よりも大きいことを知った。その原因の一つとして、志摩市内に、交通の便が悪く、雇用が少ない地域が存在することが挙げられる。この問題の解決方法として、その地域は、どのような設備や施設を作ればよいと考えられるか。地図１と地図２を見て書きなさい。なお、資金の問題は考慮しない。

このあとも問題は続きます。

【　２　】次の文を読んで、下の問いに答えなさい。

アフリカは、ヨーロッパと歴史的に深く関わってきた。15 世紀末から、ヨーロッパ諸国が新大陸に進出し、その労働力不足を補うために、労働力としての奴隷をアフリカに求めた。ヨーロッパで産業革命がおこると、アフリカは原料供給地としての役割を担うようになり、植民地化された。現在でもアフリカ諸国はヨーロッパと深い関係をもっている。

現在のアフリカは、多くの課題を抱えている。一部の国は経済発展をとげているが、a 多くの国の財政は、鉱産資源や農産物の輸出に依存するモノカルチャー経済から脱することができていない。また民族紛争やＨＩＶの感染、b 人口問題もかかえている。かつての宗主国であったヨーロッパとの間に大きな経済格差があり、この格差の縮小には時間がかかると考えられる。

問１　下線部 a について、次の（１）、（２）の問いに答えなさい。

（１）次の表はアルジェリア・ケニア・コートジボワール・ザンビア・南アフリカについて、主な輸出品と輸出額にしめる割合を示している。①アルジェリア・②コートジボワール・③南アフリカにあてはまるものを、次の**ア**～**オ**からそれぞれ選び、記号で書きなさい。

	第１位		第２位		第３位	
ア	銅	73.5	銅鉱	2.3	セメント	1.6
イ	カカオ豆	28.1	金（非貨幣用）	8.5	石油製品	8.5
ウ	原油	36.1	天然ガス	20.3	石油製品	18.3
エ	白金（プラチナ）	12.6	自動車	9.8	金（非貨幣用）	7.9
オ	紅茶	17.1	切り花	10.8	野菜と果実	10.6

［単位：%］

『データブック　オブ・ザ・ワールド 2023』より作成

（２）次の①、②の写真は、アフリカの国が生産量第１位の農産物である。この農産物名を、下のア～カからそれぞれ選び、記号で書きなさい。

①

②

ア．カカオ　　　　イ．キャッサバ　　　　ウ．コーヒー
エ．ヤムイモ　　　オ．ジャガイモ　　　　カ．なつめやし

問２　下線部ｂについて、次の（１）、（２）の問いに答えなさい。

（１）アフリカの人口が世界の人口に占める割合（2021年）として最も適当なものを、次のア～エから１つ選び、記号で書きなさい。

ア．8%　　　イ．18%　　　ウ．28%　　　エ．38%

（２）次の文中の（　　　　　　　　　）に適する空欄に適することばを入れて、アフリカの人口問題の特徴を書きなさい。

（　　　　　　　　　　　　）で平均寿命はのびたが、子どもを多く産むため、人口は急増しており、食糧不足が深刻である。

【　３　】次の文を読んで、下の問いに答えなさい。

正確に情報を伝えたり、記録を残したりするためには、a 文字が欠かせません。もともと日本列島では文字は使用されていませんでした。中国や朝鮮半島との交流によって漢字が伝わり、日本列島でも文字が使われるようになりました。弥生時代のいくつかの遺跡からは、漢字と考えられる痕跡《こんせき》を残した土器が発見されています。国名や身分の名称から推測すると、この時代に文字を使っていた可能性はあります。ただし、多くの情報を扱う文章として書かれたものは発見されていません。

日本列島内で漢字が用いられていることをきちんと確認できるのは、古墳時代以降です。埼玉県の稲荷山古墳からは、「獲加多支鹵《ワカタケル》大王」と記された鉄剣が出土しています。また、渡来人に文書を作成する専門集団をつくらせ、大和政権の記録や、中国への手紙の作成などにあたらせました。この時期には、漢字を使いこなせる人が少なかったことがうかがえます。

律令国家が成立すると、漢字の普及が進みました。律令国家は、（　１　）に人々を登録し、調・庸などの税を徴収しました。（　１　）に限らず、役人たちは政治を行う上で必要な書類を漢字で記しました。紙や b 木簡、土器など、さまざまなものに記された漢字の資料が見つかっています。この時期に庶民の詠んだ歌が『万葉集』に記録されています。

平安時代になると、漢字から生まれた、かな文字が発達しました。かな文字により感情や感覚を表現しやすくなったため、すぐれた文学作品が多く生まれました。

鎌倉時代には武士が政治を担うようになりますが、すべての武士が漢字を読み書きできたわけではありません。c かな文字しか使えない武士も一定数いたといわれています。また、庶民の識字率も低かったと考えられます。鎌倉時代につくられた『平家物語』は、盲目の（　２　）によって語り伝えられ、文字の読めない人々にも親しまれました。

庶民の識字率が飛躍的に高まったのが、江戸時代でした。村では、名主・組頭・百姓代などの村役人が村の自治を行いました。d 幕府や藩は、村の自治に依存することで、年貢を徴収し、村民を掌握することができました。村を運営するためには、文字の読み書き能力が必要不可欠でした。また農業技術は、宮崎安貞が著した『農業全書』などの書物によって村々に紹介され、それらが識字率の向上につながりました。

江戸時代後期になると、都市・農村ともに多くの寺子屋がひらかれ、読み・書き・そろばんなどの日常生活に役立つことが教えられました。このように人々の識字率の向上が、明治以降の日本の近代化に、大きく貢献したと言われています。

問1　（　1　）・（　2　）に適する語句を、漢字で書きなさい。

問2　下線部aについて、次のような文字の説明として正しいものを、下のア～エから1つ選び、記号で書きなさい。

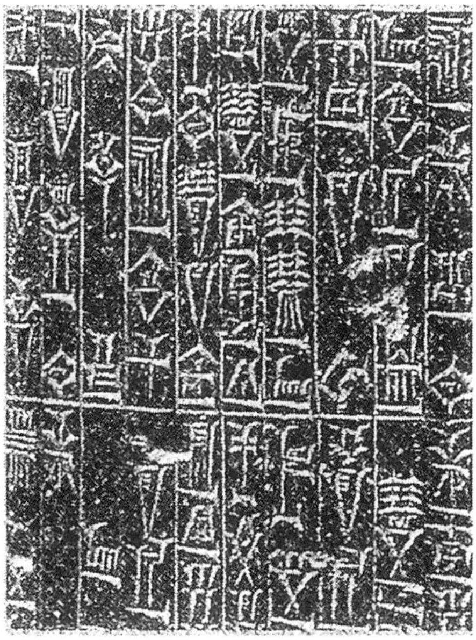

ア．占いの結果を記すために、亀の甲などに記されたものである。

イ．王の墓であるピラミッドに、王の冥福を祈って記されたものである。

ウ．メソポタミアを統一したハンムラビ王が作成した法律に、使用された文字である。

エ．モヘンジョ・ダロの遺跡などから発見されているが、未解読である。

問３　下線部ｂについて、次の図は平城宮跡から発見された木簡とそれを解読したものである。この木簡は文字の練習のためのものとされている。この木簡を作成したのは、どのような立場の人と考えられるか、本文から抜き出しなさい。

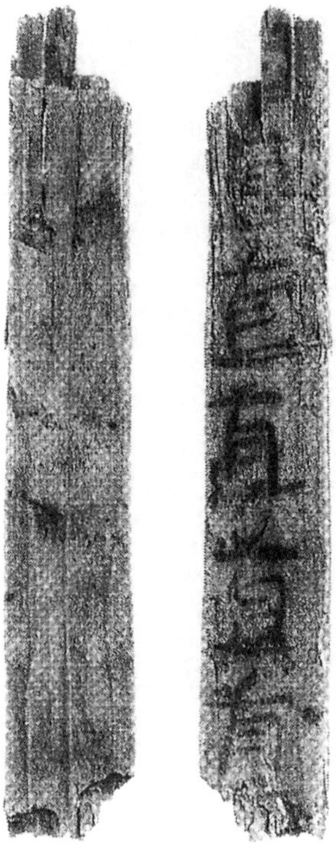

道道道道道

問4　下線部ｃについて、このような人々が使える法として御成敗式目を制定したと、北条泰時は記しています。御成敗式目について述べた文として**誤っているもの**を、次のア～エから１つ選び、記号で書きなさい。

ア．御家人同士や、御家人と荘園領主との間の紛争で、裁判の判断の基準として用いられた。

イ．頼朝時代からの先例や、武士社会で行われていた慣習に基づいて定められた。

ウ．守護の職務は、京都の御所の警備を御家人に指示すること、謀反や殺人などの犯罪の取り締まりに限った。

エ．幕府独自の決まりがつくられたことに反発して、後鳥羽上皇は承久の乱をおこした。

問5　下線部ｄについて、江戸時代の年貢について述べた文として**誤っているもの**を、次のア～エから１つ選び、記号で書きなさい。

ア．土地を持つ本百姓は年貢を負担したが、土地をもたない水のみ百姓は年貢を納める義務はなかった。

イ．大名は藩に納められた年貢の一部を、幕府に納めることが義務付けられていた。

ウ．多くの藩は、徴収した年貢を大阪の蔵屋敷に運んで売却し、貨幣を入手した。

エ．幕府は、年貢を安定して徴収するために、土地の売買を禁止したり、米以外の作物の栽培を制限したりする決まりを設けた。

【　4　】次の文を読んで、下の問いに答えなさい。

明治新政府は、当初ａ江戸時代の金・銀・銭貨や藩札などをそのまま通用させる一方、自らも「両」単位の貨幣や紙幣を発行した。幕末～明治維新期に混乱した貨幣制度を建て直すため、明治政府は新貨条例（1871年）により十進法の貨幣単位「円・銭・厘」を採用し、近代洋式製法による金・銀・銅の新貨幣を発行した。新貨条例により、金貨本位制（金1.5g=1円）を採用し、貨幣単位は1円=100銭=1000厘となった。政府は、紙幣「大蔵省兌換《だかん》証券」、次いで「明治通宝札」を発行した。政府は兌換制度の確立を目指していたが、当時の日本では金銀が不足していたため、発行された政府紙幣は、実際には金銀貨と交換できない不換紙幣であった。

明治政府は、民間銀行に兌換銀行券を発行させ、殖産興業資金の供給をはかるため、「国立銀行条例」を制定（1872年）した。これにより国立銀行（民間銀行）が設立され国立銀行紙幣が発行されたが、条例改正（1876年）により、国立銀行紙幣は事実上不換紙幣となった。政府は、西南戦争（1877年）の戦費を不換紙幣の増発でまかなった。このため、膨大な紙幣が流通するようになり、紙幣価値は大幅に下落し、紙幣に対する信用が大きく揺らいだ。紙幣で測った米価は、西南戦争前と比べて2倍に急騰《きゅうとう》し、銀貨に対する紙幣の価値も暴落した。

1881年、松方正義が大蔵卿《きょう》に就任した。松方大蔵卿は、紙幣価値の下落は不換紙幣の過剰な発行が原因と考え、ｂ緊縮財政による剰余金で不換紙幣の整理を断行した。また、松方大蔵卿は、兌換制度の確立と近代的な通貨・金融制度の確立を目的として中央銀行設立の準備を進め、日本銀行は1882（明治15）年10月に開業した。

最初の日本銀行券「大黒札」は、紙幣価値の回復を待って、日本銀行の開業から2年半後（1885年）に発行された。日本銀行券は、本位貨幣（正貨）である銀貨と交換できる兌換銀券であった。松方大蔵卿は、欧州主要国にならい金本位制を理想としたが、日本は蓄積していた正貨が銀であったため、銀本位制となった。日本銀行券は円滑に流通し、整理が進められていた国立銀行紙幣と政府紙幣は1899年末に通用停止となった。

欧米先進国は、19世紀後半、銀本位制から金本位制へと移行した。日本も先進国の大勢に従い、1897年に金0.75g=1円とする「貨幣法」を制定し、（　1　）の賠償金を準備金として金本位制を確立した。金本位制の確立により、日本は国際的な経済・金融秩序に加わることになった。日本銀行券はそれまで「日本銀行兌換銀券」だったが、金貨と交換（兌換）できる「日本銀行兌換券」になった。

1914 年に始まったｃ第一次世界大戦による大戦景気により日本銀行券の需要は増

令和六年度　国語　解答用紙　H

【一】

問1
a ナゾ
b シュウ
c カね　ね
d ケン
e ド

問2
A
B
C
D
E

問3

問4

問5

問6

問7
～
から。

子供の家庭環境が悪い場合に、

10　30　50

※100点満点
（配点非公表）

244111

受験番号

↑ ここに受験番号のシールをはってください。

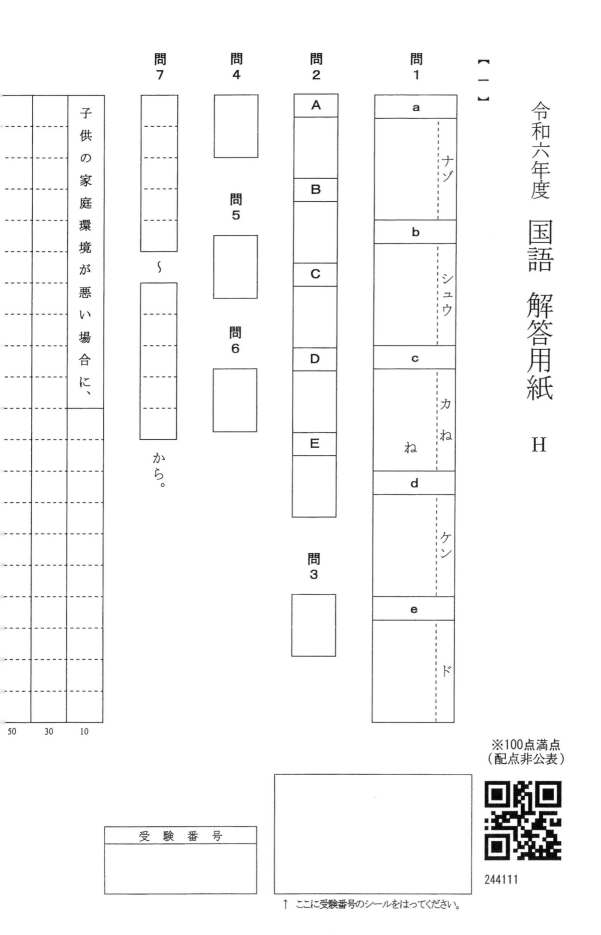

4.

(1)	(2)	(3)
$S =$		

5.

(1)	(2)	(3)
$a =$		

(4)
$t =$

6.

(1)	(2)	(3)

【5】

(1)							
(2)		(3)	2番目	5番目	7番目	(4)	
(5)		(6)	6	7	(7)		

【6】

(1)		(2)	あ	い	
(3)	A	B	C	D	
(4)	2				
	3				
(5)					
(6)					

【7】

①	～ but [ ].
②	～ that [ ] Tokyo.
③	～ opinion, [ ] Tokyo.

	時

3.

（1）

（2）
①

（2）
②

（3）	（4）	
	イ い	ウ

（5）	
体積 mL	質量 mg

4.

（1）	（2）	（3）	（4）
	の法則	N	
（5）		（6）	（7）
イ N	ウ N	N	N

【 4 】

問 1　1　2　3

問 2　問 3

問 4

問 5　問 6

【 5 】

問 1　1　2　問 2　問 3

問 4　問 5

問 6　問 7

【 6 】

問 1　問 2　問 3　問 4

問 5　問 6

令和６年度　社会

解答用紙　H

受　験　番　号

↑ ここに受験番号のシールをはってください。

244141

※50点満点
（配点非公表）

【 1 】

問 1

1	a		b		c		2		3	

問 2　　　問 3

問 4

【 2 】

問 1

1	①		②		③		2	①		②	

問 2

1	
2	

【 3 】

問 1

1		2	

問 2

【解答

令和６年度　理科

解答用紙　H

受験番号

↑ ここに受験番号のシールをはってください。

244131

※50点満点
（配点非公表）

1.

（1）	（2）

（3）

（4）	（5）	
	D	E

（6）	（7）
	本

2.

（1）	（2）	（3）
	＞　＞　＞　＞	

（4）			
①	②	③	④

【解答

令和６年度　英語

解答用紙　H

受　験　番　号

↑ ここに受験番号のシールをはってください。

244151
※100点満点
（配点非公表）

【１】

＜問題１＞

(1)		(2)		(3)		(4)		(5)	

＜問題２＞

(1)		(2)		(3)		(4)	

【２】

(1)		(2)		(3)		(4)	

【３】

(1)		(2)	
(3)			
(4)			

【４】

(1)	①	②	③	(2)	①	②	③

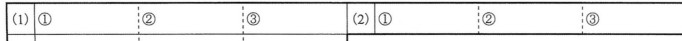

令和６年度　数学

解答用紙　H

受　験　番　号

↑　ここに受験番号のシールをはってください。

244121

※100点満点
（配点非公表）

1.

(1)	(2)	(3)
		$x =$

(4)	(5)
g	$\angle \mathrm{AFB} =$

2.

(1)	(2)	(3)
	個	小数第　　　位

3.

(1)	(2)	(3)

【解答

100

90

【二】

問1

a アイマイ

b ジャグチ

c タテ

d ツイやし　やし

e イソガしく　しく

問2

65

60

40

20

問3

問4

問5

問6

問7

問8

大した。第一次世界大戦が終わり、ヨーロッパ諸国が復興してくると、日本の輸出は減少し、各産業を不況の波が襲った。1923年には関東大震災にもみまわれ、日本経済は大きな打撃を受けた。そうしたなか1927年3月、金融恐慌がおこった。日本銀行は多額の日本銀行券を発行し、預金者の不安を鎮めることに努め、政府は3週間のモラトリアム（支払猶予令）を発令するなどの対策を講じた。不安にかられた人々が預金の引き出しに殺到する（　2　）騒ぎが拡《ひろ》がり、日本銀行券が不足したため、急遽《きゅうきょ》裏面の印刷を省いた二百円券（裏白券）を発行した。

ニューヨークのウォール街での株価大暴落（1929年）をきっかけとするd 世界恐慌の影響で、イギリスは1931年9月に金本位制からの離脱に追い込まれた。欧州各国はイギリスに続いて金本位制を停止し、日本も同年12月に銀行券の金貨兌換を停止し、金本位制から離脱した。その後、1942年に公布された日本銀行法により、名実ともに今日につながる（　3　）制へと移行した。（　3　）制度のもとでは、日本銀行券は金貨と交換不可能で、通貨の発行量は中央銀行が調節することになった。日本銀行法により券面の金貨引換文言が消え、「日本銀行兌換券」は「日本銀行券」となった。

（日本銀行金融研究所ホームページより引用。出題の都合により一部改）

問1　（　1　）～（　3　）に適する語句を書きなさい。

問2　次のA～Cの紙幣について、初めて発行された年を、年代の古い順に並びかえた時に正しいものを、下のア～カから1つ選び、記号で書きなさい。

A「第一国立銀行紙幣」

B「明治通宝札」

C「日本銀行券（大黒札）」

ア．A→B→C　　イ．A→C→B　　ウ．B→A→C

エ．B→C→A　　オ．C→A→B　　カ．C→B→A

問３　下線部ａについて、江戸時代の貨幣制度について述べた文として正しいものを、次のア～エから１つ選び、記号で書きなさい。

ア．中国から輸入された寛永通宝という銅銭が、全国で流通した。

イ．５代将軍綱吉の時代に、金貨の質を上げた正徳小判が発行された。

ウ．丁銀・豆板銀などの銀貨が、全国の銭座で鋳造された。

エ．開国後、小判の質を下げた万延小判が発行された。

問４　下線部ｂについて、このような政策を行ったのは、当時インフレが発生し、歳出が増大していたからである。下線部ｂの政策が行われる以前に政府がインフレに適切に対応できなかった理由を、当時の税制を考慮に入れて簡単に書きなさい。

問５　下線部ｃについて、第一次世界大戦に関して述べた文として**誤っているもの**を、次のア～エから１つ選び、記号で書きなさい。

ア．戦車や飛行機を集中的に運用して、敵国の首都に迫る「ざんごう戦」という戦い方が広まった。

イ．フランス・ロシア・ドイツ・オーストリアでは100万人を超える死者がでた。

ウ．連合国側のロシアでは革命がおこり、大戦が終了する前にドイツと単独で停戦した。

エ．米大統領ウィルソンが唱えた民族自決の原則により、大戦後に東ヨーロッパで多くの国が独立した。

問６　下線部ｄについて、世界恐慌後の各国の様子について述べた文として**誤っているもの**を、次のア～エから１つ選び、記号で書きなさい。

ア．イギリスやフランスは、植民地との関係を強めるブロック経済という政策をとった。

イ．アメリカでは、社会主義的な政策を取り入れたニューディール政策が支持された。

ウ．ソ連は、独自の計画経済をとり、アメリカに次ぐ工業国になった。

エ．ドイツは、世界で初めて社会権を取り入れたワイマール憲法を制定した。

【　5　】次の会話文を読んで、下の問いに答えなさい。

先　生：卒業まであと 2 カ月になりましたね。公民の授業で、何か印象に残っている内容はありますか。

さくら：私は、人権が「侵すことのできない永久の権利」であるという考え方が昔からあったわけではなかったということが印象に残っています。17 世紀から 18 世紀にかけての人権に対する考え方が a 国王の支配を倒す力になり、近代市民革命がおこったんですよね。

太　郎：アメリカ独立宣言や b フランス人権宣言、第二次世界大戦後に国際連合で採択された世界人権宣言の内容について、調べ学習をしたね。

先　生：そうでしたね。人権が「侵すことのできない永久の権利」であるという考え方が、世界中の人々に広がっていけば、 c 平和や環境といった課題も解決の糸口がみつかるかもしれませんね。

さくら：環境といえば、「海の森（藻場《もば》）」を守り、二酸化炭素を吸収することで、温暖化の原因となる二酸化炭素などの（　1　）ガスの一部を埋め合わせる（　2　）オフセットの取り組みを企業と大学が連携して取り組んでいる話を聞いたことがあるわ。オフセットとは、埋め合わせるという意味だと知ったわ。

先　生：（　2　）ニュートラルという言葉もありますよ。人々の活動で排出された二酸化炭素を、人々の活動で吸収・除去することでプラスマイナスゼロにしようという脱炭素社会の実現を目指す考え方です。

太　郎：火力発電にたよってエネルギーを確保しようとすると、二酸化炭素が多く排出されてしまうよ。

先　生：d 2011 年以降、火力発電の燃料輸入が増加したことで、日本の貿易は赤字になることが多くなりました。最近では、ロシアのウクライナ侵攻の影響で資源価格が高騰《こうとう》したことなどが貿易赤字の原因になっています。

さくら：やはり、平和が大切だということがここからもわかるわ。お互いの国の伝統や文化を大切に考えて、認めていく必要があるわね。

太　郎：昨年の 5 月に行われたイギリスのチャールズ国王の戴冠《たいかん》式は、伝統を大切にしながらも、e 性別や宗教、人種の垣根を超えた f 多様性を意識したものになっているとニュースでやっていたよ。時代に合わせて新しい風を取り入れていてすばらしいと思ったな。

先　生：社会には、様々な課題があり、その解決に向けて多様な取り組みがなされています。高校へ進学しても、世の中に関心を持ち、未来を切りひらく力を養ってくださいね。

さくら：高校在学中に選挙権も手にするようになるから、これまで以上に社会に関心をもって生活していきたいと思います。

問１　（　１　）・（　２　）に適する語句を書きなさい。

問２　下線部ａについて、国王の恣意的《しいてき》な支配に対して、個人の人権や自由を保障するために権力者の上に法をおくという考え方を、次のア～エから１つ選び、記号で書きなさい。

ア．法治主義　　イ．法の支配　　ウ．法律の委任　　エ．法律の留保

問３　下線部ｂについて、次のフランス人権宣言を読んで、その内容に関するＡ・Ｂの文の正誤の組み合わせとして正しいものを、下のア～エから１つ選び、記号で書きなさい。

> フランス人権宣言（抜粋）
>
> 第１条　人は生まれながらに、自由で平等な権利を持つ。社会的な区別は、ただ公共の利益に関係のある場合にしか設けられてはならない。
>
> 第２条　政治的結合（国家）の全ての目的は、自然で侵すことのできない権利を守ることにある。この権利というのは、自由、財産、安全、および圧制への抵抗である。

Ａ　フランス人権宣言は、社会契約説の影響を受けている。

Ｂ　フランス人権宣言には、自由権と社会権に関する内容が規定されている。

ア．Ａ：正　Ｂ：正　　イ．Ａ：正　Ｂ：誤

ウ．Ａ：誤　Ｂ：正　　エ．Ａ：誤　Ｂ：誤

問4　下線部cについて、次の「軍事費ランキング上位15か国（2022年）」をみて、その説明として正しいものを、下のア～エから1つ選び、記号で書きなさい。

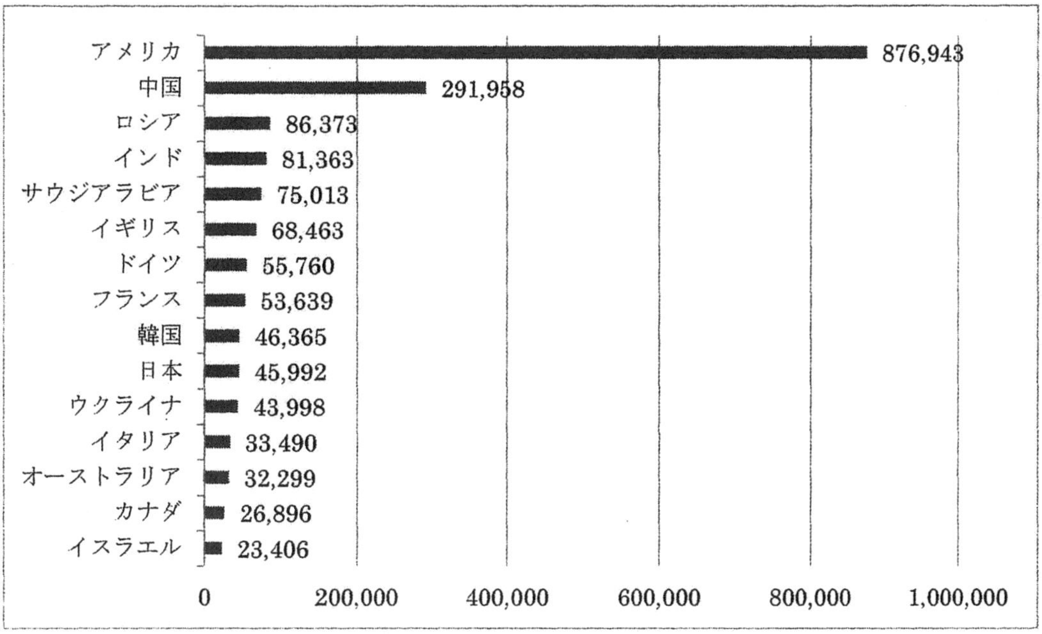

（百万USドル）

第一生命経済研究所「軍事費ランキング上位15か国（2022年）」より作成

ア．国際連合の安全保障理事会の常任理事国は、7位までにすべて入っている。

イ．BRICSと呼ばれる国のうち2か国のみが、5位までに入っている。

ウ．G7と呼ばれるすべての国が、このランキングに入っている。

エ．核兵器の保有を宣言しているすべての国が、このランキングに入っている。

問5　下線部dについて、2011年以降、火力発電の燃料輸入が増加した理由を簡潔に書きなさい。

問６　下線部ｅについて、次のＡ～Ｃの文のうち正しいものの組み合わせとして適当なものを、下のア～キから１つ選び、記号で書きなさい。

Ａ　日本は、性別による差別を解消するため、男女雇用機会均等法を制定した。

Ｂ　日本では、アイヌ民族に対する偏見が解消していないため、人種差別撤廃条約を批准することができない。

Ｃ　日本国憲法には宗教に関する明文の規定がないため、宗教に関する人権侵害がおこった場合に備え、法律を定めて対応している。

ア．Ａ　　イ．Ｂ　　ウ．Ｃ　　エ．Ａ・Ｂ

オ．Ａ・Ｃ　　カ．Ｂ・Ｃ　　キ．Ａ・Ｂ・Ｃ

問７　下線部ｆについて、多様性に関連することばとして**適切でないもの**を、次のア～エから１つ選び、記号で書きなさい。

ア．バリアフリー　　イ．ユニバーサルデザイン

ウ．ダイバーシティ　　エ．エスノセントリズム

【　6　】次の文を読んで、下の問いに答えなさい。

総務省の発表によると、2022 年度の平均の消費者物価指数は、生鮮食品を除いた指数が前年度よりも 3.0%上昇しました。この上昇率は、第 2 次石油危機の影響が続いていた 1981 年度以来、41 年ぶりの水準です。この背景には、ロシアによるウクライナ侵攻や、ａ為替変動の影響があると考えられます。

このような物価の変動は、基本的にはｂ市場の原理に従っておこります。また、物価の上昇には、需要の上昇が原因となるディマンド・プル・インフレと、原材料費の高騰《こうとう》などが原因となるコスト・プッシュ・インフレの 2 つがあります。逆に、物価が下落することをデフレーションと呼び、物価が高騰し始める前の日本は、物価の下落と企業利益の減少が連続して起こる状況である（　ｃ　）に悩まされてきました。この状況には、政府の財政政策や日本銀行のｄ金融政策など様々な政策による対処を試みてきていましたが、十分な解決には至りませんでした。ｅ物価の変動は、立場によって得をする場合と損をする場合がありますが、急激な変動は、経済に大きな混乱をもたらすため避けるべきであると考えられています。したがって、2022 年度のような急激な物価の高騰に対しても対処が必要です。

近年のｆ物価変動のように、世界の動きが私たちの身近な生活に大きな影響を及ぼすことは少なくないです。しかし、それらの影響は、私たちが学校で学習するような基礎的な知識を活用することで、原因をある程度明らかにすることができます。変化の大きな現代を生き抜くためにも、変化をただ受け入れるのではなく、私たち一人ひとりが探究し考察していくことが大切です。

問１　下線部ａについて、為替変動に関して述べた文として適当なものを、次のア～エから１つ選び、記号で書きなさい。

ア．日本の金利がアメリカよりも高くなることは、一般的には円高・ドル安の傾向をもたらすと考えられている。

イ．１ドル＝100円から１ドル＝200円になることを円高とよび、一般的には日本からの海外旅行の費用が下がると考えられている。

ウ．日本からの輸出が輸入の額を大きく上回ることは、一般的には円安をもたらすと考えられている。

エ．円高になると、国内の製造業企業の工場の海外移転が増え、日本の工場が減少するドーナツ化現象が発生しやすくなると考えられている。

問２　下線部ｂについて、次のグラフは、ある商品が完全競争市場のもとで価格 P_1 数量 Q_1 で均衡していることを表している。また、曲線Ｄは需要曲線を示しており、曲線Ｓは供給曲線を示している。この商品を販売する会社が１社だけとなり、独占状態である不完全競争市場となったとする。その後、この会社は販売価格を P_2 に引き上げ、利潤を最大化するよう生産するとする。これによって需要曲線は変動しないとすると、販売価格が P_2 に引き上げられた不完全競争市場のもとでの企業の売上げ総額と減少した生産量の組み合わせとして適当なものを、下の**ア～ケ**から１つ選び、記号で書きなさい。

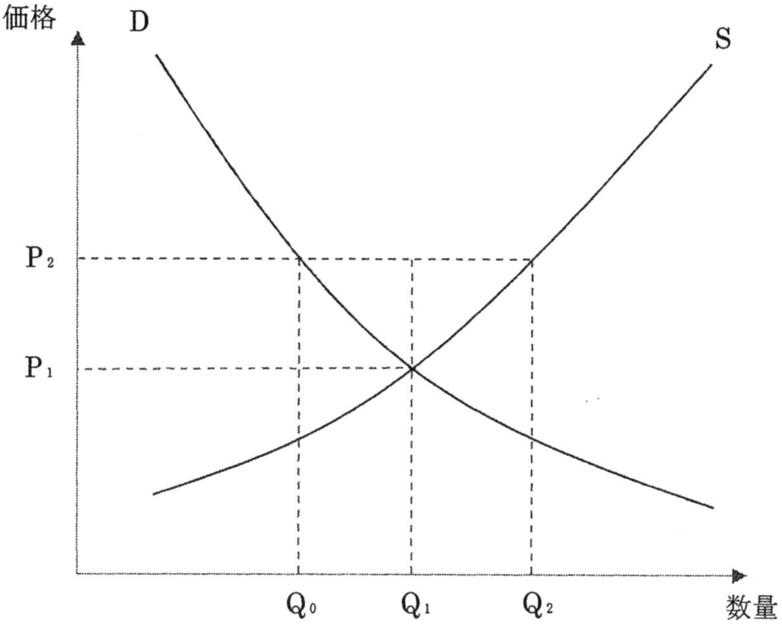

	売上げ総額	減少した生産量
ア	$P_2 \times Q_0$	$Q_2 - Q_1$
イ	$P_2 \times Q_0$	$Q_2 - Q_0$
ウ	$P_2 \times Q_0$	$Q_1 - Q_0$
エ	$P_2 \times Q_1$	$Q_2 - Q_1$
オ	$P_2 \times Q_1$	$Q_2 - Q_0$
カ	$P_2 \times Q_1$	$Q_1 - Q_0$
キ	$P_2 \times Q_2$	$Q_2 - Q_1$
ク	$P_2 \times Q_2$	$Q_2 - Q_0$
ケ	$P_2 \times Q_2$	$Q_1 - Q_0$

問３　（　ｃ　）に適する語句を、カタカナで書きなさい。

問４　下線部ｄについて、日本銀行は景気を安定化させるために公開市場操作（オペレーション）を行う。日本が不況の時に実施する公開市場操作として適当なものを、次のア～エから１つ選び、記号で書きなさい。

ア．日本銀行が政府から直接国債を購入することで、政府に資金が集まり政府が景気対策の政策を行いやすくする。

イ．日本銀行が市中銀行から国債を購入することで、市中銀行に資金が集まり、市中銀行から民間企業などへの貸し出しが増えるようにする。

ウ．日本銀行が保有する国債を直接政府に売却することで、日本銀行に資金が集まり、日本銀行から民間企業などへの貸し出しが増えるようにする。

エ．市中銀行が日本銀行に置いておかなければならない預金準備金の比率を引き下げることで、市中銀行から民間企業などへの貸し出しが増えるようにする。

問５　下線部ｅについて、物価の変動は立場によって得をする場合と損をする場合がある。このことについての記述として**誤っているもの**を、次のア～エから１つ選び、記号で書きなさい。なお、物価変動による所得の変化は生じないものとする。

ア．インフレーションの発生により日用品の販売価格が上昇した場合、定額の仕送りで生活する大学生は損をしたことになる。

イ．インフレーションの発生により製造コストが上昇した場合、販売価格を変えない企業は損をしたことになる。

ウ．デフレーションが発生した場合、借金の実質的な負担額は小さくなるため、借金をしている人は得をしたことになる。

エ．デフレーションの発生により売り上げ額が下落した場合、税収が少なくなるため、政府は損をしたことになる。

問6　下線部 f について、次の表は、家計をやりくりするために削減した費目に関するアンケートの結果を示したものである。この表から読み取れることとして**誤っているもの**を、下のア～エから1つ選び、記号で書きなさい。

	食費	旅行・レジャー費	被服費	自身の小遣い	趣味費	水道光熱費	日用品費	美容費	ガソリン代	保険医療	教育費	特に削減は行っていない
男性	40.3	36.3	20.6	21.2	22.3	20.2	16.7	9.8	16.0	4.8	3.5	23.7
女性	45.9	36.3	32.9	26.1	19.1	17.5	20.7	28.3	11.0	5.0	3.6	16.7
20代	49.4	32.0	23.9	27.7	24.8	20.3	24.3	30.5	13.6	6.2	3.3	14.8
30代	41.1	32.0	24.7	23.0	20.7	18.7	20.1	20.3	12.0	5.7	3.3	20.0
40代	39.7	37.0	24.0	22.8	19.2	15.4	16.3	16.1	12.5	4.0	4.8	23.5
50代	42.6	37.5	26.5	21.5	19.2	19.7	16.5	14.3	15.4	3.8	2.6	21.0
60代	46.0	43.4	29.9	24.4	25.2	24.4	18.2	11.8	17.1	5.5	3.7	20.9

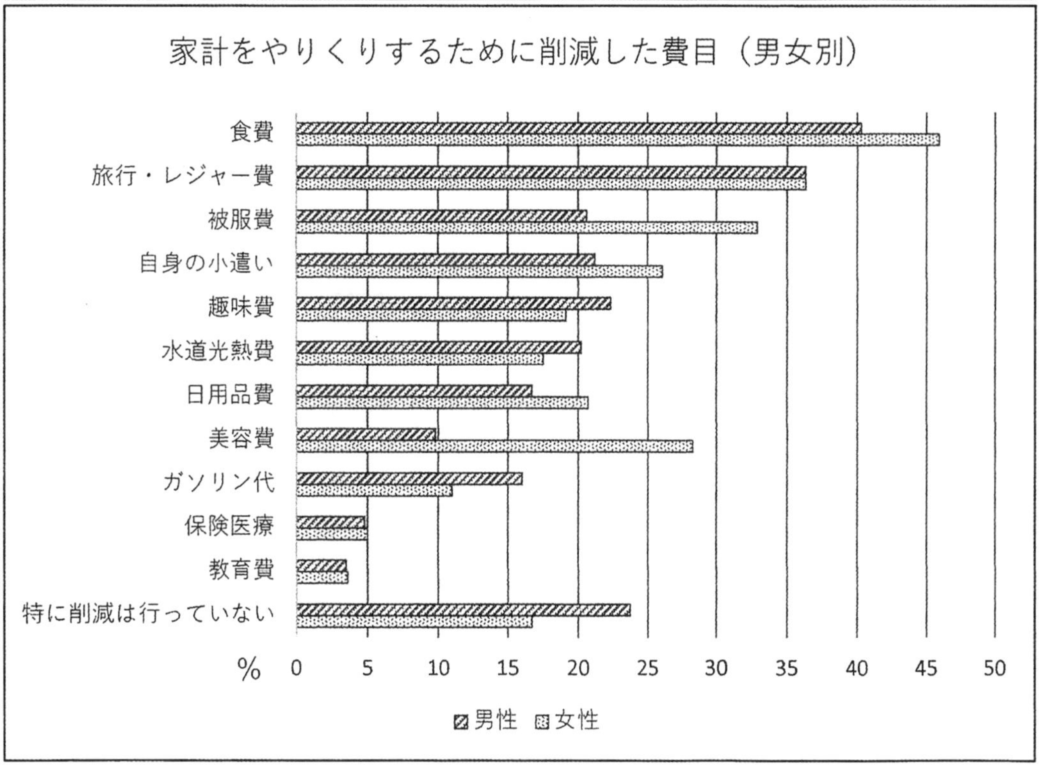

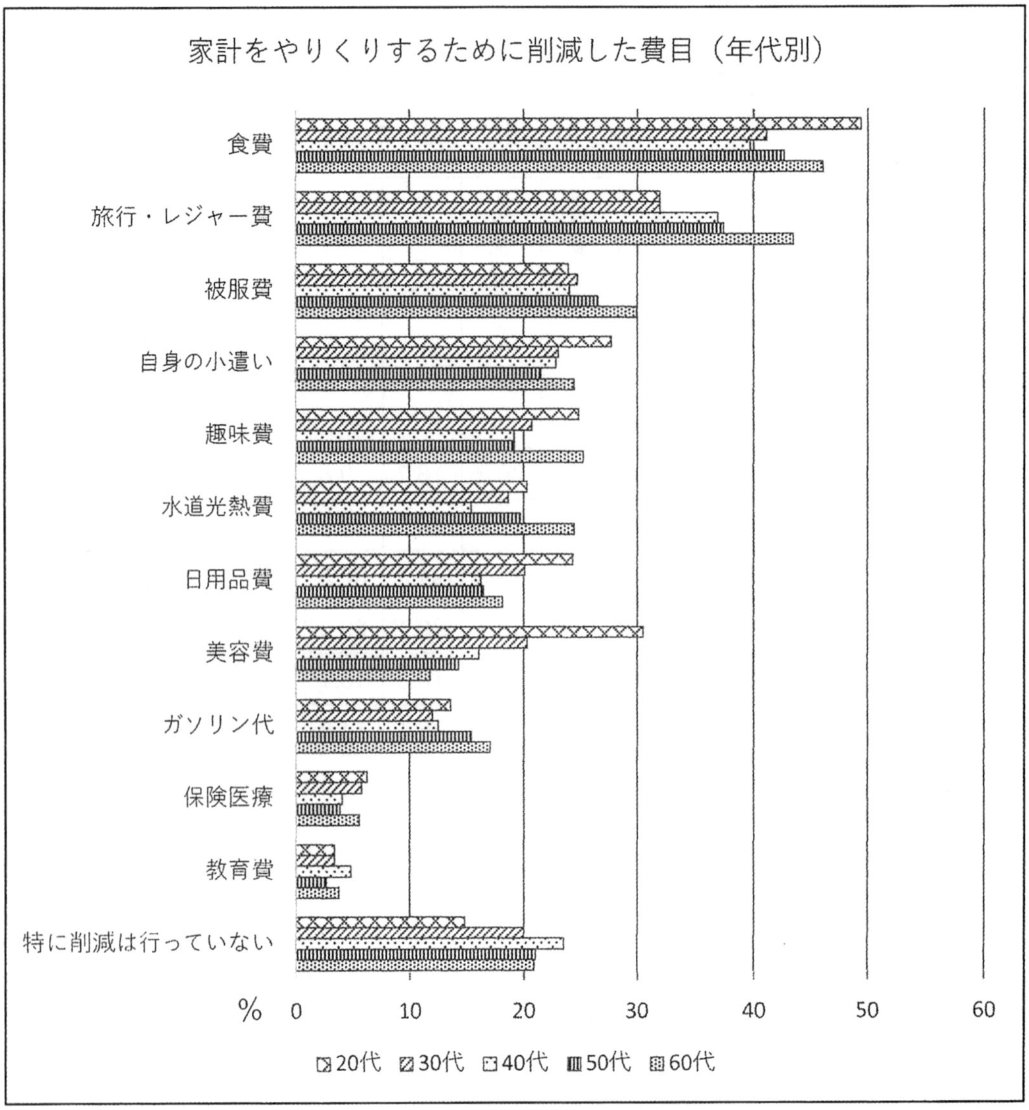

住友生命「わが家の台所事情アンケート」より作成

ア．男性と女性を比較したとき、削減していると回答した割合の差が最も大きい費目は、美容費である。

イ．特に削減をしていないと回答した割合は、男性の方が女性よりも高い。

ウ．ガソリン代を削減していると回答した割合が最も高い年代は、旅行・レジャー費と趣味費でも他の年代と比較して削減していると回答した割合が最も高い。

エ．削減していると回答した割合の上位３費目は、20 代～60 代のすべての年代で共通である。

問題は以上です。

滝高等学校

令和 五 年度

国 語

（60分）

・合図があるまで、中を見てはいけません。
・試験開始の合図があったら、はじめに受験番号を書き、QRコードのシールをはってください。
・解答は、解答欄の枠内に、濃い字で記入してください。
問題は 二ページから 二十ページです。

H

2023(R5) 滝高
教英出版

※設問に字数制限のあるものは、句読点等も一字に数えるものとする。

【一】次の文章を読んで、後の問いに答えよ。なお、設問の都合により本文を一部改変してある。

ここで「共感」という語と、この概念の構成についてあらためて考えてみよう。「共に感じる」と記されていることに示されているように、まずその最も基本的な意味は、「他者と同じ感情を持つこと」だと定義されるだろう。

　同様の意味の語として英語には〝sympathy〟〝empathy〟などがあるが、〝sym（共に）〟と〝pathy（感情）〟から成る①〝sympathy〟は、「共感」と同様の造語構造を持つものだ。この語はギリシャ語に由来する古い語だが、②そこに深い意味を込めて用いたのは、一八世紀の「スコットランド啓蒙《けいもう》」の思想家たちだった。その一人のアダム・スミスによれば、それは「想像によって自分自身を彼の立場に置き、（中略）ある程度まで彼と同じ人物になる」ことで、「彼が感じていることについて一定の観念を形成し、（中略）彼が感じ取っているものに似た何かを感じさえする」ことだという。つまり「他者の立場に身を置き、他者がどう感じているのかを想像すること」だと定義されるだろう。その後、そうした含意をより明確に持つ語として、ドイツ語の〝Einfühlung（感情移入）〟をもとに二〇世紀になって作られたのが〝empathy〟だった。

　一方で日本では、この意味を表す語として「共感」が古くから使われてきたわけではない。思想史家の仲島陽一によれば、「共感」がこの意味で国語辞典に最初にaノったのは一九四九年のことだという。その後、「共感」は急速に普及し、定着していった。

　ではそれ以前にこの意味を表していた語は何だったのだろうか。それは主に「同情」だったという。「共感」は戦後になって普及した新しい語だが、「同情」は漢語に由来する古い語であり、戦前は現在の「共感」と同様に、一般的な感情に対して広く使われるものだったという。

　しかし「共感」が現れると、一般的な意味はそちらに移行し、「同情」はとくに他者の苦しみや悲しみなど、ネガティブな感情に対して使われるものとなっていく。仲島によれば一九七一年の国語辞典では、「同情」が一般的な意味のみで使われることはなくなっていたという。

　こうしたことからすると、とくに一九五〇年代から六〇年代、つまり戦後の復興期から高度経済成長期にかけての時期に、「同情」から「共感」への移行が進み、この概念の再編成が進められていったと見ることができるだろう。その背景には、戦後民主主義的な感覚の浸透という状況があったのではないだろうか。

　というのも「同情」というと、恵まれない者に対する恵まれた者からの憐《あわ》れみやbホドコしが想起され、ある種の上下関係がそこに想定されてしまう。それに対して「共感」は、よりフラットな関係性を含意するものだと言えるだろう。言いかえれば「他者と同じ感情を持つこと」を、「同情」は垂直関係の中で捉えているのに対して、「共感」は［　X　］の中で捉えているのではないだろうか。

　そのため戦後民主主義的な感覚が浸透していくなかで、どこか封建的な身分関係に結び付いているかのような上下関係のニュアンスから「同情」が嫌われ、「共感」が好まれるようになったのではないだろうか。そこには③この概念の、いわば戦後民主主義的な転回があったと見ることができるだろう。

しかし近年、さらにもう一つの転回がそこに加わることになった。＊新自由主義的な転回とでも言うべきものだ。

戦後民主主義的な転回の結果、「共感」はそのフラットな水平性のゆえに、深まっていくよりもむしろ広がっていくものとして捉えられるようになったのではないだろうか。④「同情が広がる」とはあまり言わないが、「共感が広がる」とはよく言うだろう。そのため「共感」は、感情の主体の複数性、さらに多数性を前提とした概念として理解されるようになる。

そうした理解がとくに二〇〇〇年代以降、新自由主義的な風潮、そして市場主義的な志向と結び付いていったと考えられる。その結果、共感の広がりが一つの市場として量的に捉えられるようになり、それをいかに大きくするか、そこからいかに収益を上げるかという論点が現れてくる。

とりわけ二〇一〇年ごろからＳＮＳが普及していくと、フォロワー数や「いいね」の数などで、共感の広がりを正確に数値化することが可能となった。その結果、共感は計測可能なものとなり、さらに創出可能、調達可能なものとして、感情工学的な操作の対象となっていく。

例えば二〇一一年には、雑誌『ブレーン』三月号の「ソーシャル時代の共感クリエイティブ」、『宣伝会議』四月号の「共感が時代のテーマ」などを嚆矢《こうし》に、「共感」関連の特集が広告関連の雑誌で続々と組まれていった。その後、そうした議論を実践するかたちでさまざまなメディア企業や、そこで活躍している芸能人、さらにその影響を受けた若者たちが一体となり、「共感の市場化」というプロジェクトを推し進めていく。その結果としてもたらされた「共感至上主義」は、したがって実際には「共感市場主義」を意味するものだったと見ることもできるだろう。

そうしたなかで⑤「共感」の意味そのものが変容を被る。共感を計測し、集計するためには、それを操作的に定義し、より扱いやすい＊変数として設定しなければならない。そこで「共感」は、実質的には「同感」もしくは「好感」として再定義されることになった。つまり「他者の言動に賛同するかどうか」もしくは「他者の言動を好ましいと感じるかどうか」を表す二値変数だ。「いいね」やリツイートの数は、その集計のための格好の指標となる。

しかしその結果、「共感」の本来の意味が失われてしまったのではないだろうか。それは本来は、かつてスミスが論じたように、「他者の立場に身を置き、他者がどう感じているのかを想像すること」を意味するものだった。言いかえれば他者への想像力に基づき、他者がどう感じているのかを理解することを含意するものだった。

それに対して「同感」や「好感」は、他者の意見や印象への評価に基づき、あくまでも自分がどう感じているのかを表明することを意味するものだ。そこでは他者の感情の中にまで分け入っていくような、「ある程度まで彼と同じ人物になる」というような想像力が求められることはない。

＊今回の木村の事件では、誹謗《ひぼう》中傷を受けることで木村がどう感じているのか、どんな思いをしているのかを想像することが、多くの視聴者には十分にできなかった。強い共感の磁場の中にいながら、しかし他者への想像力を欠き、自分の感情を一方的に表明するばかりだった彼ら彼女らの心性は、ひどくバランスを欠くものだったと言えるだろう。⑥その共感性の高さにもかかわらず、本来の意味での共感力、つまり他者への想像力に基づく理解力という意味でのそれが、そこにはすっかり欠けていたからだ。

そうしたアンバランスな心性は、あるいは共感市場主義の一つの帰結だったのではないだろうか。というのもそこでは共感が、もっぱら集計されるべき資源、調達されるべき財として集合的に扱われ、そのcニナい手はある種の＊消費者セグメントとして集団的に捉えられる。その中の一つ一つの動きを通じて誰が誰を想像し、何を理解しているのかという点が問われることはない。

先に見たようにネット上の誹謗中傷という現象は、一対一の当事者間のものから多数の第三者によるものへと、それもある種のファン心理に基づく消費行動を意味するものへとその内実を変化させてきた。その経緯は、共感市場主義が共感の構造を作り変え、そのニナい手の心性を変容させてきた、その経緯と重なり合うものだったのではないだろうか。だとすればこの現象は、共感市場主義から生み落とされた、その負の側面の一つだったと見ることもできるだろう。

古典的自由主義の始祖とされるスミスはかつて、市場主義を論じた『国富論』に先立って『道徳感情論』を著し、共感を通じて公正な社会を構築していくことの必要性をdトいた。そこでは共感は市場主義を支えるとともに、それを是正するものとして考えられていた。

ところが今日の新自由主義的な風潮のもとでは、共感は市場主義の中に繰り込まれ、ときにそれを暴走させるものとなってしまっている。そうした点についてわれわれは、われわれ自身の心性の構造をeカエリみながら、あらためて考えてみるべきなのではないだろうか。

《伊藤　昌亮・著『炎上社会を考える　自粛警察からキャンセルカルチャーまで』中央公論新社　による》

【注】＊新自由主義…市場の自由競争によって経済の効率化と発展を実現しようとする思想。
＊変数…いろいろな値に変わりうる数量を表す文字。数学で使うxやyなど。
＊今回の木村の事件…女子プロレスラーの木村花さんが、出演していたテレビ番組をはじめとする一連の出来事に関してネット上で誹謗中傷を受け、その後自ら命を絶った事件。
＊消費者セグメント…市場における消費動向において共通の属性を持っている人々の集団。

問１　〰〰線部ａ～ｅのカタカナを漢字に直せ。（楷書で大きく濃く丁寧に書くこと。）

問２　――線部①「〃sympathy〃は、『共感』と同様の造語構造を持つ」に関して、次の各問いに答えなさい。

(1)　「共感」と同様の造語構造である熟語として最適のものを次の中から選び、記号で答えよ。

ア　私立　イ　未来　ウ　扶助　エ　避難　オ　予知

(2)　「〃sympathy〃は、『共感』と同様の造語構造を持つ」とは、どういうことか。その説明として最適のものを次の中から選び、記号で答えよ。

ア　〃sympathy〃はギリシャ語を英語に訳した語で、「共感」は日本で新たに作り出された語であるが、両方とも「感情」を表す要素に「共に」という意味が合わさってできた語だということ。

イ　〃sympathy〃はポジティブな心情を伴う語で、「共感」はネガティブな心情を伴う語であるが、両方とも「感情」を表す要素に「同じ」という意味が合わさってできた語だということ。

ウ　〃sympathy〃は西洋で古い起源を持つ語で、「共感」は日本で戦後用いられるようになった語であるが、両方とも「感情」を表す要素に「共に」という意味が合わさってできた語だということ。

エ　〃sympathy〃は物の形容にも用いられる語で、「共感」は人に関わる言動にしか用いない語であるが、両方とも「感情」を表す要素に「同じ」という意味が合わさってできた語だということ。

オ　〃sympathy〃は相手の心情を説明する語で、「共感」は自分の心情を説明する語であるが、両方とも「感情」を表す要素に「共に」という意味が合わさってできた語だということ。

問3 ——線部②「そこに深い意味を込めて用いた」とあるが、どういうことか。その説明として最適のものを次の中から選び、記号で答えよ。

ア 〝sympathy〟を、自分と他者の感情が単に同じなのではなく、その前提に、他者への想像力による理解がある語として使ったということ。

イ 「共感」に、自分と他者の感情の共有という意味に加えて、各々が互いの立場を理解しあう必要性も見いだした上で使用したということ。

ウ 〝sympathy〟を、想像の中で自分を他者の立場に置くのみならず、さらに深く、他者と同じになろうとする語として使用したということ。

エ 「共感」の意味を、他者についての観念形成という表面的な内容ではなく、他者への感情移入を推奨する内容に深めて使ったということ。

オ 〝sympathy〟の意味を、単なる感情の状態にとどまらず、感情が生じた原因や先々の展開を考える想像力だと理解して使ったということ。

問4 本文中の空欄 **X** に入れるのに最適な漢字四字の言葉を、自分で考えて答えよ。

問5 ——線部③「この概念の、いわば戦後民主主義的な転回」とあるが、どういうことか。その説明として最適のものを次の中から選び、記号で答えよ。

ア 戦後民主主義的な感覚が国民の間に広く深く浸透していくにつれて、「共感」という言葉も、深まっていくものではなく広がっていくものとして捉えられ、感情の主体の複数性や多数性を前提とした概念として理解されるという大きな変化を遂げた、ということ。

イ 戦後の復興期から高度経済成長期にかけて、日本社会がめざましい発展を遂げたことを背景として、「同情」という言葉も、「他者と同じ感情を持つこと」という一般的な意味では使われなくなり、ネガティブな感情に対してのみ使われるようになった、ということ。

ウ 二〇世紀になって、「他者の立場に身を置き、他者がどう感じているのかを想像すること」という意味を明確に持つ〝empathy〟という言葉が作られたのに伴い、戦後の日本でも、ある種の上下関係を想定させる言葉の使用が避けられるようになった、ということ。

エ 日本社会から封建的な身分関係の意識が薄れ、自由と平等が尊重されるようになったのと同様に、「他者と同じ感情を持つこと」に対応する日本語も、ある種の上下関係を想起させるので使われなくなり、フラットな関係性を示す語が取ってかわった、ということ。

オ 一八世紀になって、〝sympathy〟という語に深い意味が付与されたことをうけて、日本でも「他者と同じ感情を持つこと」という意味を表す語が、封建的なニュアンスを持つ語から民主主義的なニュアンスを持つ語へと次第に置きかわっていった、ということ。

問6　――線部④「『同情が広がる』とはあまり言わないが、『共感が広がる』とはよく言う」について、先生と生徒が対話している。**生徒A～E**のうち、**誤った理解**をしているものを、次の**ア**～**オ**の中から**二つ**選び、記号で答えよ。（順不同）

先生　「同情が広がる」とはあまり言わず、「共感が広がる」とよく言う理由について、考えてみて下さい。

ア　**生徒A**――「同情」は「強い」とか「深い」と言いますが、「広い」とは言わない気がします。これは、「同情」という言葉が、多くの恵まれた者から少数の恵まれない者への感情という、縦方向の感情の特定性・少数性を前提とする言葉だからではないでしょうか。

イ　**生徒B**――一方で、「共感」について「広がる」という言い回しがされるのは、民主的な社会の成立とともに受け入れられた言葉だからこそ、縦方向の上下関係を前提とせず、感情主体の複数性や多数性と容易に結び付きやすい概念だったからだと思います。

先生　それでは、例えば「あまりの凄惨《せいさん》な光景に、群衆の間には同情が広がっていった」という表現ならばどうですか？

ウ　**生徒C**――そういう表現を用いる場合はあると思います。その場合、「同情」という言葉でありつつも、光景のあまりの凄惨さが人々の心を打ち、そのような状況にある他者への想像力を多くの人々が共有した、ということではないでしょうか。

エ　**生徒D**――そうか！　現代社会で「共感が広がる」と言い、「同情が広がる」とは「あまり言わなくなった」のは、現代社会は豊かになっていて、人々が心を痛めるような悲惨な状況や凄惨な状況は少なくなってきたからですね？

オ　**生徒E**――本当にそうでしょうか？　現代社会で「共感が広がる」と言い、「同情が広がる」とは「あまり言わなくなった」とするなら、そこには人々の感情のあり方に関するもっと深刻な問題があるように思います。

問7　――線部⑤「『共感』の意味そのものが変容を被る」とあるが、どういうことか。変容の理由とともに、百二十字以内で説明せよ。

問8　――線部⑥「その共感性の高さにもかかわらず、本来の意味での共感力、つまり他者への想像力に基づく理解力という意味でのそれが、そこにはすっかり欠けていた」とあるが、どういうことか。その説明として最適のものを次の中から選び、記号で答えよ。

ア　この事件において、多くの視聴者は番組の内容に感情移入していたが、それは現実と想像を混同したアンバランスな心性で、木村さんがどう感じているかを具体的に考える心性ではなかったということ。

イ　この事件において、視聴者の多くは木村さんに共感し同情していたが、それはある種の上下関係を前提とした自分の感情の一方的表明にすぎず、木村さんの気持ちを思いやった心性ではなかったということ。

ウ　この事件において、多くの視聴者同士は同じような感情を持つに至ったが、それは自分の感情の一方的表明にすぎず、木村さんの立場を想像し木村さんと感情を共有するという心性ではなかったということ。

エ　この事件において、多くの視聴者は誹謗中傷を行ったが、それは他者への想像力がない一方的でアンバランスな心性で、自分の行為の問題点や社会への影響を想像する心性ではなかったということ。

オ　この事件において、視聴者の多くは木村さんへの誹謗中傷がやり過ぎだと分かってはいたが、それは自分の行為への反省にすぎず、木村さんの気持ちを想像して助けようとする心性ではなかったということ。

問9　この文章の要約として最適のものを次の中から選び、記号で答えよ。

ア　二〇〇〇年代以降になると、共感の広がりを正確に数値化することが可能になった。その結果、感情工学的な操作を行って、共感を計測し、創出し、調達までするようになった。この根本的な大転回が私たちの心性に与えてきた悪影響の大きさを、私たちはあらためて熟考するべきである。

イ　時代の変化に応じて「共感」という言葉の意味や概念は段階的に変化していった。その結果、近年の「共感」は本来の意味を失い、それにつれて人々の心性にアンバランスな面も生まれてきた。私たちは、自身の心性の構造を思い返しながら、この負の側面について熟考するべきである。

ウ　戦後民主主義的な感覚が浸透していくなかで「共感」は急速に普及し、定着していった。その結果、そこから新自由主義的な転回が生まれて「共感」の意味そのものが変容した。この変容を象徴的に表している木村の事件がどのようにして起きたのかを、私たちは熟考するべきである。

エ　新自由主義的な風潮や市場主義的な志向と結びついた「共感」は、量的に捉えられるようになった。その結果、「共感の市場化」という国家的プロジェクトが推進されることになった。この転回が私たちの心性にどのような変化をもたらすのかを、私たちはもういちど熟考するべきである。

オ　ＳＮＳの普及に伴い、共感の広がりの範囲を正確に計測することが可能になった。その結果、「共感」は「同感」もしくは「好感」という二値変数として再定義されることになった。私たちは、「共感」の本来の意味と照らし合わせながら、この再定義の是非を熟考するべきである。

※設問に字数制限のあるものは、句読点等も一字に数えるものとする。

【二】 次の文章を読んで、後の問いに答えよ。なお、設問の都合により本文を一部改変してある。

「河井《かわい》道《みち》」は伊勢神宮の神職の家系であったが、明治政府の世襲官職廃止により父は失職。一家は北海道に移り住む。北海道での道《みち》は、寄宿舎で生活しながらキリスト教系の北星女学校で英語を学んだ。その間、札幌農学校で教鞭《きょうべん》をとっていた＊新渡戸稲造《にとべいなぞう》からも教えを受けた。道の才能を高く評価した新渡戸は、北海道を離れる際、道にも上京を勧める。その後、上京した道は、後に津田塾大学（日本初の女子大学）を創設する津田梅子と意気投合し、アメリカのブリンマー女子大学への留学が決まる。本文は、道が留学準備のため新渡戸夫妻の家を訪ねるところから始まる。

①留学中に着る物の準備は、メアリーさんに頼むことにした。その頃には週末になると必ず、汽車で沼津に通っていた。青い海と富士山を同時に望むお屋敷は、桃の果樹園に囲まれ、いつも甘い香りが漂っていた。ここに来てから新渡戸先生は書き物をするaカタワら、四歳の孝夫《よしお》ちゃんと手作りのすごろくで遊ぶなどして、いつものんびり過ごされている。孝夫ちゃんは新渡戸先生のお姉さんの息子で、養子として引き取られていた。富士山に毎朝、「おはよう、今日もとっても綺麗《きれい》だね！」と話しかける、ひょうきんなその子は、新渡戸家を明るく照らしていた。

おしゃれなメアリーさんが選んでくれたおさがりのブラウスや上着は、黒や紺色の地味な型ばかりなので、道はがっかりした。北星女学校で短い英語劇をする時、道が衣装のドレスを着ると、背が高いからよく似合う、と先生や生徒から褒められたから、密《ひそ》かに洋装するのを楽しみにしていたのだ。もうちょっと華やかなのはないんですか、と恨めしそうに言うと、

「あら、趣味の良い女性ほど、落ち着いたドレスを着るものよ。こういう飾りけのない服装こそ、女性の美を引き立てるのよ」

とメアリーさんは自信たっぷりに言った。彼女は留学準備の手伝いが楽しくて仕方がないらしい。故郷のフィラデルフィアにあるブリンマーに興味津々なようだ。

「私がこのドレスを着ると、男の人たちはみんな、こぞって優雅だとか、女王様の風格があるとほめそやしたものよ。私は昔はいやっていうくらい、モテたんですからね」

メアリーさんは娘時代の服をふくよかな身体に合わせ、鏡の前でポーズを決めた。その身に纏《まと》う雰囲気や立ち居振る舞いを見ていれば、名門エルキントン家の令嬢として、ほぼ毎日のように求婚されたという伝説も納得できる。でも、だったらどうして、決して裕福とは言えない、それも日本人の新渡戸先生を選んだのだろう。できるだけ失礼にならないようにそう尋ねると、メアリーさんは、縁側で孝夫ちゃんと遊ぶ新渡戸先生の方をちらっと振り向きながら、こう言った。

「そりゃ、稲造と一緒にいるのが楽しいからよ。あの人、他の人と全然違っていたの。②下手でも英語をどんどん話したし、わからないことは女の私にも質問してきた。笑われることをちっとも怖がっていなくて、チャレンジングだった。道もそういう人を見つけたら、絶対に放しちゃダメよ。お金だとか見てくれを気にするのは愚かだわ。名門のお嬢さんでいるより、あの人と一緒に日本に来て、女子教育に関《かか》わる方がずっとやりがいがあると思った。私、女性の地位を向上させるための研究や活動をしていたの。その中で日本の女性は当たり前の権利を持っていないと学んで、ずっと気になっていたわ。彼と一緒にしてくれなきゃ駆け落ちします、と父や兄に反発して、クリスマスの夜にやっと許しをもらったのよ」

「③わあ、なんてロマンチックなんでしょう！」

　恋愛の話となると途端に退屈してしまう道も、これにはうっとりした。

「あなたを私の故郷に送り出せるなんて、なんだか、娘がいるみたいで嬉《うれ》しいわ」

　フィラデルフィアに着いたら、エルキントン家に道のサポートをするよう話はしてある、なんでも頼れ、とメアリーさんは言ってくれ、道は感謝でいっぱいになった。亡くなった遠益《トーマス》ちゃんの代わりになれるはずはないけれど、メアリーさんの心がもし、ほんの少しでもまぎれるのであれば、お言葉に甘えてみようと思った。

　淡黄色の地にバラの花が散ったドレスと、頑丈な短靴が届いたのは、出発直前だった。ドレスはブリンマー女子大の卒業生である某婦人が道の噂《うわさ》を聞いて贈ってくれたもので、靴は姉が義兄に頼んで作らせたのだった。梅さんから聞いた、ブリンマーの姉妹の絆《きずな》の話が蘇《よみがえ》った。今まで見た中で一番美しいドレスと靴だと思った。

　メアリーさんが［A］アメリカをbナツかしがるので、新渡戸先生がこれはいい機会だから、と道の渡米に新渡戸家が付き添い、そのままカリフォルニアで静養することを決めた。

　梅さんも、コロラド州デンバーで開かれる万国婦人クラブ大会に日本代表として呼ばれていて渡米したところだった。大会が終わったらひょっとするとあのヘレン・ケラーに紹介してもらえるかもしれない、といつになく楽しんでいる様子が、手紙からも伝わってきた。道が現地に着いたら、［B］落ち合うことが決まっていた。

　初めての長期航海を前に緊張していたので、みんなの気遣いが有り難い。旅券章の保証人は、新渡戸先生が引き受けてくれた。

　明治三十一（一八九八）年七月、梅さんの生徒たちに見送られ、横浜から客船エンプレス・オブ・ジャパン号に乗って、道は新渡戸夫妻と孝夫ちゃん、新渡戸家の女中さんとともに北米へと旅立った。［C］その土を踏むのはカナダのバンクーバーだ。

太平洋を渡る二週間、道はとにかく暇だった。船酔いに慣れてしまうと、持ってきた本は全部読んでしまった。いくら新渡戸夫妻とはいえ、毎日会っていれば話題にも限界がある。道以上に退屈したのは孝夫ちゃんのようで、いたずらを繰り返し、とうとう甲板を転げまわって泣き出した。新渡戸先生も［D］音を上げ「暇だねえ」と顔を合わせる度に、気だるくぼやくようになった。初めてアメリカに渡ったのは二十二歳の頃で、今の道よりもずっと英語に不慣れだったから、最後の追い込みの勉強をしていて退屈する暇がなかったのだという。

「やることがないというのは、こうも辛いものなんだねえ」

いつになく、ため息まじりに肩を落とす先生を見て、

「新渡戸先生、せっかくだから、何か書いたらどうですか？」

道はそう提案してみた。

「論文やら手紙やらは、日本にいる間にあらかた書き上げてしまったよ」

新渡戸先生が頬《ほお》を膨らませる。そうすると孝夫ちゃんによく似ていた。

「じゃ、今度は英語で書いてみてはどうでしょう。アメリカ人向けの、日本のことを知ってもらうためのガイドブック、なんてどうでしょうか？」

アメリカ人と親しくなった時に、これさえ読めば日本がわかるわ、と［E］差し出せる、薄めの書物があればいいな、と思っていたのだ。日本について英語で書かれたものといえば、小泉八雲の本が有名だが、神秘の色合いが濃くて、現実の日本とは大きくかけ離れている。新渡戸先生は、ほう、それはいいね、と頷《うなず》いて、それからは何かある度にメモを取り出して、いそいそと書き留めるようになった。

毎日変わらない真っ青な大海原を道はぼんやり眺めた。いつか身近な誰かがアメリカに渡ることがあったら、船の上はとてつもなく暇だということを真っ先に教えてあげなければならない、と胸に刻んだのである。

そんなわけで、夏の夕方のバンクーバーの港がようやく見えた時は、ついに来たという感動より、安堵の方がずっと大きかった。港に降り立つと、東京の比ではないほど高い建物が建ち並び、道を見下ろしている。頬をスッと斬《き》りつけるような乾燥した空気で、沈んでいく夕日さえサラサラと白っぽく眩《まぶ》しかった。行き交う人々の多くは背が高く肩幅があり肌は白いけれど、髪と目の色は人によって全く違う。彼らがゆったり振る舞うのに比べ、黒い肌をした男女は貧しい身なりでいつも忙しそうに立ち働いていた。

くらっとするほど強い香水と、焦げた肉と冷えた柑橘《かんきつ》類が混ざったようなにおいが、どこに行っても漂っている。

その夜、海辺のホテルに着くと、道たちはまず④小部屋に通された。背後で扉が閉まるなり、空間全体がガタガタと震え出し、上方に引っ張り上げられていくので、道は孝夫ちゃんを抱きしめて悲鳴をあげた。三階で扉が開くと、道たちは吐き出された。新渡戸家は三人部屋、道はその隣の一人部屋へと、荷物運びに案内された。部屋に着いたら、道は真っ先に窓を大きく開け、そこに広がる夜景に息を呑《の》んだ。光の洪水が海辺の闇を大きく切り開いていたのだ。

「何を見ているんですか」
後ろからそう問いかけられ振り向くと、新渡戸先生が孝夫ちゃん、女中さんと一緒に、道の残りの荷物を部屋に運び入れてくれているところだった。
「綺麗。夜なのに、こんなにも明るいなんて……。まるで魔法です。カナダって、どこもこうなんですか？」
*ブリンマーのランターンの光の海もこんな具合なのだろうか、と道は思いを巡らせた。
「どうしてこんなに街が明るいと思いますか？」
新渡戸先生は孝夫ちゃんを連れて、隣にやってきた。道は通りにしばらく視線を落とし、身を乗り出して指差した。
「あ、ガス灯がある。それもこんなにたくさん!!」
道路脇に佇《たたず》むガス灯の先端には小さなガラス箱が付いていて、青い炎がcユれていた。同じものが等間隔で配置され、海岸線沿いにどこまでも続いている。孝夫ちゃんも、お星様だ、あっちにも！　と叫んだ。もちろん銀座などで目にしたことはあるが、一度にこんなにたくさんのガス灯を見るのは生まれて初めてだった。
「ねえ、道さん、⑤提灯と街灯、どっちが安全だと思いますか？」
いきなり場違いな日本語が出てきて、道は面食らった。
「そうですね、断然、街灯ですね」
「どうしてそう思いますか？」
「提灯は夜道でうっかり転んだ時に、火が燃え広がるし、誰かに奪われる可能性もあるし、紙がdヤブけたりもします。それに片手しか使えないのは、足場の悪いところでは命取りです」
ローズさんを迎えに行ったあの暗い雪道や、父と参拝した伊勢神宮が蘇った。新渡戸先生はにっこりした。
「その通りです。では、提灯がそんなに危険なのに、私たち日本人が手放せないのは、どうしてでしょう」
「うーん……、なんででしょう？」
「それは個人が負わなければならない荷物のとても大きな社会だからです。日本人は全てにおいて、何か問題が起きたら、まず一人でなんとかしなくてはいけない。例えば家族に問題が起きた時は、家族だけで解決しないといけない。そんな風に思い込まされていませんか？」
一族の恥だから――。幼い日によく聞いた父の口癖を思い出し、道は、あ、と声をeモらした。
「だから、みんな暗い夜になると、自分の手元だけは明るくしなければ、と必死に提灯を握りしめるしかないのです。でも、自分と家族だけを照らしているようではまだ充分とはいえない。あんな風に大きな光を街の目立つところにともして、みんなで明るさを分け合わないといけない。

日本人は共同で何かを行うということを覚えるべきです。つまり、シェア、ということです」

⑥「シェア……」

もちろん知っている言葉だったが、こうして溢《あふ》れんばかりの灯りを眺めていると、舌の上から光が広がり、唇からこぼれていくような気がした。新渡戸先生はじっと夜景を見下ろしている。

「提灯のように個人が光を独占するのではなく、大きな街灯をともして社会全体を照らすこと。僕は道さんにそんな指導者になってもらいたいと思って、どうしても欧米の夜景を見て欲しかったのです。日本ではまだ教育や情報は一部の知識層が独占している。でも、それではダメだ。お互いが助け合い、持っているものを分け合わないといけない。学ぶ機会のない人にまで行き渡らないと意味がない。アメリカではごく普通の人たちでさえ、損得抜きでお互いを助け合います。日本でも今、学校がどんどん出来ていますが、学生は成績を競うばかりだ。このシェアの精神が行き渡らない限り、⑦夜はずっと暗いままです」

青白い光を浴びて道行く人々はみんな堂々と、目的地に向かって自信をもって歩いているように見えた。その人工の無数のきらめきは、夜空にまたたく星よりも、道の心を貫き、深いところにまで光を届けた。

どうしてクリスマスがあんなに好きなのか。道はその時、初めて理解した。お盆やお正月とは大きく違う。そうだ、クリスマスは全ての人に開かれたお祝いなのだ。家族だけではなく地域や貧しい人、まだ会ったことのない誰かの方を向いている。クリスマスツリーの輝きは道行く人をも照らし出すから、あんなにも眩《まぶ》しい。そこに根付く精神が、道の心を満たしたのだった。新渡戸先生は急に話を換えた。

「私の授業には批判があるんですよ」

「え、なんで？　とっても面白くてわかりやすいのに！」

「ええ、まさにそこが批判されています。誰にでもわかるような教え方や明快な話し方なんて深みがない、と嫌がる人もいます。チアフル、つまり明るいということを日本人は見くびる傾向にありませんか？　暗いこと、苦しい、悲しいこと、いわば暗闇を一段高く見る傾向が蔓延《まんえん》している。それで、辛い目に遭っている人たちが尊重され、救済される社会ならば僕は構わないんですが、かえって暴力や貧困、無知からくる争いが、変えようがない仕方のないこととして、放置され、我慢が当たり前になっているように思います」

ほの暗い神社の帰り道、バラバラになった河井家、寄宿舎の暗黙の決まりごと、男たちの無言のニヤニヤ笑い、有島さんが道の前向きさを責めること、梅さんと捨松さんを引き裂いたしきたり。そういえば、これまでの人生で胸に引っかかってきた問題は全て、納得のいかないモヤモヤとした理由で曖昧にぼやかされていた。あれらを全部、道が大きな光を持ち込んで、くっきり照らしてしまったらどうだったのだろう。全部取るに足らないどうでもいいことばかりで、誰かの人生を阻む理由にはならない、とみんな気付いたのではないか。道は物事をやさしく、とっつきやすくすることに関しては昔から長《た》けているのだ。

「道さん、これだけ明るいのですから、どうですか？　メアリーも呼んで、みんなで夜の散歩に出かけませんか」

道は頷き、孝夫ちゃんは躍りあがった。荷ほどきして寝巻きに着替えたら、今日という日はもうおしまいとばかり思っていた。新渡戸先生がステッキを一振りして、孝夫ちゃんの手を引くと、先に部屋を出て行った。

急に道の中でムクムクと、人生に対する信頼感が膨らんできた。夜がこんなに明るければ、緊張で眠れないことも、異国でひとりぼっちになることも、時々ふと襲ってくる焦りも、怖くはない。

普段ならそろそろ寝ようかという時間なのに、カナダ最初の夜、道は⑧どこまでも歩いて行けそうな気持ちで、ドアを大きく開けたのだった。

《柚木　麻子・著『らんたん』小学館　による》

【注】＊新渡戸稲造…一八六二〜一九三三。日本の教育者・思想家。東京女子大学初代学長。著書に、日本について英文で紹介した『武士道』がある。

＊ブリンマーのランターンの光の海…ブリンマー女子大学ではランタンを一斉に灯す行事があり、道はそのことを聞き及んでいた。

問1 〰線部a〜eのカタカナを漢字に直せ。（楷書で大きく濃く丁寧に書くこと。）

問2 本文中の空欄 A 〜 E に当てはまる最適の言葉を次の中からそれぞれ選び、記号で答えよ。（ただし、同じ選択肢を二度以上使用してはならない。）

ア 最初に　**イ** 気軽に　**ウ** すぐに　**エ** 確かに　**オ** しきりに　**カ** ついに

問3 ――線部①「留学中に着る物の準備は、メアリーさんに頼むことにした」とあるが、この時の道はどのような心情だと考えられるか。その説明として最適のものを次の中から選び、記号で答えよ。

ア おしゃれなメアリーさんなら素敵な衣服を選んでくれるに違いないと期待する一方、自分の留学にもかかわらず、多忙なメアリーさんに依頼することに気兼ねする気持ち。

イ アメリカ留学への準備に余念がなく、洋装をすることにも胸が高鳴り、アメリカに行くからには自分に似合う衣服をメアリーさんに選んでほしいと、信頼し期待する気持ち。

ウ 留学中に着る物への興味はあるが、勉学に関わる準備が間に合っておらず、衣服のことはメアリーさんにお願いするしかないと、自分のふがいなさを実感し反省する気持ち。

エ 自分の着る衣服は自分の裁量で選びたいものの、メアリーさんが熱心に選んでくれる様子を見ていると断るわけにはいかず、不本意ながらも、任せようと決心する気持ち。

オ アメリカという新たな世界に渡り、学びを進められる喜びが心に満ちあふれる一方、衣服には興味がないのでメアリーさんに任せてしまおうと、割り切って頼る気持ち。

問4 ――線部②「下手でも英語をどんどん話したし、わからないことは女の私にも質問してきた」から分かる、新渡戸先生の人柄の説明として最適のものを選び、記号で答えよ。

ア 海外生活に強く憧れ、欧米人と変わらない振る舞いをしようと背伸びする人物。

イ 性別や肌の色による差別を問題だと考え、各所に配慮ができる紳士的な人物。

ウ 日本人であることに気後れし、いざとなると女性に頼ってしまう繊細な人物。

エ 明るくて物怖じせず、誰とでも隔てなく接することのできる向上心旺盛な人物。

オ 好奇心にあふれ、積極的に海外へ出て活躍しようと考える自己顕示欲の強い人物。

問5 ――線部③「わあ、なんてロマンチックなんでしょう！」とあるが、ここからは道のどのような心情が読み取れるか。その説明として最適のものを次の中から選び、記号で答えよ。

ア　メアリーさんが、日本とアメリカという国の違い、言葉の違いを乗り越え、さらには父や兄の反対にも屈することなく、身分や財産を捨てて駆け落ちしてもよいと思うほど、一人の男性を深く愛したことに、感動する気持ち。

イ　メアリーさんが、女性の見た目や実家の財産に興味を持って求婚してくる男性たちに目もくれず、また自分自身も男性を見た目や財産で選ばず、一人の人間として心から尊敬できる相手への愛を貫いたことに、感激する気持ち。

ウ　メアリーさんが、裕福な身分を捨ててまで、女子教育や女性の地位向上のための活動と、それを共に実現したいと思う相手への愛の両方を貫き、しかも父や兄の許しが出たのがクリスマスの夜だったことに、感動する気持ち。

エ　メアリーさんが、求婚してくる多くの男性たちに目もくれず、ただ一人への愛を貫いていたものの、家族の反対にあって駆け落ちまで考えるほど苦しんでいたところ、クリスマスの夜に奇跡が起きたことに、感激する気持ち。

オ　メアリーさんが、自身の裕福な身分にとらわれず、恵まれない女性たちの地位向上の研究や活動に尽力し、アメリカにとどまらず遠い日本の女性の権利まで気にかけて行動に移した活動的な女性であることに、感動する気持ち。

問6 ――線部④「小部屋」とは何のことだと考えられるか。五字程度で答えよ。

問7 ——線部⑤「提灯」とあるが、ここでの「提灯」の図として正しいものを次の中から一つ選び、記号で答えよ。

ア

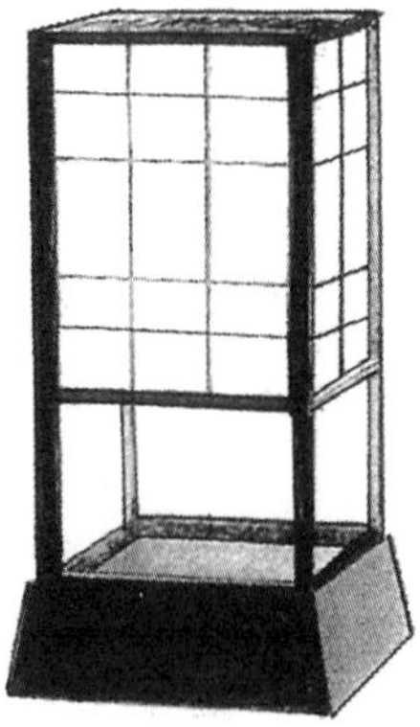

イ

ウ

エ

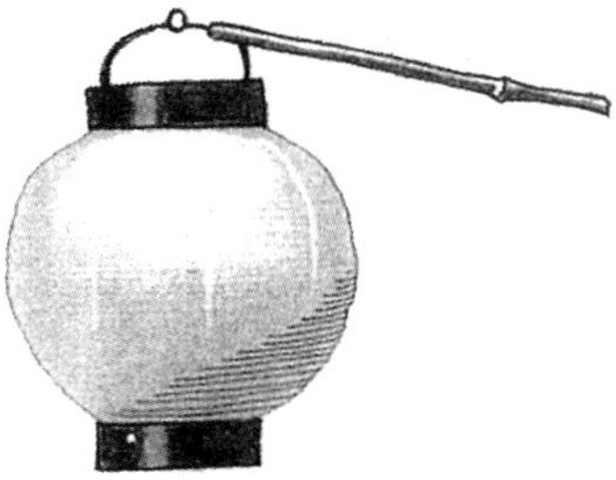

オ

問8　——線部⑥『シェア……』とあるが、このとき道はどのような気持ちでつぶやいたと考えられるか。その説明として最適のものを次の中から選び、記号で答えよ。

ア　提灯と街灯の対比から、日本の社会全体が根深い問題を抱えていることを痛感し、今後の日本社会や人々を啓蒙するという、自分が背負うべき重責に身が引き締まる思いで、ふつふつと湧き上がる使命感を抑えきれないでいる。

イ　提灯と街灯の対比から、自分の手元だけを明るく照らす提灯の不便さを実感しつつ、個人を照らすだけでなく明るさを分け合うことができる街灯の素晴らしさに感銘を受け、欧米社会の発展に驚きと尊敬の念を抱いている。

ウ　提灯と街灯の対比から、シェアの精神は新たな社会を築く人類すべてにとっての希望だと認めつつも、日本社会での実現を考えてみると漠然とした不安を拭いきれず、手放しで賛同することにはかすかな迷いが生じている。

エ　提灯と街灯の対比から、自分の今までの行為は欧米でも理想とされるシェアの精神の実践だったと気づき喜びつつも、日本社会の負の遺産も再認識し、自分が将来成し遂げたいことへの思いをじっくりとかみしめている。

オ　提灯と街灯の対比から、日本社会全体が縛られている何ものかとそれを変えていきうる新しい考え方を知り、あたたかな驚きをもって未来への高揚感に包まれるとともに、シェアの精神の偉大さをほのかに感じとっている。

問9　——線部⑦「夜はずっと暗いままです」とは、ここではどのようなことの比喩表現として使われているか。それを説明した次の文の空欄に当てはまる内容を、簡潔に答えよ。

問題が［　　　　　　］ということ。

問10 ——線部⑧「どこまでも歩いて行けそうな気持ち」に関して、次の各問いに答えなさい。

(1) この時、道のなかで生じた感覚を端的に表した表現を本文中から十字以内で抜き出して答えよ。

(2)「どこまでも歩いて行けそうな気持ち」とは、どのような気持ちか。その説明として最適のものを次の中から選び、記号で答えよ。

ア 西洋と日本の文化的な違いを対比的に捉えることができたことで、日本人として自分の出自に誇りをもって、堂々と迷うことなく目標に向かって進んでいけそうだという、前向きな気持ち。

イ 今の日本の社会に足りないものが意識化されたことで、自分に求められる役割と、これから向かうべき方向性が明確になり、確かな希望をもって前進できそうだという、すっきりとした気持ち。

ウ 明るく街灯に照らされたカナダの夜道を実際に目にして、日本のように個人の足元を照らすだけでなく、町全体が明るいので、これなら人々は遠い行程でも迷うことはないだろうという、羨望の気持ち。

エ 日本社会には男女の格差や家柄の違いなど、越えられない問題が未だに厳然と存在するが、今いるカナダでならば自分も堂々と自信をもって自分の生き方を実現できそうだという、安堵の気持ち。

オ 旧来の日本が縛られていた古いしきたりから解放されたことで、海外にいる自分を自覚するとともに、これからは自由なこの空気に適応してのびのびと歩んでいけそうだという、晴れやかな気持ち。

問題は以上です。

令和 5 年度

数　学

（60分）

・ 合図があるまで、中を見てはいけません。
・ 試験開始の合図があったら、はじめに受験番号を書き、QRコードのシールをはってください。
・ 解答は、解答欄の枠内に、濃い字で記入してください。

問題は 2 ページから 7 ページです。

H

（注）答はすべて解答用紙に記入せよ。ただし，円周率はπとし，根号は小数に直さなくてよい。

1． 次の各問いに答えよ。

(1) 方程式$(\sqrt{6}-\sqrt{2})(\sqrt{3}+1)x=\sqrt{5}$を解け。ただし，分母は有理化して答えること。

(2) 1つのさいころを2回投げたとき，1回目に出た目の数をx，2回目に出た目の数をyとおく。$\sqrt{x+y}$が整数となる確率を求めよ。

(3) 下の図のように，点Oを中心とする円に内接する四角形ABCDがあり，$\angle OAC=13°$，$\angle BAC=41°$となる。$\angle ABC$の大きさを求めよ。

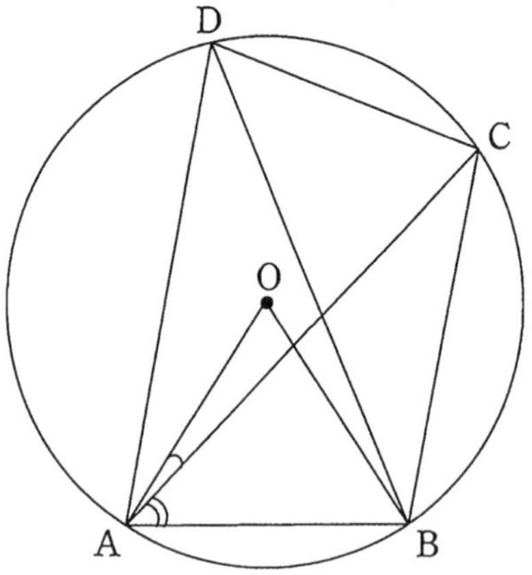

2． 放物線 $y=\frac{1}{3}x^2$ 上に x 座標が正である点Ａをとる。点Ａと y 軸に関して対称な点をＢとし，２点Ａ，Ｂから x 軸に下ろした垂線と x 軸との交点をそれぞれＣ，Ｄとする。また，原点をＯとして線分ＯＢの中点をＥとし，直線ＡＥと放物線 $y=\frac{1}{3}x^2$ の交点のうちＡでない方をＦとする。四角形ＡＢＤＣが正方形となるとき，次の各問いに答えよ。

(1) 点Ａの座標を求めよ。

(2) 直線ＡＥの式を求めよ。

(3) 点Ｆの座標を求めよ。

(4) 放物線 $y=\frac{1}{3}x^2$ 上に点Ｇをとり，△ＯＦＧの面積が△ＯＥＦの面積と等しくなるようにする。このような点Ｇの x 座標をすべて求めよ。

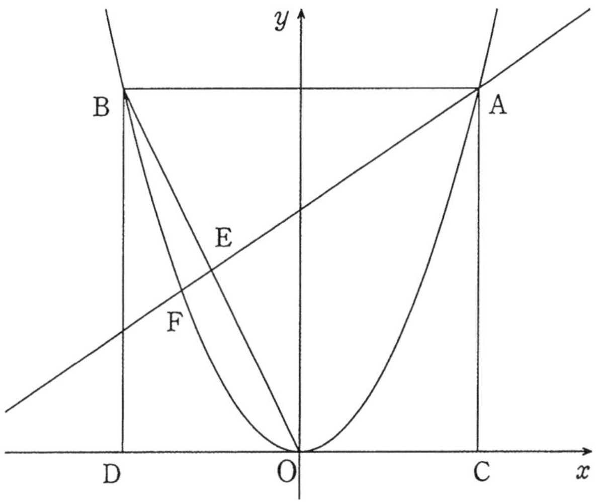

3．空の容器に食塩水と水をホースＡ，ホースＢ，ホースＣを用いて下記の[ルール]で注ぐとき，次の各問いに答えよ。ただし，食塩水は容器からあふれることはない。

[ルール]
ホースＡ：9時00分から9時30分まで濃度1%の食塩水を毎分1000g注ぐ。
ホースＢ：9時10分から9時40分まで濃度16%の食塩水を毎分1000g注ぐ。
ホースＣ：9時20分から9時50分まで水を毎分2000g注ぐ。

(1) 9時20分時点の容器中の食塩水の濃度を求めよ。
(2) 9時30分時点の容器中の食塩水の濃度を求めよ。
(3) 9時30分以降で再び(2)で求めた容器中の食塩水の濃度と一致するのは9時何分か。

4．白いカードと赤いカードがそれぞれ15枚ずつあり，それぞれの色のカードには1から15までの数が1つずつ書かれている。はじめに白いカード15枚をすべて袋の中に入れる。次に，この袋の中に15枚の赤いカードの中から何枚かを同時に入れる。このとき，次の各問いに答えよ。

(1) 赤いカードを1枚入れるときを考える。赤いカードを入れたあとの袋の中の数の中央値が赤いカードを入れる前の袋の中の数の中央値よりも大きく，赤いカードを入れたあとの袋の中の数の和が6の倍数となるとき，袋の中に入っている赤いカードの数はいくつか。

(2) 赤いカードを2枚入れるときを考える。赤いカードを入れる前と赤いカードを入れたあとの袋の中の数の中央値が等しくなるとき，2枚の赤いカードの数の選び方は何通りあるか。

5．　ABを直径とする円Oがあり，線分ABの長さは$4\sqrt{2}$である。円O上にAC＝BCとなるように点Cをとる。辺BCの中点をDとし，直線ADと円の交点のうち，Aでない方をEとする。次の各問いに答えよ。

(1)　線分BEの長さを求めよ。

(2)　直線ACと直線BEの交点をFとする。6点A, B, C, D, E, Fのうち3点を頂点とする三角形の中で，△ADCと合同なものを求めよ。

(3)　△CEFの面積を求めよ。

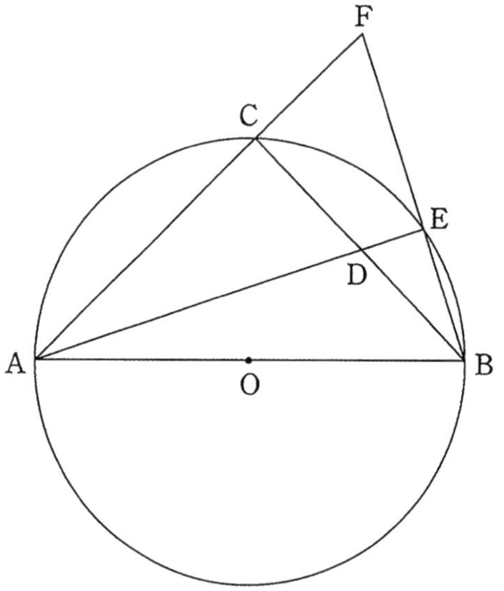

6． 底面の半径が $\sqrt{2}$ ，高さが6の円錐Pがある。立方体 ABCD－EFGH の面 EFGH が円錐Pの底面に接しており，4点 A, B, C, D が円錐Pの側面上にある状態を「立方体 ABCD－EFGH が円錐Pに内接している」とする。次の各問いに答えよ。

(1) 円錐Pを底面と平行な平面で切る。底面からその平面までの高さを x とするとき，断面の円の半径を x を用いて表せ。

(2) 立方体 ABCD－EFGH が円錐Pに内接するとき，この立方体の1辺の長さを求めよ。

(3) (2)の立方体の面 ABCD を含む平面で円錐Pを切った円錐に内接する立方体の1辺の長さを求めよ。

［円錐P］

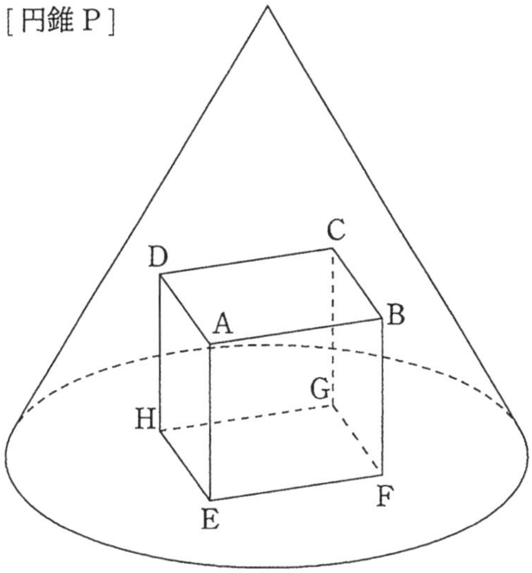

2023(R5) 滝高
教英出版

令和 5 年度

英　語

（60分）

・ 合図があるまで、中を見てはいけません。
・ 試験開始の合図があったら、はじめに受験番号を書き、QRコードのシールをはってください。
・ 解答は、解答欄の枠内に、濃い字で記入してください。

問題は 2 ページから 11 ページです。

H

※教英出版注
音声は，解答集の書籍ＩＤ番号を
教英出版ウェブサイトで入力して
聴くことができます。

【１】次の〈問題１〉～〈問題２〉は放送による問題です。それぞれ、放送の指示に従って答えなさい。放送を聞きながらメモをとってもかまいません。

〈問題１〉これから５つの会話が読まれます。それぞれの会話の最後の文に対する応答として最も適当なものを、ア～エの中から１つずつ選び、記号で答えなさい。会話は１度だけ読まれます。

(1) ア．OK.　I'll be back soon.
イ．That's too bad.　Hold on a minute.
ウ．All right.　May I take a message?
エ．Then, will you tell her to call me back?

(2) ア．I don't remember.
イ．I put them on the table.
ウ．Because I can find them easily.
エ．OK, I will.　Just wait a second.

(3) ア．Then, I need seven.
イ．You did?　You have to buy six apples.
ウ．Really?　I can make more apple pies.
エ．Thank you.　You don't have to go to the store.

(4) ア．So, how about asking Bob?
イ．All right.　I'll go with you.
ウ．That's good.　Have a nice day!
エ．That's too bad.　I want to go if I'm free.

(5) ア．I wish it were Saturday today.
イ．I wish I had judo practice today.
ウ．I wish I was able to sleep enough.
エ．I wish you could attend judo practice.

〈問題２〉 これから読まれる物語を聞き、後の問いに答えなさい。物語は２度読まれます。

問１　物語に関する(1)、(2)の質問の答えとして最も適当なものをア～エの中からそれぞれ１つずつ選び、記号で答えなさい。

(1) What was NOT stolen in John's car?

ア. His credit card.　イ. Discount tickets.　ウ. His music CDs.　エ. Money.

(2) How much does the man pay?

ア. $12.89　イ. $20.18　ウ. $22.18　エ. $22.89

問２　物語の内容と一致するものをア～キの中から２つ選び、記号で答えなさい。

ア. John is a young man who lives with his parents.

イ. When John was going home, he couldn't find his car in the garage.

ウ. John found his driver's license under the front seat of his car.

エ. John told the man to give him all his things back, but he didn't.

オ. John called the police at the restaurant after he took a pizza to a young man.

カ. John got his wallet back, but he couldn't get his money back.

キ. Though John got his wallet back, he wasn't happy and drove home quietly.

【２】次の日本文を参考にして、(　　　　)に入る適当な語を答えよ。

(1) その会議で新しいアイディアを出してほしいと言われた。
We were told (　　　　)(　　　　) up with some new ideas at the meeting.

(2) ご不便をおかけして申し訳ございません。
We (　　　　)(　　　　) the inconvenience.

(3) 私たちは古代の知恵から多くのことを学ぶことができる。
We can learn many things from (　　　　)(　　　　).

(4) 私たちには豊かな文化的遺産がある。
We have a rich (　　　　)(　　　　).

【３】次の各組の文の(　　　　)に共通して入る語を答えよ。

(1) Few people saw the accident at that (　　　　) of night.
You look sleepy.　It's (　　　　) to go to bed.

(2) Mary is not interested at (　　　　) in such an environmental problem.
We have spaghetti at that cafe (　　　　) the time.　Can we try another dish?

(3) I have a fever and I don't (　　　　) like eating anything.
Please (　　　　) free to stay for dinner if you have time tonight.

【４】次のア～カの英文の中から、文法的に正しいものを２つ選び、記号で答えよ。

ア．You may go out, but you need to come back until five.
イ．Only a few stars can be seen in the sky tonight.
ウ．Tom doesn't know where is the nearest station.
エ．I missed the last train, so I must take a taxi to go home last night.
オ．My hometown has a large population.
カ．I'm looking forward to play tennis with you again.

【５】次の日本文を参考にして、[　　　]内の語(句)を[　　]に入れて英文を作るとき、[A]と[B]の位置に来る語(句)の記号を答えよ。

(1) 私はみんなに違いを尊重することの大切さを学んでほしい。

I [ア．of　イ．to　ウ．respecting　エ．learn　オ．the importance　カ．everyone　キ．want] differences.

I [　　]－[A]－[　　]－[　　]－[　　]－[　　]－[B] differences.

(2) だから私たちは新しく何かを始める必要があったんです。

That's [ア．to　イ．new　ウ．start　エ．had　オ．we　カ．why　キ．something].

That's [A]－[　　]－[　　]－[　　]－[　　]－[B]－[　　].

(3) ちょうど、友達に助けを頼むところだったんだ。

I [ア．help　イ．just about　ウ．my friends　エ．was　オ．ask　カ．to　キ．for].

I [　　]－[A]－[　　]－[　　]－[B]－[　　]－[　　].

【６】授業で出た課題について２人の生徒が会話をしている。自然な流れになるように、以下の条件に従って下線部①～③の[　　　　　　]に５～１０語の英語を入れ、対話文を完成せよ。

条件
＊下線部①、②については与えられた語(句)を必ず用いること。
＊それぞれの与えられた語(句)の使用する順番は問わない。
＊下線部①～③はそれぞれ１文ずつとし、I'm などの短縮形は１語と数え、コンマ（ , ）は語数に含まない。

A： Hey, have you finished your homework?

B： Um.... What homework?

A： The report. We got it last week, didn't we?

B： Oh, I totally forgot about that.

A： ①Do you remember [write / need] about?

B： Any problems we are going to face in the near future, right? Do you have any good ideas?

A： What about energy problems? You can relate the issue to SDGs.

B： Hmm..., sounds interesting. ②I know that [fossil fuels / gone] 100 years. So, you can mention renewable resources in the report as well.

A： What are renewable resources?

B： They are resources we can get from the nature such as water energy, solar energy, wind energy and so on. There are some good things about these. For example, these resources won't release dangerous chemicals. ③So, [　　　　　　　　　　　　　　　　].
However, Japan uses a smaller amount of renewable energy than other countries.

A： Oh, I didn't know that. Now, I can start writing on it. Thanks!

) A: John, I need some more apples for apple pies. Will you get them for me?
B: OK. How many apples do you need?
A: I want ten, but I think there are four in the basket.
B: Oh, I ate one for breakfast this morning.

ア. Then, I need seven.
イ. You did? You have to buy six apples.
ウ. Really? I can make more apple pies.
エ. Thank you. You don't have to go to the store.

A: Mary, are you free on Saturday?
B: Yes, what's up?
A: I have two tickets for the baseball game. Will you come with me?
B: Let's see.... Actually, I'm not so interested in baseball. How about asking Jane?
A: I did. But she's already got tickets, and she's going with Bob.

ア. So, how about asking Bob?
イ. All right. I'll go with you.
ウ. That's good. Have a nice day!
エ. That's too bad. I want to go if I'm free.

A: Wake up, Tom. It's already 11 o'clock.
B: What!? Oh, my god! I missed judo practice today!
A: It's Sunday today. Don't you have judo practice only on weekdays?
B: We have special lessons on Sundays this month. We can practice with a famous judo athlete.
A: Probably it's too late to go. You must call your coach now.

ア. I wish it were Saturday today.
イ. I wish I had judo practice today.
ウ. I wish I was able to sleep enough.
エ. I wish you could attend judo practice.

〈問題２〉これから読まれる物語を聞き、後の問いに答えなさい。物語は２度読まれます。

John is 24 years old. He lives alone, but he visits his parents often. On a Saturday eve
John went to his parents' house for dinner. After dinner, he went to his car to drive home. "Ol
he thought when he saw his car. "My car window is broken! Maybe someone broke into my c

John got in the car and looked under the front seat. He usually kept his wallet there. His w
was gone. Some money, his driver's license, and his credit card were in his wallet. All his
CDs were gone, too. John called the police. Then he called his credit company. "My credit
was stolen," he told the company.

That night John drove home without his music CDs. It was a quiet ride home.

John works at a pizza restaurant. On Monday he took a pizza and some soft drinks to a
near the restaurant. A young man answered the door.

"How much is it?" the man asked John.

"$22.89," John answered.

"Can I pay with a credit card?" the man asked.

"Sure," John said.

The man gave John a credit card. It was John's card! John wanted to say, "Hey! This
card! Give me my wallet and my music CDs!" But he didn't. He said, "Enjoy your pizza.
a nice evening." Then he went back to the restaurant and called the police.

The police went to the man's house. Inside they found John's wallet. The money was gone
his driver's license and credit card were in the wallet. The police found John's music CDs i
house, too. They gave John all his things back.

That night John drove home from work with his music CDs in his car. He listened to the
and sang along with the music. He smiled all the way home.

出典：Sandra Heyer, *Bad Luck, Good Luck*, True Stories, PEARSON Longman　より一部改変

問１　物語に関する(1)、(2)の質問の答えとして最も適当なものをア～エの中からそれぞれ
ずつ選び、記号で答えなさい。

(1) What was NOT stolen in John's car?

ア．His credit card.　イ．Discount tickets.　ウ．His music CDs.　エ．Money.

(2) How much does the man pay?

ア．$12.89　イ．$20.18　ウ．$22.18　エ．$22.89

令和五年度　国語　解答用紙　H

【一】

問1

a　ノった　った

b　ホドコし　し

c　ニナい　い

d　トいた　いた

e　カエリみ　み

問2

(1)

(2)

問3

問4

問5

問6

・

問7

60

※100点満点
（配点非公表）

234111

↑ ここに受験番号のシールをはってください。

受験番号

%	%	9時　　　分

4.

(1)	(2)
	通り

5.

(1)	(2)	(3)

6.

(1)	(2)	(3)

【5】

(1)	A	B	(2)	A	B	(3)	A	B

【6】

①	
②	
③	

【7】

(1)		(2)						
(3)	なぜなら　　　　　　　　と彼女は知っていたから。							
(4)	→　→　→　→　→			(5)		(6)		

【8】

(1)	それは 。									
(2)	A		B		(3)	I		II		III
(4)			(5)		(6)					

※100点満点
（配点非公表）

234151

令和５年度　英語
解答用紙　H

受　験　番　号

↑ ここに受験番号のシールをはってください。

【１】

＜問題１＞

(1)		(2)		(3)		(4)		(5)	

＜問題２＞

問１	(1)		(2)		問２		

【２】

(1)			(2)		
(3)			(4)		

【３】

(1)		(2)		(3)	

【解答

【４】

※100点満点
（配点非公表）

234121

令和５年度　数学
解答用紙　H

受　験　番　号

↑ ここに受験番号のシールをはってください。

1．

(1)	(2)	(3)
$x=$		∠ABC＝

2．

(1)	(2)
A（　　，　　）	
(3)	(4)
F（　　，　　）	

【解答

問8

問9

【二】

問1

a カタワら　ら

b ナツかしがる　かしがる

c ユれて　れて

d ヤブけ　け

e モらした　らした

問2

A

B

C

D

E

問3

問4

問5

問6

問7

問8

問9

問題が

ということ。

問10

(1)

(2)

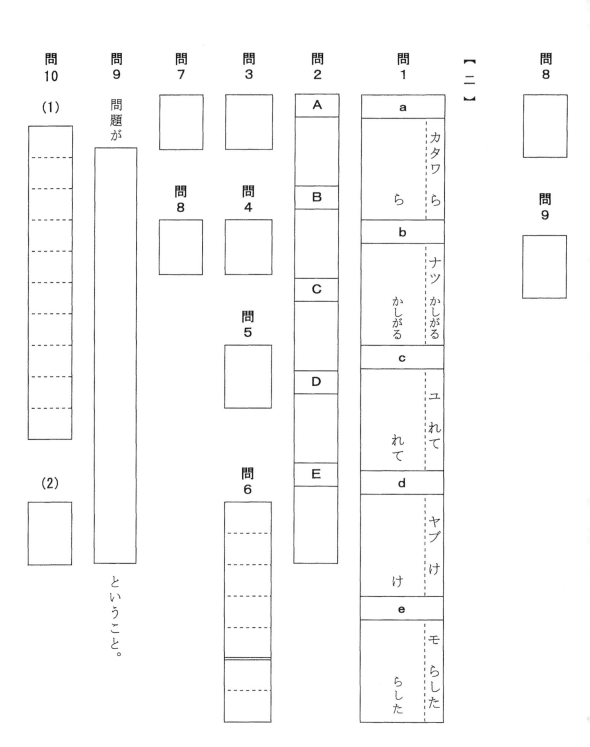

問２　物語の内容と一致するものをア～キの中から２つ選び、記号で答えなさい。

ア．John is a young man who lives with his parents.

イ．When John was going home, he couldn't find his car in the garage.

ウ．John found his driver's license under the front seat of his car.

エ．John told the man to give him all his things back, but he didn't.

オ．John called the police at the restaurant after he took a pizza to a young man.

カ．John got his wallet back, but he couldn't get his money back.

キ．Though John got his wallet back, he wasn't happy and drove home quietly.

スクリプト

※教英出版注
音声は，解答集の書籍ＩＤ番号を
教英出版ウェブサイトで入力して
聴くことができます。

【１】次の〈問題１〉～〈問題２〉は放送による問題です。それぞれ、放送の指示に従って答えな
い。放送を聞きながらメモをとってもかまいません。

〈問題１〉これから５つの会話が読まれます。それぞれの会話の最後の文に対する応答として最
適当なものを、ア～エの中から１つずつ選び、記号で答えなさい。会話は１度だけ読ま
ます。

(1) A: Hello. This is Mike speaking.
B: Hi, Mike! I want to talk to Jane. Is she home?
A: Oh, she's out now. Maybe she'll be back in an hour.

ア. OK. I'll be back soon.
イ. That's too bad. Hold on a minute.
ウ. All right. May I take a message?
エ. Then, will you tell her to call me back?

(2) A: Ken, hurry up! We must arrive at the station by 8 o'clock.
B: I know, but I can't find my glasses.
A: I saw them on the table.
B: No, they aren't on the table.
A: We have no time to look for your glasses. Why don't you wear contact lenses instead?

ア. I don't remember.
イ. I put them on the table.
ウ. Because I can find them easily.
エ. OK, I will. Just wait a second.

このあとも問題が続きます。

【７】次の英文を読んで、後の問いに答えよ。

He met her at a party. ①She was so attractive that many guys were interested in her, while he was an ordinary man so nobody found him interesting. At the end of the party, he invited her to have coffee with him. She was surprised, but she agreed because he was very polite.

They sat in a nice coffee shop. He was too nervous to say anything. She felt uncomfortable and wanted to go home as soon as possible. Suddenly he asked the waiter; "Would you please give me some salt? I'd like to put it in my coffee." Everybody looked at him in shock! ②His face turned red, but still he put the salt in his coffee and drank it. She asked him with a puzzled look on her face; "Why do you put salt in your coffee?" He replied; "When I was a little boy, I lived near the sea. I liked playing in the sea. I thought the taste of the sea was just like the taste of salty coffee. Now every time I have salty coffee, I think of my childhood and my hometown. I miss my hometown so much. I miss my parents who are still living there." As he said that, he cried. She was deeply moved. "Those are his true feelings from the bottom of his heart." She thought a man who can express his homesickness must be a man who loves his home and his family. Then she also started to talk. She talked about her faraway hometown, her childhood, and her family. It was a really nice talk, and a beautiful beginning to their story.

They continued to date. She found out that he actually had everything she looked for in a partner: he was kindhearted, warm, honest, patient.... He was such a good guy!

After that, the story was just like every beautiful love story: the princess married the prince, and they lived a happy life.... And every time she made coffee for him, she put some salt in the coffee, ③because she knew he liked it that way.

After 40 years, he passed away and left her a letter which said:

"My dearest, please forgive me, forgive my life-long lie. This was the only lie I said to you — the salty coffee. Remember the first time we dated? I was so nervous that day. I actually wanted some sugar, but I said salt. It was hard for me to change my order, so I just went on.

I never thought that would be the start of our relationship! I tried to tell you the truth many times in my life, but I was too afraid to do that, as I have promised not to lie to you about anything. Now I'm dying. I am afraid of nothing, so I'll tell you the truth: I don't like salty coffee. What a strange, bad taste! But I have had salty coffee for my whole life since I met you. Don't ④[ア. done イ. sorry ウ. anything エ. feel オ. I've カ. for] for you.

Being with you is my greatest joy in life. If I could live for a second time, I wouldn't change a thing. ⑤Even the salty coffee."

The letter made a strong impression on her and brought tears to her eyes. One day, someone asked her what salty coffee tasted like. She replied, "It's sweet."

出典：*SWEET COFFEE*, FROPKY, https://www.fropky.com より一部改変

(1) 次の英文が下線部①と同じ意味になるように、[　　　]に入れるのに最も適当なものをア～エの中から１つ選び、記号で答えよ。

She was so attractive that many guys were interested in her, but [　　　], he was an ordinary man so nobody found him interesting.

〔　ア．as a result　　イ．for one thing　　ウ．after all　　エ．on the other hand　〕

(2) 下線部②のような状況になった理由として最も適当なものをア～エの中から１つ選び、記号で答えよ。

ア．周りの客に驚かれたが、彼女の好きな飲み方で飲んでみようとしたから。

イ．ウェイターに間違った注文をしてしまったが、後に引けなくなってしまったから。

ウ．彼女が周りに注目されて彼は恥ずかしかったが、それに気づかれたくなかったから。

エ．周りの反応に驚いたが、彼の故郷ではそれが当たり前の飲み方だったから。

(3) 下線部③を、it と that way の内容を明らかにして解答欄に合うように日本語にせよ。

(4) 下線部④の[　　]内の語を意味が通じるように並べかえ、記号で答えよ。

(5) 下線部⑤が意味するものとして最も適当なものをア～エの中から１つ選び、記号で答えよ。

ア．I would drink the salty coffee again.

イ．I would never drink the salty coffee again.

ウ．Even the salty coffee would not change a thing.

エ．Even the salty coffee would become sweet.

(6) 本文の内容と一致するものをア～カの中から２つ選び、記号で答えよ。

ア．Everybody in the coffee shop was shocked because he ordered salty coffee on the menu.

イ．He liked drinking salty coffee at the seaside during his childhood.

ウ．He told her that drinking salty coffee reminded him of his childhood and his hometown.

エ．Every time they met on a date, she ordered salty coffee for him.

オ．Before he died, he wrote to her that salty coffee was his favorite drink for his whole life.

カ．When she read his letter, she cried because she realized how much he loved her.

【８】次の英文を読んで、後の問いに答えよ。

Earth Hour is an event which asks you to switch off all your lights for one hour. ①It tries to encourage as many people as possible to make a positive change for our planet. Earth Hour is hosted by the World Wide Fund for Nature (WWF) and it's a big event usually held at the end of March every year. On this evening, people 'go dark'. They switch off lights in their homes, schools and businesses all at the same time for one hour. Earth Hour started in Australia in 2007. For the event 2,200,000 people in Sydney turned off all unnecessary lights for an hour. Since then it has ≪ A ≫ into an international event, and many countries around the world have joined this event. Famous buildings that have gone dark for Earth Hour include the Sydney Opera House, Buckingham Palace in London, the Eiffel Tower in Paris, and New York's Empire State Building. Even astronauts on the International Space Station (ISS) have joined it by ≪ B ≫ their power use on the station, and Google has shown its support by making a dark homepage for the event.

The idea behind Earth Hour is to increase the number of people knowing about environmental problems and ask people to act to protect nature, and help people to enjoy healthy, happy and sustainable lives now and in the future. 【 Ⅰ 】 But this is only the beginning. On one level, people can think about the problems of climate change and what they can do in everyday life to protect nature if they join Earth Hour. For example, eating less meat, using low-energy electrical products instead of high-energy ones and using green transport all help the planet. But on another level, when many people all act together, they can send a powerful message to governments and companies. It encourages them to take action on a large scale by changing laws and by thinking about environmental problems when they make big decisions.

The logo of Earth Hour is '60+'. The number 60 is for the 60 minutes of Earth Hour, and the plus (+) invites people to keep on taking action even after Earth Hour is finished. 【 Ⅱ 】 The climate activist Greta Thunberg says that 'Earth Hour is every hour of every day.'

There are other things people can do, not just switching off the lights. There are concerts performed with acoustic guitars, keyboards, drums and so on instead of electric ones, and using candles instead of electric lights. 【 Ⅲ 】 There are also tree-planting events, group walks and runs, and meditation sessions－the practice of thinking deeply.

Why is Earth Hour held in March? Around the end of March in the north and south of the world, the days and nights are the same amount of time. It is called an ②equinox. It means that at this time of year, the sunset is at a similar time in both hemispheres, so it is dark in the evening in each country for the Earth Hour switch-off.

出典：*Earth Hour*, British Council, https://learnenglishteens.britishcouncil.org より一部改変

(1) 下線部①の英文を解答欄に合うように、日本語にせよ。

(2) ≪　A　≫・≪　B　≫ に入る動詞を下の語群から選び、それぞれ正しい形にして答えよ。

〔 grow / lose / decrease / catch 〕

(3) 【　Ⅰ　】～【　Ⅲ　】に入れるのに最も適当な文をア～エの中からそれぞれ１つずつ選び、記号で答えよ。

ア. Actually, people who join Earth Hour say that joining in it encourages them to do more for the environment.

イ. Teachers should teach their students how important it is to protect nature.

ウ. Famous chefs have created special recipes for families to prepare and eat by candlelight.

エ. It is true that switching off the lights for just one hour saves only a small amount of power.

(4) 本文中に述べられている「自然を保護するために日常生活でできること」の具体例として、適当なものをア～カの中から２つ選び、記号で答えよ。

ア. Going camping in the forest with your family.

イ. Carrying your own bag when you go shopping.

ウ. Riding a bicycle to work instead of using a car.

エ. Eating chicken instead of beef at a restaurant.

オ. Buying a new air conditioner that uses less energy.

カ. Sending the Japanese government a letter to change laws about protecting nature.

(5) 下線部②は日本では何と呼ばれているか。漢字２字で答えよ。

(6) 本文の内容と一致する英文をア～オの中から１つ選び、記号で答えよ。

ア. Earth Hour asks you to switch off all your lights for sixty minutes every day.

イ. People around the world go dark for an hour when the earth passes between the sun and the moon.

ウ. Over two million people in Sydney joined the first Earth Hour and switched off needless lights for one hour.

エ. The logo of Earth Hour encourages us to take 60 kinds of actions that can help protect the environment.

オ. Joining Earth Hour can be a challenge worth trying because people can be satisfied with themselves.

問題は以上です。

2023(R5) 滝高
教英出版

滝高等学校

令和 5 年度

理　科

（40分）

・ 合図があるまで、中を見てはいけません。
・ 試験開始の合図があったら、はじめに受験番号を書き、
　QRコードのシールをはってください。
・ 解答は、解答欄の枠内に、濃い字で記入してください。

問題は 2 ページから 17 ページです。

H

１.次の文章を読み、以下の問いに答えよ。

1648 年、※フランドルの化学者ヘルモント（1577～1644 年）は、植物が土の中の養分を原料として成長するという当時の一般的な考えを検証することにした。

彼は、植木鉢に 90.72 kg の土を入れておき、そこに 2.27 kg のヤナギの苗を植えた。その後、土が出入りしないように植木鉢におおいをしたまま 5 年間水だけを与えてヤナギを育てた。その結果、ヤナギは成長して 76.74 kg まで増加したが、土は 0.06 kg しか減少しなかった。

このことからヘルモントは、（　A　）と結論づけた。18 世紀に入ると、1772 年にイギリスのプリーストリ（1733～1804 年）が、植物が酸素を発生することを発見し、1779 年には、オランダのインゲンホウス（1730～1799 年）は、植物の緑色の部分に光が当たると酸素を発生することを明らかにした。

1788 年には、スイスのセネビエ（1742～1809 年）が、光と二酸化炭素が存在するときだけ、植物が酸素を発生することを発見し、さらに、1804 年、スイスのソシュール（1767～1845 年）によって、植物に光が当たったとき、植物の周囲から二酸化炭素が減り、植物体の重量が増えることが明らかになった。その後、1862 年に、ドイツのザックス（1832～1897 年）が、細胞の中の<u>緑色の粒</u>に光が当たると、デンプンが生じることを発見している。このように光合成についての科学的な事実は、多くの科学者によって解き明かされていった。

※フランドル・・・現在のオランダ南部、ベルギー西部、フランス北部にまたがる地域

（１）（Ａ）に当てはまるものとして、最も適当なものを、次の（ア）～（オ）から１つ選び、記号で答えよ。

（ア）　植物は土の中の養分を原料として成長する。

（イ）　植物が成長するには二酸化炭素が必要である。

（ウ）　植物は光が当たらなければ成長できない。

（エ）　植物は水を原料として成長する。

（オ）　植物がつくる酸素は水に由来する。

（２） 次のイラストで示した実験を行ったのは誰か。本文を参考にして考え、最も適当なものを次の（ア）～（カ）から１つ選び、記号で答えよ。

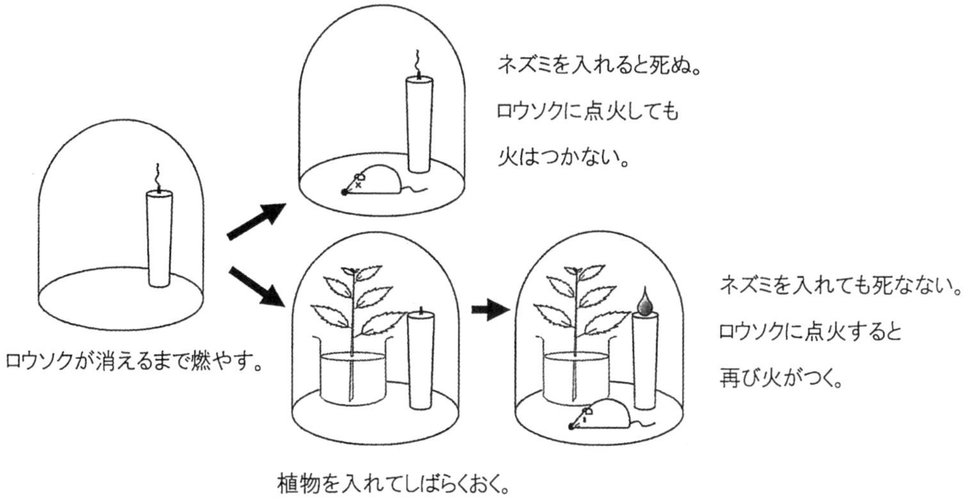
ネズミを入れると死ぬ。
ロウソクに点火しても
火はつかない。
ロウソクが消えるまで燃やす。
ネズミを入れても死なない。
ロウソクに点火すると
再び火がつく。
植物を入れてしばらくおく。

（ア） ヘルモント　　（イ） プリーストリ　　（ウ） インゲンホウス

（エ） セネビエ　　（オ） ソシュール　　（カ） ザックス

（３） 光合成のしくみは次のように表される。

水 ＋ 二酸化炭素 ＋ 光のエネルギー → デンプン ＋ 酸素

インゲンホウスの発見の直後の段階で考えられた光合成のしくみを、上にならって示せ。

（４） 下線部の「緑色の粒」の名称を答えよ。

（５）1949年、アメリカのベンソンは植物を置いた環境を一定時間ごとに以下のA～Dの順に変え、植物がどのくらい二酸化炭素を吸収するかを調べた。ベンソンの得た結果からわかることとして、最も適当なものを、次の（ア）～（カ）から1つ選び、記号で答えよ。

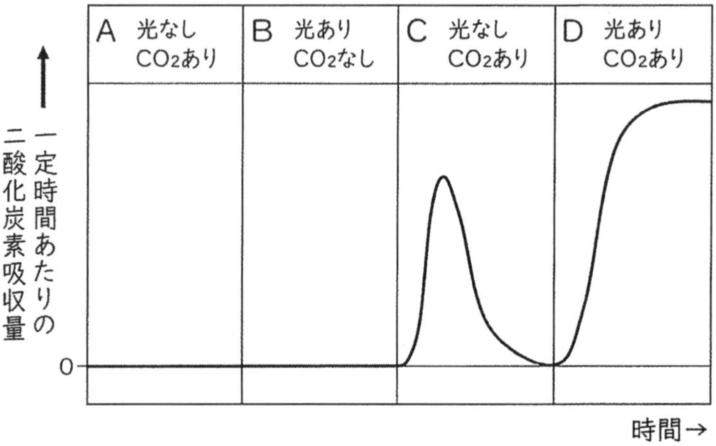

（ア） 光がなくても成長できる植物が存在する。

（イ） 光と二酸化炭素の両方あるときだけ、二酸化炭素の吸収が起こる。

（ウ） 一定時間二酸化炭素がない状態に置かれた植物は活性化し、一定時間あたりの二酸化炭素吸収量が最大になる。

（エ） 光合成の過程には、光を吸収する反応と、二酸化炭素を吸収する反応があり、光を吸収する反応が先に起こる。

（オ） 光合成の過程には、光を吸収する反応と、二酸化炭素を吸収する反応があり、二酸化炭素を吸収する反応が先に起こる。

（カ） 植物は光が当たらなくても二酸化炭素があれば、いつでも二酸化炭素を吸収することができる。

（６）植物は光合成に必要な二酸化炭素を、葉にある穴から取り入れている。この穴の名称を答えよ。

この後も問題が続きます。

2. 次の文章を読み、以下の問いに答えよ。

木曽川をはじめとした日本の河川は、河《か》況《きょう》係《けい》数《すう》が諸外国の河川に比べて極めて大きい。河況係数は、河川のある地点における1年のうちの最大流量と最小流量の比であり、数値が大きいほど流量の変化が大きいことを表す。このことから河況係数は、治水の難しさを表す指標の1つになっている。表1は、いくつかの河川の河況係数を示したものである。日本では古くから、洪水や水害が多い河川を暴れ川とよび、畏敬の念を持ってきた。特に日本三大暴れ川には「坂東太郎」(利根川)、「筑紫次郎」(筑後川)、「四国三郎」(吉野川)という異名がある。

河川には上流で削り取った土砂を a 下流へ運ぶはたらきがあり、下流では運ばれてきた b 土砂がたまる。これにより、c せまい山間地から広い平坦地に出た場所には扇形の、d 河口にはデルタ(Δ)形の特徴的な地形が作られることもある。河川の流域は、物資の運搬に便利であり、広大な土地が得られることから発展しやすい。現に四大文明もすべて大きな河川の流域で興っている。一方で、その土地を治めるリーダーたちは、治水に苦心してきた。歴史上、しっかりと治水ができるリーダーは尊敬を集めてきた。例えば、武田信玄は「信《しん》玄《げん》堤《づつみ》」という堤防を築いて治水を行ったと言われている。

表1

河川の名前(地点)	河況係数
ミシシッピ川 (アメリカ・セントルイス)	3
ドナウ川 (オーストリア・ウィーン)	4
テムズ川 (イギリス・ロンドン)	8
ナイル川 (エジプト・カイロ)	30
木曽川	384
最上川	423
利根川	1782
吉野川	5060
筑後川	8671

（１） 日本の河川の河況係数は桁違いに大きい。この理由として、適当なものを、次の（ア）～（カ）から２つ選び、記号で答えよ。

（ア） 火山が多いので、火山灰が降り積もってできた土地が多いから。

（イ） 稲作が中心で、農地に占める田の面積の割合が大きいから。

（ウ） 森林面積が多く、住宅地として利用できる土地が限られているから。

（エ） 地形の高低差が大きいため、河川の勾配が大きいから。

（オ） 梅雨や台風など、一時的にたくさんの雨が降る時期があるから。

（カ） 里山とよばれる人の手が加わった森が多く、原生林が少ないから。

（２） 下線部 a～d について、以下の問いに答えよ。

① 下線部 a、b のはたらきを何というか。それぞれ漢字２字で答えよ。

② 下線部 c、d の特徴的な地形を何というか。それぞれ漢字３字で答えよ。

（３） 河川によって運ばれる土砂は、その粒の大きさから「れき」「砂」「泥」に分けられる。「砂」の粒の大きさとして、最も適当なものを、次の（ア）～（カ）から1つ選び、記号で答えよ。

（ア） 5 mm ～ 8 mm　　（イ） 2 mm ～ 5 mm

（ウ） $\frac{3}{8}$ mm ～ 5 mm　　（エ） $\frac{1}{16}$ mm ～ 2 mm

（オ） $\frac{1}{10}$ mm ～ 1 mm　　（カ） $\frac{1}{100}$ mm ～ $\frac{1}{10}$ mm

（４） 「れき岩」「砂岩」「泥岩」は、それぞれ「れき」「砂」「泥」が固まってできた岩石である。火山灰が固まってできた岩石の名称を漢字で答えよ。

（５）「信玄堤」の中に、現在では「霞堤《かすみてい》」とよばれている構造が見られる。霞堤は以下のように説明される。霞堤の模式図として最も適当なものを、次の（ア）～（カ）から1つ選び、記号で答えよ。ただし、図は川を上空から見た図であり、堤防を太い線で表してある。

> 霞堤とは、堤防のある区間に開口部を設け、上流側の堤防と下流側の堤防が、二重になるようにした不連続な堤防のこと。洪水時には開口部から水が逆流して堤内地にたまり、下流に流れる水の量を減少させる。その後、洪水が終わると、堤内地にたまった水が川へ自動的に排水される。

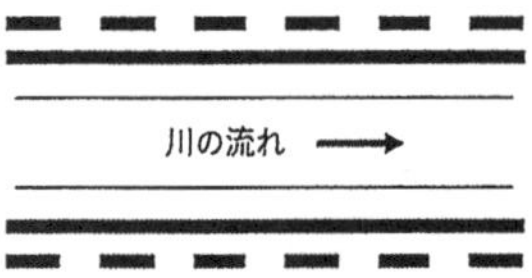

（ア）

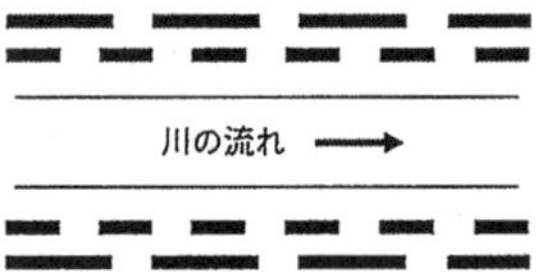

（イ）

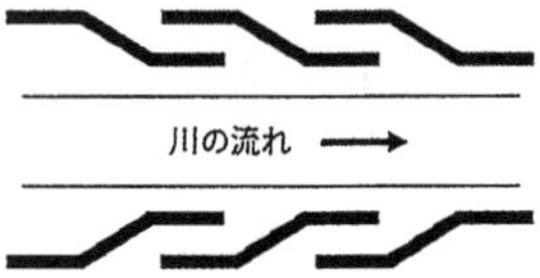

（ウ）

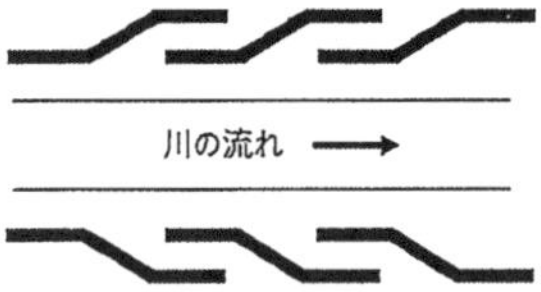

（エ）

（オ）

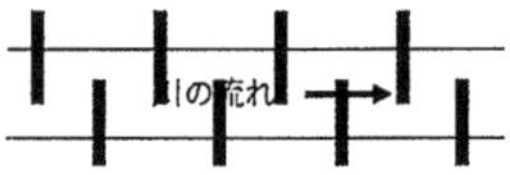
（カ）

（６）霞堤はおもに洪水対策として作られたが、その構造から二次的な利点がある。その利点として最も適当なものを、（ア）～（オ）から1つ選び、記号で答えよ。

（ア）　洪水時に堤内地にあふれた水が大きなため池を作り、長い年月の間に多種多様な生物がすみつくようになる。

（イ）　洪水時に溜まっていた流木などが一気に流されて、川の水が流れやすくなる。

（ウ）　洪水時に海の水が逆流することで河川の塩分濃度が高まり、魚のえさとなるプランクトンが増える。

（エ）　洪水時に堤防の表面が大きく削られることで、セイヨウタンポポなどの外来生物が定着することを妨げる。

（オ）　洪水時に栄養豊富な土砂が水とともに運ばれてきて、堤内地の土壌が肥沃化《ひよくか》する。

この後も問題が続きます。

3. 次の図および文章について、以下の問いに答えよ。

図 1 のように、硝酸カリウム水溶液に浸したろ紙を金属製のクリップでスライドガラスに固定し、その上に赤色リトマス紙と青色リトマス紙をのせた。それぞれのリトマス紙中央の丸印の場所にスポイトで塩酸を少量たらし、クリップを電源装置につないで電圧を加える実験を行い、その結果を観察しようとした。

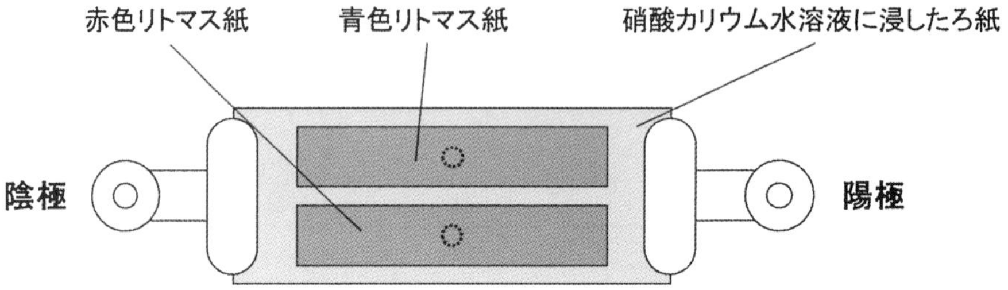

図 1

しかし、リトマス紙を誤って長く切ってしまい、図 2 のようにクリップに挟んだ状態で実験を行った。このときの結果を示したものが図 3 である。

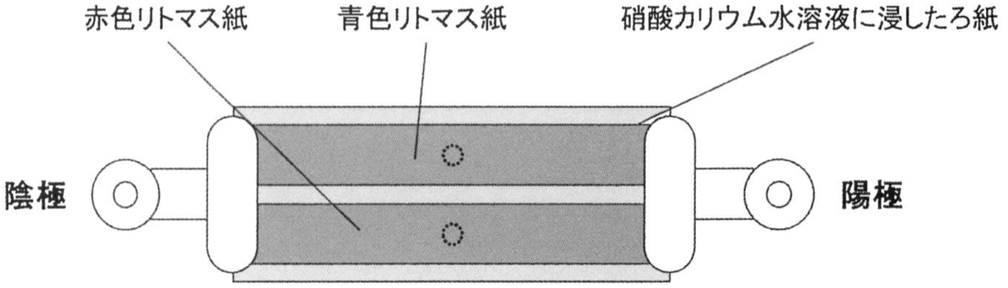

図 2

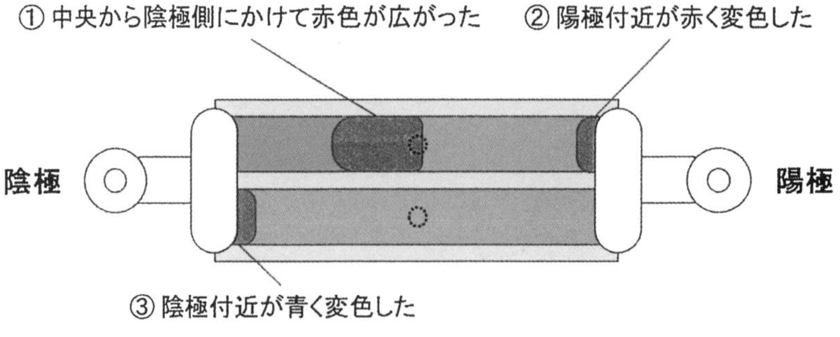

図 3

（１）図３の①の結果は、あるイオンが陰極側に移動したことによるものである。このイオンを化学式で答えよ。

（２）図３の②や③の結果について、次の文のように考えた。（ア）～（オ）に適する語および、（Ⅰ）・（Ⅱ）に適する反応式を答えよ。ただし、以下の例のように電子は e^- で表すこと。また、（ア）～（オ）は物質やイオンについてもその名称を漢字で答えること。異なる記号に同じ語や反応式を答えてもよい。

（例）$Cu \rightarrow Cu^{2+} + 2e^-$

陽極側が赤く変色したことから、この付近では（　ア　）イオンが生じていることが分かり、同様に陰極側では（　イ　）イオンが生じていることが分かる。

この実験では、ろ紙を硝酸カリウム水溶液に浸しているため、金属製のクリップを電極として硝酸カリウム水溶液の（　ウ　）が起こったと考えられる。

（　ウ　）では、陽極は電源装置の正極に接続した極であり、陽極に電子をわたす反応が起こる。硝酸カリウム水溶液の（　ウ　）では、陽極と陰極の両方で水が反応するため、実質的には水の（　ウ　）となり、陽極からは（　エ　）、陰極からは（　オ　）と、2 種類の気体が発生する。

以上のことをもとにすると、陽極では水が反応して（　エ　）、（　ア　）イオン、および電子が生じ、陰極では水が電子をうけとり、（　オ　）および（　イ　）イオンが生じる。それぞれを反応式で示すと、陽極での反応は（　Ⅰ　）、陰極での反応は（　Ⅱ　）となる。

（３）図１と同じ装置を用意し、塩酸ではなく水酸化ナトリウム水溶液をたらした。このときの結果として適切なものを、（ア）～（カ）からすべて選び、記号で答えよ。

（ア）　赤色リトマス紙の中央から陽極側にかけて、青色が広がる。

（イ）　赤色リトマス紙の中央から陰極側にかけて、青色が広がる。

（ウ）　赤色リトマス紙は変色しなかった。

（エ）　青色リトマス紙の中央から陽極側にかけて、赤色が広がる。

（オ）　青色リトマス紙の中央から陰極側にかけて、赤色が広がる。

（カ）　青色リトマス紙は変色しなかった。

（４） 図2と同じ装置で、塩酸ではなく水酸化ナトリウム水溶液をたらして実験を行うと、陽極付近や陰極付近の様子はどうなるか。最も適当なものを、陽極付近については（ア）～（エ）から、陰極付近については（オ）～（ク）からそれぞれ選び、記号で答えよ。

陽極付近の様子

（ア） 青色リトマス紙は変色せず、赤色リトマス紙は青く変色する。

（イ） 青色リトマス紙は赤く変色し、赤色リトマス紙は青く変色する。

（ウ） 結果は変わらず、青色リトマス紙は赤く変色し、赤色リトマス紙は変色しない。

（エ） どちらのリトマス紙も変色しない。

陰極付近の様子

（オ） 赤色リトマス紙は変色せず、青色リトマス紙は赤く変色する。

（カ） 赤色リトマス紙は青く変色し、青色リトマス紙は赤く変色する。

（キ） 結果は変わらず、赤色リトマス紙は青く変色し、青色リトマス紙は変色しない。

（ク） どちらのリトマス紙も変色しない。

2023(R5) 滝高
K 教英出版

この後も問題が続きます。

4. 次の図および文章について、以下の問いに答えよ。

文化祭で、校庭にジェットコースターを作った。使用するトロッコは、質量が 10 kgで、車輪が滑らかに回転するため、トロッコと線路の間にはたらく摩擦力は考えなくてもよいものとする。また、1 kgの物体にはたらく重力の大きさを 10 Nとし、トロッコにはたらく空気抵抗は考えないものとする。

Ⅰ．図1のような上り坂の線路を使って、トロッコの背面に手で斜面に対して平行に力を加え、高さ300 cmの坂の上まで静かに動かした。

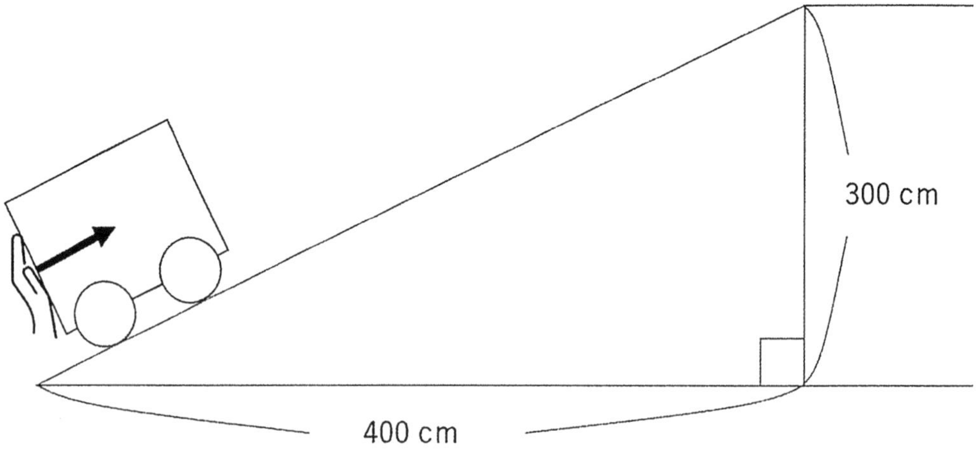

図1

（ 1 ） 手がトロッコを押すのに必要な力の大きさは何 N か。ただし、トロッコにはたらく重力の斜面方向の成分と等しい大きさの力を、斜面方向上向きにトロッコに加えると動くものとする。

（ 2 ） 手がした仕事は何 J か。

（ 3 ） 5 秒間で頂上まで動かしたとすると、手がした仕事の仕事率は何 W か。

（４）モーターを使用してトロッコを坂の上まで動かす場合を考える。図2のようにモーターには直径10 cm の円盤が取り付けられており、円盤がケーブルを巻き付けることによりトロッコを引き上げることができる。円盤の回転数が、1 秒あたり 3 回であったとき、トロッコを引き上げることに要した仕事の仕事率は何 W か。小数第一位を四捨五入して答えよ。ただし、円周率は 3.1 とする。

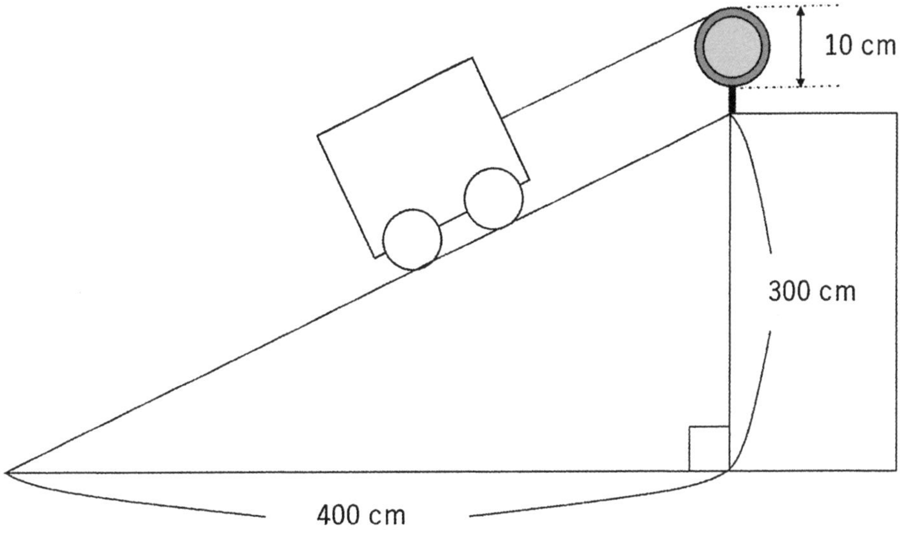

図２

Ⅱ.ジェットコースターの安全性を評価するために、図2の続きのコースを走らせたときの最高速度を調べる実験をした。この実験では、小さな球を用意し、実際のコースを転がす。

図2の続きのコースを横から見た図を図3に示す。球はａ地点（以下 ａとする）から坂を下り、ｂ地点（以下 ｂとする）とｃ地点（以下 ｃとする）の間では水平なコースをすすむ。やがてｃから坂を上り、ｄ地点（以下 ｄとする）に達した。直線ａｂと直線ｃｄの傾きの大きさは同じであるが、図2の上り坂と傾きの大きさが同じとは限らない。コースの接続部分はいずれも滑らかであるとし、球にはたらく空気抵抗は考えなくともよく、大きさは無視できるものとする。

実際にコースを転がしたときの球の速さと、運動した時間の関係を図４に示した。

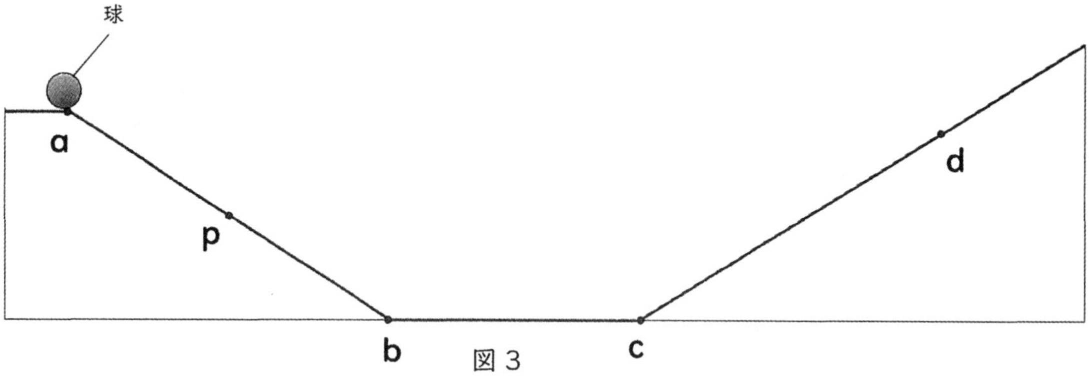

図３

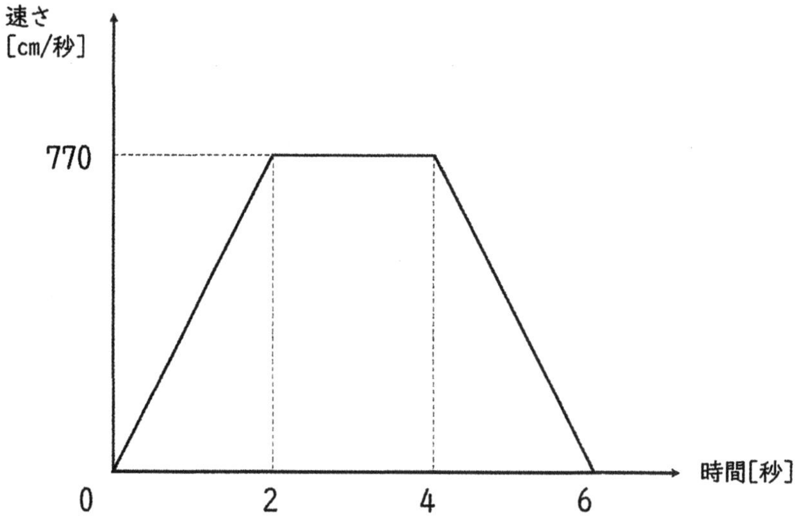

図４

（５） 線分ｂｃの距離は何cmか。

（６） 球が線分ａｂの中間地点p（以下pとする）を通過するのは、ａを出発してから何秒後か。ただし、$\sqrt{2}$ ＝1.4とする。

（７） (6)のpを通過する瞬間の、球の速さは何cm/秒か。小数第一位を四捨五入して答えよ。ただし、$\sqrt{2}$＝1.4とする。

問題は以上です。

令和 5 年度

社　会

（40分）

- 合図があるまで、中を見てはいけません。
- 試験開始の合図があったら、はじめに受験番号を書き、QRコードのシールをはってください。
- 解答は、解答欄の枠内に、濃い字で記入してください。

問題は 2 ページから 27 ページです。

H

【　１　】次の地図を見て、下の問いに答えよ。

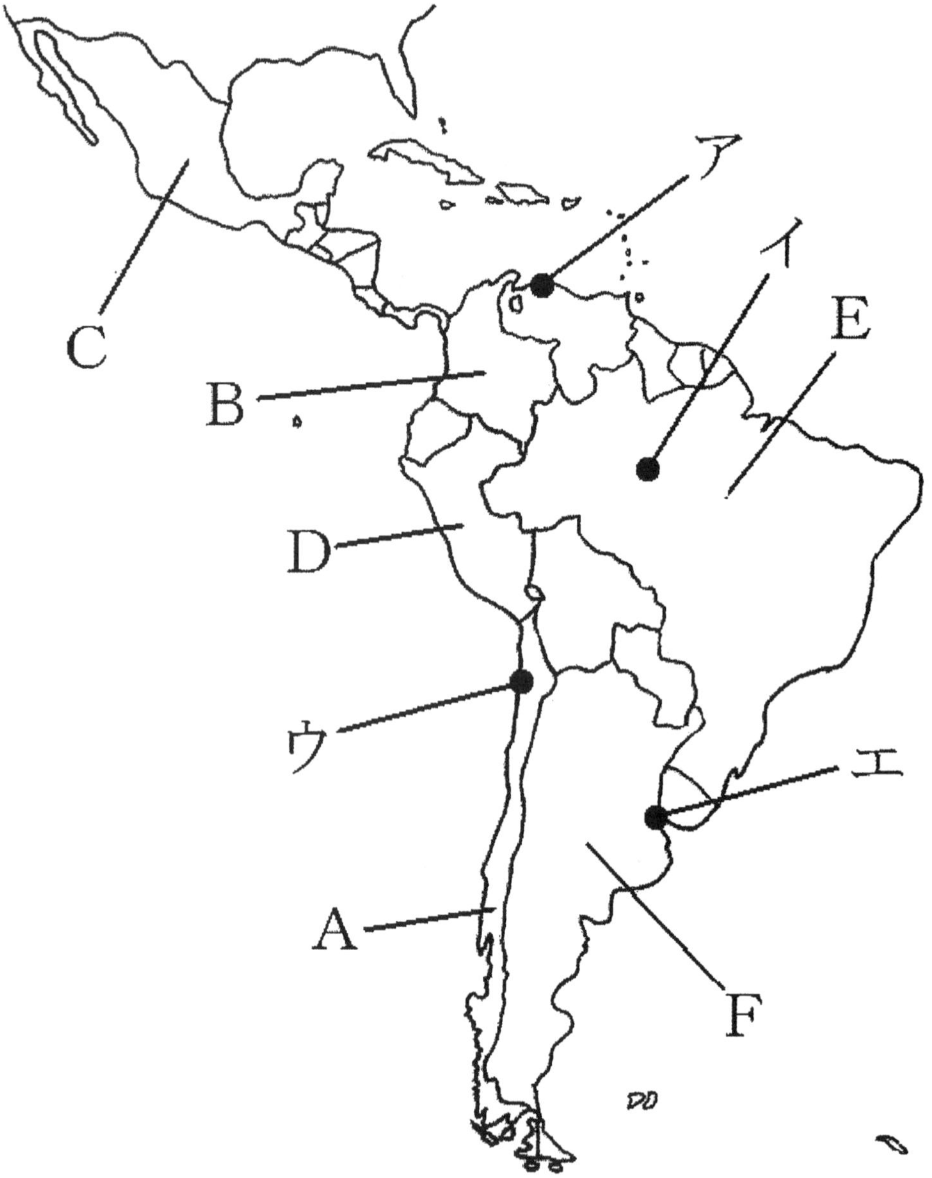

2023(R5) 滝高
教英出版

問１　Ａ国南部には、氷河によって削られて形成された細長い湾がみられる。この地形について、次の各問いに答えよ。

（１）この地形の名称を記せ。

（２）この地形と同様の地形がみられる国として適切なものを、次のア～エから１つ選び、記号で記せ。

ア．ノルウェー　　　イ．インド　　　ウ．エジプト　　　エ．スペイン

問２　次のハイサーグラフが示す都市の場所を、地図中のア～エから１つ選び、記号で記せ。ただし、ハイサーグラフとは、縦軸に気温、横軸に降水量をとり、各月の気温と降水量に対応する点を月の順に結び、折れ線にして表示した図のことである。

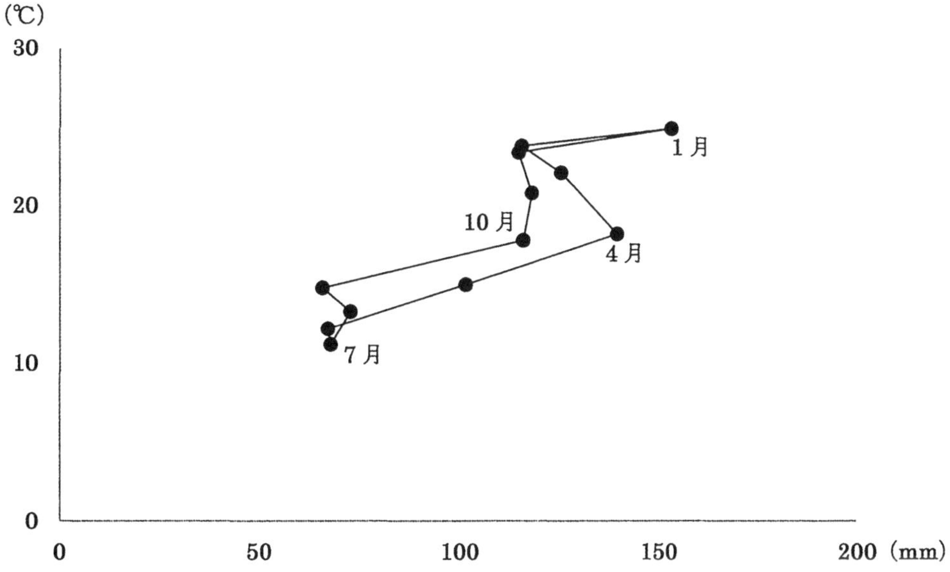

問３　太郎さんと花子さんは、ブラジルの再生可能エネルギー発電量が多いことに着目し、再生可能エネルギーの発電量が多い６か国の発電量（2019年）を表１にまとめた。これを見て、下の問いに答えよ。

表１

	総発電量	火力	原子力	再生可能エネルギー					
				水力	風力	太陽光	地熱	ﾊﾞｲｵ燃料	再生可能ｴﾈﾙｷﾞｰの発電量
中国	75,041	50,989	3,484	13,044	4,060	2,251	1	1,211	20,623
アメリカ	43,918	27,451	8,433	3,106	2,982	975	184	736	8,025
ブラジル	6,263	920	161	3,979	560	67	－	573	5,181
カナダ	6,454	1,165	1,012	3,797	327	41	－	111	4,275
ドイツ	6,091	2,774	751	257	1,259	464	2	570	2,572
日本	10,450	7,508	638	873	77	690	28	446	2,305

（単位：億 kWh）

帝国書院『地理データファイル2022年度版』より作成

（１）太郎さんと花子さんが表を見て話し合っている。次の会話文中の下線部①～③の正誤の組み合わせとして正しいものを、次ページの**ア**～**ク**から１つ選び、記号で記せ。

太郎「再生可能エネルギーによる発電量が多い国には、それぞれどのような特徴があるだろう。」

花子「中国は、①急速な経済成長による大気汚染などの環境問題が深刻になっているため、政府が環境にやさしいエネルギーの普及を進めているようだね。」

太郎「ブラジルは、②氷河が発達しているので水力発電がさかんな上に、さとうきび・木材などから得られるバイオ燃料を使用しているため、再生可能エネルギーの利用が多いと考えられるよ。アメリカも、とうもろこしから得られる燃料を使っているよね。」

花子「ドイツでは主に風力発電がさかんだよ。③１年を通して季節風が吹き続けているため、安定した発電が可能なんだね。」

	ア	イ	ウ	エ	オ	カ	キ	ク
①	正	正	正	正	誤	誤	誤	誤
②	正	正	誤	誤	正	正	誤	誤
③	正	誤	正	誤	正	誤	正	誤

（2）表1から読み取れることとして適切なものを、次のア～エから1つ選び、記号で記せ。

ア．総発電量に占める火力発電の割合が最も高い国は、中国である。

イ．総発電量に占める再生可能エネルギー発電量の割合が最も低いのは、アメリカである。

ウ．総発電量に占める原子力発電の割合が最も低い国では、原子力発電所事故が発生したことがある。

エ．地熱発電は、古期造山帯に属する国のみで行われている。

問4　次の表2は、地図中A・B・C・Eの国の輸出上位4品目を示したものである。C国とE国を示しているものを、表中の**ア～エ**からそれぞれ選び、記号で記せ。

表2

	ア	イ	ウ	エ
1位	銅鉱石	原油	機械類	大豆
2位	銅	石炭	自動車	鉄鉱石
3位	果実	金	精密機械	原油
4位	魚介類	コーヒー豆	原油	肉類

帝国書院『地理データファイル2022年度版』より作成

問５　次の（１）～（３）の説明は、地図中Ｄ～Ｆのいずれかの国の食文化について説明したものである。（１）～（３）の組み合わせとして正しいものを、下の**ア**～**カ**から１つ選び、記号で記せ。

（１）この国の一部の地域では、「チューニョ」と呼ばれる乾燥させたジャガイモを保存食にしている。ジャガイモを外に放置すると、高地の特徴である昼夜の寒暖差によって水分が浮き出てくるので、それを絞り出して完成する。

（２）この国の一部の地域では、豆と豚肉、牛肉を煮込んだ「フェジョアーダ」と呼ばれる料理を食べる習慣がある。もとはアフリカから連れてこられた黒人が考案した料理と言われ、当初は祝いの席で食される料理であった。

（３）この国の一部の地域では、「アサード」と呼ばれる料理を食べる習慣がある。温帯の大草原パンパで放牧された肉牛を使い、炭火焼きで食す料理である。「アサード」はスペイン語で「焼かれたもの」を意味する。

	ア	イ	ウ	エ	オ	カ
（1）	D	D	E	E	F	F
（2）	E	F	D	F	D	E
（3）	F	E	F	D	E	D

【 2 】下の各問いに答えよ。

問1　次の 3 つの図は、松江市・岡山市・高知市のいずれかの雨温図である。A～C にあてはまる都市の組み合わせとして正しいものを、表中の**ア**～**カ**から 1 つ選び、記号で記せ。

A　　　　B　　　　C

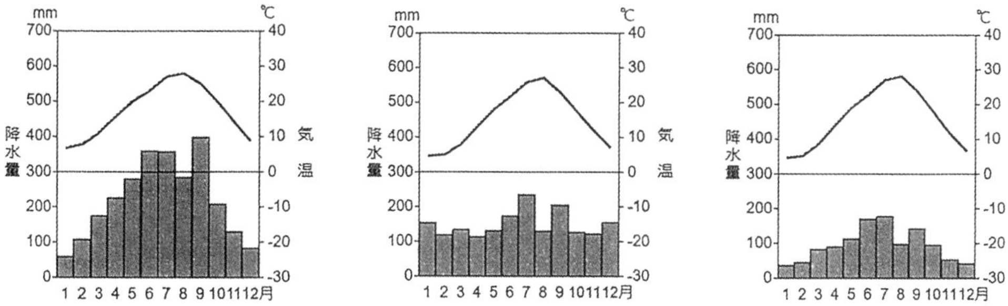

雨温図作成サイト（https://ktgis.net/service/uonzu/）より作成
1991～2020 年の平均値を利用

	A	B	C
ア	松江市	岡山市	高知市
イ	松江市	高知市	岡山市
ウ	岡山市	松江市	高知市
エ	岡山市	高知市	松江市
オ	高知市	松江市	岡山市
カ	高知市	岡山市	松江市

問2　次のグラフ中のD～Fは、コンビニエンスストア（以下、コンビニ）、ドラッグストア、百貨店のいずれかであり、それぞれにおける販売額の推移を示したものである。それぞれにあてはまる組み合わせとして正しいものを、表中の**ア**～**カ**から1つ選び、記号で記せ。

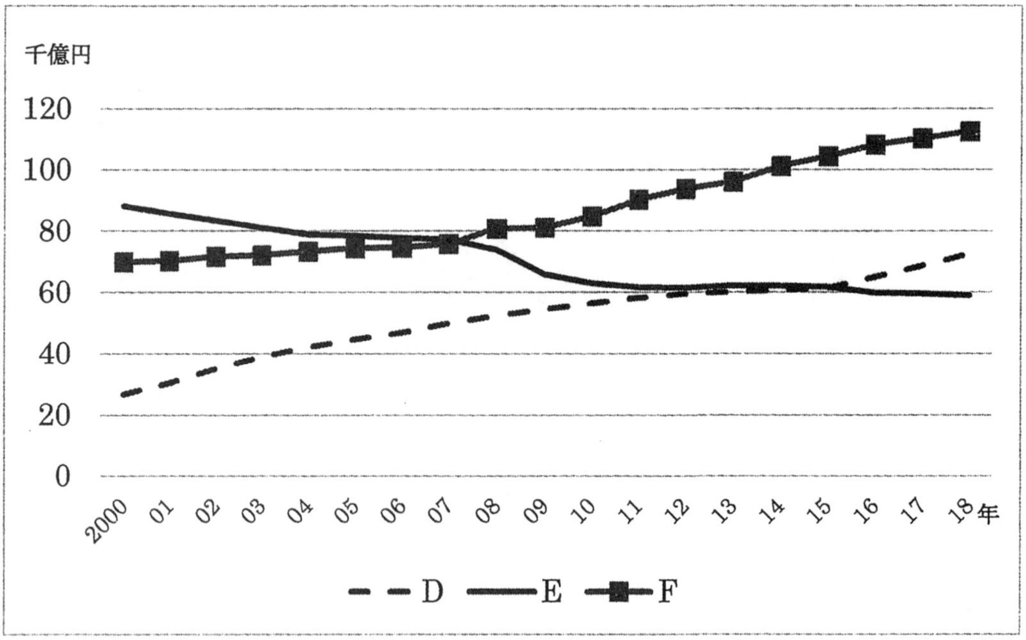

	D	E	F
ア	コンビニ	ドラッグストア	百貨店
イ	コンビニ	百貨店	ドラッグストア
ウ	ドラッグストア	百貨店	コンビニ
エ	ドラッグストア	コンビニ	百貨店
オ	百貨店	コンビニ	ドラッグストア
カ	百貨店	ドラッグストア	コンビニ

日本フランチャイズチェーン協会「フランチャイズチェーン統計調査」
日本チェーンドラッグストア協会「ドラッグストア実態調査」
日本百貨店協会「百貨店売上高」より作成

問３　次の表のＧ～Ｉは、札幌市、川崎市、大阪市のいずれかの都市である。また、この表は、それぞれの都市の人口密度、昼夜間人口比率（昼間人口を夜間人口で割り、100を掛けた値）、年間商品販売額のいずれかを表している。表のＧ～Ｉにあてはまる都市の組み合わせとして正しいものを、表中の**ア**～**カ**から１つ選び、記号で記せ。

	人口密度（人/㎢）	昼夜間人口比率（%）	年間商品販売額（億円）
G	10,756	83.6	30,232
H	1,760	99.7	99,560
I	12,215	132.5	415,636

人口密度・昼夜間人口比率：「総務省統計局『令和２年国勢調査結果』」
年間商品販売額：「経済産業省　平成28年『経済センサス』－活動調査」より作成

	G	H	I
ア	札幌市	川崎市	大阪市
イ	札幌市	大阪市	川崎市
ウ	川崎市	札幌市	大阪市
エ	川崎市	大阪市	札幌市
オ	大阪市	札幌市	川崎市
カ	大阪市	川崎市	札幌市

問４　次の表のＪ～Ｌは、熊本県、富山県、沖縄県のいずれかの県である。また、この表は、それぞれの県の第１次、第２次、第３次産業の各人口比率のいずれかを表している。表のＪ～Ｌにあてはまる県の組み合わせとして正しいものを、表中の**ア**～**カ**から１つ選び、記号で記せ。

（単位：％）

	第１次産業	第２次産業	第３次産業
Ｊ	4.0	15.4	80.7
Ｋ	2.7	33.9	63.4
Ｌ	9.1	20.7	70.2

二宮書店『地理統計要覧　2022』より作成

	Ｊ	Ｋ	Ｌ
ア	熊本県	富山県	沖縄県
イ	熊本県	沖縄県	富山県
ウ	富山県	熊本県	沖縄県
エ	富山県	沖縄県	熊本県
オ	沖縄県	熊本県	富山県
カ	沖縄県	富山県	熊本県

問５　北海道の本土最北端の宗谷岬と名古屋市（名古屋市役所）の緯度の差として最も近いものを、次のア～オから１つ選び、記号で記せ。

ア．５度　　イ．10度　　ウ．20度　　エ．30度　　オ．40度

問６　日本の最西端の与那国島と名古屋市（名古屋市役所）との距離として最も近いものを、次のア～オから１つ選び、記号で記せ。

ア．450km　　イ．900km　　ウ．1,800km

エ．2,700km　　オ．4,500km

問7　次のア～エの文は、南鳥島、沖ノ鳥島、父島、与那国島のいずれかの島の説明である。日本の最東端の南鳥島について述べた文として最も適切なものを、次のア～エから1つ選び、記号で記せ。

ア．約1,700人の住人がいる。漁業、農業、畜産業、観光業などが行われている。

イ．約2,100人の住人がいる。農業、漁業などのほか、2011年に、この島は世界自然遺産に指定され、観光業もさかんである。

ウ．無人島である。波の侵食から島を守るため、消波ブロックやコンクリートで島の周囲が保護されている。

エ．一般人の立ち入りは禁止されている。海上自衛隊や気象庁の施設があり、それらの職員が常駐している。

【　3　】次の文を読んで、下の問いに答えよ。

都のあり方は、国家のあり方と大きな関連性を持っています。6 世紀後半から 7 世紀後半にかけては、一部の例外を除いて、奈良盆地南部の（　1　）地方に多くの都がつくられました。一つの都が代々受け継がれることはなく、天皇の代替わりや政変などによって、都は別の場所に移ることがしばしばありました。このことは、当時の倭国の政府が、天皇と王族・豪族との人格的な関係を基礎としていたことと関係しています。このような政府では、天皇が替わるたびに、政権を運営する豪族が変わります。新たな天皇がある豪族の協力を得ようとするときに、天皇自身が豪族の本拠地付近に出向いて、宮殿を構えることもありました。a 7 世紀後半に、中央の有力豪族の力が弱まり、天皇が強大な権力を握るようになると、このような都のあり方も変化するようになります。

694 年に遷都された（　2　）では、豪族たちを本拠地から切り離し、都の内部に集めて天皇の官僚とすることが目指されました。この都は、天皇の下で官僚が統治を担う律令国家にふさわしい都として建設されたといえます。しかし、（　2　）は（　1　）地方近辺にあったため、豪族たちは従来の本拠地を中心とした支配を続けようとしました。そこで、〔　b　〕に 20km 以上も離れた平城京に都が移されました。

平城京は東西約 4km, 南北約 5km の広さがあり、中央を南北に走る朱雀大路は幅が約 70m もありました。豪族たちの完全な移転は実現できなかったようですが、平城京には多くの役人や庶民が住むようになりました。律令では強大な豪族に高い位が与えられました。平城京では位階が高い立場の人ほど、天皇や役所がおかれた区域に近い場所に邸宅がおかれ、その面積も広かったようです。天皇を頂点とする身分秩序が、建造物の配置や規模で表されていました。

桓武天皇は 784 年に長岡京に、794 年には平安京に都を移しました。平城京と平安京の二つの都には c 同じような特徴もあれば、d 異なっている特徴もありました。805 年に、桓武天皇は平安京を造営する役所を廃止しました。当時は平安京の造営事業と並行して、蝦夷の征討が行われていました。この二つの事業による民衆の負担を軽減するため、桓武天皇は都の造営を中止したといわれます。e 考古学的にも、一部の地域は人の住んだ痕跡が見られず、開発すらされていなかったことが分かっています。

その後、何度かの政情不安などで都は移りました。都が天皇の居住する場所であったということは変わらず続きますが、その姿は中国の律令国家をモデルとしたものから、f 租税や商品の流通に適したものに変わっていきます。平安時代以降も、平安京では、陸上交通のみならず鴨川や淀川を利用した河川交通が発達しました。また、時々の権力者によって大きな都市開発も行われました。天皇家や貴族、武家だけでなく、寺社も集まり、さまざまな儀式や行事も行われました。その中でさまざまな産業も発達し、京都は大きな都市に発達していきました。

問１　（　１　）・（　２　）に適する語句を記せ。

問２　下線部ａについて述べた文として最も適切なものを、次のア～エから１つ選び、記号で記せ。

ア．ワカタケル大王（雄略天皇）が中国の南朝に使いを送ったことにより、豪族たちの権力が弱まった。

イ．推古天皇が冠位十二階を制定したことにより、豪族たちの権力が弱まった。

ウ．天智天皇が白村江の戦いで勝利したことにより、天皇の権力が強まった。

エ．天武天皇が壬申の乱で勝利したことにより、天皇の権力が強まった。

問３　〔　ｂ　〕に適する語句を、次のア～エから１つ選び、記号で記せ。

ア．北　　イ．南　　ウ．西　　エ．東

問４　下線部ｃについて述べた文として誤っているものを、次のア～エから１つ選び、記号で記せ。

ア．直角に交わる道路で碁盤の目状に区画されていた。

イ．朱雀大路を境に東の右京、西の左京に区分されていた。

ウ．天皇の住まいや役所などが、北部中央の区画に設けられた。

エ．唐の都であった長安を参考にしてつくられた。

問５　下線部ｄについて、平城京内には多くの寺院がつくられたが、桓武天皇は長岡京や平安京にそれらの寺院が移転することを禁止した。寺院の移転を禁止した理由を、解答欄に適するように記せ。

問６　下線部ｅについて、この学問で判明した事柄として**不適切なもの**を、次のア～エから１つ選び、記号で記せ。

ア．日本列島に旧石器時代が存在したことが分かった。

イ．大人になったことを示す儀式として抜歯を行っていたことが分かった。

ウ．卑弥呼が邪馬台国の女王であったことが分かった。

エ．大和政権の王が九州地方から東北地方南部に至る地域を支配していたことが分かった。

問７　下線部ｆについて、鎌倉時代の租税について述べた次のＡ・Ｂの文の正誤の組み合わせとして正しいものを、下のア～エから１つ選び、記号で記せ。

Ａ　農民は年貢を荘園や公領の領主に納めていた。

Ｂ　一部の荘園では、宋から輸入した銭で年貢を納めるようになった。

ア．Ａ：正　Ｂ：正　　イ．Ａ：正　Ｂ：誤

ウ．Ａ：誤　Ｂ：正　　エ．Ａ：誤　Ｂ：誤

2023(R5) 滝高
教英出版

3.

(1)	(2)	
	ア	イ

(2)		
ウ	エ	オ

(2)
I

(2)
II

(3)	(4)	
	陽極付近の様子	陰極付近の様子

4.

(1)	(2)	(3)	(4)
[N]	[J]	[W]	[W]

(5)	(6)	(7)
[cm]	秒後	[cm/秒]

【 4 】

問1	1		2		3	

問2 　　問3 　　問4 　　問5

問6 　　問7

【 5 】

問1 　　問2 　　問3 　　問4 　　問5

問6 　　問7 　　問8 　　教育

【 6 】

問1		問2	1		2		問3		問4	

問5

※50点満点
（配点非公表）

令和５年度　社会
解答用紙　H

受　験　番　号

↑　ここに受験番号のシールをはってください。

234141

【 1 】

問 1　| 1 | | 2 | |　問 2 | |

問 3　| 1 | | 2 | |　問 4 | C | | E | |　問 5 | |

【 2 】

問 1 | |　問 2 | |　問 3 | |　問 4 | |　問 5 | |

問 6 | |　問 7 | |

【 3 】

問 1　| 1 | | 2 | |　問 2 | |　問 3 | |

問 4 | |　問 5 | 桓武天皇は　　　　　　を改めようと考えたから |

※50点満点
（配点非公表）

234131

令和５年度　理科
解答用紙　H

受験番号

↑　ここに受験番号のシールをはってください。

1.

（１）	（２）

（３）

（４）	（５）	（６）

2.

（１）

（２）			
①a	①b	②c	②d

（３）	（４）	（５）	（６）

【解答

このあとも問題は続きます。

【　4　】次の文を読んで、下の問いに答えよ。

日本とロシアとの関係は近代以降のイメージが強いが、ロシア帝国の建国の頃にさかのぼり、ロシアは近世から日本に大きな影響を与えてきた。近世から近代初頭にかけての日ロ関係をみていく。

ロシア帝国の基礎を築いたピョートル1世にモスクワで謁見し、その地で日本語を教えたａ伝兵衛という人物の記録がロシアにある。18世紀には、カムチャッカ半島に漂着していた、薩摩出身のゴンザという人物がいた。彼が著した日本語の会話の入門書やスラブ語と日本語の辞書などがｂサンクトペテルブルグに残されている。

松平定信が幕政改革を行っていた頃、伊勢のｃ漂流民（　1　）をともなったラクスマンが根室に来航した。ラクスマンは日本に通商を求めたが、松前藩を介した交渉は長期化し、幕府は長崎への入港許可を与えたが、ラクスマンは帰国した。1804年にその許可をもったレザノフが、仙台の漂流民津太夫らとともに長崎に来航し通商を求めたが、先祖以来のきまりを理由に幕府は、通商を拒否した。これに対し、ロシア船が各地に攻撃をしかけ、ロシアとの関係は緊張した。前後して、幕府は蝦夷地などの北方探索を行っていたが、一つの藩に外交・軍事問題を処理させることに危機を感じた幕府は松前奉行を置き、1807年蝦夷地を直轄化した。淡路商人高田屋嘉兵衛らの努力によって関係が改善がされると、1821年幕府は松前藩に蝦夷地を返還した。1828年長崎で医師として活躍していたシーボルトが、国外への持ち出し禁止の日本地図を所持していたことが発覚した。このことには、シーボルトを通してロシアの情報を入手しようとしていた幕府の役人や、シーボルトの門人らが関与していた。1825年異国船打払令が出されたものの、1843年アヘン戦争の知らせをうけると、幕府は打払令を緩和する天保の（　2　）を出した。1853年ペリー来航と同年、シーボルトの助言をうけたプチャーチンが長崎に来航した。クリミア戦争のため一度日本を離れるも、再来日し、下田で日露和親条約を締結し、その後日露修好通商条約も締結した。アイヌと和人商人との交易をしていた商場があった樺太は、日露和親条約では雑居地とされた。また、函館が開港地とされたことによって、蝦夷地は再び幕府の直轄領となり、函館に奉行所がつくられ、防衛のための五稜郭も建設された。1861年ロシア軍艦が対馬を占拠する事件が起こったが、当時、ｄ貿易で最大の取引相手国となっていたイギリスの仲介でロシア軍は撤退した。

1868年大政奉還をうけて新政府が発足すると、政府は、外交権を掌握したことや、幕府が結んだ諸条約を引き継ぐことを、諸外国に示した。ｅ1871年から岩倉使節団が欧米諸国を歴訪したが、その中にロシアもあった。皇帝が実権を握る君主国の王室のあり方や、諸外国との儀礼などが、日本の皇室のあり方の参考にされた。使節団が帰国すると、征韓論争が起こり、西郷隆盛や板垣退助らは政府を去った。一方で1872～75年に琉球・台湾・朝鮮との間に緊張があり、清との関係が悪化していた。清・ロシアと同時期の軍事的緊張を避けるために1875年樺太・千島交換条約が結ばれた。条約締結には五稜郭に立てこもって新政府に抵抗した榎本武揚があたった。五稜郭での戦いで新政府側の中心人物であり、榎本の助命を嘆願した（　３　）は、北海道に新たに置かれた開拓使の長官となり、内地重視の立場から北海道の開発や屯田兵などの指揮をした。1881年開拓使の所持していた施設の民間への払い下げが不当に安い値段で行われようとしたことをきっかけに政府への批判が高まると、（　３　）は長官を辞し、政府は、10年後に国会を開くことを約束した。1889年（　３　）は首相として大日本帝国憲法を発布した。

問１　（　１　）～（　３　）に適する語句を記せ。

問２　下線部ａについて、1970年に開催された大阪万博のソ連館には伝兵衛の自筆の書が展示されていた。1970年代の出来事として正しいものを、次のア～エから１つ選び、記号で記せ。

ア．日本の国連加盟　　イ．キューバ危機

ウ．石油危機　　エ．東西ドイツ統一

問３　下線部ｂについて、サンクトペテルブルグに面する海の名前として正しいものを、次のア～エから１つ選び、記号で記せ。

ア．カスピ海　　イ．バルト海　　ウ．北海　　エ．黒海問４　下線部ｃについて、江戸時代に漂流民が発生した原因には、当時の交通や物流の仕組みに関係がある。江戸時代の交通や物流の仕組みとして正しいものを、次のア～エから１つ選び、記号で記せ。

ア．大量の物資を運ぶために各地で整理された港町には、本陣や脇本陣が設けられた。

イ．長崎に設けられた倭館では、中国に輸出するための絹織物や木綿が保管されていた。

ウ．東北地方の年貢米を運ぶために、西廻り航路や東廻り航路が、河村瑞賢らによって整備された。

エ．利根川や富士川などの河川では、菱垣廻船とよばれる大型の船が就航した。

問５　下線部ｄについて、当時の貿易について述べた文として<u>誤っているもの</u>を、次のア～エから１つ選び、記号で記せ。

ア．貿易は、朝廷の許可を得ず、幕府が独自に通商条約を結んだことによって始められたため、尊王攘夷運動が盛んになった。

イ．輸入品は毛織物や綿織物などの工業製品が多く、輸出品は生糸や茶などアジアの特産品とされていたものが多かった。

ウ．貿易開始当初は、輸出の方が多かったものの、国内外で金銀の価値が異なっていたため、金が大量に海外に流出した。

エ．海外から安い工業製品が輸入されたために、国内の物価が下落し絹織物業などの手工業が没落した。

問６　下線部ｅについて、岩倉使節団が出発する前に、日清修好条規が結ばれた。これは対等な関係を持つ条約だった。一方で、日本や清が欧米列強諸国との間で結んだ不平等条約の内容は、それぞれ異なる部分も多かった。このことが明治以降の日本とアジア諸国との間に江戸時代とは異なる状況を生み出した。この生み出された状況についての説明として**誤っているもの**を、次のア〜エから１つ選び、記号で記せ。

ア．江戸時代、清は幕府の将軍を日本国王として任命していたが、明治時代になると天皇を日本国王としようとした。

イ．日本政府は、天皇が国の中心になったことを諸外国に伝えた。これを受けて朝鮮では、従来の立場と異なるとして日本との関係を縮小する方向に進んだ。

ウ．清は日本と対等な関係をもったことに対して、自らが欧米諸国と結んでいた不平等条約の内容を日本の条約と同じ程度のものにすることを期待していた。

エ．日本は清と対等な関係を持ったことに対して、清と同じ状態になることを恐れ、清より有利な立場を保持し続けるために周辺諸国に強圧的な態度をとった。

問７　近世では書き言葉と話し言葉が別々であった。ロシア文学の翻訳でも有名な二葉亭四迷がそれらを統一しようとする新しい文体の小説を書いた。この新しい文体を何というか、漢字４字で記せ。

【　5　】次の会話文を読んで、下の問いに答えよ。

花子：アメリカで、大手コーヒーチェーン店、大手インターネット通販、大手テックメーカーに、あいついで労働組合が結成されたというニュースを聞いたことある？

太郎：あるよ。アメリカといえば、有名な大手企業がある a 資本主義の代表的な国だけど、労働組合の結成も活発なの？

花子：歴史の授業で習ったけど、世界恐慌のあと、不況から乗り切るためにフランクリン＝ルーズベルト大統領が行った b ニューディール政策の一環として、労働組合を保護したみたいよ。政府が労働者を保護して、賃金を向上させ、国内の消費を回復させようとしたんだって習ったわ。

太郎：その後はどうなったの？

花子：世界情勢の変化の中で、国内の労働組合のあり方も変化し、現在は、組合組織率は低下してきたみたい。でも、c IT の普及により、仕事の種類も多様化する中で、過酷な労働条件で働かなければならない労働者が増えたことが、労働組合結成につながっているみたいよ。

太郎：日本の企業はどうなの？

花子：コロナ禍で景気が冷え込んでいる中で、売り上げが減って、倒産してしまった企業も少なくなかったみたいよ。そのため、仕事を失ったり、給料が減らされたりした労働者も多くいたみたい。政府も給付金などで生活が苦しくなった人を支援しているわ。

太郎：政府は、生活が苦しくなった人を助ける仕事もしているんだね。

花子：過酷な生活環境の中で、人類が勝ち取ってきた生存権という権利なんだよ。この権利が、d 初めて憲法に書かれたのはドイツの憲法で、日本でも、憲法第 25 条で「e 健康で文化的な最低限度の生活を営む権利」として保障されたんだよ。

太郎：労働者が過酷な労働条件で、「健康で文化的な最低限度の生活」を営めなくなるのは分かるけど、それと労働組合の結成が結びつくのはどうしてなのかなあ？

花子：すべての国民は、勤労の権利を有し義務を負うという条文が日本国憲法にはあるわ。このすべての国民には、f 女性も、高齢者も、障がい者も含まれるの。また、雇い主に対して弱い立場に立たされる労働者は、g 労働組合を作る権利、労働組合が賃金やその他の労働条件の改善を求めて使用者と交渉する権利、要求を実現するためにストライキを行う権利が保障されているんだよ。

太郎：労働者が、自分たちの生活を守るために労働組合を結成することも社会権の一つなんだね。どんな時代も自分たちの生活を豊かにするために、社会の出来事に関心を持つことも大切だね。

花子：h学校で学ぶことも社会権の一つなんだよ。私も、多くのことを学んで、自分らしい人生を歩めるようにしたいわ。

問1　下線部aについて、初期の資本主義では、子ども（児童）が労働者としてみなされていたが、その理由として**誤っているもの**を、次のア～エから1つ選び、記号で記せ。

ア．子どもの賃金は安いから。

イ．子どものころから高度な知識を身につけさせたいから。

ウ．女の子に教育は必要ないなどの古い風習があるから。

エ．両親も貧困で、子どもも働かなければならないから。

問2　下線部bについて、ニューディール政策と同じ理念の政策を、次のア～エから1つ選び、記号で記せ。

ア．公共事業を推し進める。

イ．農産物の生産を自由化する。

ウ．金利を引き締めて通貨量を減らす。

エ．関税を引き下げたり貿易障壁を取り除いたりして、貿易を推奨する。

問3　下線部cについて、最近「ギグワーク」という働き方が話題になるが、その説明として最も適切なものを、次のア～エから1つ選び、記号で記せ。

ア．正社員ではなく、勤務時間の一部を選んで働くこと。

イ．派遣元会社に雇用され、派遣先企業で働くこと。

ウ．雇用契約を結ばずに、単発で仕事を請け負って働くこと。

エ．学費を稼ぐなどの理由で、契約を結び時給で働くこと。

問４　下線部ｄについて、この憲法の条文として正しいものを、次のア～エから１つ選び、記号で記せ。

ア．すべての人間は、生まれながらにして自由であり、かつ、尊厳と権利とについて平等である。人間は、理性と良心とを授けられており、互いに同胞の精神をもって行動しなければならない。

イ．我々は以下のことを自明の真理であると信じる。人間はみな平等に創られ、ゆずりわたすことのできない権利を神によって与えられていること、その中には、生命、自由、幸福追求が含まれていること、である。

ウ．いかなる自由民も、正当な裁判または法律によらなければ、逮捕や拘禁されたり、土地を奪われたり、国外に追放されたり、その他の方法によって権利を侵害されたりすることはない。

エ．経済生活の秩序は、全ての人に人間に値する生活を保障することを目指す、正義の諸原則にかなうものでなければならない。

問５　下線部ｅについて、生活保護で扶助されるものとして誤っているものを、次のア～エから１つ選び、記号で記せ。

ア．病気やけがをした時の医療扶助

イ．家賃の補助などの住宅扶助

ウ．デイサービスや訪問介護を受けるための介護扶助

エ．大学進学費用を援助するための教育扶助

問６　下線部ｆについて、次のこれに関する法律についての文として誤っているものを、次のア～エから１つ選び、記号で記せ。

ア．障害者雇用促進法は、一定程度の割合の障がい者を雇用することを義務としたり努力義務としたりする法律である。

イ．男女雇用機会均等法は、性別によって賃金の差を設けることを禁止した法律である。

ウ．高齢者雇用安定法は、働く意欲のある高齢者に働く場を提供することを目的として制定された法律である。

エ．育児・介護休業法は、男性も女性と同様に休暇のとれる制度である。

問７　下線部ｇについて、この権利を何というか。

問８　下線部ｈについて、多様性社会の中で、障がいのある子どももない子どもと同じ教室などで学ぶことを何というか、解答欄に適するように、カタカナで記せ。

【　6　】次の文を読んで、下の問いに答えよ。

最も基本的な経済活動である生産とａ消費のうち、生産をになっているのがｂ企業です。企業の形態にはさまざまなものがありますが、代表的な形態である株式会社では、ｃ株式の発行によって得られた資金を元に設立されます。株式を発行することで、人々から広く資金を集めることができます。

企業は、資本金や従業員の数によって、大企業とｄ中小企業に分けられます。例えば、テレビでは、大企業のコマーシャルが中心に放送されていることもあり、知名度は大企業の方が高いです。しかし、日本の企業数は、全体の約99%が中小企業であり、全従業員数の70%以上をしめています。日本経済の主役ともいえる中小企業のさらなる発展を目指し、国もさまざまな支援策を行っています。近年では、情報通信分野における急速な技術革新などにより、独自の技術などを基に新たな事業を起こすベンチャー企業も増えてきました。今後の日本経済をより活性化させるためにも、多くのｅ起業が行われる社会を実現していく必要があります。

問１　下線部ａに関連した次のⅠ～Ⅲの文の正誤の組み合わせとして正しいものを、下のア～クから１つ選び、記号で記せ。

Ⅰ　注文をしていないのに勝手に商品が送りつけられ、返品しないと代金が請求される悪質商法を、ネガティブオプションという。

Ⅱ　欠陥商品によって消費者が被害を受けたときの企業の責任について定めた、消費者契約法が制定されている。

Ⅲ　コンビニでペンを購入したが、その後、不要となった場合、未使用であれば、購入した店にもっていき、クーリングオフ制度に基づいて返金してもらえる。

	ア	イ	ウ	エ	オ	カ	キ	ク
Ⅰ	正	正	正	正	誤	誤	誤	誤
Ⅱ	正	正	誤	誤	正	正	誤	誤
Ⅲ	正	誤	正	誤	正	誤	正	誤

問２　下線部ｂについて、後の問いに答えよ。

（１）キャッシュフロー計算書を活用すると、企業の一連の成長段階のなかで、現在がどの段階にあるかが把握できる。下の図は、会社を起業したばかりのスタートアップ期、商品の売り上げが急激に増加した急成長期、安定した売り上げを維持し借金を返済することができるようになったが、まだまだ投資を拡大し成長を図る安定成長期、売り上げが伸び悩むが、有価証券の売却などで資金を得る成熟期までの企業サイクルを示したものである。例えば、スタートアップ期は、まだ商品があまり売れていないため、営業キャッシュフローは「－（マイナス）」に、投資は必要なため、投資キャッシュフローは「－」に、そして、財務キャッシュフローは投資のためのお金を調達する必要があるため「＋（プラス）」になる。下の表中のⅠ～Ⅲにあてはまる「＋」と「－」の組み合わせとして適切なものを、下のア～クから１つ選び、記号で記せ。

[営業キャッシュフロー]：本来の営業活動によって獲得されたお金の出入り

例：（＋）現金での売り上げによる収入

（－）経費のうち現金で支払った場合の支出

[投資キャッシュフロー]：主に機械設備や土地などといった固定資産の取得や売買によるお金の出入り

例：（＋）有価証券を売却したことによる現金収入

（－）有形固定資産や有価証券を取得したことによる現金支出

[財務キャッシュフロー]：資金の調達と返済によるお金の出入り

例：（＋）社債や株式発行による現金収入

（－）配当金の支払による現金支出

	スタートアップ期	急成長期	安定成長期	成熟期
営業キャッシュフロー	－	＋	Ⅰ	＋
投資キャッシュフロー	－	－	Ⅱ	＋
財務キャッシュフロー	＋	＋	Ⅲ	－

	ア	イ	ウ	エ	オ	カ	キ	ク
Ⅰ	＋	＋	＋	＋	－	－	－	－
Ⅱ	＋	＋	－	－	＋	＋	－	－
Ⅲ	＋	－	＋	－	＋	－	＋	－

（2）現代の企業についての記述として**誤っているもの**を、次のア～エから1つ選び、記号で記せ。

ア．企業は利潤を追求するだけでなく、企業の社会的責任（CSR）も果たすことが求められている。

イ．企業には、水道やガス、公立病院など、国や地方公共団体が資金を出して運営するものも含まれる。

ウ．企業は、情報公開法に基づいて、企業情報を公開することが求められている。

エ．企業を誘致することは、その地域の景気を高めることにつながる。

問3　下線部 c について、株式を購入した出資者である株主についての記述として**誤っているもの**を、次のア～エから1つ選び、記号で記せ。

ア．株主の株式総会での議決権は、持っている株式の数に応じて決まる。

イ．株主が出資した株式会社が倒産した場合、株主は、出資した金額以上の負担は負わない。

ウ．株式の保有率が高い株主が経営者となり、直接経営する形態が特に大企業では一般的である。

エ．株主は、出資した企業の業績に応じて、受け取る配当の額が変動する。

問4　下線部 d について、中小企業の定義に**合致していないもの**を、次のア～エから1つ選び、記号で記せ。

ア．資本金2億5,000万円、従業員100人の製造業

イ．資本金5,000万円、従業員250人の卸売業

ウ．資本金2,500万円、従業員50人のサービス業

エ．資本金1,000万円、従業員25人の小売業

問５　下線部ｅについて、主要５か国の起業に関する次の資料から読み取れるものとして適切なものを、下のア～エから１つ選び、記号で記せ。

［主要国における起業無関心者の割合の推移］　(単位：％)

	2008	2009	2010	2011	2012
日本	60.7	62.3	72.3	73.1	77.3
アメリカ	25.2	29.0	27.2	26.2	22.9
ドイツ	33.7	29.6	28.4	30.8	30.6
フランス	45.3	43.6	33.1	37.0	39.2
イギリス	34.5	41.9	34.7	36.7	36.0

［主要国における起業後の企業生存率の推移］　(単位：％)

	起業時	1年後	2年後	3年後	4年後	5年後
日本	100	95.3	91.5	88.1	84.8	81.7
アメリカ	100	78.0	67.1	59.5	53.8	48.9
ドイツ	100	76.9	62.2	52.3	45.4	40.2
フランス	100	83.6	65.9	56.2	48.8	44.5
イギリス	100	91.8	75.1	59.6	49.8	42.3

ともに文部科学省科学技術・学術政策研究所「科学技術指標 2017」より作成

ア．2008 年からの５年間、日本の起業無関心者の割合は、毎年増加している一方で、他の４か国は、毎年減少している。

イ．2008 年からの５年間の５か国の起業無関心者の割合を比較したとき、毎年アメリカの割合が最も低い。

ウ．日本は他の４か国と比較すると、５年後に企業が生存していない可能性が最も高い。

エ．起業無関心者の割合が低い国ほど、企業生存率は高い傾向がみられる。

問題は以上です。

滝高等学校

令和 四 年度

国語

（60分）

・合図があるまで、中を見てはいけません。
・試験開始の合図があったら、はじめに受験番号を書き、
QRコードのシールをはってください。

問題は 二ページから 十九ページです。

H

2022(R4) 滝高
教英出版

※ 設問に字数制限のあるものは、句読点等も一字に数えるものとする。

【一】 次の文章を読んで、後の問いに答えよ。なお、設問の都合により本文や図を一部改変してある。

お詫び
著作権上の都合により、文章は掲載しておりません。
ご不便をおかけし、誠に申し訳ございません。
教英出版

お詫び

著作権上の都合により、文章は掲載しておりません。
ご不便をおかけし、誠に申し訳ございません。

教英出版

お詫び
著作権上の都合により、文章は掲載しておりません。
ご不便をおかけし、誠に申し訳ございません。
教英出版

《伊藤　浩介・著『ドレミファソラシは虹の七色？　知られざる「共感覚」の世界』光文社新書　による》

【注】＊バーリンとケイ…ブレント・バーリン（１９３６～）とポール・ケイ（１９３４～）のこと。ともにアメリカ合衆国の人類学者。

問1 〰〰線部ａ～ｅのカタカナを漢字に直せ。（楷書で大きく丁寧に書くこと。）

問2 ══線部「どの言語にも共通する」とあるが、「どの～にも共通する」という意味を表す言葉を本文中から五字以内で抜き出して答えよ。

問3 ──線部①「皆さんが既によく知っていることを、序列という言葉で表現し直している」とあるが、本文における「序列」の意味を踏まえた例として、最適のものを次の中から選び、記号で答えよ。

ア 音楽には数え切れないほどのジャンルが存在するが、その中で「クラシック音楽」には長い歴史があるのに、「ポピュラー音楽」は数年で色あせてしまうことを踏まえると、「クラシック音楽」の方が優位な位置にあると考えられる。

イ 三色の信号機では「青色」「黄色」「赤色」の三色が使用され、二色の信号機では「青色」と「赤色」が使用されるという世界的な傾向を踏まえると、あらゆる言語の「青色」と「赤色」は、「黄色」よりも優位な位置にあると考えられる。

ウ 一日に三回食事をとる風習は世界中で浸透しているが、糖が人間の活動に不可欠なエネルギー源であり、睡眠時に血糖値が最も低くなる傾向を踏まえると、「朝食」は「昼食」や「夕食」と比べると重要度が高いと定義づけられる。

エ 日本の森林は主に「針葉樹林」と「広葉樹林」で構成されているが、「針葉樹林」のほとんどが人工林で、「広葉樹林」のほとんどが天然林であることを考慮すると、人の手のかからない「広葉樹林」の方が重要度が高いと考えられる。

オ 日本語には様々な音が存在するが、「母音」は単独で一音になることができて、「子音」は「母音」と結びつくことでしか一音になれない点に注目すれば、「母音」は「子音」に比べて優位な位置にあると定義づけることができる。

問4　――線部②「色には序列の高いものと低いものがある」とあるが、どういうことか。その説明として最適のものを次の中から選び、記号で答えよ。

ア　色には基本的で重要なものとそうではないものがあり、前者は他の色の組み合わせでは表すことはできないが、後者は前者の組み合わせで全て表すことができるということ。

イ　色名には基本的な色名と、それらを補うために作られた色名とがあり、前者は言語によって異なるが、後者が出現する順番はどの言語でも同じであるということ。

ウ　色名には古くから用いられているものとそうではないものがあり、前者は言語が発展すると増加していくが、後者は徐々に淘汰《とうた》され、数が少なくなっていくということ。

エ　色名には基本的で重要な色名とそうではない色名が存在し、前者は色を系統立てる上で早くから出現し、後者はそれと比較すると順番が遅いということ。

オ　色を認識するにあたっては優先して認識される色とそうではない色があり、前者が認知できたとしても、後者は認知できないことがあるということ。

問５　――線部③「緑色の信号を『青信号』と呼ぶのも同じことだ」とあるが、どういうことか。その説明として最適のものを次の中から選び、記号で答えよ。

ア　現在の日本語では、緑色を青色という色名で表現することがあるが、それは日本語の基本色名が分化して数も徐々に増えていき、それぞれの指し示す色合いの幅が広くなった結果、表現の仕方が曖昧《あいまい》になったからだということ。

イ　現在の日本語では、緑色をしている植物や信号に対して「青」と表現することがあるが、それは基本色名が段々と進化し青に加えて緑が誕生しつつも、まだ完全には区別されていないという時期に日本語があるからだということ。

ウ　現在の日本語では、緑色そのものや緑色をした信号を「青」と表現することがあるが、それは基本色名として新しく進化した緑色がまだ十分認知されておらず、昔から使用している色名を無意識に使ってしまうからだということ。

エ　現在の日本語では、明らかに緑色をしている植物や信号を「青」と表現することがあるが、それは基本色名が進化した結果、青色と緑色が誤解され始め、互いに逆の概念として使われるような事態が生じてきたからだということ。

オ　現在の日本語では、青に近い色合いの緑色を「青々とした緑」、緑に近い色合いの信号を「青信号」と表現することがあるが、それは青が緑と呼ばれはじめ、さらに今も違う色合いへと進化しようとしている最中だからだということ。

問６　――線部④「基本色名の指す色は進化を通して変化する」とあるが、どういうことか。その説明として最適のものを次の中から選び、記号で答えよ。

ア　基本色名としては同じでも、色数の少ない段階の色合いと色数が増えた後の段階の色合いとでは、異なってくるということ。

イ　基本色名は最も少ない二色から始まり、生活上の必要性や文化の成熟度などに従って、徐々に色数が増えていくということ。

ウ　基本色名の数は言語によって幅があっても、それが進化していく過程には人類に共通するパターンが見いだせるということ。

エ　基本色名のステージ１における「黒」は明度の低い色全般のことであり、「白」は明度の高い色全般のことであるということ。

オ　基本色名は「黒」「白」の段階に「赤」が登場して、ステージが１から２になり、その後７段階で色が追加されるということ。

問7　空欄[X]に当てはまる文として最適のものを次の中から選び、記号で答えよ。

ア　基本色名の数が多ければ多いほど文化レベルが高い。
イ　基本色名の数に応じて広げたり狭《せば》めたりしなければならない。
ウ　基本色名の数が少なければ広く、多ければ細分化されて狭い。
エ　基本色名ごとに異なり、文化水準や序列によっても増減する。
オ　基本色名の数に関係なく決まっており、必要に応じて基本色名が増える。

問8　本文の図中の空欄[A]～[J]に当てはまる色の組み合わせとして、最適のものを次の中から選び、記号で答えよ。

ア　[A]青　[F]赤　　イ　[A]赤　[G]赤
ウ　[A]青　[J]青　　エ　[B]青　[G]青
オ　[D]青　[G]青　　カ　[D]赤　[G]赤

問9　——線部⑤「進化の過程は、一般のパターンとは少し違う」とあるが、どのような点が違うのか。五十五字以上六十五字以内で説明せよ。

※ 設問に字数制限のあるものは、句読点等も一字に数えるものとする。

【二】 次の文章を読んで、後の問いに答えよ。なお、設問の都合により本文を一部改変してある。

篤は十七歳。不登校で高校を中退した後、両親と不仲になった。もともと相撲には興味はなかったが、叔父の勧めで、大相撲の朝霧部屋に*呼出《よびだし》見習いとして入門した。ある日、篤は、部屋から歩いて五分のところにある公園に行き、*呼び上げの練習をしていた。

「お前、何やってんの」
「うわっ」
背後から声をかけられて、悲鳴が出た。思わず目を見開いて後ろを振り返る。声の主は、縦にも横にも大きく、髷《まげ》がついていた。突然のことに声も出せずにいたら、話しかけてきた当の本人、坂口さんはケタケタ笑っていた。
「お前、ビビりすぎ。さっきの声すごかったぞ？　うわって。あんなん、俺の方がびっくりするわ」
笑い転げている坂口さんは、ちっとも驚いたように見えない。①坂口さんこそ何やってたんですか、と聞き返す声は、つい恨めしげになった。
いやあ、なんか急にこれ飲みたくなって、と坂口さんは手にしていたレジ袋からペットボトルのミルクティーを取り出した。部屋の横に置かれた自販機にはないメーカーのものだ。きっと近くのコンビニで買ってきたのだろう。
ミルクティーが坂口さんの喉に流し込まれ、あっという間に四分の一ほどの量になった。ミルクが優しくaトけた色に、思わず生唾を飲み込む。明日は国技館の自販機でミルクティーを買おう。
「ってかさ。お前、呼び上げの練習してたの？　なんだ、かわいいとこあんじゃーん」
坂口さんがバシンと篤の肩を叩《たた》いた。手加減してくれているようだが、なんせ相手は百七十二キロだ。それなりに痛い。
「練習っていうか、その」
からかわれるかと思い、言葉にbツまった。しかし坂口さんはそれ以上追求してこず、ふたたびレジ袋を漁《あさ》った。どうやら買ってきたのはミルクティーだけではないらしく、今度はソーダ味の棒つきアイスを齧《かじ》りだした。それを見て、明日はアイスも買って帰ろうとぼんやり思う。
棒に刺さったアイスが小さくなったところで、坂口さんがぽつりと言った。
「お前、えらいな」
思わぬ反応に、え、と声が出た。別にえらくなんかない。今日の今日まで、自主練習をしたこともない。今日の練習だって、ただの気まぐれだ。

②そう言おうとしたのに、正直な言葉は出てこなかった。坂口さんがひとつ、ため息をつく。アイスはいつの間にか食べ終えたようだ。

「俺も、本当は買い食いとかしてる場合じゃないんだけどさ。俺がこうしている間にも、武藤はトレーニングしてるって考えると、何やってるんだろうって、すげえ思うもん」

坂口さんの言葉に、黙って頷《うなず》く。公園に来る前に見た、電気の点《つ》いていたあの一室。トレーニングルームになっているその部屋は、自由時間になると出入りする者はほとんどいない。ただ一人、武藤さんを除いては。

坂口さんだけではなく、柏木《かしわぎ》さんや宮川さん、力士ではない篤でさえ、武藤さんが毎晩あの部屋でトレーニングをしていることは知っていた。しかし③みな、見て見ぬふりをしていた。

「あいつ、俺より二年あとに入ってきたわけ。俺はちょうど武藤が入門したくらいに幕下に上がって部屋頭にもなって、まあ順調な出世だって褒められてたの。あいつは最初から真面目だったけど細くて相撲も下手で、ぶっちゃけ弱かった。なのに、気づいたらいつの間にか追い抜かされてた」

そう語る坂口さんの表情は硬かった。坂口さんは弟弟子をみんな下の名前で呼ぶのに、④武藤さんの呼び方だけは「武藤」だ。

「もう稽古場でもあいつに勝てなくなって。年でいったら、あいつ俺より五つも下だよ？　なのに、あっさり俺の最高位よりも上に行ってさ。俺は、最近幕下でも成績残せないし、今日も負けたし」

坂口さんの言葉を聞きながら、篤は部屋での稽古を思い出していた。兄弟子たちが相撲を取った番数をノートに記すのも篤の仕事なので、稽古は普段からよく見る。坂口さんと武藤さんは毎回稽古で十番程度相撲を取るが、坂口さんが武藤さんに勝つことはほとんどない。坂口さんは、稽古場の壁に打ちつけられるほど、勢いよく押し出されることもある。そんなとき、坂口さんはいつも淡々と、でも悔しさを隠し切れないような顔で土俵に戻っている。

今の坂口さんは、そのときと同じ顔をしていた。元々は、丸顔で愛嬌《あいきょう》のある顔つきだが、そのcオモカゲもないほど悔しさを滲《にじ》ませた顔に、篤は何も言えなくなってしまった。ここはどう反応するのが正解なのだろう。考えあぐねていると、

「ああもう、この話は、やめた！　俺はもう帰るから！」と、坂口さんが何かを放り投げてきた。さっき飲んでいたペットボトルだ。中身はもうすっかり空《から》になっていた。

「それ、捨てといて」

さきほどまで坂口さんは唇を固く結んでいたが、もう口元に力は入っていなかった。

「あとお前、練習するのはいいけど、公園はやめた方がいいぞ。人通りが少ないとはいえ、いきなりひがーしーとか聞こえてきたら、近所の人

から通報されんぞ」

　正論だ。とりあえず、そうっすね、気をつけますと返事をしておく。

「それから、大通りのセブンに行くときこの公園通り抜けると近いって、お前知ってた？　部屋の奴《やつ》らはみんな知ってるから、ここで練習したってバレるぞ。まあ、今日のことは凌平《りょうへい》とかには黙っておくからさ」

　凌平とは宮川さんの下の名前だ。何かと篤をからかってくる宮川さんたちに見つかりたくないことまでバレていたらしい。

　コンビニに行く近道は、今はじめて知った。どうりで、坂口さんがこの公園に現れるわけだ。

「練習するなら、うちの部屋の物置にしたら？　物は多いけど、さすがに足の踏み場くらいはあるだろうから。どっちにしろ、凌平とかにはバレるけどな」

　坂口さんは兄弟子らしくアドバイスをくれたが、他の兄弟子に見つかるリスクを背負ってまで練習を続ける熱意は、今のところ持てなかった。

「まあ、お前のことは家出少年だと思ってたからさ。ちょっと意外だったよ。じゃあお先」

　それだけ言って、坂口さんは部屋へ帰って行った。⑤坂口さんの姿が見えなくなっても、練習を再開する気にはなれなかった。

【中略】

**　翌日の取組で、篤は力士の四股名《しこな》を間違えて呼び出してしまった。別部屋所属で呼出の兄弟子、光太郎に「辞めれば？」と嫌味を言われたが、進さんが助け船を出してくれる。篤は呼出を続ける自信を失いかけるが、帰ると同部屋の力士たちは温かく迎えてくれた。しかし、その後帰ってきた師匠から自室に呼ばれ、「自分がどうすべきかちゃんと考えろ」と叱られた。**

「篤、そこにいるんだろ」

　声がするのとほぼ同時に、扉が開いた。扉の外にいたのは坂口さんだった。手には、ミルクティーのペットボトル。二十四時間ほど前にも見た、デジャヴのような光景だ。

「ほれ、差し入れ。お前、昨日もの欲しそうな顔してたから買ってきてやったんだぞ。感謝しろよ」

　坂口さんがぶっきらぼうに言ってペットボトルを差し出す。ありがとうございますと軽く頭を下げ、それを受け取った。結局今日はミルクティーを飲み損ねていたので、この差し入れはありがたい。顔を上げると坂口さんと目が合った。

「お前、今日も練習するんだな」

「ああ、はい」
「嫌になんねえの。せっかくやる気出した d トタン、失敗してめちゃくちゃ怒られて」
　さきほどよりも声を落として、坂口さんが尋ねる。
「……なんか失敗したからこそ、やらなきゃいけない気がして」
光太郎と呼ばれた兄弟子の嫌味な口調を思い出すと、胃がきゅっと e シボられるように痛む。
それでも、進さんが助けてくれた。師匠も、わざわざ篤に話をしてくれた。
⑥明日こそは失敗してはいけない。そう自分に言い聞かせ、篤は物置に籠った。
「まあそうだよな」
坂口さんは頭を掻《か》くと、もしも、と言葉を続けた。
「お前が昨日の一回きりで練習やめてたら、俺も今日普通にゲームしてたかもしれない」
え？　と聞き返すと坂口さんは遠くをちらりと見て、重々しく口を開いた。
「俺、一緒にトレーニングしたいって武藤に言おうと思う」
坂口さんの視線の先には、電気のついた一室があった。武藤さんが毎晩籠っているトレーニングルームだ。あの部屋で、武藤さんは今もダンベルを持ち上げているのだろう。
「そうなんすか」
坂口さんは真剣な目をしていたのに、ありきたりな相づちしか打てなかった。兄弟子としてのプライドをいったん捨て、弟弟子と一緒にトレーニングしようと決意するまでに、当然葛藤があったはずだ。その葛藤は、きっと坂口さんにしかわからない。
「あ、俺のこと見直しただろ？　差し入れも買ってきてやったし、ちゃんと俺を敬《うやま》えよ」
⑦わざとらしく口を尖《とが》らせ、坂口さんが篤の肩をつつく。坂口さんの葛藤はわからなくても、冗談を言って強がろうとしていることはわかった。
　頑張ってくださいと坂口さんを送り出してから、篤はふたたび扉を閉めた。さすがに蒸し暑かったので、もらったミルクティーのボトルを開けた。口に含むと、ほのかな甘さが沁《し》みわたった。三分の一ほどを飲むと、また、ひがあああしいいいーー、と何度も繰り返した。

《鈴村　ふみ・著『櫓太鼓《やぐらだいこ》がきこえる』集英社　による》

【注】＊呼出…大相撲での取組の際に力士の四股名を呼び上げたり、土俵整備や太鼓叩きなど競技の進行を行う者。
＊呼び上げ…大相撲での取組の際に力士の四股名を独特な節回しで呼ぶ、呼出の仕事の一つ。

【登場人物】
・武藤義治――朝霧部屋の部屋頭。無口で、誰よりも真面目。最近は幕下十五枚目前後の番付にいる。
・坂口翔太――朝霧部屋の力士。高校相撲を経て入門。部屋で一番身長が高く、体重も重い。幕下と三段目を行ったり来たりしている。
・柏木将志――朝霧部屋の力士。中学時代県大会で準優勝した経歴を持ち、スカウトされて中学卒業後に入門。宮川と同期。現在は三段目で低迷している。
・宮川凌平――朝霧部屋の力士。相撲は未経験だったが、母に苦労をかけまいと高校卒業後に入門。プロレスが好き。三段目。
・師匠――元小結。厳しいながらも、朝霧部屋の弟子たちをしっかり見守っている。
・進――白波部屋のベテランの幕内呼出で、俳優のような男前。若手呼出の憧れの的でもある。篤が入門した際の指導役で、その後も篤を気にかけている。

問1　～～線部**a**～**e**のカタカナを漢字に直せ。（楷書で大きく丁寧に書くこと。）

問2　次の各文は本文中の表現である。＝＝線部「と」を〈意味〉〈用法〉によって分類した場合、どのような組み合わせになるか。その組み合わせとして最適のものを、次の**ア**～**オ**の中から選び、記号で答えよ。

A　坂口さんこそ何やってたんですか、と聞き返す声は、つい恨めしげになった。
B　坂口さんと武藤さんは毎回稽古で十番程度相撲を取るが、坂口さんが武藤さんに勝つことはほとんどない。
C　「ああもう、この話は、やめた！　俺はもう帰るから！」と、坂口さんが何かを放り投げてきた。
D　顔を上げると坂口さんと目が合った。
E　坂口さんは頭を掻くと、もしも、と言葉を続けた。
F　口に含むと、ほのかな甘さが沁みわたった。

ア　A C／B E／D F
イ　A C E／B／D F
ウ　A C E／B D／F
エ　A C F／B E／D
オ　A C F／B／D E

問3 ――線部① 「坂口さんこそ何やってたんですか、と聞き返す声は、つい恨めしげになった」とあるが、篤が「恨めしげになった」のはなぜか。その説明として、最適のものを次の中から選び、記号で答えよ。

ア 背後から声をかけられて悲鳴をあげるほど驚いたが、坂口は驚いたと言いつつも笑っており、自分だけが驚かされたような形になったことを不服に思ったから。

イ 相撲にはあまり興味がないものの、兄弟子である坂口に見つかったことで、真剣に呼び上げの練習をせざるを得なくなってしまったことを面倒に思ったから。

ウ 本番に向けて呼び上げの練習をしていたのに、坂口に突然背後から声をかけられ驚かされたことで、練習が中断させられたことを不愉快に思ったから。

エ 兄弟子たちにからかわれると考えて隠れて練習をしていたが、坂口に見つかってしまい、師匠や他の兄弟子たちに伝えられることを不安に思ったから。

オ 坂口に背後から声をかけられて非常に驚いたが、当の坂口が悪びれもせず、篤の練習の声に驚かされたと笑っていることを不満に思ったから。

問4 ――線部②「そう言おうとしたのに、正直な言葉は出てこなかった。坂口さんがひとつ、ため息をつく」について、先生と生徒が対話している。**生徒A～E**のうち、**誤った解釈**をしているものを、次の**ア～オ**の中から一つ選び、記号で答えよ。

先生 この場面では篤と坂口の複雑な心情が表れています。ここから読み取れる二人の心情について議論してみましょう。

ア **生徒A**――「正直な言葉」が出てこなかったのは、坂口の反応が意外なものだったからじゃないかな。からかわれると予想していたのに褒められて、あっけにとられたんだと思う。

イ **生徒B**――気まぐれで自主練習しただけなのに坂口から褒められたという状況にも注目する必要があるよ。「そう言おうとしたのに」とあるから、篤は後ろめたさも感じているんじゃないかな。

ウ **生徒C**――篤が坂口に配慮したということだね。坂口が劣等感を抱きながら相撲をとっていたことは明白だし、篤が坂口に気をつかって間をおいたんだと読み取れるよ。

エ **生徒D**――篤の練習が気まぐれだったことを、坂口は知っていたのかもしれないよ。ただ、後輩が自主練習を始めること自体が、坂口を焦らせることにつながっているみたいだね。

オ **生徒E**――坂口の「ため息」には、相撲に向き合う姿勢が大きく関係していると思う。頭では理解しているのに行動に移せないもどかしさが、「ため息」となって表れたんだろうね。

問5　――線部③「みな、見て見ぬふりをしていた」とあるが、ここから分かる力士たちの様子の説明として最適のものを次の中から選び、記号で答えよ。

ア　自主的な練習をした方がいいとは分かっているが、実際には日々の練習で精一杯で、自分がこれ以上昇進できない事実を認めたくないと思っている。

イ　自主的な練習をした方がいいとは分かっているが、実際には全くやる気が起きないので、ただ一人隠れて練習を続ける武藤の姿に嫌気がさしている。

ウ　自主的な練習をした方がいいとは分かっているが、実際には勝てるようになるには時間がかかるので、自分が練習をしなくても済むように目をそらしている。

エ　自主的な練習をした方がいいとは分かっているが、実際にはそれほどの意欲がもてないので、行動に移せない自分と向き合うことから逃げようとしている。

オ　自主的な練習をした方がいいとは分かっているが、実際には昇進できる保証はないので、自由時間を楽しむことを優先させて欲しいと言えないでいる。

問6　――線部④「武藤さんの呼び方だけは『武藤』だ」とあるが、兄弟子である「坂口さん」がこのような態度をとるのはなぜか。五十五字以内で説明せよ。

問7　――線部⑤「坂口さんの姿が見えなくなっても、練習を再開する気にはなれなかった」とあるが、それはなぜか。その説明として最適のものを次の中から選び、記号で答えよ。

ア　明日の取組に向けて自主練習を始めてみたが、坂口さんが図らずも指摘したように、結局は家出少年で反抗ばかりしてきた自分には、今さらまじめな練習など似合わないのではないかと、練習を続けることへのためらいが生じたから。

イ　明日の取組に向けての自主練習は誰にも見つかりたくなかったのに、坂口さんに見つかった挙げ句、近所の人や公園を近道で通る部屋の他の力士にとっても迷惑になると言われ、これからどう練習して良いか途方に暮れてしまったから。

ウ　明日の取組を前に自主練習をしていた自分を、坂口さんが見つけて褒めてくれたものの、自分は武藤さんのような人間ではなく練習もただの気まぐれだったので、自分が坂口さんの評価に本当に値するのかどうか不安になってきたから。

エ　明日の取組に向けて自主練習していた自分に坂口さんは役に立つアドバイスをくれたが、飲み物や食べ物、さらに他の力士との関係まで含め、自分の小さな心の内などすべて見透かされたようで、本音としてはおもしろくなかったから。

オ　明日の取組を前に自主練習をしてみたものの、坂口さんの登場で集中力が途切れてしまい、さらに近所の人の目や部屋のメンバーに見つかる可能性まで指摘されると、もともと高くはなかったやる気にブレーキがかかってしまったから。

問８　――線部⑥「明日こそは失敗してはいけない。そう自分に言い聞かせ、篤は物置に籠った」とあるが、「篤」がこのような行動を取ったのは、「篤」の心情にどのような変化があったからだと考えられるか。その説明として最適のものを次の中から選び、記号で答えよ。

ア　昨日までの篤は呼出の仕事に誇りを持てていなかったが、失敗を周囲に非難されたことで、どんな仕事でも自信と誇りを持って向き合うことの大切さに気づくことができたから。

イ　昨日までの篤にとって呼出の仕事は、自分が力士になるまでの稽古の一環だったが、今日の失敗を糧にして、強い力士として成長したいという願いが今まで以上に強くなったから。

ウ　今まではただ無気力に呼出の仕事と向き合っていたが、その中途半端な姿勢が今日のような失敗を招いたことを深く反省し、もう誰にも叱られまいと強く決意することができたから。

エ　今までは呼出の仕事に熱意を持てていなかったが、失敗をしたことで、自分が周囲の人々に支えられていることに気づき、これからは自分の仕事と向き合おうという気持ちになれたから。

オ　自分にとって呼出の仕事は、お金を稼ぐための手段に過ぎないと割り切っていたが、今日の失敗を受けて、呼出の兄弟子を追い抜いてでも出世してやろうという熱意がこみ上げてきたから。

問９　――線部⑦「わざとらしく口を尖らせ、坂口さんが篤の肩をつつく」とあるが、「坂口さん」がこのような言動を取ったのはなぜか。本文中の言葉を用いて七十五字以内で説明せよ。

問題は以上です。

令和 4 年度

数　学

（60分）

・ 合図があるまで、中を見てはいけません。
・ 試験開始の合図があったら、はじめに受験番号を書き、
QRコードのシールをはってください。

問題は 2 ページから 7 ページです。

H

(注) 答はすべて解答用紙に記入せよ。ただし，円周率は π とし，根号は小数に直さなくてよい。

1.　次の各問いに答えよ。

(1) $\dfrac{(\sqrt{3}+1)^2}{\sqrt{2}}-\dfrac{(\sqrt{6}-\sqrt{2})^2}{2\sqrt{2}}$ を計算せよ。

(2) $x^2-4y^2-8x+16$ を因数分解せよ。

(3) $4(x^2-2x+4)-2(x^2-x)=15-2x$ を解け。

(4) 図 1 のように，平行四辺形 ABCD の辺 BC 上に BE : EC = 1 : 2 となる点 E をとる。対角線 BD と AE，AC との交点をそれぞれ F，G とし，対角線 AC と DE の交点を H とする。このとき，面積比 △AFG : △CDH を求めよ。

(5) 図 2 のように，四角形 ABCD は円に内接している。直線と円は点 C で接している。∠ABD の二等分線と ∠ADB の二等分線の交点を I とする。このとき，∠BID の大きさを求めよ。

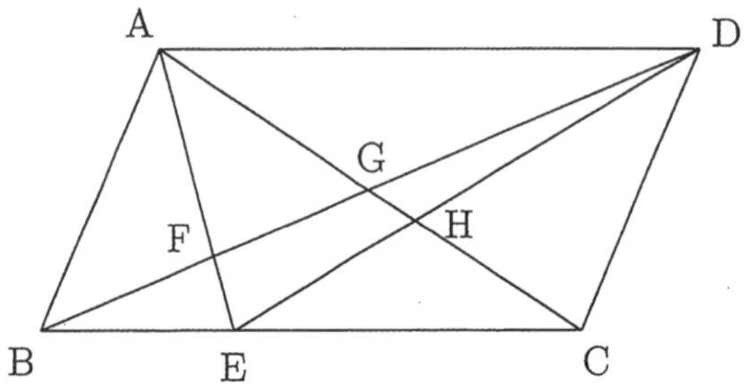

図 1

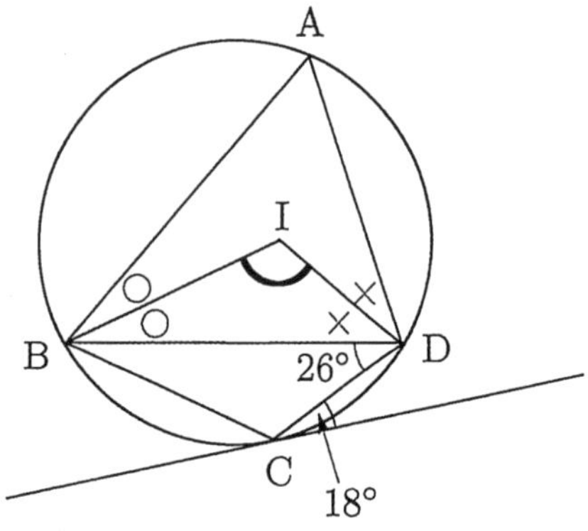

図 2

2. 赤玉と白玉が合わせて 150 個あり，赤玉と白玉の総数の比は 14 : 11 である。これらすべてを 3 個ずつに分けて箱に入れたところ，赤玉 1 個と白玉 2 個が入っている箱と，赤玉 3 個が入っている箱の数が同じであった。また，赤玉 2 個と白玉 1 個が入っている箱の数は，白玉 3 個が入っている箱の数の 4 倍であった。赤玉 3 個が入っている箱の数を x，白玉 3 個が入っている箱の数を y とする。このとき，次の各問いに答えよ。

(1) 箱の数について方程式を作ると，次のようになった。$\boxed{\text{ア}}$，$\boxed{\text{イ}}$ にあてはまる正の整数を入れよ。

$$\boxed{\text{ア}}\,x+\boxed{\text{イ}}\,y=50$$

(2) x，y の値を求めよ。

3.　$\angle ABC = 90°$ の直角三角形 ABC がある。下図のように，BC 上に点 D をとり，DC を直径とする円 O をつくる。直線 CA と円の交点のうち，C でない方を E，直線 AD と円の交点のうち，D でない方を F とする。$OC = 3$，$AF = 6$，$CF = 2\sqrt{5}$ のとき，次の各問いに答えよ。

(1)　DF の長さを求めよ。

(2)　AB の長さを求めよ。

(3)　$\triangle ADE$ の面積を求めよ。

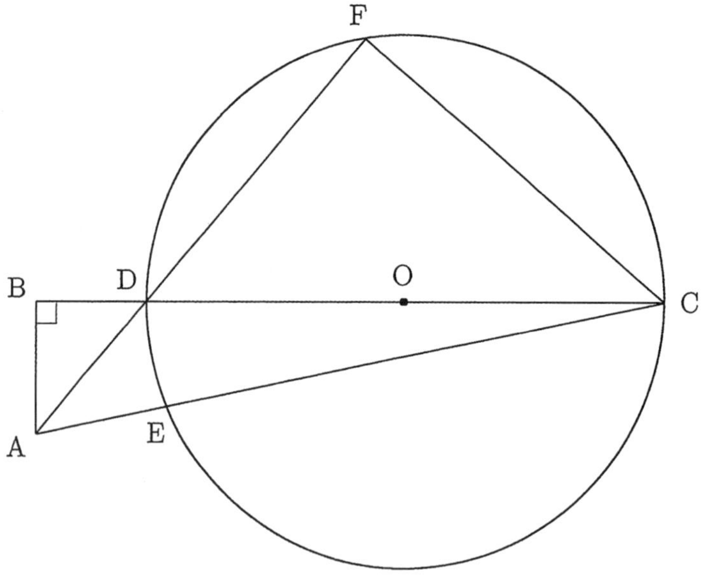

4. 座標平面上に点 A(1, 1) があり，はじめ点 P は A の位置にある。さいころを投げて，出た目が奇数のとき，点 P は今いる位置から目の数だけ x 軸の正の方向に進み，出た目が偶数のとき，点 P は今いる位置から目の数だけ y 軸の正の方向に進む。

さいころを 2 回続けて投げたとき，原点 O と点 P を頂点とし，x 軸，y 軸に平行な辺をもつ長方形を考える。このとき，次の各問いに答えよ。

(1) 1 回目に 4 の目が出て，2 回目に 5 の目が出るとき，長方形の面積を求めよ。

(2) 1 回目に 2 の目が出て，2 回目に 6 の目が出るとき，長方形の面積を求めよ。

(3) 長方形の面積が素数になる可能性がある目の出方は，次の①～④のうちどれか。すべて選び，番号で答えよ。

① 1 回目に奇数の目が出て，2 回目に奇数の目が出る
② 1 回目に奇数の目が出て，2 回目に偶数の目が出る
③ 1 回目に偶数の目が出て，2 回目に奇数の目が出る
④ 1 回目に偶数の目が出て，2 回目に偶数の目が出る

(4) 長方形の面積が 12 以上になる確率を求めよ。

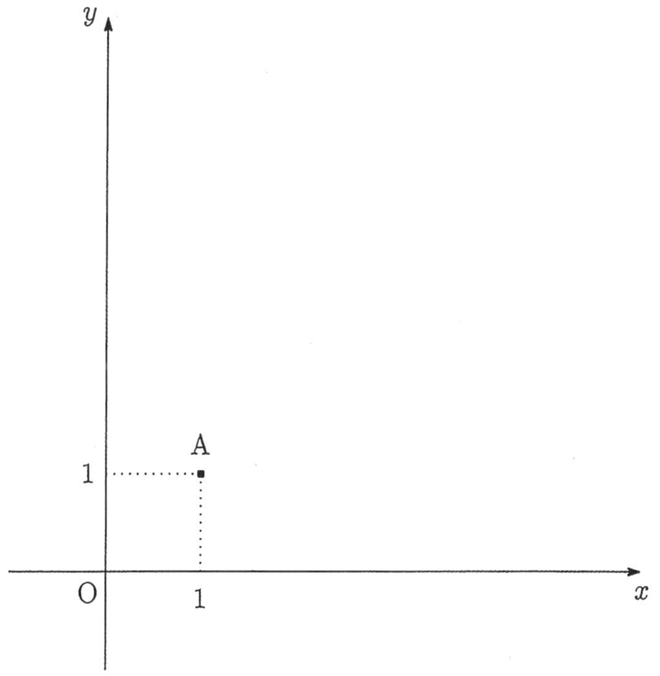

5.　関数 $y=4x^2$ 上に 2 点 A，B がある。ただし，A の x 座標は負，B の x 座標は正である。また，関数 $y=\frac{1}{2}x^2$ 上に点 C がある。ただし，B と C の x 座標は等しい。このとき，次の各問いに答えよ。

(1)　A の y 座標が 16 で，$\angle \mathrm{ABC}=90^\circ$ であるときを考える。

(ア) $\triangle$ABC の面積を求めよ。

(イ) 直線 AC の式を求めよ。

(2)　C の x 座標を t とする。$\triangle$ABC が正三角形になるとき，t の値を求めよ。

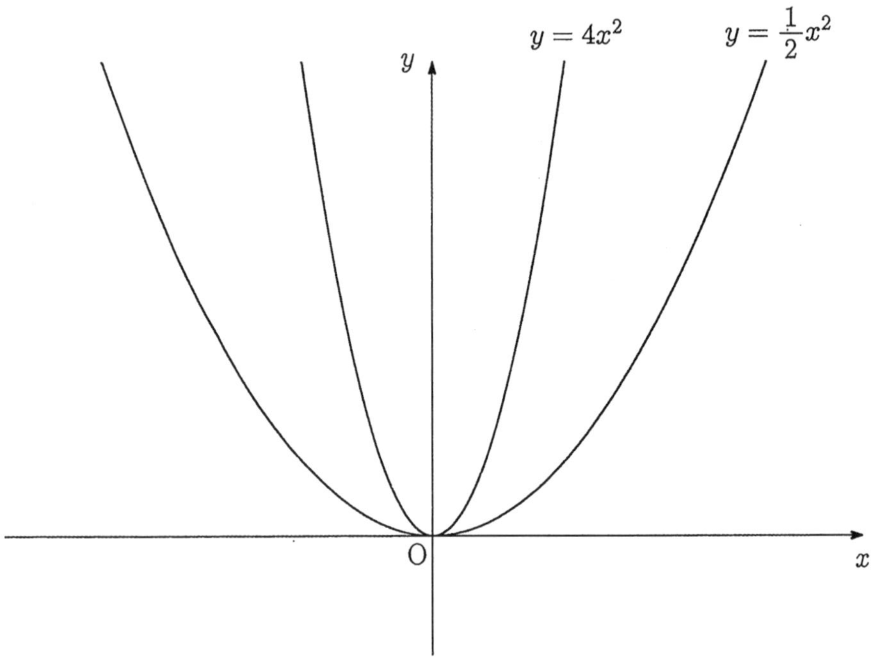

6. 1辺の長さが 4 の正四面体 ABCD において，辺 BC の中点を E とする。
いま，辺 CD 上に EF $= \sqrt{3}$ となるように点 F をとる。このとき，次の各問いに答えよ。

(1) AE および AF の長さを求めよ。

(2) △AEF の面積を求めよ。

(3) 正四面体 ABCD の高さを求めよ。

(4) 三角錐《すい》 ACEF について，△AEF を底面としたときの高さを求めよ。

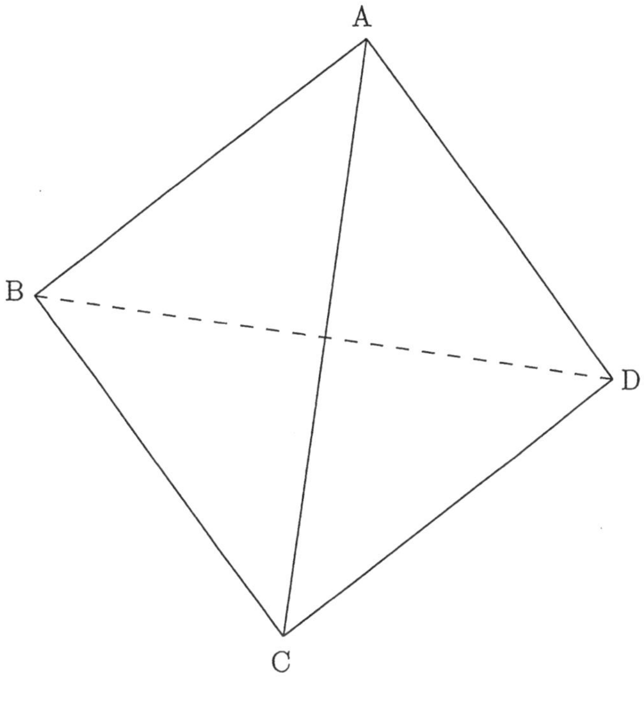

令和 4 年度

英　語

（60分）

- 合図があるまで、中を見てはいけません。
- 試験開始の合図があったら、はじめに受験番号を書き、QRコードのシールをはってください。

問題は 2 ページから 11 ページです。

H

※教英出版注
音声は，解答集の書籍ＩＤ番号を教英出版ウェブサイトで入力して聴くことができます。

【１】次の〈 問題１ 〉～〈 問題２ 〉は放送による問題です。それぞれ、放送の指示に従って答えなさい。放送を聞きながらメモをとってもかまいません。

〈 問題１ 〉これから会話が読まれます。図を参考にして、(1)～(4)の質問の答えとして最も適当なものをそれぞれの選択肢の中から１つずつ選び、記号で答えなさい。会話は１度だけ読まれます。

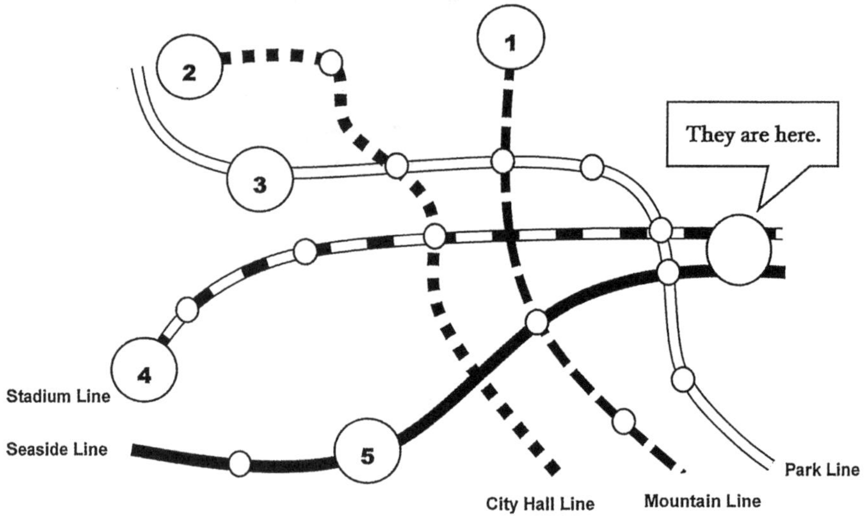

(1) Where are they?
　ア．At the city hall.
　イ．At the train station.
　ウ．At the taxi stand.
　エ．At the bus station.

(2) What is the woman going to do first?
　ア．Change trains.
　イ．Take a shuttle bus.
　ウ．Go to the right platform.
　エ．Go to the ticket office.

(3) Which is Airport Station on the route map?
　ア．1
　イ．2
　ウ．3
　エ．4
　オ．5

(4) How long does it take to get to the airport?

ア. About 10 minutes.

イ. About 20 minutes.

ウ. About 30 minutes.

エ. About 3 hours.

〈 問題２ 〉これから Jane、Tom、Keiko の３人の会話とそれに関する質問が読まれます。(1)～(4)の質問の答えとして最も適当なものをア～エの中からそれぞれ１つずつ選び、記号で答えなさい。会話と質問は２度読まれます。

(1)

ア. She is going to meet her grandmother.

イ. She is going to go to church with her family.

ウ. She is going to have Christmas dinner at home.

エ. She is going to visit her grandparents in Seattle.

(2)

ア. He likes to play baseball, but he doesn't like to play any other sports.

イ. He likes to play baseball, so he wants to be a famous baseball player.

ウ. He doesn't play baseball, but he is good at playing baseball video games.

エ. He likes to play baseball video games, but he doesn't like to watch baseball.

(3)

ア. Because Jane wants a *puppy though she already has three dogs.　*子犬

イ. Because Jane and her family call her dog Kuro though it is brown.

ウ. Because Jane didn't know *shiba-inu* is a brown dog though she has one.

エ. Because Jane's father named the brown dog Kuro though he knew what *kuro* meant.

(4)

ア. She has been to Seattle with her host family.

イ. She knew the meaning of 'mongrel' before.

ウ. She didn't know black means *kuro* in Japanese.

エ. She is studying English to be a translator.

【２】次の各文の(　　　)に入る適当な語を答えよ。ただし、与えられた文字で始まる語を答えること。

(1) This coat is too (e　　　). I will look for a cheaper one.

(2) When you jump, both of your feet (l　　　) the ground at the same time.

(3) The war ended and the people can now live in (p　　　).

(4) We must save endangered species from (e　　　).

【３】次の日本語を参考にして、(　　　)に入る適当な語を答えよ。ただし、(　　　)内に文字が与えられている場合は、その文字で始まる語を答えること。

(1) 時間ほど大切なものはない。

(　　　) is more (p　　　) than time.

(2) 明日は休日です。そんなに早起きしなくてもいいよ。

Tomorrow is a holiday. (　　　) won't be (　　　) for you to get up so early.

(3) 先月は食費にいくらかかったのですか。

How (　　　) did you (　　　) on food last month?

(4) 彼女の感情を害するのが怖くて、僕は何も言わなかった。

I didn't say anything because I was (　　　) of (h　　　) her feelings.

【４】次の各組の英文がほぼ同じ意味を表すように、(　　　)に入る適当な語を答えよ。

(1) How was the weather in Okinawa yesterday?

(　　　) was the weather (　　　) in Okinawa yesterday?

(2) It would be nice if I were rich.

I (　　　) I (　　　) a lot of money.

(3) I don't know the owner of this house.

I don't know (　　　)(　　　) this is.

(4) I have never seen such a beautiful dress as this.

This is the (　　　) beautiful dress I have (　　　) seen.

【5】次の日本語を参考にして、[　　　]内の語(句)を □ に入れて英文を作るとき、[A] と [B] の位置にくる語(句)の記号を答えよ。ただし、文頭にくる語も小文字で書いてある。

(1)　明日も寒い日になりそうだ。

□ □ [A] □ □ [B] □ □ tomorrow.

[　ア. another　イ. day　ウ. be　エ. there　オ. going　カ. to　キ. cold　ク. is　]

(2)　手遅れにならないうちに、できることは全てやっておきなさい。

Do □ □ [A] □ □ [B] □ too late.

[　ア. is　イ. you　ウ. before　エ. everything　オ. it　カ. can　キ. do　]

(3)　寝ずに勉強を頑張るのは体によくない。

□ □ [A] □ □ [B] □ □ .

[　ア. for　イ. good　ウ. hard　エ. isn't　オ. sleeping　カ. studying
キ. your health　ク. without　]

(4)　この本を読んだおかげで、江戸時代の生活がいくらかわかった。

□ □ □ [A] □ □ [B] □ the Edo period.

[　ア. idea　イ. some　ウ. life　エ. this book　オ. me　カ. gave　キ. of　ク. in　]

【６】自動販売機(a vending machine)の前で外国人旅行者があなたに話しかけている。
自然な流れになるように、下線部①、②の[　　　]にそれぞれ８語以上の英語を入れ、対話文を完成せよ。ただし、下線部①、②はそれぞれ１文ずつとし、I'm などの短縮形は１語として数え、コンマ(,)は語数に含まない。

Tourist　:　Excuse me.　What are these?

You　:　Oh, they're vending machines.

Tourist　:　What is a vending machine?

You　:　① In Japan [　　　　　　　　　　　　　　　　].

Tourist　:　Wow!　It's very convenient.　Well, I'll try some drinks.　Could you tell me how to use this machine?

You　:　Sure.　② [　　　　　　　　　　　　　　　　].

Tourist　:　Sounds easy.　Thank you very much.

You　:　You're welcome.　Have a good time in Japan!

Tom : My family spend Christmas with my grandparents in Seattle every year.

Keiko : That's nice! I have never been to Seattle. I'll ask my host parents to take me there someday.

Jane : Well, what do you want for Christmas?

Tom : I want a video game! Tomorrow, the new baseball video game will go on sale!

Jane : You really like baseball.

Keiko : Are you good at playing baseball?

Tom : No way. I don't play any sports. I like watching baseball games and playing baseball video games. Actually, I'm very good at online baseball. I'm a little famous.

Keiko : I see. Jane, what do you want for Christmas?

Jane : I want a puppy. Yesterday, I went to a pet shop and saw a very cute puppy.

Keiko : What kind of puppy?

Jane : It's a mongrel.

Keiko : What is a mon...

Jane : Mongrel. It means a mixed breed.

Keiko : Oh, mixed. I understand.

Tom : But you already have three dogs, don't you?

Jane : Yes. But I don't have a black dog. Two of them are white, and the other is brown. Oh, Keiko, the brown one is a Japanese dog, *shiba-inu*. We call her Kuro.

Keiko : Kuro? That's strange. *Kuro* means 'black' in English.

Jane : I know, but my father chose the name. Actually, we thought *kuro* meant brown then. We learned that *kuro* means black two years later!

Tom : That's funny.

Jane : Then, what do you want for Christmas, Keiko?

Keiko : Well, I want some English books and dictionaries. I want to study English more.

Tom : Wow, you're diligent. You speak English very well.

Keiko : Thank you. I want to be a translator in the future.

Tom : I want to be a famous baseball player!

Jane : Online, right?

Tom : That's right.

Questions

(1) What is Jane going to do on Christmas?

(2) Which is true about Tom?

(3) Why did Tom say, "That's funny?"

(4) Which is true about Keiko?

※教英出版注
音声は，解答集の書籍ＩＤ番号を教英出版ウェブサイトで入力して聴くことができます。

リスニング原稿

【１】次の〈 問題１ 〉～〈 問題２ 〉は放送による問題です。それぞれ、放送の指示に従って答えなさい。放送を聞きながらメモをとってもかまいません。

〈 問題１ 〉これから会話が読まれます。図を参考にして、(1)～(4)の質問の答えとして最も適当なものをそれぞれの選択肢の中から１つずつ選び、記号で答えなさい。会話は１度だけ読まれます。

A ： Excuse me. I would like to go to the airport. Which line should I take? I think I'm completely lost. My flight is in 3 hours. I might miss my flight!

B ： First of all, please calm down. Then, I'll tell you the way to the airport. OK? You should breathe deeply.

A ： [Take a deep breath] OK. Now I'm ready.

B ： Good. At first, you are on the wrong platform. This is Platform 4. You should go to Platform 6. To Platform 6, go down the stairs, go straight and turn right.

A ： Yes, I got it. What's next?

B ： Perfect. Next, you should take the Stadium Line and change trains at the second stop from here. You can catch an airport express train and it will take you straight to Airport Station. You got it? Be careful not to take the Seaside Line.

A ： It's all good. Thank you .... Wait. How long does it take from here to the airport?

B ： Let me check .... To Airport Station, you need about 20 minutes, but you also need a 10 minutes' bus ride to the airport.

A ： OK. I think I can probably make it. Thank you so much.

B ： No problem. Have a nice flight!

〈 問題２ 〉これから Jane、Tom、Keiko の３人の会話とそれに関する質問が読まれます。(1)～(4)の質問の答えとして最も適当なものをア～エの中からそれぞれ１つずつ選び、記号で答えなさい。会話と質問は２度読まれます。

Jane ： Christmas is just around the corner!

Tom ： Yeah, I can't wait.

Keiko ： Me, neither.

Jane ： My grandmother will come home on Christmas. I haven't met her for a year, so I'm looking forward to seeing her.

Tom ： What are you going to do, Keiko?

Keiko ： My host family and I are going to church and then having dinner at home. I'm looking forward to eating Christmas dinner. How about you, Tom?

このあとも問題が続きます。

【７】次の英文を読んで、後の問いに答えよ。

South Africa before 1995 was a very mixed country. The country had black and white South Africans. The new president of the country was a black man named Nelson Mandela. He had spent all his life fighting for the freedom of black South Africans. The white South Africans were < A > what would happen to their country. Nelson Mandela had to look for ways to bring his country together. In 1995, he found the answer. He wanted the country to become one through rugby.

Rugby in South Africa was a mostly white sport at the time. The South African rugby team had only one black player and the fans of the team were all mostly white people. The black people of South Africa did not like rugby. But Nelson Mandela understood that rugby was an important sport to white South Africans. He also understood the power of sports. He believed sports have the power to change the world. He decided that the slogan of the 1995 South African rugby team would be "One Team, One Country."

Mandela had to work hard before the tournament to ask black South Africans to forget about the past. He told them that to move forward as a country, they must join the white South Africans in support of the rugby team. ① He believed the team could win without the support of both white and black South Africans.

As the World Cup began in 1995, it went as Mandela had hoped. South Africa won all their *pool stage matches and went to the next round. The excitement grew in South Africa when they played France in the semi-finals and won. The final match was with the strongest rugby team at the time, New Zealand. South Africa did not lose any matches so far, (②) no one thought the South African team could win the final.

On June 24th, 1995, the day of the 1995 Rugby World Cup finals, black South Africans were just as ③(to / excited / as / the match / begin / for) white South Africans. Before the match began, Nelson Mandela walked on the field to shake each player's hand. Something amazing happened then. [　　　　] Even though the people in the crowd were mostly white South Africans, they were cheering in support of their President. They were < B > their President. Nelson Mandela's plan had worked! Through the power of sports, he was successful in bringing the country together.

With the support of their home fans, South Africa won the 1995 Rugby World Cup. The win not only showed how great the South African rugby team was, but it also showed the world the power of sports.

(注) pool stage matches : 予選リーグ

(1) < A >・< B >に入る最も適当なものをア～オの中からそれぞれ１つずつ選び、記号で答えよ。

ア．busy with　　イ．proud of　　ウ．surprised at

エ．worried about　　オ．bored of

(2) 下線部①は１語欠けているので文脈にそぐわない文になっている。その欠けている１語を答えよ。

(3) （ ② ）に入る最も適当な語をア～エの中から１つ選び、記号で答えよ。

ア．or　　イ．but　　ウ．so　　エ．because

(4) 下線部③の（ ）内の語(句)を正しく並べかえて英文を完成せよ。

(5) [　　　　　　] に入る最も適当な文をア～エの中から１つ選び、記号で答えよ。

ア．The crowd began to call out "Nel-son! Nel-son! Nel-son!".

イ．The crowd was just looking at their President.

ウ．Nelson Mandela came down on the field.

エ．Nelson Mandela gave the gold medals to the players.

(6) 次の質問に日本語で答えるとき、空所に入る部分を４５字以内で答えよ。ただし、句読点も字数に数える。

質問 Why did Nelson Mandela choose to use rugby to bring the country together?

答え 南アフリカの黒人はあまりラグビーが好きではなかったが、[______________________________] から。

(7) 本文の内容と一致する英文をア～オの中から１つ選び、記号で答えよ。

ア．Nelson Mandela made the first rugby team in South Africa.

イ．Before 1995, black South Africans couldn't join any sports.

ウ．Nelson Mandela made the slogan of the 1995 Rugby World Cup "One Team, One Country."

エ．France was the strongest rugby team at the time, but it lost the match with New Zealand in 1995.

オ．The South African rugby team won all the matches in the World Cup in 1995.

【8】次の英文を読んで、後の問いに答えよ。

Maggie and Dion got married a few months ago. They moved to a new town and lived in a small apartment. Maggie often felt lonely. Dion was out at work every day and she didn't know anyone in the town.

One Friday morning, Dion was late for work. He picked up his bag and hurried to the door. Then he stopped. "I forgot to tell you. I will be home at 6:30. Pam and Brian are coming with me for dinner. Have a good day!" Maggie ran to the open door. Dion was still saying something as he ran down the stairs, but Maggie couldn't hear what he was saying. She closed the door and went back inside.

Maggie thought, "A dinner party! This is exciting. Pam and Brian will be our first visitors. But I am a terrible cook! What can I make for dinner? Dion is a very good cook. But Dion will have no time tonight to cook for our visitors. I will have to make something." Then Maggie phoned her mother and asked < a-1 > advice. She said to Maggie, "Maggie! You can't cook, so please make something simple. How about a roast chicken? You can cook some potatoes in the oven with the chicken and make a salad and an apple pie. Good luck." Maggie looked on the Internet. She found many recipes < a-2 > roasting a chicken. It didn't seem difficult. "Maybe I can do this," she thought. "And maybe I can buy an apple pie from the bakery."

Maggie made a list and a timetable, so she knew what time to start cooking the chicken. She prepared everything for the salad. She put flowers from the supermarket in vases. She set the table and said, "I can use ①(ア as イ all ウ gifts エ we オ given カ the キ were) wedding presents. The table will look beautiful." Maggie felt very happy.

It was late in the afternoon when Maggie read her timetable. "I have to put the chicken in the oven at 4:30. Then I will prepare the potatoes and put them in the oven with the chicken." Maggie followed the recipe from the Internet carefully. She did everything written < b-1 > the recipe. She set the *temperature for the oven and put the chicken in. She prepared the potatoes and put them in the oven too. Everything was done and Maggie relaxed. She set the alarm < b-2 > her phone for 6:00 pm and rested.

When the alarm went off, she went to the kitchen. "That's strange," she thought. "I can't smell anything. Maybe I should check." Maggie took the chicken and potatoes out of the oven. The chicken was white and cold. The potatoes were raw. "Oh, no! The oven is broken! I only have snacks, salad and apple pie!"

Dion came home. He was very cheerful. "We left work early. Pam and Brian are parking their cars. They'll be here in a few minutes." He looked at Maggie. She had tears running down her face. "Oh, Dion! The oven is broken. We have no food to give them!" "You cooked dinner? ②But......" He went to the oven and opened the door. The oven was cold. He looked at the oven controls. He hugged Maggie. "Did you look at a recipe?" "Yes. I wrote everything down!" Dion laughed. "Put the chicken and potatoes in the refrigerator quickly. We'll eat them tomorrow. I told you this morning that I would buy pizzas on the way home. Brian is bringing them now."

"Oh," said Maggie. "I know you said something, but I didn't hear." Brian and Pam were at the door. They had the pizzas and wine. It was a great dinner party.

Maggie's salad was good. Everyone liked the apple pie. When Pam and Brian left, Maggie said to Dion. "We must call the *repairman tomorrow. The oven is broken."

Dion laughed and said, "Mmm. The oven is not broken. You set the temperature but you didn't turn the oven on!" "Oh," said Maggie. "The recipe didn't say anything about turning the oven on!"

(注) temperature : 温度　repairman : 修理工

出典 : *The Dinner Party,* I TALK YOU TALK PRESS EXTRA, https://italk-youtalk.com　より一部改変

(1) 次の文は本文の要約である。本文の内容と合うように(1　　　　)～(10　　　　)に入る適当な語を答えよ。[　]内に文字が与えられているものは、その文字で始まる語を答えること。

Maggie and Dion were a newly married (1　　　　). During the day, Maggie was always at home and she felt lonely. One morning, Dion told his wife he would (2　　　　) his friends to their apartment.

She was excited because they would have their first (3[g]　　　　). She searched on the Internet and decided to make a roast chicken and a salad.

She followed the recipe and put a chicken and (4　　　　) in the oven and set the alarm for 6:00 pm. When the alarm went off, she could (5　　　　) nothing. She thought the oven was (6　　　　).

When Dion came home, Maggie was (7[c]　　　　) because she thought they had nothing to eat. She explained about the oven to him and he checked it. (8　　　　) was wrong with the oven. Maggie just (9　　　　) to turn it on.

Anyway, all of them (10　　　　) themselves at the party though they didn't eat the chicken.

(2) 本文中の＜ a-1 ＞・＜ a-2 ＞に共通して入る１語を答えよ。

(3) 本文中の＜ b-1 ＞・＜ b-2 ＞に共通して入る１語を答えよ。

(4) 下線部①の(　　)内の語を正しく並べかえて英文を完成させるとき、(　　)内で２番目と５番目にくる語を記号で答えよ。

(5) 下線部②の But の後で Dion が言いたかった１文を文中から探し、その文の最初の３語を答えよ。

問題は以上です。

令和 4 年度

理 科

（40分）

・ 合図があるまで、中を見てはいけません。
・ 試験開始の合図があったら、はじめに受験番号を書き、
QRコードのシールをはってください。

問題は 2 ページから 15 ページです。

H

１．次の両生類についての文章を読み、以下の問いに答えよ。

両生類は、魚類やハチュウ類、鳥類と同じ（　a　）動物の仲間で、主に水辺やそれに近いところで生活しています。両生類の最も古い化石は地質年代では(あ)古生代のデボン紀に見られ、魚類の次に地球に現れた（　a　）動物と考えられています。

両生類には大きく二つの仲間があり、(い)成体になっても長い尾が残るもの（有尾類）と、(う)成体になると尾がなくなり、跳ねるようになるもの（無尾類）があります。両生類は普通、（　Ⅰ　）卵を産み、ふ化した幼生はいずれ変態をします。それに伴い呼吸方法もえら呼吸から（　Ⅱ　）呼吸や（　Ⅲ　）呼吸に変化し、心臓のつくりも(え)（　w　）心房（　x　）心室から（　y　）心房（　z　）心室に作り替えられます。雑食性から肉食性に食べ物が変わることもあり、口の形や目のつくりも変化し、目のつき方の変化で（　b　）視ができるようになります。

人間と両生類のかかわりは、俳句にも登場するほど身近なものでした。ところが、現在では環境の変化で絶滅が心配されているものもあります。オオサンショウウオは、種指定の特別（　c　）に指定され、保護されています。

一方で、食用を目的として持ち込まれたウシガエルが野生化し、生態系に大きな影響を与えています。そのため、ウシガエルは飼育や移動が禁止されている特定（　d　）に指定されています。

（１）空欄（a）～（d）に当てはまる語を答えよ。

（２）下線部（あ）古生代 の示準化石となる生物として、最も適当なものを、次の（ア）～（エ）から１つ選び、記号で答えよ。

（ア）フズリナ　　（イ）アンモナイト　　（ウ）ナウマンゾウ　　（エ）ビカリア

（３）下線部（い）・（う）の例を、オオサンショウウオ、ウシガエル以外で１つずつ答えよ。

（４）空欄（Ⅰ）に当てはまる語句として最も適当なものを、次の（ア）～（エ）から１つ選び、記号で答えよ。

（ア）水中に、殻《から》のない　　（イ）水中に、殻のある
（ウ）陸上に、殻のない　　（エ）陸上に、殻のある

（５）空欄（Ⅱ）・（Ⅲ）に適する語を答えよ。（順不同）

（６）下線部（え）について、空欄（w）～（z）に適する数字の組み合わせとして適当なものを、次の（ア）～（オ）から１つ選び、記号で答えよ。

	w	x	y	z
（ア）	1	1	1	2
（イ）	1	1	2	1
（ウ）	1	1	2	2
（エ）	1	2	2	2
（オ）	2	1	2	2

２．次の会話を読み、以下の問いに答えよ。

博士、質問があります。
通常の地震と核実験による人工的な地震は、どうして区別がつくのですか?

いい質問ですね。地震のゆれを地震計で記録すると、最初に小さな波、しばらくしてやや大きな波が記録されます。「最初の波」をPrimary wave（P波)、「2番目の波」をSecondary wave (S波）とよぶことは学校で習いましたね。

はい。でも、P波とS波の違いがよくわかりません。

P波は、波の進行方向に対して押したり引いたりしながら伝わる波で、S波は、波の進行方向に対して横に（直交方向に）ずれるようにしながら伝わる波です。地下の岩盤の硬さによっても違いますが、通常は、P波の伝わる速度は秒速 7 km、S波の伝わる速度は秒速 4 km として計算すればいいでしょう。

なるほど。よくわかりました。

さて、地下で核実験などによる爆発があった場合、地震計の記録で爆発があったかどうかを判別することができます。一般に爆発は押し波（外へ押し出す波)、つまりP波しか出ないため、大ざっぱに言えば、S波のない波形になるのです。実際には、爆発による波は地下深部で反射や屈折を繰り返すため、その際にS波が生成されて弱いS波を観測することはあります。ただし、P波に比べてS波が小さすぎるなど、自然地震の記録とは大きく異なるのです。これによって、自然地震か核実験などによる人工的な地震かは区別がつくのです。

ちゃんと区別がつくなんて、すごいですね。

自然地震の際には、地層がずれることでS波が生じます。この「ずれ」を（　a　）といいましたね。S波は横に「ずれ」ながら伝わっていくため、地層をつくる岩盤のような固い物質がずれなければ伝わらないことになります。

博士、とてもよくわかりました。東北地方太平洋沖地震の時に仙台に住んでいる叔父は、ゆれが大きくなる前に緊急地震速報のアラームが鳴り、身構えていたため、本棚が倒れてもきても、けがをせずに済んだそうです。でも、1 か月後にまた大きな地震が起こったときは、緊急地震速報とほぼ同時に強いゆれがきたので、身構える余裕がなく、危うくけがをするところだったそうです。

震源に近い場合は緊急地震速報が間に合わないことがあります。あらかじめ、大きな家具は固定するなど、日頃から地震に備えておくことが大切ですね。

本当にそうですよね。

地震はプレートの動きによって生じます。陸のプレートと海のプレートの様子を模式的に表しましたので、確認しておきましょう。

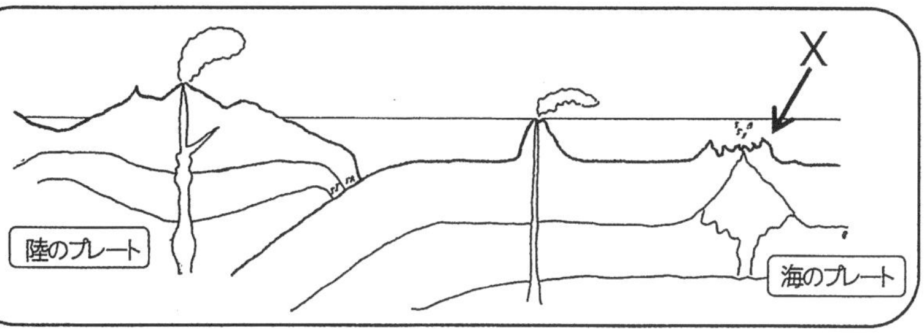

図の X のような海底の大山脈を、たしか（　b　）と言いましたよね。

そうです。ここは（　Y　）でしたね。東北地方太平洋沖地震の時には、太平洋側の（　c　）プレートと、陸側の（　d　）プレートの境界面でずれが生じました。また、観測の結果、東北地方太平洋沖地震発生前に起こっていた地震と、発生直後の余震では、地震のタイプに違いが見られることも明らかになりました。

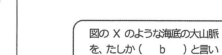

（１）会話文中の空欄（a）～（d）に適する語を答えよ。

（２）東北地方太平洋沖地震を海上で経験した船の船長は、当時の様子について、次のように語っている。

「港に帰る途中で、急にドンという強い衝撃があった。そのあと急いで船を陸から離れる方向に進ませた。途中で大きな波に遭遇したが、無事乗り越えることができた。」

① 船長が感じた衝撃はＰ波によるものか、Ｓ波によるものか。どちらかを選び、選んだ理由を10字以上20字以内で答えよ。

② 下線部の大きな波は一般に何とよばれるか。

（３）東北地方太平洋沖地震の１か月後に発生した地震では、緊急地震速報の到達とほぼ同時にＳ波によると思われる強いゆれが仙台を襲ったと考えられる。

① 仮に、仙台での初期微動継続時間が３秒であったとする。このとき、仙台における震源からの距離を求めよ。ただし、答えが割り切れない場合は、小数第一位を四捨五入し、整数値で答えよ。

② この地震の震央は、仙台から26.2 km、松島から33.5 km離れた地点であることが判明した。震央の候補となる地点は何か所あるか。ただし、仙台と松島の距離は20 km離れているものとする。

（４）空欄Ｙに当てはまる文として最も適当なものを、次の（ア）～（エ）から１つ選び、記号で答えよ。

（ア）海のプレートと陸のプレートができるところ

（イ）地球内部から高温の物質がわき上がっているところ

（ウ）昔の陸上の大山脈が海底に水没したところ

（エ）太平洋に特有な地形で、大西洋やインド洋には見られないところ

（５）東北地方太平洋沖を震源とする地震について、海洋研究開発機構（JAMSTEC）による海のプレート内地震の調査によると、深さ約 40 km の深い領域では、東北地方太平洋沖地震発生前の地震と、発生直後の余震で地震のタイプに違いが見られた。その違いを述べた文として最も適当なものを、次の（ア）～（エ）から１つ選び、記号で答えよ。

（ア）東北地方太平洋沖地震発生前は、東西に押し縮められて引き起こされる地震が多く、余震では、東西に引っ張られて引き起こされる地震が多い傾向にあった。

（イ）東北地方太平洋沖地震発生前は、東西に引っ張られて引き起こされる地震が多く、余震では、東西に押し縮められて引き起こされる地震が多い傾向にあった。

（ウ）東北地方太平洋沖地震発生前は、陸のプレートが海のプレートに冷やされることで引き起こされる地震が多く、余震では、海のプレートが陸のプレートに冷やされることで引き起こされる地震が多い傾向にあった。

（エ）東北地方太平洋沖地震発生前は、海のプレートが陸のプレートに冷やされることで引き起こされる地震が多く、余震では、陸のプレートが海のプレートに冷やされることで引き起こされる地震が多い傾向にあった。

３．次の文章を読み、以下の問いに答えよ。

化学の研究では、化合物に含まれる原子の種類や質量を調べ、化学式を特定することが重要である。現在では、電子機器を用いて自動で測定が行われているが、かつては以下のような装置を用いていた。この装置を用いた方法は、一般に(あ)炭素を含む化合物である（ a ）に対して行われる。

（ a ）に十分な酸素を加えて完全燃焼させると、（ a ）に含まれる炭素は（ b ）に変化し、水素は（ c ）に変化する。

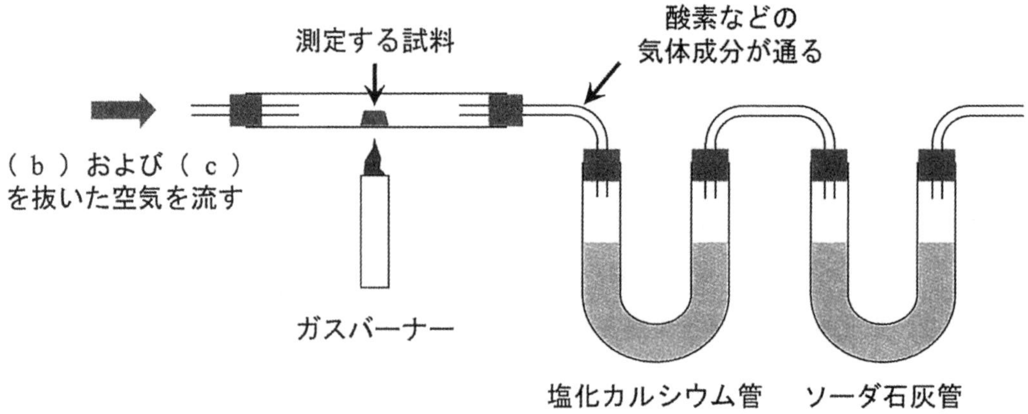

この装置では、塩化カルシウム管では（ c ）、※ソーダ石灰管では（ b ）が吸収されるので、それぞれの管の質量変化を調べれば、(い)化合物に含まれる炭素原子や水素原子の質量の割合を算出することができ、炭素と水素の個数の比を求めることができる。

※ソーダ石灰　酸化カルシウムに濃い水酸化ナトリウム水溶液を吸収させて、加熱乾燥させたもの

（１）空欄（a）～（c）に適する語を答えよ。ただし、(b)・(c) は物質の名称で答えること。

（２）下線部（あ）について、文中の（a）に分類される物質を、次の（ア）～（オ）からすべて選び、記号で答えよ。

（ア）ステンレス　　（イ）砂糖　　（ウ）プラスチック　　（エ）食塩
（オ）ガラス

（３）メタン CH_4 を完全燃焼させたときの反応を、化学反応式で示せ。

下線部（い）について、その計算方法を以下のようにまとめた。ただし、以下の（b）・（c）は8ページの（b）・（c）と同一の語が当てはまる。

水素原子、炭素原子、酸素原子の質量比は1：12：16である。これを用いて考えると、炭素原子と（b）および水素原子と（c）の質量の比は、それぞれ以下のようになる。

炭素原子：(b) ＝（ d ）：（ e ）

水素原子：(c) ＝（ f ）：（ g ）

このことから、ソーダ石灰管の増加した質量をx [g]，塩化カルシウム管の増加した質量をy [g]とおくと、化合物中に含まれる炭素原子や水素原子の質量は以下のように求めることができる。

$$\text{化合物中の炭素原子の質量} = x \times \frac{(\ \mathrm{d}\ )}{(\ \mathrm{e}\ )}$$

$$\text{化合物中の水素原子の質量} = y \times \frac{(\ \mathrm{f}\ ) \times 2}{(\ \mathrm{g}\ )}$$

(う) 炭素と水素のみからなるある化合物について測定を行ったところ、ソーダ石灰管は2.2 g、塩化カルシウム管は0.9 gだけ質量が増加した。このとき、化合物に含まれる炭素原子は（ h ）g、水素原子は（ i ）gであることがわかる。

このようにして、炭素原子と水素原子の質量比を求めることができるが、この方法では(え) 化合物に含まれる酸素原子の質量を直接測定することはできない。

（４）空欄（d）～（i）に当てはまる数値を答えよ。ただし、比は最も簡単な整数比になるように表せ。

（５）下線部（う）について、この化合物の化学式として考えられるものを、次の（ア）～（エ）からすべて選び、記号で答えよ。

（ア）C_2H_4　（イ）C_2H_6　（ウ）C_4H_8　（エ）C_4H_{10}

（６）下線部（え）について、その理由として適当なものを、次の（ア）～（エ）から１つ選び、記号で答えよ。

（ア）化合物には、水素や塩素のように酸素原子を含まないものもあるから。

（イ）化合物を空気中に放置すると、酸素と反応してしまうことがあるから。

（ウ）燃焼させる際に反応した（外部から加えられた）酸素と、はじめから化合物に含まれる酸素を区別することができないから。

（エ）酸素を含む化合物は空気中では安定に存在しており、反応しにくいから。

（７）炭素、水素、酸素のみを含む化合物について、化合物の質量を X [g]、化合物に含まれる炭素原子の質量を Y [g]、水素原子の質量を Z [g]とする。このとき、化合物に含まれる酸素原子の質量[g]を、X、Y、Z を用いて表せ。

4．次のⅠ～Ⅳの文章を読み、以下の問いに答えよ。

Ⅰ

熱の伝わり方は 3 つある。1 つ目は、高温のものと低温のものが接触しているとき、熱が温度の高いほうから低いほうへ移動するような伝わり方である。このような熱の伝わり方を（　a　）という。2 つ目は、加熱された液体が膨張して密度が小さくなり上部へ移動し、上部の冷たい液体と入れかわるような伝わり方である。このように物質が循環して熱が伝わる現象を（　b　）という。3 つ目は、温められた物体から外部へ熱が出ていくような伝わり方である。このような熱の伝わり方を放射という。

（１）空欄（a)、(b）に適する語を答えよ。

Ⅱ

物体の放射による放射量E（放射されるエネルギー量）は、その物体の絶対温度T [K] の4乗に比例する。つまり、以下の式となる。

$$E\ [W/m^2] = k \cdot T^4$$

（絶対温度T [K] は、セ氏温度t [℃] を用いて、T [K] = 273 + t [℃] と表される。）

これを黒体放射の法則という。なお、kは比例定数である。この式からの理論計算で、太陽表面の平均温度は5780 K、地球表面の平均温度は255 Kと求められた。

ところが、地球の表面温度は、実際には280 K～290 Kである。これは地球の大気による（　c　）の影響と考えられる。

（２）空欄（c）に適する語を漢字４文字で答えよ。

（３）放射量Eの単位 [W/m²] の説明として最も適当なものを、次の（ア）～（カ）から１つ選び、記号で答えよ。

（ア）物体の表面１m²あたりから放射されるエネルギー量 [J]
（イ）物体の表面１m²あたりから放射されるエネルギーの変換効率 [%]
（ウ）１秒あたりに、物体の表面から放射されるエネルギー量 [J]
（エ）１秒あたりに、物体の表面から放射されるエネルギーの変換効率 [%]
（オ）１秒あたりに、物体の表面１m²から放射されるエネルギー量 [J]
（カ）１秒あたりに、物体の表面１m²から放射されるエネルギーの変換効率 [%]

Ⅲ

地球は太陽の周りを公転している。この軌道を円軌道とみなしたとき、太陽から地球までの距離を 1 天文単位 [au] という。なお、1 au を光の速さ（秒速 30 万 km）で進むと、8 分 20 秒かかる。

（ 4 ）1 天文単位は何 km か。最も適当なものを、次の（ア）～（カ）から 1 つ選び、記号で答えよ。なお、$1000 = 10^3$ 、$10000 = 10^4$ のように表す。

（ア）1.5×10^4　（イ）1.5×10^5　（ウ）1.5×10^6　（エ）1.5×10^7

（オ）1.5×10^8　（カ）1.5×10^9

Ⅳ

太陽が出す放射エネルギーを太陽放射という。1 au の距離で、太陽光に垂直な面 1 m^2 が 1 秒あたりに受ける太陽放射のエネルギー量を太陽定数 F という。

入射した太陽放射のエネルギー量に対する反射エネルギー量の割合を A とする。地球の場合、F のうち 70%が吸収され、30%が反射されるから、A＝0.3 である。

ここで、地球を完全な球体とみなし、その半径を r [m] とすると、1 秒あたりに地球が吸収する太陽放射のエネルギー量 H [W] は、太陽定数 F [W/m^2] に地球の断面積 πr^2 と吸収率（太陽放射のエネルギー量に対する吸収エネルギー量の割合）をかけたものとなる。

（ 5 ）1 秒あたりに地球が吸収する太陽放射のエネルギー量 H [W] を、π、r、F を用いて表せ。

（ 6 ）1 秒あたりに地球が吸収する太陽放射のエネルギー量 H [W] はいくらか。最も適当なものを、次の（ア）～（カ）から 1 つ選び、記号で答えよ。
なお、$F = 1400$ [W/m^2]、$r = 6.4 \times 10^6$ [m] とし、$\pi = 3$ として計算せよ。

（ア）1.2×10^{13}　（イ）1.2×10^{14}　（ウ）1.2×10^{15}　（エ）1.2×10^{16}
（オ）1.2×10^{17}　（カ）1.2×10^{18}

問題は以上です。

2022(R4) 滝高
K 教英出版

令和 4 年度

社　会

（40分）

・ 合図があるまで、中を見てはいけません。
・ 試験開始の合図があったら、はじめに受験番号を書き、QRコードのシールをはってください。

問題は 2 ページから 23 ページです。

H

【　１　】次の文を読んで、あとの問いに答えよ。

古くから生まれた国を離れ、移民として他国で暮らした人は多くいた。現在までその動きは続いている。

アメリカ合衆国の移民は、a 17 世紀～20 世紀初頭まではヨーロッパの出身者が多かった。第一次世界大戦後には移民を制限する法律が制定されて、一時的に移民は減少したが、1960 年代以降再び増加している。彼らはメキシコやキューバなどの b ラテンアメリカ諸国、中国やインドなどの c アジア諸国の出身である。

ドイツでは、第二次世界大戦後の好景気の時期に、おもにトルコなどから移民がやってきた。そして、彼らはドイツの経済成長を支えた。その後、好景気が終了しても彼らは帰国せず、ドイツ国内に残る人が多かったため、移民を排斥しようとする動きが国内で沸き起こった。現在も d 移民に対する賛否はあるものの、移民は増加している。

オーストラリアは、18 世紀には宗主国のイギリスから流刑地として扱われた。その後、牧牛や牧羊に従事する人々がやってきた。1851 年にゴールドラッシュが起こると、白人だけでなくアジア系の移民も流入したため、20 世紀初頭に移民を制限し、白豪主義を採用した。しかし、1970 年代に入ると e アジアとの結びつきを強め、多文化政策を実施したことにより、アジア系の移民が多くなっている。

サウジアラビアや f アラブ首長国連邦は、砂漠が多く人口が少ない。そのため、南アジアからの移民を受け入れている。

問１　下線部 a について、17 世紀初頭に北アメリカ大陸の大西洋沿岸に、植民地を開いて移民を入植させた国を、次のア～エから１つ選び、記号で記せ。

ア．スペイン　　イ．イギリス　　ウ．ドイツ　　エ．ロシア

問２　下線部 b について、この地域からアメリカ合衆国にやってきた移民を何というか。

2022(R4) 滝高
K 教英出版

問３　下線部ｃについて、下の地図でアジア系人種の比率がもっとも高い地域はどこか。次のア～オから１つ選び、記号で記せ。

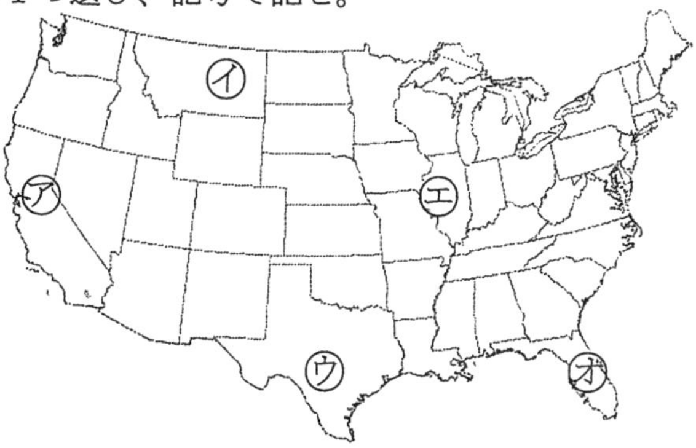

問４　下線部ｄについて、なぜドイツでは、移民の受け入れに反対の意見があるのか、理由として誤っているものを、次のア～エから１つ選び、記号で記せ。

ア．移民の多くを占めるトルコ人は、イスラム教徒が多いので、文化的な摩擦が起こるから。

イ．移民は社会階層が低く、彼らの生活を救済するために、ドイツ人の社会保障費の負担が大きくなるから。

ウ．第二次世界大戦の時に、多くのユダヤ人を受け入れて圧政から救済したが、その政策が失敗に終わった経験があるから。

エ．安い労働力の移民が多く流入すると、ドイツ人の失業率が高くなるから。

問５　下線部ｅについて、アジアとの結びつきを強めたオーストラリアは、貿易の方針も変更した。どのように変更したか、以下の語句を用いて説明せよ。**なお使用した指定語句には下線を引くこと。**

APEC

問６　下線部ｆについて、４人の生徒がアラブ首長国連邦、日本、中国、ナイジェリアの人口に関する統計をみて意見を述べている。次の彼らの発言のうち、アラブ首長国連邦の人口について述べている生徒を１人選び、ア～エの記号で記せ。

ア．太郎：世界でもっとも少子高齢化が進んだ国の一つだから、死亡率も高くなっていると思うよ。

イ．花子：1970 年代以降に、人口増加率が低下しているのは、国の政策が原因の一つだと思うわ。

ウ．次郎：15 歳未満の人口が全体の 40％以上を占めているので、今後は経済成長が期待できると思うよ。

エ．菊子：20～30 歳代の男性外国人労働者の人口が多いのは、この国の産業と深い関係がありそうね。

このあとも問題が続きます。

【　2　】次の文を読んで、あとの問いに答えよ。

私たちが利用する交通手段には様々なものがあるが、中でも安全性や定時性に優れた交通手段が鉄道である。鉄道はその利便性から、人口が増加している地域での導入が注目されている。

広島市は、市町村合併などにより人口が急増し、a企業の支社や公的機関、教育機関などが集まる、中国・四国地方の政治・経済・文化の中心都市になっている。しかし、それに伴って過密化が進んだため、近年は郊外に住宅地が開発され、そこから広島市中心部へ新たな鉄道が開通した。高速道路や地下鉄の建設も検討されているが、広島市のある広島平野は、太田川が形成する（　1　）上に位置しているため地盤が弱く、建設は難しい。中国・四国地方では、他の都市でも公共交通機関の利用を促進する取り組みが行われているが、近年全国的に最も注目を浴びているのは路面電車である。

電気鉄道が1890年の内国勧業博覧会で注目されたことをきっかけに、1895年に日本で初めての路面電車が京都に開通した。その後、路面電車は都市交通の中心として、全国に普及していった。1932年には全国65都市、82事業者、路線延長1,479kmとなり、都市の交通手段として欠かせないものとなったが、1960年代以降、自動車や地下鉄の普及により、路面電車は衰退していった。それに伴って、b広い駐車場を備えたショッピングセンターが幹線道路沿いに建設されたり、工場などが建設されたりするなど、市街地が郊外へと広がっていった。

しかし近年、路面電車が再評価されている。特に、次世代型の路面電車システムのことをcLRTと呼び、日本では富山市が初めて本格的に導入した。富山市は生活に必要な機能を中心部に集めることで、公共交通機関や徒歩で生活できるような都市を整備する（　2　）の取り組みを進め、路面電車の利用者を増やそうとしている。その一環として、郊外から都心へ向かう人には、駅に併設された駐車場に自動車を停め、LRTに乗り換える（　3　）方式を採用している。LRTは日本では現在、d富山市のほか、札幌市や松山市、鹿児島市などで既に導入されており、宇都宮市で導入予定である。宇都宮市は既存の路面電車路線がない都市であるが、令和5年の開業を目指し、工事が進められている。

問1　（　1　）～（　3　）に適する語句をカタカナで記せ。

問2　下線部aについて、ある地方の政治・経済・文化の中心都市のことを何というか。

問３　下線部ｂについて、このような現象が起こると、どのような影響があると考えられるか。それについて述べた次のＡ・Ｂの文の正誤の組み合わせとして正しいものを、下のア～エから１つ選び、記号で記せ。

Ａ　自動車免許を持たない高齢者が買い物をしやすくなる。

Ｂ　市街地の拡大にともなう道路や水道の整備、維持に莫大な費用がかかる。

ア．Ａ：正　Ｂ：正　　イ．Ａ：正　Ｂ：誤

ウ．Ａ：誤　Ｂ：正　　エ．Ａ：誤　Ｂ：誤

問４　下線部ｃについて、LRT の導入について述べた文として<u>**誤っているもの**</u>を、次のア～エから１つ選び、記号で記せ。

ア．地下鉄に比べて建設が容易で費用が安くすみ、短期間で導入することができる。

イ．LRT は中心市街地から郊外へと路線が伸びているため、人々は郊外へ移り住む傾向が強くなる。

ウ．都市中心部に乗り入れる自動車が減るため、交通渋滞を緩和することができる。

エ．自動車やバスに比べて二酸化炭素の排出量が少なく、持続可能な社会を目指す上で有効である。

問５　下線部ｄについて、次の表は、日降水量が 1mm 以上の日数（1981 年から 2010 年までの平均値）を月ごとにまとめたものである。表中の**ア～エ**は、富山市、札幌市、松山市、鹿児島市のいずれかを示している。富山市にあてはまるものを表中のア～エから１つ選び、記号で記せ。

	1月	2月	3月	4月	5月	6月	7月	8月	9月	10月	11月	12月
ア	18.1	16.0	14.2	9.0	8.5	6.5	8.0	8.5	9.7	11.7	13.9	15.4
イ	7.4	7.0	10.4	9.3	9.5	11.5	9.1	6.8	8.9	6.9	6.8	6.4
ウ	8.9	8.8	12.9	10.4	10.0	14.6	11.2	10.5	10.2	7.2	7.3	7.7
エ	22.3	18.1	16.7	12.0	10.8	10.9	13.5	9.8	12.6	12.7	16.5	20.7

（単位：日）

『理科年表 2021』より作成

【　３　】次の文を読んで、あとの問いに答えよ。

徳政とは、本来、王による善政を意味する言葉であった。中国では、多くの国がうまれ、争い、統廃合がくりかえされた。その中で、劣った王の下では、自然災害などが起こり、優れた王の下では、天気が安定することなどで王の徳が示されると考えられた。この考え方は儒教を国の中心にすえたａ漢の時代にはじまったとされる。

中国では、王や国が滅ぼされ、新しい王や国にかわるということは、天の意思（＝天命）が革《あらた》まることという意味で革命と呼ばれた。新しい王は、滅ぼした国に対して自らの善政の優位性を示すことに力を注いだ。それは、儀式を行うことやｂ歴史書を整備することなどで、行われた。

日本は、中国から様々な制度を取り入れながら、国の体制を整えていった。一方で、天皇家が代々続く中で、革命という考え方は定着しなかった。また日本では、豊かな自然がある反面、自然災害や疫病など、天変地異が多い。ｃ仏教には、それらから国を守る役割が期待され、奈良時代から平安時代にかけて、積極的に新しい教えや経典などが求められていった。

長く続いた天武天皇の血筋がとだえ、ｄ天智天皇の血筋の天皇に替わると、その血筋の優位性を示すために様々な政策が行われた。徳政という考え方も広まり、天皇の交代を機とした、制度や儀式、歴史書などを整えることも行われた。

東国に、軍事力を基盤とした鎌倉幕府が生まれ、実権を拡大していく中、軍事力を持たない朝廷は、その政治や裁判を徳政と呼ぶようになっていた。当時の裁判は、土地の権利や税の納入に関するものが多かった。裁判結果を実現するためには、軍事力が必要であり、権利を失った側が、権利の回復を求めて、幕府に裁判を持ち込むことが急増した。ｅ幕府は、武家社会独自の法をつくる一方で、朝廷の仕組みを取り入れながら、それらに対応していった。そして幕府が徳政を行うことが、人々から求められるようになっていった。

鎌倉時代後半から広がった貨幣経済は、室町時代にはさらに広がった。種もみ代などが銭で貸し付けられ、税の納入にも代銭納が広まっていった。借りた銭が返せない人は、労働を強制されたり身分を失ったりした。そのような人々は、ｆ借金の帳消しをする徳政令を室町幕府に求め、将軍の代替わりなどに土一揆を起こした。当初は、拒否していた室町幕府は、争われる債権・債務の何割かを幕府に納入することで、借り手や貸し手を保護する徳政令や徳政禁令を何度も出すようになった。応仁の乱以降、動員された武士たちが京都周辺で借金をすることがあったが、それが徳政令で帳消しにされる事態が起こるようになると、人々は徳政令を嫌うようになっていった。

問1　下線部ａについて、漢の時代に最も近い出来事として正しいものを、次のア～エから１つ選び、記号で記せ。

ア．モヘンジョ・ダロの都市国家が栄えた。

イ．アレクサンドロス大王が巨大な帝国を作り上げた。

ウ．ローマが地中海を囲む地域に支配を広げた。

エ．ムハンマドが神に絶対的に従うことを説いた。

問2　下線部ｂについて、次のＡ～Ｃの中国の歴史書に記されている内容を古い順に並びかえたとき、正しいものを、下のア～カから１つ選び、記号で記せ。

Ａ　『宋書』には、倭王武からの手紙が記されている。

Ｂ　『魏書』には、倭の女王の使者に対して金印などを与えたことが記されている。

Ｃ　『隋書』には、倭からの使者が「天子」を名乗ったことに中国の皇帝が怒ったことが記されている。

ア．Ａ→Ｂ→Ｃ　　イ．Ａ→Ｃ→Ｂ　　ウ．Ｂ→Ａ→Ｃ

エ．Ｂ→Ｃ→Ａ　　オ．Ｃ→Ａ→Ｂ　　カ．Ｃ→Ｂ→Ａ

問3　下線部ｃについて、仏教にこのようなはたらきを期待したある天皇は、全国に寺院を建てる命令をだした。この天皇の時代の年号をつけた文化を何というか、記せ。

問4　下線部ｄについて、次の史料は、天智天皇の血筋のある天皇が徳政を行うためにどうすれば良いかを家臣に議論させた時にのべられた意見の現代語訳である。史料中にある「軍事」とまとめられている出来事の中で、朝廷と争った人物や氏族として正しいものを、下のア～エから１つ選び、記号で記せ。

今、民衆を苦しめているのは軍事と平安京の造営です。この二つを停止すれば、人々は安らかになるでしょう。

ア．アテルイ　　イ．奥州藤原氏　　ウ．コシャマイン　　エ．平将門

問５　下線部ｅについて、鎌倉時代の朝幕関係について述べた次のＡ・Ｂの文の正誤の組み合わせとして正しいものを、下のア～エから１つ選び、記号で記せ。

Ａ　鎌倉幕府の御家人たちの奉公の中には、天皇の住まいの警備をすることもあった。

Ｂ　荘園・公領の領主は都の皇族や貴族、寺社であることが多く、鎌倉幕府の地頭の中には彼らへの年貢の納入を請け負うこともあった。

ア．Ａ：正　Ｂ：正　　イ．Ａ：正　Ｂ：誤

ウ．Ａ：誤　Ｂ：正　　エ．Ａ：誤　Ｂ：誤

問６　下線部ｆについて、貨幣経済の発達した室町時代には金融業を営むものがいた。土一揆に襲われる対象となった金融業者を２つ記せ。

問７　次のＡ～Ｃは、徳政にかかわる史料の現代語訳である。設問の都合上、一部変更がある。

Ａ

一　この城下町は楽市としたので、いろいろな座は廃止し、さまざまな税や労役などは免除する。…（中略）…

一　領国内に徳政令を出したとしても、この城下町は除外する。

Ｂ

正長元年以前の借金は神戸四か郷では帳消しにする。

Ｃ

領地の質入れや売買は、御家人の生活が苦しくなるもとなので、今後は禁止する。…（中略）…御家人以外の庶民が御家人から買った土地については、売買後の年数に関わりなく、返さなければならない。

（１）　Ａ・Ｂの史料がつくられた場所の組み合わせとして正しいものを、次のア～エから１つ選び、記号で記せ。

ア．Ａ：安土　Ｂ：柳生　　イ．Ａ：安土　Ｂ：草戸千軒

ウ．Ａ：姫路　Ｂ：柳生　　エ．Ａ：姫路　Ｂ：草戸千軒

（２）　Ａ～Ｃを年代の古い順に並びかえたとき、正しいものを、次のア～カから１つ選び、記号で記せ。

ア．Ａ→Ｂ→Ｃ　　イ．Ａ→Ｃ→Ｂ　　ウ．Ｂ→Ａ→Ｃ

エ．Ｂ→Ｃ→Ａ　　オ．Ｃ→Ａ→Ｂ　　カ．Ｃ→Ｂ→Ａ

問８　江戸時代、将軍の代替わりごとに出され、大名たちに読み聞かせられたきまりがある。それは何か、記せ。

【　4　】次の文を読んで、あとの問いに答えよ。

近代の日本が文明国になるということは、アジアではじめての帝国主義国家になるということでもありました。a 下関条約で、清からゆずりわたされた台湾を、当時の日本ははじめての「外地」としました。そして、b 日露戦争での勝利によって、日本は「外地」を更に拡大していきました。

しかし、その過程で、それら「外地」の支配のあり方が問題になりました。フランスのように植民地を本国と「同化」する方針にするか、イギリスのように本国と別のものとして植民地を扱うかという議論がなされ、地域の実情に応じた様々な形の支配が行われました。たとえば、内地では（　1　）の協賛を得ることなく法律をつくることはできませんでしたが、日本の植民地となった台湾や朝鮮において、総督府は立法の機能を持っていたため法令を出すことができました。ただし、本国との「同化」を主張する人たちは、そのような行為を憲法違反であると批判しました。一方、樺太では、樺太が日本に近いことや、日本人の移住者が多かったために、法令や政治を日本に近づける方針が進められました。

しかし、20 世紀になると、軍隊を用いた武力による支配に対して、住民の反発が拡大します。c そのような反発が大きな運動としてあらわれたのが、朝鮮で起こった三・一独立運動でした。日本は、d 国内のデモクラシーの風潮や、第一次世界大戦後の欧米諸国の国際協調の動きの中、朝鮮や台湾の民族主義をおさえる目的で、植民地と本国を文化的に「同化」させる方針を強めました。

e 満州事変を経て日本が国際連盟を脱退して孤立すると、日本は国際連盟に代わる国際秩序を求め、日本を中心とするアジアの秩序をつくろうとしました。この考え方は、1921 年から翌年にかけて開催された（　2　）会議によってつくられた、アジア・太平洋の国際協調体制にかわる秩序として、日本が中国やヨーロッパと戦う理由とされました。政府が神社参拝の強制など同化政策の強化を朝鮮や台湾などに対して行うようになったのはこの頃からです。戦争が長期化し、本土で人的資源が不足するようになると、朝鮮や台湾では徴兵制が導入されたり、東南アジアでも厳しい動員が行われるようになりました。この頃の動員の実態が、戦後の対外問題として引き継がれるようになったのです。

令和四年度 国語 解答用紙 H

【一】

問1

a シャクヨウ

b ムジュン

c ナゴリ

d ミンゾク

e キゲン

問2

問3

問4

問5

問6

問7

問8

問9

65

※100点満点
（配点非公表）

224111

受験番号

↑ ここに受験番号のシールをはってください。

4.

(1)	(2)
(3)	(4)

5.

(1)		(2)
(ア)	(イ)	
△ABC =		$t=$

6.

(1)		(2)
AE = , AF =		△AEF =
(3)	(4)	

【6】

①	In Japan [ ].
②	[ ].

【7】

(1)	A		B		(2)		(3)
(4)		(5)					
(6)	南アフリカの黒人はあまりラグビーが好きではなかったが、						
	から。	(7)					

【8】

(1)	1		2		3		4	
	5		6		7		8	
	9		10					
(2)		(3)		(4)	2番目		5番目	
(5)								

(5)

3.

(1)			(2)
a	b	c	

(3)

(4)					
d	e	f	g	h	i

(5)	(6)	(7)
		[g]

4.

(1)		(2)	(3)
a	b		

(4)	(5)	(6)
	[W]	

問 7 （1） （2） 問 8

【4】

問 1 （1） （2） 問 2 問 3

問 4 問 5 （1） （2） （3） 問 6

【5】

問 1 問 2 問 3 問 4

問 5 （1） （2） 問 6 問 7

【6】

問 1 問 2 X Y Z

問 3 問 4 問 5

問 6 問 7 問 8

※50点満点
（配点非公表）

令和４年度　社会
解答用紙　H

受験番号

↑ ここに受験番号のシールをはってください。

224141

【１】

問１　　問２　　問３　　問４

問５

問６

【２】

問１　1　　2　　3

問２　　問３　　問４　　問５

【３】

問１　　問２　　問３　　問４

【解答

※50点満点
（配点非公表）

令和４年度　理科

解答用紙　H

受験番号

↑ ここに受験番号のシールをはってください。

224131

1．

(1)			
a	b	c	d
(2)	(3)		(4)
	(い)	(う)	
(5)		(6)	
Ⅱ	Ⅲ		

2．

(1)			
a	b	c	d

(2) ①	
P・S	選んだ理由
波	

(2)	(3)	(4)

【解答

※100点満点
（配点非公表）

224151

令和４年度　英語
解答用紙　H

受　験　番　号

↑ ここに受験番号のシールをはってください。

【１】

〈問題１〉

(1)		(2)		(3)		(4)	

〈問題２〉

(1)		(2)		(3)		(4)	

【２】

(1)		(2)		(3)		(4)	

【３】

(1)			(2)		
(3)			(4)		

【４】

(1)			(2)		
(3)			(4)		

【５】

【解答

※100点満点
（配点非公表）

224121

令和４年度　数学
解答用紙　H

受　験　番　号

↑ ここに受験番号のシールをはってください。

1.

(1)	(2)
(3)	(4)
$x =$	$\triangle\mathrm{AFG} : \triangle\mathrm{CDH} =$　　　：
(5)	
$\angle\mathrm{BID} =$	

2.

(1)	(2)
ア ＝　　　，イ ＝	$x =$　　　，$y =$

3.

(1)	(2)	(3)

【解答

問1
a けた
b まった
c
d
e られる

問2

問3

問4

問5

問6

55

問7

問8

問9

75

問１　（　１　）・（　２　）に適する語句を記せ。ただし、（　１　）は漢字４字で記すこと。

問２　下線部ａについて、次の台湾（高山国）の歴史に関連するＡ～Ｃの出来事を年代の古い順に並びかえたとき、正しいものを、下のア～カから１つ選び、記号で記せ。

Ａ　近松門左衛門が、台湾を拠点に抵抗運動を行った人物を題材とした人形浄瑠璃の脚本をつくった。

Ｂ　日本政府が、琉球漁民の殺害に抗議し、台湾に出兵した。

Ｃ　豊臣秀吉が、高山国に対し、自らのもとに朝貢をするように要求した。

ア．Ａ→Ｂ→Ｃ　　イ．Ａ→Ｃ→Ｂ　　ウ．Ｂ→Ａ→Ｃ
エ．Ｂ→Ｃ→Ａ　　オ．Ｃ→Ａ→Ｂ　　カ．Ｃ→Ｂ→Ａ

問３　下線部ｂについて、日露戦争によって拡大された「外地」の説明として、正誤の組み合わせとして正しいものを、下のア～エから１つ選び、記号で記せ。

Ａ　千島列島のすべてを日本領として領有した。

Ｂ　山東半島の旅順や大連の租借権を手に入れた。

ア．Ａ：正　Ｂ：正　　イ．Ａ：正　Ｂ：誤
ウ．Ａ：誤　Ｂ：正　　エ．Ａ：誤　Ｂ：誤

問４　下線部ｃについて、三・一独立運動は、第一次世界大戦中に各地で起きた社会の変動を背景に始められた。第一次世界大戦中に起きた出来事として正しいものを、次のア～エから１つ選び、記号で記せ。

ア．ロシアでは、レーニンらが、史上初の社会主義の革命政府をつくった。

イ．ドイツでは、ビスマルクの指導のもと、統一帝国がつくられた。

ウ．インドでは、ガンディーらが、「塩の行進」を行った。

エ．中国では、毛沢東ら共産党が、国民党の弾圧から逃れるために、大移動を始めた。

問５　下線部ｄについて、**【資料１】**・**【資料２】**は、三・一独立運動当時の総理大臣である原敬と政治学者である吉野作造の、朝鮮の同化政策についての考えを記したものである。**【資料１】**・**【資料２】**の文章と、**【資料に関する説明文】**を読み、後の問いに答えよ。

【資料１】原敬の同化政策についての考え

私は、朝鮮人を内地の人びとの待遇と同じにするべきだと考える。英米が人種、宗教、言語、歴史の異なっている人びとを治めるような考え方で朝鮮を治めるのは誤りである。現在〔　Ⅰ　〕ので、内地と同じ方針で朝鮮を統一したい。ただし、文明の程度や生活の程度は今日すぐに一足飛びに内地と同じように取り扱うことができないのはもちろんである。

【資料２】吉野作造の同化政策についての考え

異民族を統治して、心の底から喜んで従わせることは全く不可能ではないとしても、非常に困難なものである。したがって、私個人の考えとしては、異民族統治は、民族としての独立を尊重し、その独立の完成によって最終的には〔　Ⅱ　〕方針が理想であると言いたい。・・・（中略）・・・私はもちろん、朝鮮民族が同化してすっかり日本民族と一つになるということを必ずしも全く不可能であると軽々と断定する者ではないが、今の日本人の状態では非常に困難であるということだけは認めざるを得ない。少なくとも同化のための様々な努力をまったく政府や役所に任せて、人びとが全く歩調を合わせず、事あるごとに朝鮮人を蔑視《べっし》し、虐待しているようでは、到底同化させることはできない。

【資料に関する説明文】

【資料１】は、三・一独立運動当時総理大臣であった原敬の1919年の日記を要約したもので、**【資料２】**は、吉野作造が朝鮮を視察した後に書いた文章を要約したものです。原敬は、三・一独立運動への対応を背景に、同化政策を肯定する立場を取っています。

一方、吉野作造は、主に〔　Ⅲ　〕を問題として、同化政策に批判的な立場を取っています。これは、吉野がこの頃、〔　Ⅳ　〕と主張していたこととも関係があると考えられます。ただし、例えば吉野が〔　Ⅱ　〕方針を異民族統治の理想とするという表現にとどめているように、両者とも帝国主義を維持する前提で、同化政策に関する主張を行っていることを、意識して読まなければなりません。

（1）〔 Ⅰ 〕・〔 Ⅱ 〕に適するａ～ｄの言葉の組み合わせとして正しいものを、下のア～エから１つ選び、記号で記せ。

〔 Ⅰ 〕 ａ．日本も朝鮮も全く同じ国に朝貢している

ｂ．日本と朝鮮は全く同じ国である

〔 Ⅱ 〕 ｃ．政治的な自治権を与える

ｄ．植民地支配から解放する

ア．ａ・ｃ　イ．ａ・ｄ　ウ．ｂ・ｃ　エ．ｂ・ｄ

（2）〔 Ⅲ 〕・〔 Ⅳ 〕に適するａ～ｄの言葉の組み合わせとして正しいものを、下のア～エから１つ選び、記号で記せ。

〔 Ⅲ 〕 ａ．日本政府や役所の朝鮮の民族に対する態度

ｂ．日本の人びとの朝鮮の民族に対する態度

〔 Ⅳ 〕 ｃ．国民主権のもと、議院内閣制を導入するべきである

ｄ．一般民衆の意向に沿って政策を決定するべきである

ア．ａ・ｃ　イ．ａ・ｄ　ウ．ｂ・ｃ　エ．ｂ・ｄ

（3）原敬が総理大臣として行った政策について、正誤の組み合わせとして正しいものを、下のア～エから１つ選び、記号で記せ。

Ａ　米騒動が全国に広まったため、軍隊を出動させて鎮圧した。

Ｂ　普通選挙法を制定し、満25歳以上の男子に選挙権を与えた。

ア．Ａ：正　Ｂ：正　イ．Ａ：正　Ｂ：誤

ウ．Ａ：誤　Ｂ：正　エ．Ａ：誤　Ｂ：誤

問６　下線部ｅについて、次のＡ～Ｃの出来事を年代の古い順に並びかえたとき、正しいものを、下のア～カから１つ選び、記号で記せ。

Ａ　南満州鉄道の線路が爆破され、関東軍が軍事行動をはじめた。

Ｂ　日本とドイツが日独防共協定を結んだ。

Ｃ　犬養毅首相が、首相官邸で暗殺された。

ア．Ａ→Ｂ→Ｃ　イ．Ａ→Ｃ→Ｂ　ウ．Ｂ→Ａ→Ｃ

エ．Ｂ→Ｃ→Ａ　オ．Ｃ→Ａ→Ｂ　カ．Ｃ→Ｂ→Ａ

【　5　】次の会話文を読んで、あとの問いに答えよ。

先　生：今日の公民の授業では、前回の温暖化を中心とする気候変動問題に引き続き、気候変動と政治や経済との関係について考えてみたいと思います。まずは、気候変動と政治との関係について考えてみましょう。具体的には、どんな出来事がありますか。

生徒Ａ：気候変動と政治との関係というと、前の a アメリカ大統領によるパリ協定離脱が思い浮かびます。バイデン大統領に代わってアメリカはパリ協定に復帰しました。

先　生：よく勉強していますね。

生徒Ｂ：私は、気候変動による異常気象や海面上昇が原因で住むところを追われ、b 移動した先で治安が悪化したり、紛争が生じたりすることも政治的問題だと考えます。アフリカのチャド湖周辺では、砂漠化が進み、水や食料不足がおきました。東南アジアでは、海水の温暖化によって魚の生息地が変わり、漁獲量が減ったことで、c 海賊行為をする漁民が増えているところもあるそうです。このような生活によって不安定な民衆が増加すると、過激派組織が勢力を拡大し、国際的な破壊行為を引き起こすなど、まさに d 政治問題に発展してしまいます。

先　生：本当によく調べていますね。それでは、e 気候変動と経済との関係はどうでしょうか。

生徒Ａ：数年前に、f タイで発生した大規模な洪水のため、現地の日系企業の操業が止まり、日本の経済も影響を受けたと聞きました。これは、気候変動で経済も大きな打撃を受ける典型的な例だと思います。

生徒Ｂ：頻発する台風や洪水、熱波などによる干ばつといった気候変動が、食糧不足や水力発電の電力不足を引き起こし、経済の停滞を引き起こしていると考えられます。特にホンジュラス、グアテマラ、エルサルバドルなどの中米諸国では移住を求める人々がメキシコとの国境に殺到しています。

先　生：太平洋の島々の国では、海面上昇により居住地がなくなることもあって、ニュージーランドやオーストラリアへの移住を求める人々も増えています。難民問題も以前の授業で学習しましたが、経済的、環境的な理由での移住は現在のところ g 国際法上は「難民」と認定されないのです。「難民」の定義も時代とともに変えていくべきではないかという意見もあります。

生徒Ａ：気候変動の問題は、私たちの生活のあり方を考える重要な問題なのですね。今日の授業で、ますます気候変動に対する関心が高まりました。

生徒Ｂ：今度は、どんな政策をとれば、気候変動を止めることができるかを、みんなで調べたいと思います。
先　生：次回の授業も楽しみですね。

問１　下線部ａについて、次の歴代アメリカ大統領の政策を述べた文として<u>誤りを含むもの</u>を、次のア～エから１つ選び、記号で記せ。

ア．リンカン大統領は、南北戦争中に、奴隷解放宣言を発表した。

イ．ウィルソン大統領は、14か条の平和原則で、国際連盟の創設を提唱した。

ウ．ケネディ大統領は、共産主義を封じ込めるため、朝鮮戦争に介入した。

エ．オバマ大統領は、核のない世界を目指し、プラハ演説を行った。

問２　下線部ｂについて、国だけでなく一人一人の人間性に着目し、その生命や人権を大切にするという考え方を何というか、７字で記せ。

問３　下線部ｃについて、日本では、ソマリア沖などで海賊対策として自衛隊が船舶を護衛することもある。このことに関する次の文のうち正しいものを、次のア～エから１つ選び、記号で記せ。

ア．この行為は、PKO（国連平和維持活動）協力法として行われている。

イ．この行為は、2014年に集団的自衛権の行使が可能という政府見解に変更されたことによって行われている。

ウ．この行為は、日米安全保障条約の改正によって行われている。

エ．この行為は、国会で特別な措置法を制定して行われている。

問４　下線部ｄについて、次の出来事Ａ～Ｃを年代の古い順に並びかえたとき、正しいものを、下のア～カから１つ選び、記号で記せ。

Ａ　アメリカ同時多発テロ

Ｂ　第１次中東戦争

Ｃ　ユーゴスラビア紛争

ア．Ａ→Ｂ→Ｃ　　イ．Ａ→Ｃ→Ｂ　　ウ．Ｂ→Ａ→Ｃ

エ．Ｂ→Ｃ→Ａ　　オ．Ｃ→Ａ→Ｂ　　カ．Ｃ→Ｂ→Ａ

問５　下線部ｅについて、

（１）　現在、気候変動を安定化させるため、カーボンプライシングが導入されている。そのうちの１つとして、家庭や企業が排出した二酸化炭素などに金銭的な負担を課す炭素税がある。これは、金銭的負担を課すことで世界全体の二酸化炭素の供給量を減らそうとする仕組みである。このように金銭的な負担を課すことで供給量を調整しようとする仕組みを使っているとは**いえない事例**を次のア～エから１つ選び、記号で記せ。

ア．レジ袋の有料化を義務づけ、プラスチックの使用量を減らした。

イ．たばこの間接税率を上げ、喫煙者の数を減らした。

ウ．ビンなどの容器代を事前に価格に上乗せし、返却する際に返金して容器を回収した。

エ．混雑時の鉄道の運賃を上乗せし、車内の混雑を解消した。

（２）　次の表は、ある財の需要と供給を示した線である。温暖化を防止するために、二酸化炭素を排出する財などに課す税金の率を上げることによって生産費用が増え、かつ、政府のキャンペーンによってその財の需要が落ち込むことを想定すると、均衡点はどちらに移動するか、次のア～エから１つ選び、記号で記せ。

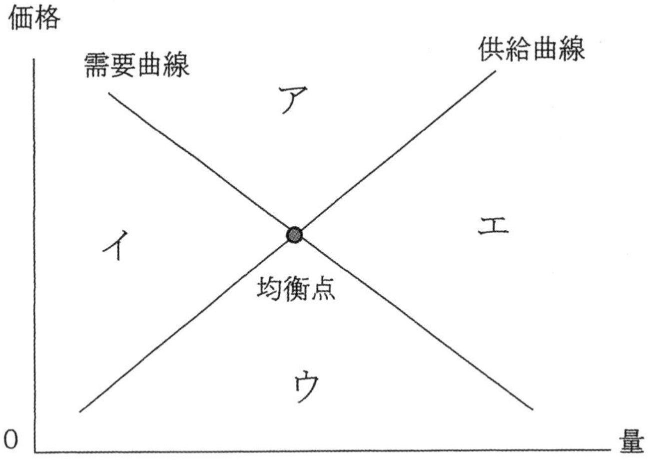

問６　下線部ｆについて、このように現在の国際経済では、供給網が国境を越えてつながり合っている。この供給網のことを何というか、次のア～エから１つ選び、記号で記せ。

ア．オンデマンド　　　　イ．トレーサビリティ

ウ．デジタルデバイド　　エ．サプライチェーン

問７　下線部ｇについて、次のカードは、国際法や国際社会に関する調べ学習を発表したものである。班の主張ではなく**調べた事実に誤りを含んでいるもの**を、下のア～エから１つ選び、記号で記せ。

ア．
私たちは、国際法について調べました。国際法は、国家間で結ばれる文書になった条約と、長年の国際慣行で守られてきた国際慣習法に分類できます。国際社会には、国際司法裁判所などの裁判所があります。私たちは、日本がかかえる領土紛争なども国際裁判で解決すべきだと考えます。

イ．
私たちは、国際関係の成り立ちについて調べました。国際関係の基本的な単位は主権国家です。この考え方は17世紀のヨーロッパにおいて成立しました。これまでアフリカや東欧諸国などの独立によって、主権国家の数は増えてきています。そのため、国連に加盟することが主権国家の条件となっています。東ティモールや南スーダンは主権国家です。これからの国際社会には主権国家間の協力が不可欠です。

ウ．
私たちは、難民が発生しやすい中東地域やアジア・アフリカの国々を調べました。これらの国々は、かつてヨーロッパの国々に植民地支配をされていた国々が多く、産業基盤が弱いため、貧困の危機と隣り合わせの国も多いです。そのため、そうした国の中では、少ない資源をめぐって、国同士や民族同士の争いが多く起こることもあります。その解決は困難なため、国際的な協力が不可欠だと考えます。

エ．
私たちは、日本の外交や私たちのできることについて調べました。日本の難民認定数は、欧米諸国に比べて少ないです。これは、日本が難民の発生する地域から遠い国であるという地理的条件もあるかもしれません。しかし、日本の人口減や国際貢献を考えた場合、積極的に受け入れていくという考え方もあるのではないでしょうか。

【　6　】次の文を読んで、あとの問いに答えよ。

経済のグローバル化で、私たちの生活は、ますます外国と密接なものになってきています。それにともない、a 貿易の規模も拡大してきています。

貿易には、b 自由貿易と保護貿易という考え方があります。自由貿易では、国家が貿易に介入せず、市場の働きに任せた自由な取り引きが行われます。一方、保護貿易では、国が関税をかけたり、輸入制限を行ったりします。

1929 年に始まった世界恐慌のときに、各国は相次いで自国産業の保護に走り、イギリスやフランスは、植民地との関係を密接にするとともに、それ以外の国々からの輸入品への関税を高くする［　c　］圏を形成しました。結果として、これが第二次世界大戦の一因となりました。戦後は、自由貿易を進めようとする国際的な動きが起こりました。そして、1948 年に GATT（関税と貿易に関する一般協定）が発足しました。その後、協定にすぎなかった GATT は、より強い統制力を持たせるため、1995 年に発展的に解消され、d WTO（世界貿易機関）が設立されました。

一方で、特定の国や地域との間で自由貿易や経済連携を目指すようになり、FTA（自由貿易協定）や EPA（経済連携協定）の締結国が増大しました。また、複数の国での e 地域経済統合もさかんになりました。f 日本もこのような流れに乗り出し、現在 14 か国と EPA を締結しており、2018 年には、TPP（環太平洋経済連携協定）という大規模な協定にも調印しています。

自由貿易の流れは、市場を拡大し、競争を促進し、国際経済を活性化させるために非常に重要です。ただ、この流れには問題もあります。例えば、日本のケースでは、輸出が増大し、輸入製品も安くなるというメリットがある一方で、農業の弱体化や g 食料自給率の低下などの問題なども生み出します。様々な特質を持つ国々がひとつになることは容易なことではありません。しかし、それぞれの国々が粘り強く h 交渉を続けていくことが、よりよい社会を作り上げていくためには不可欠です。

問１　下線部ａについて、次の図は、2019年の日本の貿易額を示した表である。表のA～Cには、アメリカ・中国・EU（ヨーロッパ連合）のいずれかが入る。組み合わせとして正しいものを、下のア～カから１つ選び、記号で記せ。

（単位：百万円）

	輸出	輸入
A	15,254,513	8,640,165
B	8,955,277	9,722,197
C	14,681,945	18,453,731

『令和２年分貿易統計（速報）の概要』（財務省）より作成

ア．A－アメリカ　　B－中国　　C－EU
イ．A－アメリカ　　B－EU　　C－中国
ウ．A－中国　　B－アメリカ　　C－EU
エ．A－中国　　B－EU　　C－アメリカ
オ．A－EU　　B－アメリカ　　C－中国
カ．A－EU　　B－中国　　C－アメリカ

問２　下線部ｂについて、国際分業についての次の文章の［　X　］～［　Z　］に適する数字を記せ。

A・B各国は、パソコンと冷蔵庫のみをそれぞれ生産している。A国は、パソコンを１台作るのに10万円かかる。一方、冷蔵庫を１台作るのに50万円かかる。B国は、パソコンを１台作るのに60万円かかる。一方、冷蔵庫を１台作るのに20万円かかる。A国のパソコンと冷蔵庫の生産予算を60万円、B国のパソコンと冷蔵庫の生産予算を80万円とすると、分業しなかった場合は、A・B両国で、パソコン２台、冷蔵庫２台が作られることになる。

次に、A・B両国で分業し、それぞれの国が得意な製品のみを、A国は60万円、B国は80万円の予算で作るとする。そうすると、A・B両国で、パソコンは［　X　］台、冷蔵庫は［　Y　］台作られることになり、A・B両国の生産量は、分業する前と比べて［　Z　］倍に増加する。

問３　［　c　］に適する語句を記せ。

問４　下線部ｄについての記述として正しいものを、次のア〜エから１つ選び、記号で記せ。

ア．WTO は、GATT の基本原則である「自由・平等・無差別」を継承している。

イ．WTO は、サービスや知的財産権の分野でも経済連携を目指している。

ウ．WTO 加盟国すべての国や地域で、鉱工業品分野の関税はゼロとなっている。

エ．WTO は、未加盟の国や地域との貿易を禁止している。

問５　下線部ｅについての記述として正しいものを、次のア〜エから１つ選び、記号で記せ。

ア．アメリカは、一度 TPP に調印したが、その後、離脱している。

イ．MERCOSUR（南米南部共同市場）には、現在、南アメリカ大陸にあるすべての国家が加盟している。

ウ．社会主義国家であるベトナムは、ASEAN（東南アジア諸国連合）には含まれていない。

エ．EU では、すべての加盟国が自国の通貨を廃止して、共通の通貨であるユーロを導入している。

問６　下線部ｆについて、日本が現在 EPA を締結している国や地域を、次のア〜エから１つ選び、記号で記せ。

ア．ブラジル　　イ．南アフリカ共和国　　ウ．ロシア連邦　　エ．シンガポール

2022(R4) 滝高
K 教英出版

問７　下線部ｇについて、次の表は、世界各国の食料自給率（カロリーベース）を示したものである。この表を読んだ上で、食料自給率に関する記述として誤っているものを、下のア～エから１つ選び、記号で記せ。

（単位：％）

	2012 年	2013 年	2014 年	2015 年	2016 年	2017 年
アメリカ	126	130	133	129	138	131
カナダ	244	264	232	255	257	255
ドイツ	96	95	100	93	91	95
フランス	134	127	124	132	119	130
イギリス	67	63	74	71	65	68
オーストラリア	229	223	213	214	202	233
韓国	39	42	42	43	39	38
日本	39	39	39	39	38	38

※　日本のみ年度のデータを使用。

『諸外国・地域の食料自給率等について』（農林水産省）より作成

ア．表中の国の中で、2012 年と 2017 年を比較して、最も自給率の増加率が高い国は、カナダである。

イ．ドイツの食料自給率が減少した年は、イギリスも食料自給率が減少している。

ウ．表中の国の中で、国土面積が大きい上位３か国は、2012 年から 2017 年にかけて、常に、食料自給率が高い上位３か国となっている。

エ．2012 年から 2017 年にかけて、その年の GDP（国内総生産）が世界第１位の国は、食料自給率が 100％を超えている。

問８　下線部ｈについて、G20 は、もともと主要国の首脳が集まり、世界の様々な問題について話し合う会議であった。この会議を「山の頂上」になぞらえて通称何と呼ぶか、カタカナで記せ。

問題は以上です。

2022(R4) 滝高
K 教英出版

滝高等学校

令和 三 年度

国 語

（60分）

放送の合図があるまで、中を見てはいけません。
問題は 二ページから 二十一ページです。

H

2021(R3) 滝高
教英出版

※ 設問に字数制限のあるものは、句読点等も一字に数えるものとする。

【一】 次の文章を読んで、後の問いに答えよ。なお、設問の都合により本文を一部改変してある。

細菌は40億歳

昔の生物は死ななかった。でも、私たちヒトは必ず死ぬ。どうしてだろうか。

なぜ昔の生物は死ななかったかというと、細菌かそれに似た生物しかいなかったからだ。もちろん細菌も、環境が悪くなったり事故にあったりすれば、死ぬことはある。でも、好適な環境にいれば、細胞分裂を続けながら永遠に生き続けることができる。

細菌が細胞分裂をして２つの細菌になれば、つまり母細胞《ぼさいぼう》が細胞分裂をして２つの娘細胞《むすめさいぼう》になれば、もはや娘細胞は母細胞とは別の個体であり、母細胞はいなくなったとする考え方もある。その場合でも、母細胞が「死んだ」とはあまり言わないだろう。ここでは「死ぬ」という言葉は、「細胞の中で起きている化学反応などの活動が止まり、分解されて土や空気に還《かえ》る」ことを指すことにしよう。そういう意味では、細菌は永遠に死なない可能性があるのだ。

地球上に生物がいた最古の証拠は、約38億年前のものである。生物が生まれたのは、とうぜん最古の証拠よりも前のはずだから、ざっと40億年ぐらい前のことだろう。ということで、とりあえず細菌が生まれたのを約40億年前とすれば、現在生きている細菌は約40億年のあいだ生き続けてきたことになる。つまり、細菌に寿命はないのだ。無限に細胞分裂を繰り返すことができるのだ。

寿命は進化によってつくられた

ところが、私たちには寿命がある。最近、世界の多くの地域で、私たちの平均寿命は大幅に伸びた。その一方で、最大寿命はあまり伸びていない。

最高齢の記録には不確実なものが多く、どこまでを事実と考えてよいのか難しいけれど、少なくともフランス人の*ジャンヌ・カルマン氏（女性、１９９７年没）が１２２歳まで生きたのは確実とされている。おおよそこの辺りが、私たちの寿命の上限と考えてよいだろう。いくら好適な環境で生きていても、永遠には生きられないのだ。

昔の生物には寿命がなかった。それから進化していく間に、寿命のある生物が現れた。つまり、寿命というものは、進化によってつくられた可能性が高い。その結果、現在では寿命のない生物と寿命のある生物が両方いるのだろう。

細菌の1種である＊大腸菌は、ａエイヨウなどの条件がよければ、およそ20分に1回分裂する。このペースで分裂を続けていけば、2日も経《た》たずに大腸菌の重さは地球の重さを超えてしまう。もちろん実際には、そういうことは起こらない。なぜなら、［　Ⅰ　］。

もしかしたら、あなたは神様にお願いするかもしれない。「私は死ぬのがいやです。だから私を、私を大腸菌にしてください」。でも、①そんなことを神様にお願いしても、多分ろくなことにはならない。大腸菌に変えてもらったあなたは、多分そう長くは生きられない。だって、ほとんどの大腸菌はすぐに死んでしまうのだ。さっき言ったように、そうでなければ地球はたちまち大腸菌だらけになってしまう。平均余命で考えれば、大腸菌より私たちのほうがずっと長生きなのである。

地球の大きさは有限なので、そこで生きられる生物の量には限界がある。地球には定員があるのだ。だから、定員を超えた分の個体は、気の毒だけれど死なくてはならない。たしかに、大腸菌のような細菌は、永遠に生き続ける可能性はある。とはいえ、長く生き続ける細菌はほんのわずかで、ほとんどの細菌はすぐに死んでしまうのだ。

では、②みんなが死なないで、いつまでも生きる方法はないのだろうか。

シンギュラリティはすでに起きている

じつは、みんなが死なないで、いつまでも生きる方法がある。分裂しなければよいのだ。あるいは、子供をつくらなければよいのだ。分裂したり子供をつくったりしなければ、個体数が増えないので、地球の定員を超えることはない。そして、みんなが、いつまでも永遠に生きることができる。

あなたや家族や友人や、さらに赤の他人も含めて、ヒトには寿命がなく、永遠に生きられるとしよう。その場合は、もちろん誰も子供はつくらない。それが最低限のお約束だ。子供をつくったら人口が増えてしまう。生きている人が死なないのだから、子供をつくり続けたら、いつかは地球の定員を超えてしまう。しかし、よく考えてみると、子供をつくらないで永遠に生きるというのは無理みたいだ。

およそ40億年前に、地球のどこかで＊有機物が組み合わさって、生物になりかけたころ……その有機物の塊を生物にしたのは、自然淘汰《とうた》の力だ。自然淘汰が働かなければ、有機物の塊は、すぐにまた消えてしまっただろう。しかし自然淘汰が働き始めれば、有機物の塊をどんどん複雑な生物へと組み立てることができる。周りの環境に適応させて、なかなか消えない有機物の塊に、そしてついには生物にすることができるのだ。

このように、有機物を生物にする力、さらに生物を環境に適応させて生き残らせることができる力、それはこの世に1つしかない。自然淘汰しかないのである。

さて、人工知能（Artificial Intelligence：略してＡＩ）に関連して、シンギュラリティという言葉が広く知られるようになってきた。人工知能が発展して、社会の様々なところでｂカツヤクするようになってきた。すると、③人工知能の発展に不安を持つ人々も現れてくる。人間の仕事が、人工知能に奪われてしまうのではないか、人工知能が人間の能力を超えるのではないか、そしてついにはシンギュラリティが来るのではないか、というのである。

④シンギュラリティは「技術的特異点」と訳されることが多いが、「いままでと同じルールが使えなくなる時点」のことだ。具体的には「人工知能が、自分の能力を超える人工知能を、自分でつくれるようになる時点」のことである。そして、シンギュラリティが訪れれば、人工知能によって人類は絶滅させられるかもしれないというのである。

もしも人工知能が、自分より賢い人工知能をつくれるようになったとする。すると、新しくつくられた人工知能は、また自分より賢い人工知能をつくる。その新しい人工知能が、さらに賢い人工知能をつくる。これを繰り返せば、人間よりはるかに賢い人工知能が、あっという間に出現するはずだ。そして、私たちをはるかに超えた知性を持った人工知能が、私たちをどう扱うか。それがわからないので、不安になるわけだ。

ところでシンギュラリティは、生物の世界ではすでに起きている。生物のシンギュラリティは、自然淘汰が働き始めた時点だ。自然淘汰が働き始める前は、少し複雑な有機物ができたり消えたりを繰り返していた。しかし、自然淘汰が働き始めると、有機物の構造は一気に複雑になり、たちまち機能的になり、環境に適応するようになり、そして生物が誕生したのだろう。

そして生物になってからも、自然淘汰は働き続けている。そのため、環境が変わっても、暑くなっても寒くなっても、生物は絶えることなく40億年にわたって生き続けてきたのである。

したがって生物が誕生し、そして生き続けるためには、自然淘汰が必要なのだ。

「死」が生物を生み出した

自然淘汰が働くためには、死ぬ個体が必要だ。自然淘汰には、環境に合った個体を増やす力がある。しかし、なぜそういうことが起きるかというと、環境に合わない個体が死ぬからだ。

環境に合うとか合わないとかいうのは、［　Ⅱ　］なものである。「より環境に合った個体が生き残る」ということは、「より環境に合っていない個体が死ぬ」ということなのだ。

だから、自然淘汰が働き続けるためには、生物は死に続けなくてはならない。でも、死に続けても絶滅しないためには、分裂したり、子供をつくったりしなくてはならないのだ。

だから、もしも死なないで永遠に生きる可能性のある生物がいたら、その生物には自然淘汰が働かない。自然淘汰が働かなければ、周りの環境に合わせて進化することができない。暑くなっても寒くなっても、地面がcリュウキして山になっても、地面がdチンコウして海になっても、みんな同じ形のまま変化しなかったら……そんな生物は環境に適応できなくて、絶滅してしまうだろう。永遠に生きる可能性のある大腸菌だって、環境が悪くなれば死ぬのだから。

死ななくては、自然淘汰が働かない。そして、自然淘汰が働かなければ、生物は生まれない。つまり、死ななければ、生物は生まれなかったのだ。死ななければ、生物は、40億年間も生き続けることはできなかったのだ。「死」が生物を生み出した以上、生物は「死」とeエンを切ることはできないのだろう。⑤そういう意味では、進化とは残酷なものかもしれない。

《更科　功・著『残酷な進化論　なぜ私たちは「不完全」なのか』ＮＨＫ出版新書　による》

【注】＊ジャンヌ・カルマン＝人類史上で最も長生きしたとされるフランス人の女性。
＊大腸菌＝環境中に存在する細菌の一種。ほ乳類の大腸に生息している。
＊有機物＝生物を組織する物質。炭素を主成分とする。

問1　〰〰線部ａ〜ｅのカタカナを漢字に直せ。（楷書で大きく丁寧に書くこと。）　※ａは学校当局により全員正解

問2　次の各文は本文中の表現である。‖線部「の」を〈意味〉によって分類した場合、どのような組み合わせになるか。その組み合わせとして最適のものを、次の**ア**〜**オ**の中から選び、記号で答えよ。

Ａ　「私は死ぬのがいやです。だから私を、私を大腸菌にしてください」。
Ｂ　地球の大きさは有限なので、そこで生きられる生物の量には限界がある。
Ｃ　しかし、よく考えてみると、子供をつくらないで永遠に生きるというのは無理みたいだ。
Ｄ　ところでシンギュラリティは、生物の世界ではすでに起きている。
Ｅ　永遠に生きる可能性のある大腸菌だって、環境が悪くなれば死ぬのだから。

ア　ＡＢ／ＣＤ／Ｅ
イ　ＡＢ／Ｃ／ＤＥ
ウ　ＡＣ／Ｂ／ＤＥ
エ　ＡＣ／ＢＤ／Ｅ
オ　ＡＣＥ／ＢＤ
カ　ＡＣＥ／Ｂ／Ｄ

問3　本文中の空欄［Ⅰ］・［Ⅱ］に入れるのに最適な表現を次の中から選び、それぞれ記号で答えよ。

Ⅰ

ア　ほとんどの大腸菌は死んでしまうからだ
イ　大腸菌の重さはほんのわずかだからだ
ウ　分裂すれば母細胞はいなくなるからだ
エ　全ての大腸菌はいつか消えてしまうからだ
オ　現代の大腸菌には寿命があるからだ

Ⅱ

ア　現実的
イ　相補的
ウ　敵対的
エ　絶対的
オ　相対的

問4　――線部①「そんなことを神様にお願いしても、多分ろくなことにはならない」とあるが、筆者がこのように述べるのはなぜか。その説明として最適のものを次の中から選び、記号で答えよ。

ア　母細胞は分裂しても娘細胞として生き続けるのだが、母細胞と娘細胞を別の個体として捉えると、人間よりも短命な個体しか存在しないことになるから。
イ　地球に生息できる生物の数には上限があるので、大腸菌が永遠に生きる素地を持っていたとしても、大半の個体は人間よりも長く生きられないから。
ウ　いくら好適な環境で過ごしても永遠には生きられないので、世界中で平均寿命が大幅に伸びてきている人間の方が、長く生きる可能性があるから。
エ　大腸菌は栄養条件が整えば永遠に生き続けられるが、地球の定員を超えた分の個体は淘汰されるため、人間の寿命を超える個体は出現しないから。
オ　生物は進化する過程で寿命を獲得していくので、永遠に生きる可能性がある大腸菌になったとしても、いずれは人間と同様に寿命と向き合うことになるから。

問5　――線部②「みんなが死なないで、いつまでも生きる方法はないのだろうか」という問題提起に対して、筆者は自分の考えをどのように展開しているか。その説明として最適のものを次の中から選び、記号で答えよ。

ア　解決する手段がないことを明言した後に、社会で起きている身近な現象を取りあげて、本文の《結論》へと大胆に帰結させていく。
イ　解決策を模索するなかで、並行的に生じている別の問題を提起して、本文の《結論》に関係した新たな視点を導き出していく。
ウ　理論上は解決できたとしても、実際には手の施しようがないことを示した後に、本文の《結論》に関連した全く別の話題へと転換していく。
エ　一旦は解決策を提示するのだが、実行するのが困難であることを述べた上で、本文の《結論》につながる話題へと関連づけていく。
オ　解決につながる決定的な方法を示してから、弊害となる問題を段階的に解消することで、本文の《結論》を徐々に浮かび上がらせていく。

問6　――線部③「人工知能の発展に不安を持つ人々も現れてくる」とあるが、このような人々が持つ不安とは、どのような不安か。六十字以内で説明せよ。

問7　——線部④「シンギュラリティは『技術的特異点』と訳されることが多いが、『いままでと同じルールが使えなくなる時点』のことだ」について、先生と生徒が対話している。**生徒A～E**のうち、本文を踏まえ正しい解釈をしているものを、次の**ア～オ**の中から一つ選び、記号で答えよ。

先生　シンギュラリティは私たちの生活に大きな影響を及ぼしそうですね。筆者は「シンギュラリティ（技術的特異点）」のことを「いままでと同じルールが使えなくなる時点」と定義しています。さて、「いままでと同じルールが使えなくなる」ことで、人類にはどのような影響が及ぶのでしょうか。皆さんで議論してみてください。

ア　**生徒A**——「いままでと同じルールが使えなくなる」と、どのような変化が起こるのだろう。生物の世界のシンギュラリティでは、有機物の構造が一気に複雑化したようだし、これからは人類の思考が一層進歩して、社会構造も複雑になっていくのかもしれないね。

イ　**生徒B**——ところで、今まさに私たちは「いままでと同じルール」に基づいて社会生活を営んでいることになるよね。ということは、人類が切磋琢磨しながら開発を進めている技術は、シンギュラリティによって完全に消えてしまうことになるんだね。

ウ　**生徒C**——それだけじゃない。人類の営みが根本的に否定されることになると思う。例えば、藤井《ふじい》聡太《そうた》さんはプロ棋士として日本各地の小中学生に将棋の魅力を伝えているけど、人工知能が将棋を指せるようになれば、人間同士が将棋を指す必要はなくなるよ。

エ　**生徒D**——そういえば「富岳《ふがく》」というスーパーコンピュータが計算速度で世界一位を獲得したというニュースを見たよ。いずれはもっと速いコンピュータが開発されるんだと興奮したな。でも「ルール」が変わったら人類は開発を先導できなくなるんだね。

オ　**生徒E**——いずれにしても私たちの生活に大きな影響を及ぼしそうだね。どんな変化が訪れたとしても、生物は絶えることなく40億年にわたって生き続けてきたわけだし、これまでの「ルール」をしっかりと読み解いていくことが求められると思うよ。

問8　——線部⑤「そういう意味では、進化とは残酷なものかもしれない」とあるが、なぜ「進化」は「残酷なもの」だと言えるのか。六十字以内で説明せよ。

【二】 次の文章を読んで、後の問いに答えよ。なお、設問の都合により本文を一部改変してある。

東京で研修医として働く隆治《りゅうじ》は、幼少期に亡くした兄（裕一）のことを聞くために、鹿児島の実家に帰省している。

父は焼酎のお湯割りを飲んでいた。芋をふかしたような、柔らかい香りが部屋じゅうに広がっていた。ところどころ錆《さ》びかけたポットを見た。

「もう二〇年になるねえ」

湯のみの中を見ながら、急に母が言った。父は返事もせず、テレビの方を見ている。

隆治はaドウヨウした。なぜ自分が話そうとしていることがわかったのだろう。

「うん」

数秒の間をおいて隆治は返事をした。母が隆治の方を向いた。

「そのことなんだけど……」

父がリモコンを持ち、テレビのチャンネルを替えた。天気予報が流れた。隆治は両手を組んだ。

「俺……病院で働き出して、何回かあった」

母は隆治をじっと見ている。

「その……なんていうか……人が死んじゃうところ」

隆治は手を組み替えて、自分で力を入れぎゅっとした。母は黙って隆治を見ている。父は変わらずテレビの方を向いている。

「それで……思い出したんだ。……兄ちゃんのこと……」

そう言った瞬間、母は表情を変えた。父は動かなかった。少しだけ開いた窓から、冷たい夜風が入ってきた。

隆治はもう一度手を組み替えると、左手の親指の爪をぎゅっと握った。

その話を、しに来たんだ。

①隆治は口の中でその言葉を転がした。うまく言えるか自信がなかった。言っていいのかどうかも、自信がなかった。

「だから……俺、夏休みをもらって……その話を」
唇を一度舐《な》めると、
「しに来たんだ」
と言った。
再び部屋が静かになった。隆治は下を向き、きつね色の古い畳の編み目を見つめた。
三人は黙っていた。これまで一度も話したことのない、死んだ兄の話をする。腕一本、いや指一本動かすのも憚《はばか》られた。

隆治は視線を上げると父と母を見た。

「だから、話してくれないか。あの日のこと」

「覚えていないか」
父が口を開いた。咳払《せきばら》いをして、もう一度言った。
「何も覚えていないか」
「うん。……いや、少し思い出すことがある……。あの、下に呼びに行ったこととか……」
隆治は、絞り出すようにして言った。

「じゃあ話してやろう」
父はそう言うとテレビの電源を切り、あぐらをかいたまま回って隆治の方を向いた。父と向かい合って話すのはいったい何年振りだろうか。
父の体は驚くほどちっぽけだった。

「あの日は朝から*わっぜ雨が降ってた。バケツの水を全部ひっくり返したような雨だ。だから、よく覚えている。近くの川が増水しているから気をつけろとラジオで言っていた。
朝から忙しかった。大雨だというのに、どういうわけかお客が途切れなかった。変な日だった。だから昼メシも食わなかったんだ。母ちゃんもバタバタしていたな。母ちゃんは裕一とお前に二階で昼メシを食わせたら、一階に降りてきてずっとさつま揚げを売っていた。

それで、ああ、今でも覚えてるよ、どこかの修学旅行生が一気に一〇人くらい来てみんな注文したんだ。これはありがたいと思って、大急ぎで準備していた。

そしたらお前が階段から降りてきて、何か言った。何を言ってるかわからんし、忙しかったから母ちゃんが上に追いやった。そしたら泣きながらまた来た。どうせ喧嘩《けんか》でもしたんだろうと、母ちゃんが見に行ったんだ。

そしたら、母ちゃんが駆け降りてきて『救急車！　救急車！』って言うもんだから、慌てて階段登ったよ」

父はちゃぶ台のコップを手に取ると、ぬるくなった焼酎のお湯割りを一口飲んで続けた。

「そしたら、裕一がぶったおれている。抱きかかえたら手もぶらんとした。慌てて救急車を呼んだ。いくら『裕一、裕一』って呼んでも、顔をひっぱたいても反応せんし、もうわけがわからん。……そう、お前はずっと泣いていた」

「それから救急車が来て、一緒に乗って病院に行った。市立病院だ、あの一番大きいところだ。ああ、お前も連れて行った。病院に着くなり、裕一は運ばれて行った。俺と母ちゃんは外で待っとけと言われ、それから」

母がぐらりと前に姿勢をbクズした。父は続けた。

「それから、長い時間待った。ずいぶん長いこと待った気がした。時計も何も持ってなかったから、どれくらい待ったかわからないけどな。でも、待合室には俺たちと同じくらいの若い夫婦がいた。青ざめてたな。その若い女の方がずっと泣いているもんだから、どうにも嫌になって俺は表にタバコを吸いに行った。

表に出たら若い男の医者と看護婦が灰皿のところでタバコを吸っていた。その二人が話していた。『さっき運ばれてきたあの少年、厳しいかね』『いや、無理ですよ』『うむ、明日ゴルフだから早く帰りたいんだが』なんて話していた。

②俺は頭をぶんなぐられたような気分になった。そしてこう思った、いや、これはうちじゃない、裕一の話じゃないって。あっちの、泣いている夫婦の方だって」

――なんという医者だ。

全身がかっと熱くなるのを感じた。隆治は拳を強く握った。爪が掌《てのひら》の肉に［A］食い込んだ。
父は続けた。
「ずいぶん長い時間が経《た》ったと思う。急に扉がガラッと開いて、部屋に入らされた。そこで、裕一を見た。裕一は、もう」
母が嗚咽《おえつ》をもらした。
父はコップを握りしめたまま、話し続けた。
「死んでいた。俺が見てもすぐにわかったよ。口に、かわいそうに、チューブなんか入れられて、血がついて、胸なんかへっこんじまって……。顔は真っ青だった。
なんで、なんでこんなことになるんだと俺は思った。お前たちが生まれてから必死に生活して、金稼いで、やっと小学校に上がって、それまで病気一つしなかったのによ……。何があったのか、まったくわからなかった。俺は……」
「近くにいた医者に、何があったのか聞いた。ご両親ですね、こちらへと言われ、椅子に座らされた。そこで、裕一はもうダメだって言われた。心臓も息も止まってるって。ふざけるな、理由を言えと俺は言った。すると、アレルギーだかなんだかと言っていた。ふざけるな、アレルギーで死ぬわけがないだろうと」
③——*アナフィラキシーショックだったのか……。
隆治は冷静だった。
「でも医者はアレルギーしか考えられないと言った。それともあんた、ぶん殴ったりしましたかって。ちくしょう！　ふざけるな！」
父はコップを畳に叩《たた》きつけた。コップは割れずに転がった。母はタオルを顔に当てて声をあげ泣いている。
——昼食の後……急に状態が悪くなった。おそらく食べた物の中にアレルギーの原因となる食品があったんだ。それでアナフィラキシーショックになり、呼吸が止まった。それから病院に着いて挿管されるまで時間がかかったから、*低酸素脳症になって死亡した……。

「それから俺は、裕一を家に連れて帰った。小さく、小さく、小さくなって……」

父も泣いていた。［B］涙は膝に落ちた。

「そうだったのか」

隆治は口を開いた。

「父ちゃん、話してくれてありがとう。よくわかったよ」

隆治は冷静だった。さっきの緊張が嘘《うそ》のようだ。

母は大きな声を出して泣いている。父も静かに泣いている。なぜ自分は涙が出ないのか。

兄はおそらく、食べ物のアレルギー、中でもアナフィラキシーショックと言われるもっとも c ジュウトクなもので亡くなった。もしあの時もっと早く対応していたら。そして時代がもっと進んでいたら。アレルギー物質がわかり、携帯用注射の*アドレナリンがあれば、死なずに済んだかもしれない。

でも、そんなことを言っても仕方がないのだ。兄は三〇年前に生まれ、三〇年前を生きたのだ。

「しょうがなかったんだよ」

［C］泣きながら、母が言った。

「……でも、不憫《ふびん》で、不憫で……」

「そんなことはないよ」

「小さなお棺でな」

父が言った。

「銭《ぜん》がなかったで、通夜が出せなくて、葬式だけやった。寂しい葬式だったが、小学校の友達が来てくれた」

手で涙をぬぐうと、父は続けた。

「お前は何があったかわからんで、ずっと言っとった。『どうしたの、寝てるの、遊んでくれないの』って」

記憶の彼方《かなた》に、そんな光景がある気がした。

（※中略　その後、三人は、裕一の死について語り合う。そして、隆治は裕一の墓参りに行くことを決心するのだった。）

翌日。

隆治は自転車に乗ると、小高い丘の上に向かった。

急な坂道を自転車を[d]**コ**いできたせいか、隆治の背中は汗びっしょりになった。それでも普段手術中にかく冷や汗とは違い、気分がよかった。

その墓地は見晴らしのいい丘の上にあった。秋らしい風が吹き抜けて、隆治の火照った体を鎮めた。

墓地の入り口に着くと、隆治は両親からお墓の詳しい場所を聞いていなかったことに気づいた。

――困ったな。誰もいないし。

その時だった。一条の風が吹いた。それは、他の風と違っていた。おそらく他の人間だったら気づかないくらいの、わずかな違いだった。その違いは温度なのか、速度なのか、匂いなのか、それとも別の何かなのか。

隆治は地面を[e]**ケ**って歩き出した。はじめは左にまっすぐ。そして二つ目のブロックを右に曲がる。歩く。焦ってはいない。ゆっくりと歩く。

「あった！」

隆治は声をあげた。墓石には「雨野家之墓」と書かれていた。

「兄ちゃん、久しぶり」

隆治はそう言うと、墓石に近寄り触った。ざらりとした石の感触。雨野家の墓石は周りのものと比べてもだいぶ古びていて、角が一カ所欠けていた。

「ごめんな、全然来れんで」

隆治は石をじっと見た。

「兄ちゃん、俺な、医者になった」

石は動かず、ただ立っていた。

隆治は石をさすりながら話しかけた。
「今は東京にいる。昨日な、話聞いたんだ。父ちゃんと母ちゃんから。兄ちゃんのこと」
「俺はずっと、兄ちゃんのことを思い出したくなかったのかもしれん。あの時のこと、一度もちゃんと聞いたことがなかった」
隆治は砂利の上にしゃがみ込むと、話し続けた。
「ごめんな。俺がもっとちゃんとしてれば、こんなとこ入らないで済んだな。だから俺は、医者になったよ。もう兄ちゃんみたいな人いなくするために、医者になった。まだ仕事はわけわからん。上の先生は怖いし、患者さんも怖い。看護師さんも怖い。病気も怖い」
隆治は砂利にあぐらをかいた。「こないだ小さい子どもが大《おお》怪我《けが》で運ばれてきた。死にそうでな、手術した。その子、文句一つ言わないで頑張った。最後には治ったよ。すごいな、兄ちゃん。五歳なのにな」
「すごいんだよ、兄ちゃん。生きてるって、すごいことだ。俺はその子を見て思ったよ。だから、俺は、これからも生きていく。そしてすごい医者になる。こんな石の中に兄ちゃんを入れた俺が、それでもすごい医者になる」
「だから、見守ってくれ。いや見守ってくれなんて言わん。ただ、ゆっくり眠ってくれ。本当に、ごめんな。兄ちゃん」
隆治は泣いた。秋の雨のように、静かに泣いた。
その時だった。
また一条の風が吹き、隆治の頬を撫《な》でた。
「④……ありがとう」
隆治は両手で顔を拭くと、立ち上がった。
「兄ちゃん、またな。また来るからな」
そう言うと、隆治は振り返らず歩いて行った。
南国の空はどこまでも高く、夏の終わりを告げていた。

《中山　祐次郎・著『泣くな研修医』株式会社幻冬舎　による》

【注】 ＊わっぜ＝すごく、とても、大変の意味を表す方言。

＊　アナフィラキシーショック＝免疫細胞が過剰に働くことで生じるアレルギー反応。短時間で症状が現れ、死に至ることがある。
＊　低酸素脳症＝脳内の酸素濃度が低下することで、脳全体に障害が起こること。
＊　アドレナリン＝神経伝達物質の一種。血液供給量を増やす効果があり、アナフィラキシーショックの治療に有効とされる。

【一部改変箇所】※印をつけて中略した箇所には、出題の都合上、省略がある。

問1　〰〰線部a〜eのカタカナを漢字に直せ。（楷書で大きく丁寧に書くこと。）

問2　═══線部「嗚咽をもらした」とあるが、「嗚咽をもらす」の状態を表しているイラストとして、最適のものを次の中から選び、記号で答えよ。

問3　本文中の空欄 A ～ C に入れるのに最適な表現を、次の中から選び、それぞれ記号で答えよ。

ア　ひやひやと　　イ　しとしとと　　ウ　ぎりぎりと　　エ　ぐすぐすと　　オ　ぽたりぽたりと

問4　――線部①「隆治は口の中でその言葉を転がした」とあるが、この時の隆治の心情の説明として、最適のものを次の中から選び、記号で答えよ。

ア　患者の死に直面して医者としての限界を感じているが、両親が自分の立場を理解してくれるかどうか不安になっている。
イ　兄が死んだ日のことがずっと気になっていたので、母がふいに話題にしたこの機会に聞きだそうとして焦っている。
ウ　医者として兄の死因を分析したいが、言い方次第では両親から責められるかもしれないので話のきっかけを探している。
エ　両親とはこれまで一度も兄の死んだ日の話をしたことがないので、今さら改めて話題に出すことをためらっている。
オ　自分が急に帰省した理由は言いたくないが、両親は不審に思っているようなので兄の話題にしてごまかそうとしている。

問5 ――線部②「俺は頭をぶんなぐられたような気分になった」とあるが、父がこのような気分になったのはなぜか。その説明として適切なものを次の中から二つ選び、記号で答えよ。

ア 息子が死んでしまうかも知れないという緊急事態であっても、結局素人の自分に息子は助けられないことを悟ったから。
イ 病院内の張りつめた空気にいたたまれなくなって外に出てきたのに、逃げ場がなくなり気持ちのやり場に困ってしまったから。
ウ 命を助ける側の立場にいる医者が、人の命よりも自分の娯楽の方を気にかけている無神経な発言に激しい衝撃を受けたから。
エ 救急車で運ばれたとはいえ、医者にできることにも限界があることを受け入れざるをえない状況に困惑を隠せないでいるから。
オ 息子が死んでしまったという認めたくない事実を病院の外で聞いてしまい、何も考えられないほどに放心してしまったから。
カ この大病院なら息子は助かるはずだと思っているのに、看護婦の発言は息子が死に直面しているという現実を突きつけたから。

問6 ――線部③「隆治は冷静だった」のは、なぜか。その説明として最適のものを次の中から選び、記号で答えよ。

ア 兄が救急車で運ばれた日のことを思い出して、両親は胸をえぐられるような思いだったが、隆治は医師としての経験から両親の対応の遅さが兄の死を招いたことを確信したので、徐々に罪の意識が薄れていき、兄の死を穏やかに受け入れられたから。
イ 兄の死について話したことで、父はやり場のない感情で取り乱していたが、隆治は医師としての経験から当時の医療では対応が難しいことを推察し、仮に助かる道筋を導き出せたとしても、他界した兄はもう戻って来ないと落ちついて理解したから。
ウ 兄が死んだ時のことを話したので、父と母はいたたまれない気持ちになっていたが、隆治は医師としての経験から担当医のずさんな対応が兄を死に至らしめたのだと判断し、二〇年間抱え続けてきた苦悩から一瞬にして解放されたから。
エ 兄が死んだ日のことを思い出して、父は担当医に対する不満を漏らしていたが、隆治は医師としての経験から当時の担当医が最善を尽くしたことを察し、アレルギー物質を把握していなかった家族に責任があると、取り乱すことなく認識できたから。
オ 兄の死を回想して、父は病院の対応に納得がいかない様子だったが、隆治は医師としての経験から当時の医学では助かる見込みがなく、家族の対応にも至らぬ点があったことを知り、もう帰らぬ兄に心の底から申し訳ないと思ったから。

問7 ――線部④「……ありがとう」とあるが、ここには隆治のどのような心情が表れているか。六十字以内で説明せよ。

問8 先生と生徒がこの小説の表現について対話している。**生徒A**～**F**のうち、本文を踏まえ正しい解釈をしているものを、次の**ア**～**カ**の中から一つ選び、記号で答えよ。なお選択肢の----線部は本文中の表現である。

先生 小説における情景描写は読み手に対して様々な情報をもたらします。情景描写の表現が持つ効果について注目してみると、小説をより深く味わうことができるでしょう。本文中の情景描写について皆さんの解釈を発表してみてください。

ア **生徒A**――「ところどころ錆びかけたポットを見た」というのは、長い年月が経ったことを表現しているよね。お母さんとポットを見比べて、母も年をとったなという隆治のしみじみとした気持ちを表現しているね。

イ **生徒B**――僕は「少しだけ開いた窓から、冷たい夜風が入ってきた」という表現は、実家に帰ってきて家族三人でご飯を食べている穏やかな雰囲気が、兄の死について話すという張りつめた空気に変化していくことを暗示していると思うな。

ウ **生徒C**――お父さんの心情も読み取れるんじゃないかな。「コップは割れずに転がった」っていうのは、幼い裕一が亡くなったことを思い出して、医者に対するやりきれない怒りを必死で抑え込んでいる気持ちを表現しているよね。

エ **生徒D**――僕は「秋らしい風が吹き抜けて、隆治の火照った体を鎮めた」に注目してみたよ。この表現があることで、本文の最後にうまくつながり、隆治の前向きな心情を暗示できていると言えるんじゃないかな。

オ **生徒E**――私は「一条の風が吹いた。それは、他の風と違っていた」という表現から隆治の感覚の鋭敏さがわかるし、裕一のお墓に行き、裕一の霊魂をなんとか感じ取ろうという強い意志が感じられるわ。

カ **生徒F**――そうかな。「石は動かず、ただ立っていた」とあるように、裕一の存在自体はあまり明確になっていないのではないかな。ただ、お墓の中にいて身動きが取れなくなっている兄の悲しさを感じ取ることはできるね。

問題は以上です。

令和 3 年度

数 学

（60分）

放送の合図があるまで、中を見てはいけません。

問題は 2 ページから 7 ページです。

H

(注)　答はすべて解答用紙に記入せよ。ただし，円周率は π とし，根号は小数に直さなくてよい。

1.　次の各問いに答えよ。

(1) $(\sqrt{7}-\sqrt{5})(\sqrt{21}+\sqrt{15})$ を計算せよ。

(2) 2 次方程式 $x(x-3)=-1$ を解け。

(3) 2 つのクラス A 組，B 組にはそれぞれ 40 名の生徒がいる。この 2 クラスを対象に 10 点満点のテストを行ったところ，A 組の生徒の点数の中央値は 4.5 点，B 組の生徒の点数の中央値は 5 点であった。A 組と B 組の生徒の点数について正しく記述されているものをすべて選べ。ただし，点数はすべて 0 以上の整数とする。

① A 組の生徒の点数を高い方から順に並べたとき，20 番目は 5 点で，21 番目は 4 点である。

② A 組の上位 20 名と B 組の上位 20 名を入れ替えたとき，2 クラスの中央値が変わらない場合があり得る。

③ B 組 40 名の生徒に，A 組の生徒の中から最高点の生徒 1 名と最低点の生徒 1 名を加え，計 42 名の生徒の点数の平均値を計算したとき，最初の B 組 40 名の生徒の点数の平均値よりも低くなる。

④ A 組の生徒の中で 10 点をとる生徒は多くても 19 名である。

(4) 1 辺の長さ 2 の正八面体の体積を求めよ。

(5) 下の図のように，点 O を中心とする円周上に 2 点 A, B をとる。円の外の点 C に対して，線分 AC と円との交点を D とする。BD = CD, ∠ACB = 36° のとき，∠AOB の大きさを求めよ。

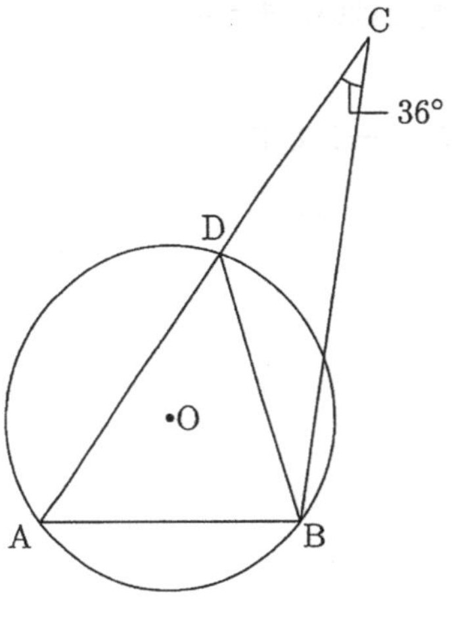

2. 下の図のように，関数 $y=ax^2$ のグラフが関数 $y=\dfrac{1}{3}x+b$ のグラフと 2 点 A, B で交わっており，点 B の座標は (3, 3) である。y 軸上の点 C と $y=ax^2$ 上の点 D を，四角形 ABCD が平行四辺形になるようにとる。次の問いに答えよ。

(1) a, b の値をそれぞれ求めよ。

(2) 点 A の座標を求めよ。

(3) 2 点 C, D の座標をそれぞれ求めよ。

(4) 平行四辺形 ABCD の面積を求めよ。

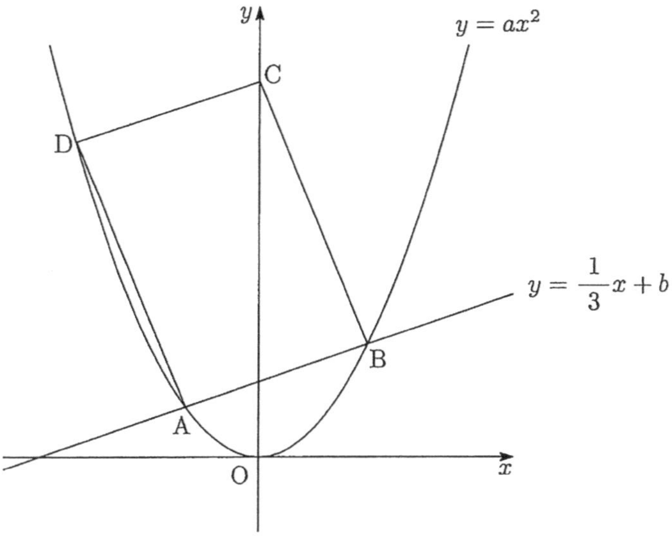

3.　下の図は，正方形 ABCD を，辺 CD 上に点 E をとり，線分 AE で折り返したものである。直線 AE と直線 BC の交点を G，直線 AF と直線 BC の交点を H とする。$BH = 8$, $FH = 2$ のとき，次の問いに答えよ。

(1) 正方形 ABCD の 1 辺の長さを求めよ。

(2) 線分 GH の長さを求めよ。

(3) 線分 AE の長さを求めよ。

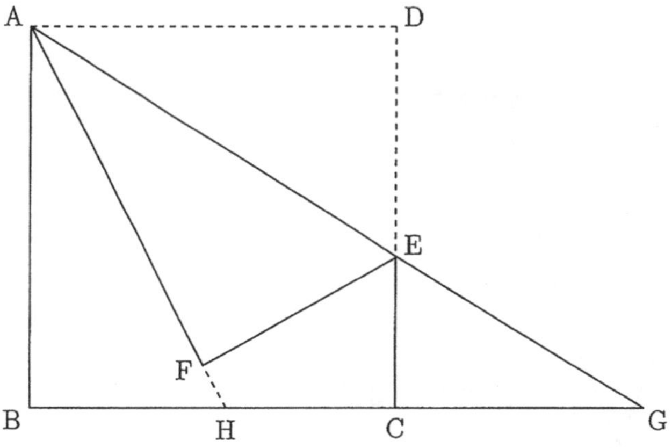

4.　A 社ではある商品の価格を，次のように定めている。重さが 100 g 以下の場合は，重さに比例する金額とし，重さが 100 g を超えた場合は，100 g の金額に，100 g を超えた分の重さに比例する金額を加えた金額としている。A 社でこの商品を 112 g 購入したときの価格は 8,880 円で，134 g 購入したときの価格は 14,160 円であった。このとき，次の問いに答えよ。

(1) この商品の重さ 100 g の価格を求めよ。

(2) この商品の価格が 18,000 円となるのは，何 g 購入したときか求めよ。

(3) B 社でもこの商品を販売しており，B 社ではこの商品の価格を，常に重さの 2 乗に比例する金額と決めていて，100 g 購入したときの価格は 7,500 円であった。この商品を購入するとき，A 社と B 社の価格が同じになるのは何 g のときかすべて求めよ。

5.　下の図のように，半径 $3\sqrt{6}$ の半円 O の内部に，半径が等しい 3 つの円 A, B, C がある。円 A, B, C は半円の弧と接しており，円 A, C は半円の直径とも接している。また，円 A と円 B，円 B と円 C は互いに接している。このとき，次の問いに答えよ。

(1) △OAB の面積を求めよ。

(2) 下の図の斜線部分の面積を求めよ。

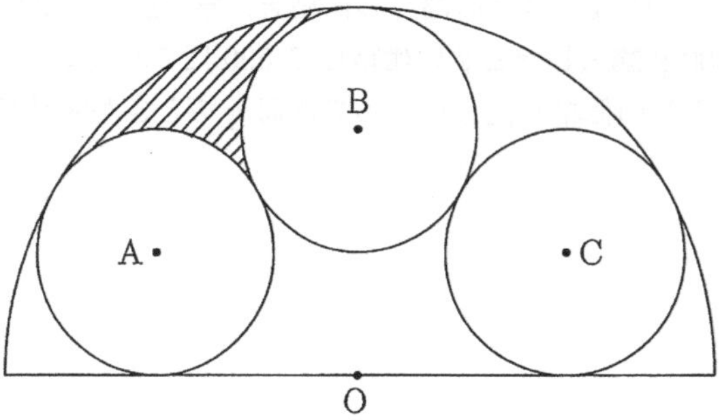

6.　1 から 6 までの目が等しい確率で出るサイコロ X, Y, Z, W をそれぞれこの順に 1 回ずつ投げ，出た目によって a, b, c, d を以下のように定める。

a：サイコロ X の出た目の数
b：サイコロ Y の出た目の数が奇数ならば 3，偶数ならば 2
c：サイコロ Z の出た目の数
d：サイコロ W の出た目の数が素数ならば $b+1$，素数でなければ $-b$

この a, b, c, d に対して，x の方程式 $a+bx=c+dx$　$\cdots$①を考える。次の問いに答えよ。

(1) サイコロ X, Y, Z, W の出た目の数がそれぞれ 4, 5, 2, 4 であるとき，方程式①を解け。

(2) 方程式①の解が $x=0$ となる確率を求めよ。

(3) 方程式①の解が $x=4$ となる確率を求めよ。

令和 3 年度

英語

（60分）

放送の合図があるまで、中を見てはいけません。

問題は 2 ページから 10 ページです。

H

【１】次の〈問題１〉～〈問題３〉は放送による問題です。それぞれ、放送の指示に従って答えなさい。放送を聞きながらメモをとってもかまいません。

〈問題１〉　これから、３つの会話が読まれます。それぞれの会話の内容と一致するものを、ア～エの中からそれぞれ１つずつ選び、記号で答えなさい。会話は１度だけ読まれます。

★教英出版編集部注
問題音声は教英出版ウェブサイトで。
リスニングＩＤ番号は解答集の表紙を参照。

(1)　ア．Mary is going to go to hospital today.
　イ．Mary is going to write a report tonight.
　ウ．Mary is going to study math tonight.
　エ．Mary is going to go to bed early tonight.

(2)　ア．The man wanted to see Judy again.
　イ．The man decided to start a new job with Judy.
　ウ．The man didn't meet Judy for a long time.
　エ．The man found a job three years ago.

(3)　ア．The man liked the movie and wanted to see it again.
　イ．The man decided to see the movie another day.
　ウ．The man decided to see another movie.
　エ．The man saw the 6:30 show.

〈問題２〉　これから、電話でレストランを予約するときの会話が読まれます。それに関する(1)～(3)の質問の答えとして最も適当なものを、ア～エの中からそれぞれ１つずつ選び、記号で答えなさい。会話は１度だけ読まれます。

(1)　When did the man call Robinson's?
　ア．January 19th.　　イ．January 20th.
　ウ．January 21st.　　エ．January 22nd.

(2)　When will the man have dinner at this restaurant?
　ア．6 p.m., January 21st.　　イ．7:30 p.m., January 21st.
　ウ．8:30 p.m., January 22nd.　　エ．9 p.m., January 22nd.

(3)　Which is true about the conversation?
　ア．The man changed the time to 6 o'clock after he changed the number of people who would come.
　イ．The man told the staff how to spell his name.
　ウ．The man didn't want to move to the table that is nearer to the kitchen.
　エ．The man called the restaurant again the next day.

〈問題３〉　これから、会話が読まれます。地図を参考にして、(1)と(2)の質問の答えとして最も適当なものを、ア～エの中からそれぞれ１つずつ選び、記号で答えなさい。会話は２度読まれます。

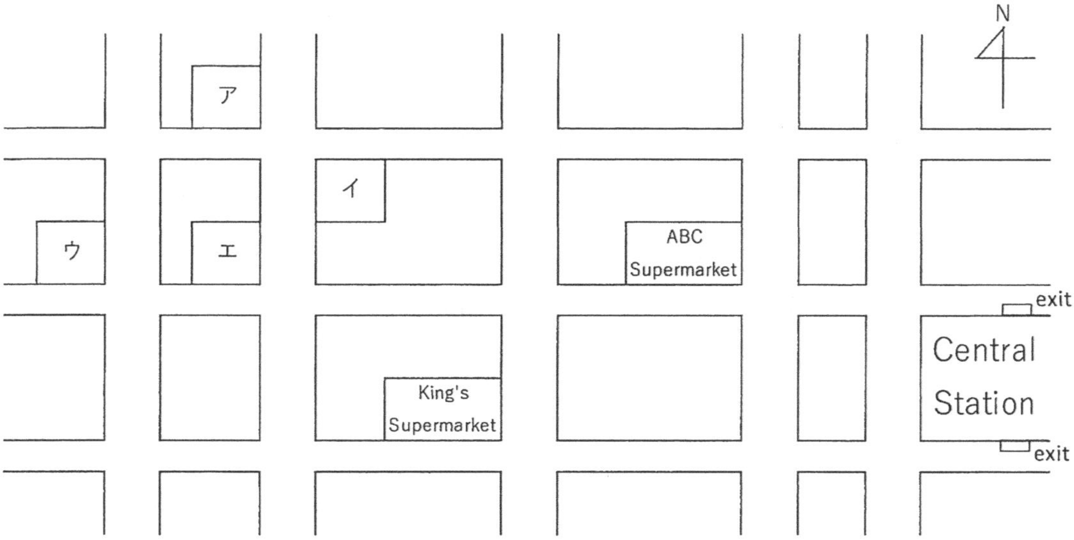

(1)　Where is Susan’s house?　Choose the correct place from the map.

(2)　What can you tell from the conversation and the map?

ア．The coffee shop and ABC Supermarket are on the same street.

イ．Emily and David turned right at the same supermarket.

ウ．David didn’t see Susan’s house but saw Katy’s house on his way to the party.

エ．David couldn’t go to the party because he had to go to the coffee shop.

【２】次の単語の下線部と同じ発音を含む語を、ア～エの中からそれぞれ１つ選び、記号で答えよ。

(1) cl<u>o</u>thes [ア．pr<u>o</u>duct イ．wr<u>o</u>ng ウ．gl<u>o</u>bal エ．b<u>o</u>rrow]

(2) pl<u>ea</u>sure [ア．b<u>ea</u>utiful イ．w<u>ea</u>ther ウ．ar<u>ea</u> エ．pl<u>ea</u>se]

(3) new<u>s</u> [ア．de<u>s</u>ign イ．trea<u>s</u>ure ウ．<u>s</u>ure エ．re<u>s</u>cue]

【３】次の各組の文の（　　　　）に共通して入る語を答えよ。

(1) Tears (　　　　) down my face when I heard the news.
We had no idea what to do when we (　　　　) out of fuel.

(2) How many (　　　　) is Konan Station from here?
I'll study in the library until it (　　　　) raining.

【４】次の各組の英文がほぼ同じ意味を表すように、(　　　　)に入る適当な語を答えよ。

(1) We can't live if there is no food.
We can't live (　　　　)(　　　　).

(2) This box is half as large as that box.
This box is half the (　　　　)(　　　　) that box.

【５】次の日本文を参考にして、[　　]内の語を[　　]に入れて英文を作るとき、[A]と[B]の位置にくる語の記号を答えよ。ただし、文頭にくる語も小文字で書いてある。

(1) メアリーの誕生日プレゼントに、もう少し高価なものはどうですか。
[ア．expensive イ．about ウ．little エ．something オ．how カ．more キ．a]
[　　]―[　　]―[A]―[　　]―[　　]―[B]―[　　] for Mary's birthday present?

(2) 私たちは日常生活が心配のないようにしたいのです。
[ア．daily イ．worry ウ．make エ．lives オ．from カ．our キ．free]
We would like to [　　]―[　　]―[　　]―[A]―[　　]―[B]―[　　].

(3) 君の様子を見に行ってもいいかな。
[ア．see イ．if ウ．and エ．you オ．are カ．I キ．how ク．come]
Is it OK [　　]―[　　]―[　　]―[　　]―[A]―[　　]―[B]―[　　]?

【６】次の対話文が自然な流れになるように、下線部①と②の[　　]に入る語句をそれぞれ指示された語数で書け。ただし、I'm などの短縮形は１語として数え、コンマ (,) は語数に含まない。

Ben： On New Year's Day, I saw a kid in my neighborhood receive an envelope from an adult, maybe from her uncle. What was that?

Mai： It's *otoshidama*. *Otoshidama* is New Year's gift money ①[5 ～ 10 語]. They use it to buy something they want, or they save it.

Ben： I see. My neighbor Shiho asked me for money to get a concert ticket for a popular musician.

Mai： Did you give her some money?

Ben： I didn't. I didn't know the Japanese custom of giving money during the New Year. Did you give *otoshidama* to children this year?

Mai： Actually, I gave six children 30,000 yen in total. For adults, New Year holidays can become expensive. Also, we usually give older children more money than younger children, so just thinking about how ②[5 ～ 10 語] is really a big headache.

Ben： *Otoshidama* is like our custom of giving sweets to kids on Halloween, but candies and cookies do not cost so much.

Mai： *Otoshidama* is one of the exciting traditions of the New Year which children look forward to very much.

【７】次の英文を読んで、後の問いに答えよ。

Stephanie Taylor is a 12-year-old school girl from Oceanside, USA. She loves animals. She always tries to save young animals like chicks, puppies and kittens from danger. She has also taken care of injured animals. Of course, her parents encouraged her [1] her efforts and helped her around. They gave Stephanie every chance to see all the animal shows in the zoo or on TV. Stephanie often got animal books, CDs and *encyclopedias for her birthday and Christmas.

One evening, Stephanie and her father were watching the news on TV. The newscaster was [2] the story of a police guard dog that had died while it was helping the police. Smokey, the brave dog, had run after a *robber who had a gun. The robber shot at Smokey and the *bullet hit the dog. But the dog had held on to his leg until the police arrested him. That news not (ア) made Stephanie sad but also made her think that the police dog did not have to die. Then she called up the local police station to ask why the dog had not been wearing a bulletproof jacket. The local police officer was [3] when he talked with her on the phone. He connected the call to the special *department taking care of the guard dogs. She learned that the police department did not have the money to buy bulletproof jackets for its police dogs. The cost of each jacket was over $800.

Stephanie decided to begin making money for the bulletproof jackets. She came up with a good idea. She started a lemonade stand. She sold lemonade after school and saved the money. She put up signs telling people about ①her plan. People realized (イ) wonderful her plan was and soon a lot of people came to buy Stephanie's lemonade. She ②[friends / her / help / ask / had / to / to] her at the lemonade stand and within a month she had made her first $800. She sent it to the police dog department and the police bought the first bulletproof jacket for dogs with it. They sent her the picture of the dog [4] the first jacket. She put the photograph up at the stand.

Journalists became interested in her activity. Stephanie appeared on the front page of all leading newspapers. She also appeared on several TV programs. People all over America [　　　　　]. Stephanie began to receive a lot of money from all over the country. With the money, she was able to buy jackets for about 100 police dogs.

Stephanie received a letter of thanks from the government for her efforts. She is now very busy with her new project: a mobile vet van which moves around and gives medical service to sick or injured animals.

（注） encyclopedia 百科事典　　robber 強盗　　bullet 銃弾　　department 部署

出典：http://www.english-for-students.com/stephanie-taylor.html　（一部改変）

Staff： OK, so that's a table for four at seven thirty tomorrow evening, on January 21st.

Jamie： Oh, is it twentieth today? I got it wrong. Then, I need to have a table the day after tomorrow.

Staff： Let me see... Oh, then it will be OK at eight thirty.

Jamie： Great! Thanks.

Narrator： One hour later.

（電話呼び出し音）

Staff： Hello, Robinson's.

Jamie： Hi, I called earlier to have a table for four. Can you change it to six?

Staff： Ah, what was the name?

Jamie： It's Jamie.

Staff： Table for four at eight thirty. So you want to change it to 6 o'clock?

Jamie： No, sorry. Can I make it for six people?

Staff： Oh, I see. Sorry, that shouldn't be a problem. I can move you to a bigger table but it will be nearer to the kitchen. Is that OK?

Jamie： No problem. Is it possible to change the time, too? Make it a little bit later?

Staff： Ah ... yeah, we can. Is nine OK for you?

Jamie： Perfect, thanks!

〈問題３〉 これから、会話が読まれます。地図を参考にして、(1)と(2)の質問の答えとして最も適当なものを、ア～エの中からそれぞれ１つずつ選び、記号で答えなさい。会話は２度読まれます。

Emily： Hi, David. Why didn't you come to the party last night? I thought you would, so I was waiting for you all night long.

David： Hi, Emily. I tried to! I went along the way you told me but I couldn't find Katy's house.

Emily： No way! I went along the exact same way and I was able to go to the party. By the way, it was not at Katy's house. It was at Susan's house.

David： Oh, right, Susan's house. But I thought I went the right way. From the exit, I went west till I saw a supermarket across the street. I turned right at that corner and went straight for one block. I turned left and went straight for two blocks and it should've been there, on my right. I saw a coffee shop instead.

Emily： Hmm... Strange, that sounds perfect. Wait, I got it! You came out of the south exit, didn't you?

David： Yeah.

Emily： Oh, sorry. I told you the way from the north exit.

令和三年度　国語〈解答用紙〉

H

【一】

問1

a エイヨウ

b カツヤク

c リュウキ

d チンコウ

e エン

問2

問3

Ⅰ

Ⅱ

問4

問5

問6

60

問7

問8

※100点満点
（配点非公表）

受験番号

4.

(1)	(2)	(3)
円	g	g

5.

(1)	(2)

6.

(1)	(2)	(3)
$x =$		

①	
②	

【７】

(1)	1		2		3		4	
(2)	ア		イ					
(3)	15 / 30 / 40							
(4)	３番目		６番目		(5)		(6)	

【８】

(1)	15 / 30 / 40									
(2)	1		2		3		4		(3)	
(4)	ア		イ		(5)					

令和３年度　英語　解答用紙

H

受　験　番　号

※100点満点
(配点非公表)

【１】リスニング問題

〈問題１〉

(1)		(2)		(3)	

〈問題２〉

(1)		(2)		(3)	

〈問題３〉

(1)		(2)	

【２】

(1)		(2)		(3)	

【３】

(1)		(2)	

【４】

(1)			(2)		

【５】

【解答

令和 3 年度　数学　解答用紙　**H**

受験番号

※100点満点
（配点非公表）

1.

(1)	(2)
	$x =$

(3)	(4)	(5)

2.

(1)		(2)
$a =$	$b =$	

(3)		(4)
C	D	

【二】

問1
a ドウヨウ
b クズした　した
c ジュウトク
d コいで　いで
e ケって　って

問2

問3
A
B
C

問4

問5

問6

問7

60

問8

★教英出版編集部注
問題音声は教英出版ウェブサイトで。
リスニングＩＤ番号は解答集の表紙を参照。

リスニング原稿

〈問題１〉 これから、３つの会話が読まれます。それぞれの会話の内容と一致するものを、ア～エの中からそれぞれ１つずつ選び、記号で答えなさい。会話は１度だけ読まれます。

No. 1

M： You look tired, Mary. Are you OK?
W： I had to write a report and didn't sleep much last night.
M： You really should get some rest.
W： I want to, but tonight I have to study for the math test.

No.2

M： Hey, Judy, it's been a long time, hasn't it?
W： Yeah, like what? Three years?
M： Yeah, hasn't it? So, how have you been?
W： Pretty good. What about you?
M： I got a job.

No. 3

W： Next, please.
M： I'd like two tickets for *Journey to Mars*. What time does the next show start?
W： At 6:30, but we only have one ticket left. Would you like to wait for the 9:00 show?
M： No. We'll come back some other time.

〈問題２〉 これから、電話でレストランを予約するときの会話が読まれます。それに関する(1)～(3)の質問の答えとして最も適当なものを、ア～エの中からそれぞれ１つずつ選び、記号で答えなさい。会話は１度だけ読まれます。設問と選択肢が問題冊子に書かれているので、今読みなさい。

では始めます。

（電話呼び出し音）

Staff： Hello, Robinson's.
Jamie： Hi. Do you have a table for four tomorrow night?
Staff： What time would you like?
Jamie： About eight, eight thirty maybe?
Staff： Let's see... We're pretty busy tomorrow, so we can do seven thirty or nine.
Jamie： Oh. OK, then. Seven thirty, please.
Staff： What's the name?
Jamie： Jamie.
Staff： J-A-...?
Jamie： M-I-E

(1) [1]～[4]に入る適当な語を下の語群から選び、それぞれ正しい形に変えて答えよ。ただし、答えが2語になってもよい。

continue / impress / tell / wear

(2) (ア)・(イ)に入る適当な単語1語をそれぞれ答えよ。

(3) 下線部①の her plan の具体的な内容を、30字～40字の日本語で説明せよ。ただし、句読点も字数に数える。

(4) 下線部②の[　　]内の語を正しく並べかえて英文を完成させるとき、[　　]内で3番目と6番目にくる語をそれぞれ答えよ。

(5) [　　　　] に入る最も適当なものをア～エの中から1つ選び、記号で答えよ。

ア. liked Stephanie's idea and made bulletproof jackets for her
イ. thought it was useless to buy bulletproof jackets for the police dogs
ウ. wanted to support her and it grew into a big movement
エ. agreed with her idea but they thought she was too young to do the project

(6) 本文の内容と一致する英文をア～カの中から2つ選び、記号で答えよ。

ア. Stephanie loved animals so much that her parents wanted her to be an animal doctor.
イ. Stephanie's parents did as much as they could to make her interested in animals.
ウ. Stephanie asked the government for help to buy bulletproof jackets for its police dogs.
エ. Stephanie got enough money from the lemonade stand to buy about 100 bulletproof jackets for police dogs.
オ. Thanks to Stephanie's efforts, many police dogs can work more safely than before.
カ. Stephanie bought a van to sell lemonade to animal doctors.

【８】次の英文を読んで、後の問いに答えよ。

If you ask a Canadian who is the most famous person who talks about living things in the wild and the environment, many Canadians will answer with the name, David Suzuki. Who is David Suzuki? David Suzuki is a man who was born in 1936 and was a famous TV personality for many years in Canada. He was not a comedian or a newscaster, but a man who *hosted a TV show about nature.

The TV show David Suzuki hosted was called "The Nature of Things". It was a TV program in Canada and he taught us many things about living things in the wild and the environment. He was also one of the earliest people I can remember, and he talked about global warming and how we must protect our environment. He talked about ①living a sustainable life. This means living in a way that does not damage the environment and keeps it in a good condition for our children, and our children's children.

David Suzuki was born in Vancouver, British Columbia. As you may be able to tell from his last name, he is of *Japanese descent. [1] [2] [3] [4]

When David Suzuki speaks about the environment, ②everyone in Canada listens to him. He is known for his very strong opinions on global warming and has been fighting for a long time against companies that damage the environment. These are problems David Suzuki has spoken about since the 1980s. His ideas are unique and many people who are thinking about these problems have agreed with him. He influences many Canadians. David Suzuki is well known for his long white hair, white *beard and glasses. For many Canadians in my generation, David Suzuki is like a grandfather to us.

David Suzuki is well known in many countries, because his TV show is also watched in over 40 countries. He has also received many *honors and awards for the great work he has done for the environment. In 2004, a TV program on the greatest Canadians of all time showed that David Suzuki was ranked fifth.

Now in his old age, it is difficult for David Suzuki to lead the fight against global warming. So, we have to continue the fight against global warming instead of David Suzuki. We should also remember the ideas David Suzuki taught. In English, the earth is often called Mother Earth. This is because we are all born from the earth and the earth takes care of us like a peaceful family. In that way, the earth is like our mother. So as David Suzuki says, "We need to take care of our mother". It should be just as important to us as taking care of our own mother.

（注） host （テレビ番組）を司会する　Japanese descent 日系　beard あごひげ
honor and awards 名声と賞

(1) 下線部①とは、どのようなことであるのか。本文の内容に沿って、４０字以内の日本語で説明せよ。ただし、句読点も字数に数える。

(2) [1]～[4]に入る最も適当な英文をア～エの中からそれぞれ１つずつ選び、記号で答えよ。

ア. So, the environment became David Suzuki's life work.

イ. David Suzuki's family lived through very difficult times for Japanese Canadians living in Canada, but David Suzuki's father taught him from a very young age about the beauty of nature.

ウ. David Suzuki's grandparents moved from Japan to Canada, so Suzuki is a 3rd generation Japanese Canadian, Canadian *Sansei*.

エ. He often took David Suzuki camping and through those experiences, David Suzuki became interested in the environment.

(3) 下線部②の状況になる理由として最も適当なものをア～エの中から１つ選び、記号で答えよ。

ア. 彼はカナダでは有名な報道記者であり、多くのテレビ番組に出演して、独自の見解を持っているから。

イ. 彼は世界中で環境問題の評論家としてテレビに出演し、独自の見解を持っているために有名な人であるから。

ウ. 彼は環境問題と地球温暖化について長い間調査研究を重ねてきており、世界から称賛を集める学者であるから。

エ. 彼は独自の見解を持って数十年に渡り環境問題に取り組んでおり、その問題に関心のある人の支持を得ているから。

(4) 以下の文は筆者の考えをまとめたものである。（　ア　）・（　イ　）に入る日本語をそれぞれ答えよ。

地球の恩恵で私たち人類は（　ア　）のように平和に暮らすことができる。従って、私たちは地球を（　イ　）のように大切にするべきである。

(5) 本文の内容と一致する英文をア～キの中から３つ選び、記号で答えよ。

ア. David Suzuki produced so many TV programs about nature that he became famous in Canada.

イ. "The Nature of Things" is a TV program that is seen in Vancouver, British Columbia.

ウ. Global warming and the way we protect the environment are the problems David Suzuki has long talked about.

エ. David Suzuki is well known in many countries all over the world because of the prizes he was given.

オ. In 2004, David Suzuki was chosen as one of the greatest five people in the history of Canada on a TV program.

カ. We need to fight against global warming like David Suzuki because he is too old to do it now.

キ. David Suzuki's ideas on the environment are unique because he has led the fighting against global warming by himself for a long time.

問題は以上です。

滝高等学校

令和 3 年度

理　科

（40分）

放送の合図があるまで、中を見てはいけません。

問題は 2 ページから 13 ページです。

H

1．以下の問いに答えよ。

図１は、ヒトの目のつくりを示したものである。

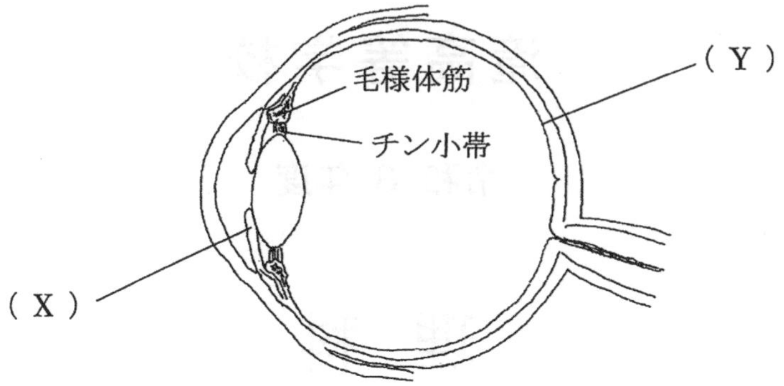

図１

（1）（ X ）、（ Y ）の名称を答えよ。

（2）（ X ）の役割を 10 字から 15 字で説明せよ。

（3）ヒトはレンズの厚みを変えてピントを調節している。遠くのものを見るときに比べて、近くのものを見るときには、レンズはどう変化するか。次の（ア）、（イ）から、どちらか適当なものを選び、記号で答えよ。

（ア）レンズの厚みが厚くなる。
（イ）レンズの厚みがうすくなる。

図 2 は、毛様体筋、レンズ、チン小帯を正面から見た図である。ヒトのレンズの厚みは、レンズの周囲を取り囲んだ環状の筋肉である毛様体筋によって調節されている。例えば、毛様体筋が縮むとその円周が小さくなる。毛様体筋が縮んだり、ゆるんだりすることで、その力がチン小帯を通じてレンズに伝わり、レンズの厚みが変わる。

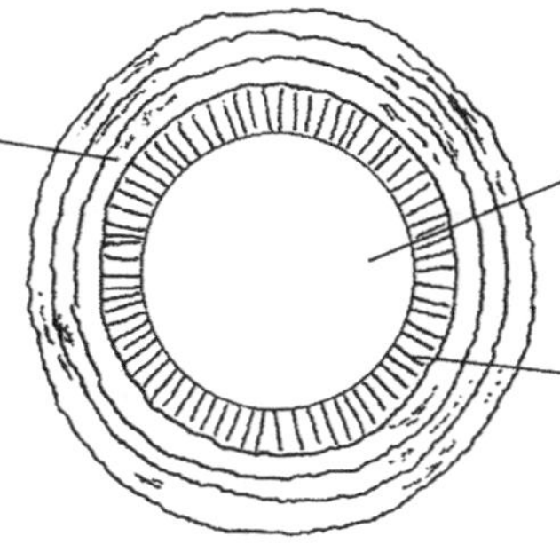

図 2

（4） 毛様体筋の動きとレンズの厚みの関係を説明した次の（ア）～（エ）の文のうち、正しいものを 1 つ選び、記号で答えよ。

（ア） 毛様体筋が縮むと、チン小帯が引っ張られるので、レンズの厚みは厚くなる。
（イ） 毛様体筋が縮むと、チン小帯が引っ張られるので、レンズの厚みはうすくなる。
（ウ） 毛様体筋がゆるむと、チン小帯が引っ張られるので、レンズの厚みは厚くなる。
（エ） 毛様体筋がゆるむと、チン小帯が引っ張られるので、レンズの厚みはうすくなる。

（5）魚類やヘビなどは、目のレンズの厚みを変えることができない。魚類やヘビなどは、どのようにしてピントを調節しているか。その方法を説明した次の文の（　Z　）に、適当な言葉を入れよ。

魚類やヘビなどは、レンズの（　　Z　　）を変えて、ピントを調節している。

（6）図3はネコの目を描いたイラストである。正面から見たとき、ヒトの瞳孔は丸く見えるが、ネコの瞳孔は縦長になることがある。これは、縦方向からの光を幅広く取り入れることができるという点で、くさむらや茂みなどの縦長の障害物が多いところで生活するのに役立っているようだ。一方、瞳孔が横長になる動物もいる。その動物を次の（ア）～（オ）から1つ選び、記号で答えよ。

（ア）イヌ
（イ）ウマ
（ウ）サル
（エ）タカ
（オ）ライオン

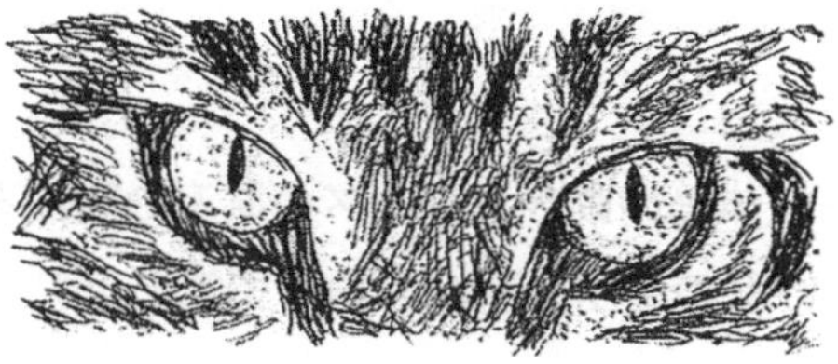

図3

このあとも問題が続きます。

2．以下の問いに答えよ。

図は、日本付近に見られた等圧線のようすを表したものである。

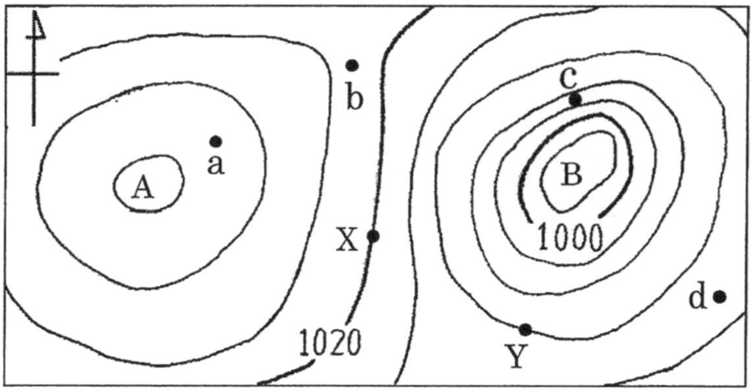

図

（1）図中のA地点とB地点の気圧はどのようになっているか。最も適当なものを次の（ア）～（エ）から1つ選び、記号で答えよ。

（ア）A地点は高気圧、B地点は低気圧
（イ）A地点は低気圧、B地点は高気圧
（ウ）A地点、B地点ともに高気圧
（エ）A地点、B地点ともに低気圧

（2）X地点の風向きはどうなっているか。最も適当なものを次の（ア）～（エ）から1つ選び、記号で答えよ。

（ア）北東　　（イ）南東　　（ウ）北西　　（エ）南西

（3）Y地点の気圧は何hPaか。

（4）図中のa～dのうち、風が最も強いと考えられるのはどこか、記号で答えよ。

（5）次の天気を表す天気記号を書け。

① 晴れ　　　② 雪

（6）次の文①～⑥のうち、誤っているものの番号の組み合わせとして最も適当なものを、以下の（ア）～（ケ）から１つ選び、記号で答えよ。

① 気体は温度が高くなるほど体積が増す。富士山山頂は気温が低いので、ふもとから持っていったお菓子の袋がしぼむ。

② 富士山山頂で空にしたペットボトルをしっかりと栓をして下山すると、ペットボトルはへこむ。

③ 飲みかけの１リットル紙パックのジュースは、夏に冷蔵庫から取り出し、数分放置しておけば、中身を確認することなく、中身の残量を知ることができる。

④ 冬の寒い日に、しめきった部屋を暖房で暖めると、ガラス窓の屋外側が結露する。

⑤ 晴れた日の夜間と曇った日の夜間とでは、晴れた日の夜間の方が気温の下がり方が大きくなる傾向にある。

⑥ 北東を向き、反時計回りに67.5度回転したとき、北北西を向く。

（ア）①、②　　（イ）①、④　　（ウ）④、⑤
（エ）④、⑥　　（オ）①、②、④　　（カ）①、③、⑥
（キ）①、④、⑥　　（ク）①、②、④、⑥　　（ケ）③、④、⑤、⑥

３．次の文章を読み、以下の問いに答えよ。

市販されている消毒液の多くは、エタノールという物質の水溶液である。これを実際につくることを考えた。

使用する水はきれいなものが必要であり、実験室にある精製水を使用することにした。しかし、①用意した精製水に電気を通したところ電流が流れたため、何らかの物質が溶けていることがわかった。そこで、②精製水を加熱して沸騰させ、生じた水蒸気を集めて冷却すると純粋な水（純水）を得ることができた。

（1）下線部①の「何らかの物質」のように、水に溶けるとその水溶液が電気を通す物質を何というか。また、その具体例を１つ、化学式で答えよ。

（2）下線部②のようにして、混合物から目的の液体のみを得る操作を何というか。

25℃において、エタノール、純水、およびエタノール水溶液の密度はそれぞれ下表のようになる。このデータをもとにして、質量パーセント濃度が50%のエタノール水溶液および80%のエタノール水溶液をつくる。

表　液体の密度

	密度〔g/cm^3〕
エタノール	0.79
純水	1.0
50%のエタノール水溶液	0.91
80%のエタノール水溶液	0.84

（3）50%のエタノール水溶液100gをつくるのに必要なエタノールおよび水の体積は、それぞれ何cm^3か。答えが割り切れない場合は、小数第２位を四捨五入して、小数第１位まで示せ。

2021(R3) 滝高
K 教英出版

（4）80%のエタノール水溶液をつくる方法として、以下の 2 つを考えた。(ア)、(イ)に適する数値を答えよ。答えが割り切れない場合は、小数第 2 位を四捨五入して、小数第 1 位まで示せ。

・エタノール（　ア　）g をはかりとり、純水を加えて質量を 100g とする。
・エタノール（　イ　）cm^3 をはかりとり、純水を加えて体積を 100cm^3 とする。

（5）液体どうしを混ぜて溶液をつくるとき、以下のようなことに注意する必要がある。(ウ)、(エ) に適する語をそれぞれ答えよ。

混ぜる前の 2 種類の液体と混ぜた後の溶液を比較すると、(　ウ　) の合計は変化しないが、(　エ　) の合計は変化する可能性がある。

（6）次のそれぞれの反応を、化学反応式で示せ。

① エタノール（C_2H_6O）を完全に燃焼させる。

② グルコース（$C_6H_{12}O_6$）は、酵素のはたらきにより、エタノールと二酸化炭素に分解される。

4．以下の問いに答えよ。

30Ωと40Ωの抵抗を電源装置に接続して、図1のような回路をつくった。

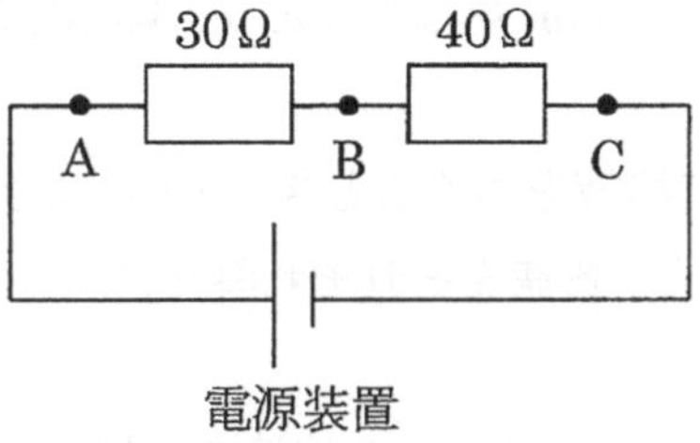

図1

（1）電源装置の電圧を調整し、BC間の電圧が2.8Vとなるようにした。このときの電源装置の電圧は何Vか。

次に、30Ω、40Ω、60Ωの抵抗をそれぞれ1個ずつ用いて図2のような回路をつくり、R_1、R_2、R_3の位置に入れる抵抗を替えて電源装置の電圧を変化させた。電源装置の電圧と図2の点Dを流れる電流の大きさを調べて、測定結果から図3のグラフを得た。

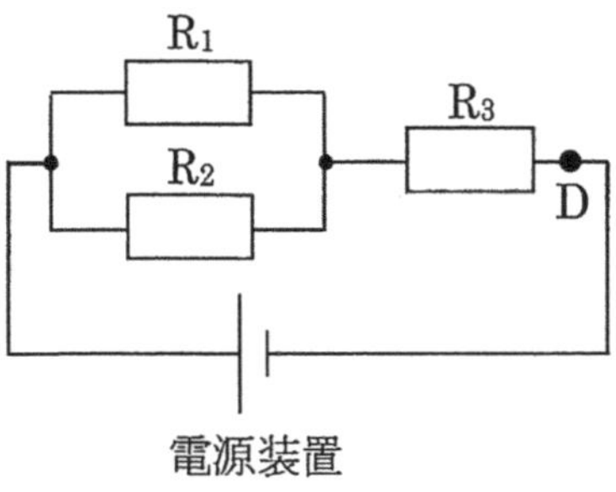

図2

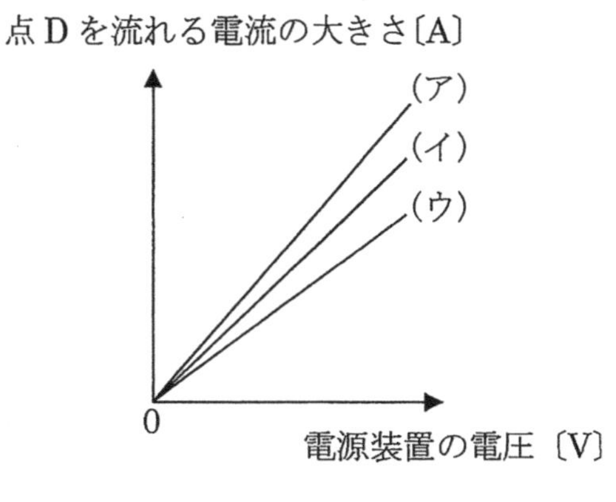

図3

（2）測定結果として、図3の(ウ)を得たときのR_3の位置に入れた抵抗は何Ωか。

（3）（2）のとき、電源装置の電圧を5.4Vとなるようにした。このときの点Dを流れる電流の大きさは何Aと測定できたか。

次に、30Ω、40Ω、60Ωの抵抗をそれぞれ3個ずつ合計9個用意し、その中から6個を選び、図4のような回路をつくった。R_5とR_9の位置に30Ω、R_4とR_8の位置に40Ω、R_6とR_7の位置に60Ωの抵抗を入れた。R_7の位置の抵抗に常に0.02Aの大きさの電流が流れるように電源装置の電圧を調整した。

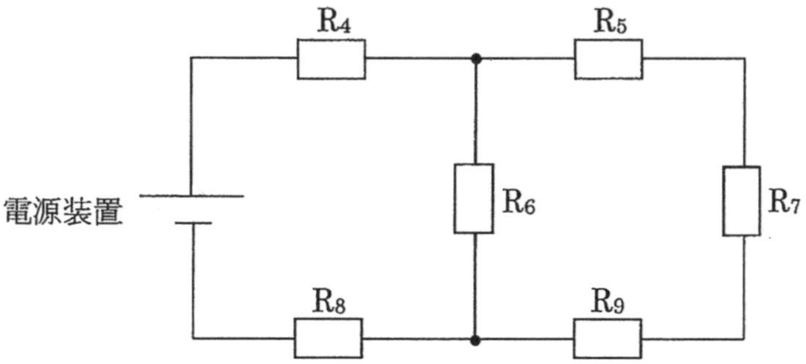

図 4

（4）R_5の抵抗に加わる電圧は何Vか。

（5）R_6を流れる電流の大きさは何Aか。また、このときの電源装置の電圧は何Vか。

最後に、R_4～R_9 の抵抗の位置に、用意した 9 個の抵抗を使って入れ替える実験をした。R_7 の位置に入れた抵抗に常に 0.02A の大きさの電流が流れるように電源装置の電圧を調整し、すべての場合を調べた。

（6）この実験で、電源装置の電圧が最大値を示したときの R_4 と R_6 の位置に入れた抵抗はそれぞれ何Ωか。

（7）（6）のとき、電源装置の電圧は何Ｖか。

問題は以上です。

令和 3 年度

社　会

（40分）

放送の合図があるまで、中を見てはいけません。

問題は 2 ページから 29 ページです。

H

【　１　】次の各問いに答えよ。

問１　次の表は、乳用牛、肉用牛、豚、ブロイラーの都道府県別頭数（羽数）（2018年）の上位４道県を示したものである。表中のア～エは北海道、熊本、宮崎、鹿児島のいずれかを示している。鹿児島にあてはまるものを、表中のア～エから１つ選び、記号で記せ。

	乳用牛（万頭）		肉用牛（万頭）		豚（万頭）		ブロイラー（万羽）	
１位	ウ	79.1	ウ	52.5	イ	127.2	ア	2842
２位	栃木	5.2	イ	32.9	ア	82.2	イ	2674
３位	エ	4.3	ア	24.5	ウ	62.6	岩手	2244
４位	岩手	4.2	エ	12.7	千葉	61.4	青森	702

『日本国勢図会 2019/20』より作成

問２　次の表は、４つの産業・製造品の製造品出荷額（2016年）上位４都府県をまとめたものである。Ａにあてはまる産業・製造品名を、次のア～エから１つ選び、記号で記せ。

ア．鉄鋼業　　　　　　　　　イ．窯業・土石製品
ウ．パルプ・紙・紙加工品　　エ．印刷・同関連業

	製造品出荷額（億円）							
	１位		２位		３位		４位	
A	静岡	8,192	愛媛	5,753	埼玉	4,533	愛知	4,323
B	愛知	8,085	岐阜	3,758	福岡	3,690	滋賀	3,325
C	東京	8,192	埼玉	7,483	大阪	5,035	愛知	3,424
D	愛知	20,462	兵庫	17,415	千葉	14,946	大阪	12,185

※窯業・土石製品とは、板ガラス及びその他のガラス製品、セメント及び同製品、建設用粘土製品、陶磁器などを製造する産業である。

『日本国勢図会 2019/20』より作成

問３　次の表は、港別の主要輸出品目の上位４品目と輸出額（2018 年）をまとめたものである。表中の**ア**～**エ**は、千葉港、横浜港、三河港、関西国際空港のいずれかを示している。三河港にあてはまるものを、表中の**ア**～**エ**から 1 つ選び、記号で記せ。

	ア	
	輸出品目	百万円
1位	石油製品	212,391
2位	鉄鋼	161,059
3位	自動車	154,315
4位	有機化合物	149,212
	計	896,105

	イ	
	輸出品目	百万円
1位	集積回路	791,577
2位	科学光学機器	409,306
3位	電気回路用品	350,854
4位	個別半導体	331,777
	計	5,266,042

	ウ	
	輸出品目	百万円
1位	自動車	1,707,075
2位	自動車部品	381,860
3位	内燃機関	329,030
4位	プラスチック	278,029
	計	7,718,697

	エ	
	輸出品目	百万円
1位	自動車	2,498,692
2位	船舶	28,980
3位	鉄鋼	24,926
4位	荷役機械	10,808
	計	2,639,526

※科学光学機器とは、光の作用や性質を利用した機器の総称で、レンズや写真機などを指す。

※内燃機関とは、燃料の燃焼を機械の内部で行い、熱エネルギーを機械エネルギーに変える機械のことを指す。

※荷役機械とは、荷上げや運搬を行う機械の総称である。

『日本国勢図会 2019/20』より作成

問4　次のグラフは、地域別の農業産出額の割合（2017年）を示したものである。グラフ中のA～Dは東北、関東・東山、北陸、九州・沖縄のいずれかを示している。Dにあてはまる地域を、次のア～エから1つ選び、記号で記せ。

ア．東北　　イ．関東・東山　　ウ．北陸　　エ．九州・沖縄

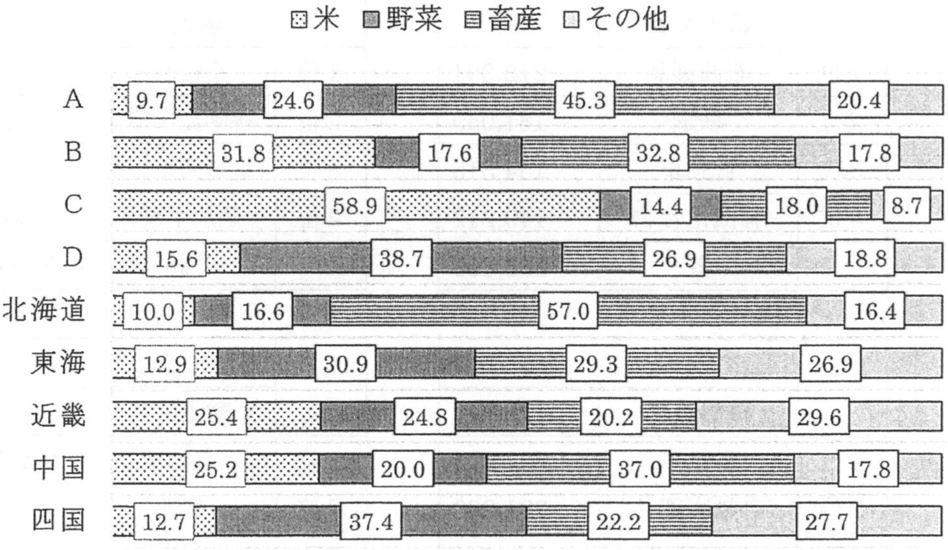

（単位：%）

※東山は、山梨県、長野県を指す。

『日本国勢図会 2019/20』より作成

問５　次の図１は、1990年と2018年の主副業別農家数の構成比を示したものであり、図中Ａ～Ｃは主業農家、準主業農家、副業的農家のいずれかを示している。また、表１は販売農家の経営耕地規模別の割合を示したものであり、Ｘ、Ｙは北海道と北海道以外の全都府県を示している。副業的農家と北海道の組み合わせとして正しいものを、下のア～カから１つ選び、記号で記せ。

図１

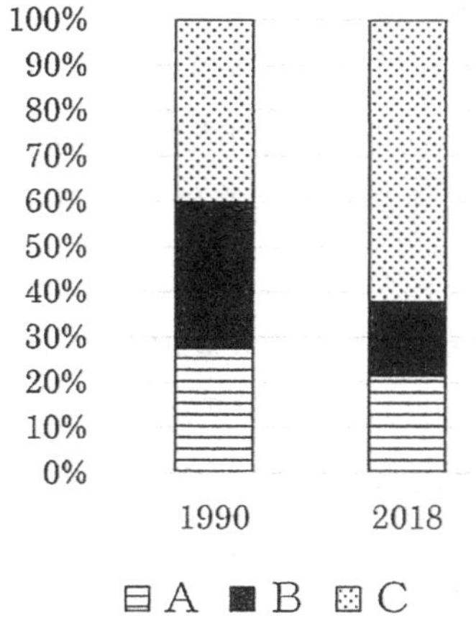

表１

X		Y	
規模	%	規模	%
1.0ha 未満	7.3	1.0ha 未満	53.9
1.0～10.0ha	30.4	1.0～ 5.0ha	40.4
10.0～30.0ha	33.8	5.0～10.0ha	3.9
30.0～50.0ha	15.6	10.0～20.0ha	1.3
50.0ha 以上	13.1	20.0ha 以上	0.5
	100.0		100.0

『日本国勢図会 2019/20』より作成

	ア	イ	ウ	エ	オ	カ
図１	A	A	B	B	C	C
表１	X	Y	X	Y	X	Y

【　２　】次のＡ～Ｆは南アジア・西アジアの国々について述べたものである。各文を読んで、下の問いに答えよ。

Ａ　この国は、1947年にイギリスから独立した多民族国家である。人口の45%が農民で、中央部の（　１　）高原の①綿花、アッサム地方の（　２　）が有名である。工業では、ジャムシェドプルなどの②鉄鋼業に加え、優秀な人材育成によりバンガロールなどでハイテク産業が急成長している。世界最大の映画の製作国で、その中心地ムンバイはアメリカのハリウッドをもじって、ボリウッドとよばれる。

Ｂ　この国は、かつてセイロンとよばれた島国である。世界的な（　２　）の輸出国であり、国土の中央部の高地がその主産地である。霧の発生の多い標高の高い場所で栽培されたものほど高級とされる。多数派のシンハラ人を優遇する政策に少数派のタミール人が反発し内戦になったが、2009年に終結した。

Ｃ　この国は、国土の大部分は、ガンジス川が形成したデルタの低湿地である。モンスーンの影響が強く、耕地面積が国土の65%を占める農業国で、③米やジュートが主作物である。夏季に降雨が集中し、低湿地であるためサイクロンによる洪水が深刻で、毎年多くの人々が命を落としている。この国で設立されたグラミン銀行は、貧困層の支援を行い、ノーベル平和賞を受賞した。

Ｄ　この国は、国土の大部分が砂漠で、メッカ・メディナの２つの聖地をもつ。ガワール油田など、主要な油田は東部の（　３　）湾岸に集中している。ＯＰＥＣの中心的な国であるが、労働力不足のため近隣諸国からの外国人労働者に頼っている。女性に車の運転を認めてこなかった世界で唯一の国であったが、2018年６月にこれを解禁した。

Ｅ　この国は、ボスポラス海峡をはさんで、ヨーロッパとアジアにまたがって国土をもつ。［　Ｘ　］に属し、たびたび大地震が発生している。小麦・綿花・タバコなどの栽培がさかんで、④自動車と繊維製品が重要な輸出品である。西欧への出稼ぎ労働者からの送金と観光収入が重要な外貨獲得源になっている。ＥＵへの加盟を希望し、現在も交渉を続けている。

Ｆ　この国は、地中海の東岸に位置し、1948年にユダヤ人が建国した。周辺のアラブ諸国と対立し、４回にわたって中東戦争がおこった。ユダヤ教、キリスト教、イスラム教の聖地（　４　）があり、現在も争いがたえない。この国と隣国ヨルダンにまたがる死海は、海水の約10倍の塩分濃度がある。この水は多くのミネラル成分を含み、美肌効果もあるため、西アジア屈指のリゾート地になっている。

問１　（　１　）～（　４　）に適する語句を記せ。

問２　［　Ｘ　］に適する語句を、次のア～ウから１つ選び、記号で記せ。
ア．安定陸塊　　イ．古期造山帯　　ウ．新期造山帯

問３　Ｅ・Ｆの文が表している国の名前を記せ。

問４　Ａ・Ｃの文が表している国の宗教について、信者数が最も多いものを、次のア～エから１つずつ選び、記号で記せ。
ア．キリスト教　　イ．イスラム教　　ウ．仏教　　エ．ヒンドゥー教

問５　下線部について、**バンガロール**を通過する経線は東経 80 度である。Ａ～Ｆの文が表している国のうち、国土の**全部**が東経 80 度より西側に位置する国を**すべて**選び、Ａ～Ｆの記号で記せ。

問６　次の表は、二重下線部①～④の作物または工業製品（綿花、鉄鋼、米、自動車）のいずれかの生産上位国とその割合を表している。鉄鋼にあてはまるものを、次の**ア～エ**から１つ選び、記号で記せ。

ア		イ		ウ		エ	
中国	51.9	中国	29.8	インド	23.7	中国	27.6
インド	5.9	アメリカ	11.5	中国	23.6	インド	21.9
日本	5.8	日本	10.0	アメリカ	13.7	インドネシア	10.6
アメリカ	4.8	ドイツ	5.8	パキスタン	9.1	バングラデシュ	6.4
韓国	4.0	インド	4.9	ブラジル	5.2	ベトナム	5.6

（単位：%）

『統計要覧　2020 年度版』より作成

問７　地図中の斜線の地域は、稲作のさかんな地域である。また、地図中ので囲んだ**１・２・３**はそれぞれ、ヒンドスタン平原、大インド砂漠、西ガーツ山脈のある場所を指している。で稲作がさかんな理由を、以下の２つの条件を満たして説明せよ。

条件１：「ヒンドスタン平原、大インド砂漠、西ガーツ山脈」のいずれかの地名を使う。

条件２：に吹く**風の名前**とその**風向**をはっきり示す。

地図

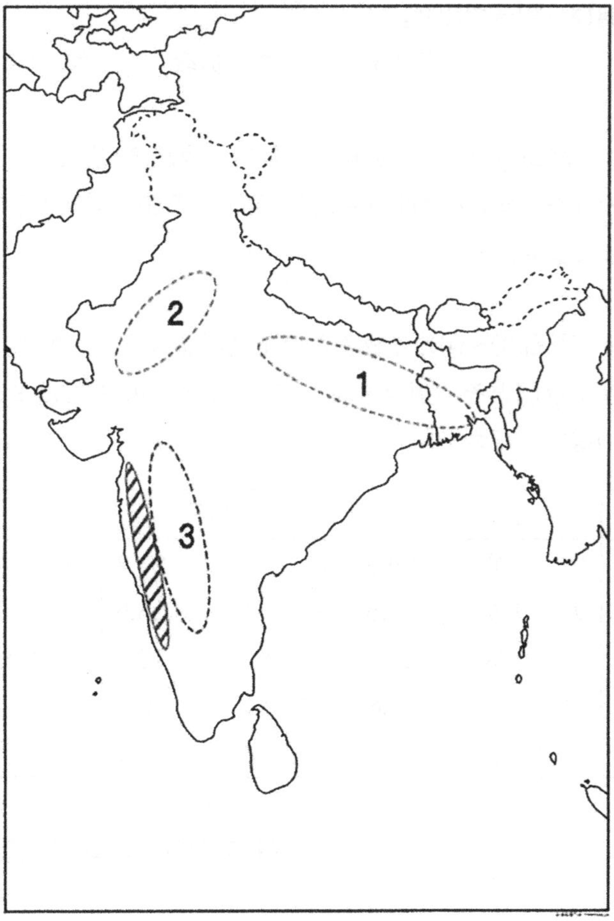

１：ヒンドスタン平原

２：大インド砂漠

３：西ガーツ山脈

このあとも問題が続きます。

【　3　】次の文を読んで、下の問いに答えよ。

人類の歴史は病気とともにありました。日本には非常に古くから病気に関する記録があります。『古事記』には、神話なのか実際の出来事なのかの区別は出来ませんが、10 代天皇の崇神《すじん》天皇の時代に流行病で多くの人が亡くなったことが記されています。また、a 大王による国づくりが進んでいた時代には朝鮮半島から医博士が来日したという記録があります。しかし、当時の医療は、まじないのようなものだったと考えられています。病気の原因が分からなかった時代、病気になることは、b 祟《たた》りや呪《のろ》いなどによるものだと考えられていたため、うらみを残して亡くなった人物の祟りを恐れて、神としてまつることも行われました。6 世紀に伝わった仏教にはそれらをなくす力があると信じられていました。一方で、c 聖徳太子が摂政として政治を行っていた時代には、薬草をとることが、朝廷の行事として行われていました。

発熱や発疹《はっしん》などの症状をみて病気を治そうとする考えは中国で発達し、症状に合わせて薬草などをのむことを記した本が 2000 年ほど前には成立していたといわれています。遣隋使や遣唐使を通じて様々な中国の文物が伝えられましたが、中国の制度をもとに 8 世紀に定められた d 律令では、医者や薬を扱う役人や、それらの人々を育成する仕組みがとりいれられました。

聖武天皇の時代に天然痘という病気が大流行し、平城京でも一般の人から朝廷の高い位をもつ役人まで多くの人々が、次々に亡くなりました。反乱や天災などもあり、そのような様々な災いから国を守るものとして e 大仏がつくられました。そのころ正しい仏教を伝えるために多くの困難を乗りこえ日本へやってきた（　f　）は唐招提寺をつくったり、多くの薬草を持参して病気の治療法なども伝えたりしたとされています。遣唐使などによって中国からもたらされた薬やその目録が、正倉院に残されています。

平安時代になると、中国から伝えられた医学や薬草に関する書物をもとに、日本人による医学書がつくられるようになります。医者は家業として特定の家の人によってつがれることが多くなりました。一方、g 病気になったときには、寺院に行き、僧による回復の祈りをしてもらったり、仏に願ったりすることはより広く行われるようになりました。

問１　下線部ａについて、このころのようすを述べた文として正しいものを、次のア～エから１つ選び、記号で記せ。

ア．後漢の光武帝から印綬（印とそれを結びとめるひも）が贈られた。

イ．蝦夷を征服するために征夷大将軍の役職が設けられた。

ウ．かぶとやよろいを身につけた埴輪がつくられるようになった。

エ．成人の通過儀礼として抜歯の風習が広く行われるようになった。

問２　下線部ｂについて、これに関して述べた次の各文の正誤の組み合わせとして正しいものを、下のア～エから１つ選び、記号で記せ。

Ａ　大宰府に左遷されてそこで亡くなった菅原道真を天神としてまつるため、京都に北野天満宮がつくられた。

Ｂ　モンゴル襲来で亡くなった武士をまつるために、鎌倉で祇園祭が開かれるようになった。

ア．Ａ：正　Ｂ：正　　イ．Ａ：正　Ｂ：誤

ウ．Ａ：誤　Ｂ：正　　エ．Ａ：誤　Ｂ：誤

問３　下線部ｃについて、このころの文化を述べた文として正しいものを、次のア～エから１つ選び、記号で記せ。

ア．豪族や王族たちは、古墳に代わって寺院をつくることで自らの権威を示すようになった。

イ．神への信仰を仏教に取り込んだ神仏習合が広がり、神道の新たな教えも生まれた。

ウ．寺院の部屋の様式を住居に取り入れた書院造の建物として、東求堂同仁斎がつくられた。

エ．高野山に金剛峯寺が建設され、山中で学問や修行に励むことが行われた。

問４　下線部ｄについて述べた文として誤っているものを、次のア～エから１つ選び、記号で記せ。

ア．中央組織として太政官や神祇官などが置かれ、政務を分担した。

イ．地方の国には都から国司が派遣されて、地方豪族から任命された郡司を指揮して政治を行った。

ウ．庸は都での労役の代わりに布を納める税で、成年男性のみが負担した。

エ．新しく開墾した土地は、開墾した農民の私有地にすることが認められていた。

問５　下線部ｅについて述べた次の各文の正誤の組み合わせとして正しいものを、下のア～エから１つ選び、記号で記せ。

Ａ　極楽浄土の仏とされる阿弥陀仏の像で、巨大な木をいくつか組み合わせて作成された。

Ｂ　源平の争乱で焼け落ちたため、鎌倉時代に貴族や武士、庶民の寄付によって再建された。

ア．Ａ：正　Ｂ：正　　　イ．Ａ：正　Ｂ：誤

ウ．Ａ：誤　Ｂ：正　　　エ．Ａ：誤　Ｂ：誤

問６　（　ｆ　）に適する人名を記せ。

問７　下線部ｇについて、このような状況が『源氏物語』に記されているが、『源氏物語絵巻』を、次のア～エから１つ選び、記号で記せ。

ア

イ

ウ

エ

問８　本文を読んで、次のＡ～Ｃの出来事を時代の古い順に並び替えたとき正しいものを、下のア～カから１つ選び、記号で記せ。

Ａ　日本人による医書がはじめてつくられた。

Ｂ　医博士がはじめて日本にきた。

Ｃ　医師を養成する制度が定められた。

ア．Ａ→Ｂ→Ｃ　　イ．Ａ→Ｃ→Ｂ　　ウ．Ｂ→Ａ→Ｃ

エ．Ｂ→Ｃ→Ａ　　オ．Ｃ→Ａ→Ｂ　　カ．Ｃ→Ｂ→Ａ

2021(R3) 滝高
教英出版

このあとも問題が続きます。

【　4　】次の文を読んで、下の問いに答えよ。

18世紀に江戸の蘭学は医学分野を中心に発達しました。『解体新書』の出版後、多くの科学分野の書物が翻訳され、出版されるようになりました。蘭学者の中には渡辺崋山や、（　1　）のように鎖国政策を強化する幕府を批判して処罰されるものも現れました。一方で、幕府はオランダ人医師に日本人医師の養成を依頼し、外国人医師に学んだ人々が、日本の医学の基礎を築いていきました。

19世紀になり世界で帝国主義が広がる中で、地域的な病気が、一気に全世界に拡大することがおこるようになりました。インドの風土病だったコレラという病気が、中国や日本にも広がり、多くの病死者が発生するようになりました。ａアロー戦争の結果を伝えるために、1858年に長崎に来港したｂアメリカの軍艦からコレラが広がったこともありました。この時は九州から大阪・京都に広がり、さらに江戸でも多くの感染者がでて数多くの方が亡くなりました。蘭学を学んだ人々は、新たな病気の治療法を用いて活躍しました。

明治時代になり、政府は（　2　）を団長とした使節団を欧米に派遣します。この使節団のもとで欧米の医療体制も調査されました。そして医師の資格や教育、病院の設置を国が管理する制度が整えられていきました。19世紀には多くの感染症が、病原体によって引き起こされることが明らかになっていました。ドイツやアメリカに留学した日本人の中には、新たな病原菌の発見をする人や、感染症の治療にｃ大きな貢献をする人も現れるようになりました。慶應義塾をつくった（　3　）らの寄付によって、1892年ドイツに次いで、世界で2番目の伝染病研究所が東京につくられました。

明治維新後、台湾や朝鮮半島に軍を派遣することが何度もあり、激しい戦闘も行われるようになりました。日清戦争では、戦死する兵士の人数よりも、派遣されている最中に病気にかかり、病死する兵士の人数の方が多いほどでした。

外国からの船が、コレラやペストなどの伝染病を持ち込まないようにするための海港検疫法という法律は、治外法権を回復したｄ日英通商航海条約が発効する1899年に成立しました。医学や医療制度が整えられていく一方で、ｅ第一次世界大戦中に世界中に流行したインフルエンザは日本にも伝わり、わずか2年の間に25万人以上の命を奪いました。これは日露戦争での戦死者の倍以上の数です。しかし、戦前日本の国家予算においては、病気の治療や病院の建設などにかかる費用よりも、軍事費は常に多くの額をしめていました。

(3)		(4)	
エタノール cm^3	水 cm^3	ア g	イ cm^3

(5)	
ウ	ニ

(6)
①
②

4.

(1)	(2)	(3)	(4)
V	Ω	A	V

(5)	
R_6 A	電源装置 V

(6)		(7)
R_4 Ω	R_6 Ω	V

【 4 】

問 1	1	2	3	問 2
問 3	①	②	問 4	問 5	問 6

【 5 】

問 1　問 2　問 3　問 4

問 5　問 6

【 6 】

問 1　問 2　問 3

問 4　問 5　問 6

【 7 】

①	②	③	④

令和3年度　社会　解答用紙

H

受験番号	

※50点満点
(配点非公表)

【　1　】

問1 ＿＿　問2 ＿＿　問3 ＿＿　問4 ＿＿

問5 ＿＿

【　2　】

問1　1 ＿＿　2 ＿＿　3 ＿＿　4 ＿＿

問2 ＿＿　問3　E ＿＿　F ＿＿

問4　A ＿＿　C ＿＿　問5 ＿＿　問6 ＿＿

問7 ＿＿

【　3　】

問1 ＿＿　問2 ＿＿　問3 ＿＿　問4 ＿＿

【解答

令和３年度　理科　解答用紙

H

※50点満点
(配点非公表)

受験番号	

1．

(1)	
X	Y

(2)														

(3)	(4)	(5)	(6)

2．

(1)	(2)	(3)	(4)
		hPa	

(5)		(6)
①	②	

問１　（　１　）～（　３　）に適する人名を記せ。

問２　下線部ａについて、アロー戦争とともにアジアでの大きな事件が日本に伝えられた。その事件として正しいものを、次のア～エから１つ選び、記号で記せ。

ア．アヘン戦争　　イ．インド大反乱　　ウ．義和団事件　　エ．辛亥革命

問３　下線部ｂについて、この軍艦は日米修好通商条約の調印にも使われた。下の史料は、その条約の一部を現代語訳した条文である。

> 史料
>
> 　日本人に対して法を犯したアメリカ人は、［　Ａ　］において取り調べの上、［　Ｂ　］によって罰すること。
>
> 　アメリカ人に対して法を犯した日本人は、［　Ｃ　］が取り調べの上、［　Ｄ　］をもって処罰すること。

①　この条文中の［　Ａ　］～［　Ｄ　］のうち、［　Ａ　］と［　Ｃ　］に適する語句の組み合わせとして正しいものを、次のア～エから１つ選び、記号で記せ。

ア．Ａ：アメリカの領事裁判所　Ｃ：アメリカ役人

イ．Ａ：アメリカの領事裁判所　Ｃ：日本役人

ウ．Ａ：日本の奉行所　Ｃ：アメリカ役人

エ．Ａ：日本の奉行所　Ｃ：日本役人

②　この条文は不平等な内容とされている。対等な条文にするためには、どのようにすればよかったのか。［　Ａ　］～［　Ｄ　］のうち、［　Ｂ　］と［　Ｄ　］に適する語句の組み合わせとして正しいものを、次のア～エから１つ選び、記号で記せ。

ア．Ｂ：アメリカの法律　Ｄ：アメリカの法律

イ．Ｂ：アメリカの法律　Ｄ：日本の法律

ウ．Ｂ：日本の法律　Ｄ：アメリカの法律

エ．Ｂ：日本の法律　Ｄ：日本の法律

問４　下線部ｃについて、貢献した内容と人の組み合わせとして誤っているものを、次のア～エから１つ選び、記号で記せ。

ア．破傷風菌の発見：北里柴三郎　　イ．赤痢菌の発見：志賀潔

ウ．ビタミンの研究：渋沢栄一　　エ．黄熱病の研究：野口英世

問５　下線部ｄについて、次のＡ～Ｃの出来事を古い順に並び替えたとき正しいものを、下のア～カから１つ選び、記号で記せ。

Ａ　日英通商航海条約が調印された。

Ｂ　鹿鳴館が完成した。

Ｃ　シベリア鉄道が完成した。

ア．Ａ→Ｂ→Ｃ　　イ．Ａ→Ｃ→Ｂ　　ウ．Ｂ→Ａ→Ｃ

エ．Ｂ→Ｃ→Ａ　　オ．Ｃ→Ａ→Ｂ　　カ．Ｃ→Ｂ→Ａ

問６　下線部ｅについて、第一次世界大戦中の出来事として誤っているものを、次のア～エから１つ選び、記号で記せ。

ア．日本はヨーロッパの戦争には不介入の方針をとった。

イ．イギリスは植民地の人々に協力を求めた。

ウ．ロシアでは皇帝に反対して革命が起こった。

エ．アメリカは戦争中に14カ条の平和原則を発表した。

2021(R3) 滝高
K 教英出版

このあとも問題が続きます。

【　5　】次の文は、中学の公民の授業で「香川県のネット・ゲーム条例」に関してディベートをしたときの会話の一部である。これを読んで、下の問いに答えよ。

先　生：昨年 4 月に香川県で「ネット・ゲーム条例」が施行されました。この条例では、小中学生は夜 9 時以降、ネット・ゲームをしないことや平日の使用時間を60分、休日の使用時間を90分までにすることなどを定めました。今日は、この条例の賛否について、ディベートをします。今回のディベートのルールは、まず、賛成派、反対派のそれぞれの立論、その後、反対派、賛成派それぞれから反駁《はんばく》、そして、最後にクラスのみんなで公正なジャッジを行い、勝敗を決します。それでは、賛成派の立論からお願いします。

賛成派：私たちが、ネット・ゲーム条例に賛成する理由は2つあります。1つ目は、インターネットやコンピューターゲームの過剰な利用は、ゲーム中毒を引き起こすということです。a 世界保健機関は、「ゲーム障害」を正式に疾病《しっぺい》と認定しています。2つ目は、依存症から子どもを守るためには、家庭だけではなく社会全体で守っていく必要があるからです。子どもは大人よりも理性をつかさどる脳の働きが弱く、子どもが依存症になると大人の薬物中毒同様に抜け出すことが困難になります。国や県が、法律を整備したり医療体制を充実させたり研修体制を構築したりしなければいけません。よって、私たちは「ネット・ゲーム条例」が必要だと主張します。

先　生：では、反対派の立論をお願いします。

反対派：私たちが、ネット・ゲーム条例に反対する理由は、3つあります。1つ目は、利用時間の制限により、通信事業者の経済的権利を妨害してしまうという点です。日本国憲法では、第22条で職業選択の自由が保障されており、これは経済活動の自由を意味しています。b 条例による制限は、この営業妨害にあたる可能性があります。2つ目は、ゲームをするかしないかはｃ個人の自己決定権や幸福追求権で保障されるものです。行政がこれを制約してはならないと考えます。3つ目は、ゲームの利用時間を管理するということは、第三者が介入することを意味し、これはｄプライバシーの侵害に当たります。以上の点から、私たちはこの条例に反対します。

先　生：では、反対派の反駁をどうぞ。

反対派：賛成派の意見では、1つ目に、ゲームは依存症であると主張していますが、テレビや漫画にも中毒性があり、なぜゲームだけに条例が制定されるのか疑問に思います。ゲームに対する偏見があるのではないでしょうか。また、2つ目の、子どもを社会全体で守っていくという主張に対してですが、それもゲームの依存だけが対象でよいのでしょうか。学校に通えない生徒や外国籍の生徒、障がいをもつ生徒などの学習環境を整えることは、e 憲法第 26 条に教育を受ける権利が保障されており、国や自治体が社会的責任を負うのは当然と考えます。ゲームだけをとりあげて規制をするのは、やはり行き過ぎのような気がします。

先　生：では、続いて、賛成派の反駁をどうぞ。

賛成派：第 1 に、通信事業者の経済活動の自由の制約になるというご指摘についてですが、憲法第 22 条には「公共の福祉に反しない限り」という規定があります。f 経済活動の自由は無制限ではないということです。第 2 に、個人の自己決定権や幸福追求権を侵害するというご指摘についてです。例えば、シートベルトをしない方が「幸福」を感じる人もいるかもしれませんが、道路交通法では、シートベルトの着用が義務付けられています。第 13 条の幸福追求権も無制限ではないのではないでしょうか。第 3 に、プライバシーの権利についてです。この条例は、ガイドラインを示したもので、罰則はありません。つまり、第三者による監視は想定していません。

先　生：白熱した討論でしたね。それでは、公正なジャッジをお願いします。

問 1　下線部 a について、世界保健機関は、国連の専門機関の 1 つである。国連に関する文のうち正しいものを、次のア～エから 1 つ選び、記号で記せ。

ア. 国連児童基金は、文化面で世界平和に貢献することを目的に、文化財の保護や識字教育などの活動をしている。

イ. 国連総会は、世界の平和と安全を維持することを目的としており、15 の理事国で構成され、常任理事国には拒否権がある。

ウ. 国際司法裁判所は、戦争犯罪や大量虐殺を行った個人を裁く裁判所で、スイスのジュネーブにおかれている。

エ. 国連平和維持活動は、紛争後の平和の実現のために、停戦や選挙の監視などを行っている。

問２　下線部ｂについて、条例による制限が認められているものを、次のア～エから１つ選び、記号で記せ。

ア．女性は満 16 歳で結婚できるが、男性は満 18 歳にならないと結婚できないこと。

イ．路上での歩きたばこを禁止すること。

ウ．衆議院議員は満 25 歳で立候補できるが、知事は満 30 歳にならないと立候補できないこと。

エ．高校生のアルバイトを禁止すること。

問３　下線部ｃについて、個人が自分の生き方や生活の仕方について自由に決定することを自己決定権という。今、病気などの終末期に延命治療をこばむ尊厳死を認める法律を制定することの是非をディベートした場合を考えてみる。この法律制定に賛成の意見を述べているものを、次のア～エから１つ選び、記号で記せ。

ア．人生最後のあり方を自分自身で決めることができるようになるのではないか。

イ．自分の本心よりも、家族の負担などを考えてしまい、家族の意思を尊重するようになるのではないか。

ウ．医学は進歩しており、終末期の定義は変わる可能性があるのではないか。

エ．自死との境界線を引くことが難しいのではないか。

問４　下線部ｄについて、プライバシーの権利として保護されない例を、次のア～エから１つ選び、記号で記せ。

ア．自分の顔を写真にとられ、ＳＮＳ（ソーシャル・ネットワーキング・サービス）上のクラスのグループに掲載された。

イ．自分の生い立ちや家族構成を、友人のブログに掲載された。

ウ．政治家の資産が新聞社によって公開された。

エ．ホームページ上で実施したアンケートの結果をメディア広告業者に渡された。

問５　下線部ｅについて、教育を受ける権利は社会権に分類される。これと同一の性質を持つ人権を、次のア～エから１つ選び、記号で記せ。

ア．労働者が団結する権利

イ．国や自治体の持つ情報を情報開示請求し、知る権利

ウ．法律の制定を阻止する運動を行う権利

エ．出身地で差別をされない権利

問６　下線部ｆについて、この判例として、最高裁判所は薬局開設距離制限に対し違憲判決を出した。最高裁判所が違憲判決を出した例として誤っているものを、次のア～エから１つ選び、記号で記せ。

ア．外国に住んでいる日本人の選挙権を認めない公職選挙法の規定は、選挙権の保障に反しており、国は原告に賠償をしなければならない。

イ．女性だけ離婚や死別後６か月間は再婚禁止とする民法は、法の下の平等や結婚の男女平等に反している。

ウ．法律上の結婚関係にない男女の子どもの法定相続分を、結婚関係にある男女の子どもの２分の１とする民法は、法の下に平等に反しており、無効である。

エ．公営体育館の建設の際の地鎮祭の費用を、市の公金から支出したことは、政教分離の原則に反し、市は原告に賠償をしなければならない。

【 6 】次の文を読んで、下の問いに答えよ。

> **来年度当初案過去最高を更新**
> **一般会計 102 兆 6600 億円 1 兆円増、社会保障費膨張**
> 政府は 18 日、2020 年度予算案の概要を固めた。一般会計総額は 102 兆 6600 億円程度となり、19 年度当初予算を約 1 兆 2000 億円上回って過去最高を更新する。高齢化や高等教育無償化などの影響で社会保障関係費が膨らんだ。歳出総額が 100 兆円を超えるのは 2 年連続。20 日に閣議決定する。（以下省略）

出典：「中日新聞」2019 年 12 月 19 日朝刊 一部改

平成 31 年度の一般会計の a 予算額は、b 社会保障関係費が全体の 34.2%、国債費が全体の 23.6%、c 地方交付税交付金等が全体の 16.1%を占めています。記事からも分かるように、社会保障に関係する費用は、年々増加してきており、歳出の特に大きな割合を占めています。

社会保障は、長い歴史があるわけではありません。19 世紀までは、貧困に陥るのは自己責任という考えが有力で、社会保障の考えは強くはありませんでした。しかし、20 世紀に入ると、（ d ）で初めて全国民を対象とした「ゆりかごから墓場まで」を目指す社会保障制度が確立しました。その後、他の各国でも個人に代わって国が社会保障を行う制度が整備され、徐々に社会保障は充実してきました。

社会保障は、国によって充実度が異なります。一般的に、スウェーデンなど北欧の国々は手厚く、逆にアメリカなどは手薄と言われています。日本は、国民皆保険や e 国民皆年金が実現するなど、社会保障の充実度は低くはありませんが、北欧には及びません。また、社会保障は、税金や保険料を財源としてまかなわれるため、充実度が高いほど、経済的な負担は大きくなります。

社会保障は充実すればするほど、当然私たちは暮らしやすくなります。しかし、社会保障は、財源が限られています。今年度は、新型コロナウイルスに関連して特別な予算が組まれましたが、一方で、膨張する社会保障費も一因となって大量の f 国債が発行されています。これは、国の借金となるため、将来の国民に負担を強いることになります。少子高齢社会となり、社会保障にかかる費用が増加する中で、私たちは、どれだけの経済的負担を許容し、どれだけの充実を求めるのかを、多面的・多角的な視点で考えていく必要があります。

問１　下線部ａに関連して、国が特別の国債の一種である財投債などによって資金を調達して独立行政法人などの機関に出資し、道路建設などの仕事を行わせる経済活動を何というか、漢字５字で記せ。

問２　下線部ｂについて、次の表は「社会保障給付費の部門別推移（2008～2017年度）」である。この表から読み取れることとして正しいものを、下のア～エから１つ選び、記号で記せ。

社会保障給付費の部門別推移（億円）			
年度	医療	年金	社会保障費全体
2008	308, 654	493, 777	958, 441
2009	321, 038	515, 524	1, 016, 714
2010	336, 439	522, 286	1, 053, 646
2011	347, 815	523, 253	1, 082, 744
2012	353, 392	532, 329	1, 090, 781
2013	360, 713	538, 799	1, 107, 796
2014	367, 767	535, 104	1, 121, 734
2015	385, 605	540, 929	1, 168, 403
2016	388, 128	543, 800	1, 184, 089
2017	394, 195	548, 349	1, 202, 443

国立社会保障・人口問題研究所「社会保障給付費の部門別推移」より作成

ア．医療・年金の額はともに、2008年度から2017年度まで常に増加している。

イ．2008年度から2017年度にかけて、社会保障費全体の額の増加率に対して、医療・年金の額はともに増加率は低い。

ウ．2017年度の医療・年金の合計額は、社会保障費全体の額の７割を超えている。

エ．社会保障費全体の額は、すべて国債でまかなわれている。

問３　下線部ｃについて、地方交付税交付金に関する記述として正しいものを、次のア～エから１つ選び、記号で記せ。

ア．地方交付税交付金は、国から地方への税源移譲の改革に合わせて、減額が図られたことがある。

イ．地方交付税交付金は、道路整備など、国から指定された事業の費用として使用される。

ウ．地方交付税交付金は、財政状況に関わらず、すべての都道府県に交付される。

エ．地方交付税交付金は、数年後に国への返済義務があるため、地方公共団体の借金ともいえる。

問４　（　ｄ　）に適する国名を記せ。

問５　下線部ｅについて、年金に関する記述として正しいものを、次のア～エから１つ選び、記号で記せ。

ア．自営業者は、国民年金に加えて、共済年金に加入する。

イ．厚生年金に加入する会社員は、納める年金の保険料を労働者と事業者で折半する。

ウ．納める年金の保険料は、少子化が進むほど減額される仕組みとなっている。

エ．国民年金と比べると、厚生年金は収支がよくない傾向がある。

問６　下線部ｆについて、国債の残高は年々増加しているが、同様に、財政難が原因で地方債の残高が増加している地方公共団体がある。財政難の解消を前提とした地方公共団体の施策として適当なものを、次のア～エから１つ選び、記号で記せ。

ア．行政サービス向上のために、市役所の職員の数を増やす。

イ．市の体育館の名称をつける権利を、民間企業に販売する。

ウ．便利な街づくりのために、市の図書館を増やす。

エ．市役所の職員の給与向上のために、残業を奨励する。

2021(R3) 滝高
K 教英出版

このあとも問題が続きます。

【　7　】下の①～④について、A・B・Cの文の正誤の組み合わせとして正しいものを、次のア～クから1つずつ選び、記号で記せ。

	A	B	C
ア	正	正	正
イ	正	正	誤
ウ	正	誤	正
エ	正	誤	誤
オ	誤	正	正
カ	誤	正	誤
キ	誤	誤	正
ク	誤	誤	誤

①　A　労働者が労働組合を結成し、労働条件の改善を使用者に要求することや、労働争議を行うことを権利として認めているのは、労働基準法である。

B　派遣労働者は非正規労働者の一種である。派遣労働者は、人材派遣会社と労働契約を結び、他の企業に派遣されて働く労働者である。

C　一般的に、外国人労働者は、休日が少なく長時間の労働をしているが、賃金水準は日本人正規労働者よりも高い。また、その雇用は経済状況の影響を受けにくいといえる。

②　A　独占禁止法は、市場における競争を妨害するものを、なくすことなどを目的としており、公正取引委員会がその運用にあたっている。

B　日本銀行が行う金融政策に、公開市場操作がある。この手段によれば、景気が過熱している時は、通貨量を減らす必要があるので、買いオペレーションを行い、景気が停滞している時は、その逆の売りオペレーションを行う。

C　政府が行う財政政策では、景気が停滞している時は、公共投資を減らして企業の仕事を増やしたり、増税をして企業や家計の消費を増やしたりする。

③　A　ケネディ米大統領が提唱した消費者の四つの権利とは、安全を求める権利、知らされる権利、選択する権利、意見を反映させる権利である。

B　高度経済成長期に消費者保護基本法が制定され、消費者を保護するための様々な仕組みが整えられた。各地方公共団体には、消費者相談や情報提供を行う消費生活センターが設置された。

C　消費者契約法では、ある製品を使用し消費者が被害を受けた場合、消費者がその製品の欠陥を証明すれば、企業は責任をとらなければならないと規定されている。

④　A　小売業者や卸売業者が商品を企画して、メーカーに製造を依頼し、独自のブランドとして販売する商品をナショナル・ブランド（ＮＢ）という。

B　株主は利潤の一部を配当として受け取ることができる。また、株主は株主総会に出席し、経営方針などについて議決することができる。株主が受け取る配当の金額や議決権は、持っている株式の数に応じて決まる。

C　現代の企業は、利潤を追求するだけではなく、社会的責任（ＣＳＲ）を果たすべきだと考えられている。それゆえ、教育や文化、環境保全などで積極的に社会貢献を行う企業もある。

問題は以上です。

令和二年度

国語

（50分）

放送の合図があるまで、中を見てはいけません。

問題は　二ページから　十九ページです。

H

※設問に字数制限のあるものは、句読点等も一字に数えるものとする。

【一】 次の文章を読んで、後の問いに答えよ。なお、設問の都合により本文を一部改変してある。

著作権に関係する弊社の都合により本文は省略いたします。

教英出版編集部

著作権に関係する弊社の都合により
本文は省略いたします。

教英出版編集部

《佐藤　優・著『人をつくる読書術』青春出版社　による》

【注】

＊通暁＝深く知り抜いていること。

＊インテリジェンスに従事する＝情報部局（国内外の情報を収集する部署）で局員として携わること。

＊アルゴリズム＝処理をする手順や規則のこと。

＊国体＝国のありかた。

＊近衛文麿＝日本の政治家。一九四一年当時、内閣総理大臣であった。

＊ユング＝スイスの精神医学者。

＊鈴木宗男事件＝日本の政治家である鈴木宗男氏による政治汚職事件。

問1 〰〰線部a～eのカタカナを漢字に直せ。（楷書で丁寧に書くこと。）

問2 本文中の［Ⅰ］～［Ⅲ］に当てはまる語句としてそれぞれ最適のものを次の中から一つずつ選び、記号で答えよ。

ア また　イ たとえば　ウ なぜなら　エ もし　オ 結局　カ さて

問3 本文中の［A］・［B］には各節のタイトルが入る。それぞれの節のタイトルとして最適のものを次の中から一つずつ選び、記号で答えよ。

ア 官僚にとって教養は二の次であるべきだ
イ 〝外国人が好きな日本文学〟を読んでおく
ウ 教養のない官僚は必ずどこかで行き詰まる
エ 〝外国のエリート〟と共に古典文学を読んでおく
オ 知性と教養は日本人らしさの象徴であった
カ 〝日本の古典文学〟を世界に広める

問４　――線部①「外交官試験ばかりに気をとられていた日本の若い官僚が立ち向かえる相手ではありません」とあるが、それはロシアの教育内容と、日本の教育内容がどのように異なるからか。六十五字以内で説明せよ。

問５　――線部②「まず古今東西の古典を読む」とあるが、筆者が「古今東西の古典を読む」ことを勧めるのは、人間をどのような存在だと考えているからか。その考えが述べられている部分を本文中から五十五字以上六十字以内で抜き出し、最初と最後の五字を答えよ。

問６　――線部③「『内在的論理』」とは何か。本文中から三十字以内で抜き出し、最初と最後の五字を答えよ。

問7　――線部④「私たちの精神構造や思考パターンを読み解くには、やはり過去の歴史、古典に立ち返らなければなりません」とあるがそれはなぜか。その説明として最適のものを次の中から選び、記号で答えよ。

ア　私たちの思考のアルゴリズムは歴史によって形作られているので、過去の歴史を丁寧に振り返り、古典作品に精通することで初めて、自己分析が完成し真の教養人となることができるから。

イ　私たちは過去に何があったかを知る任務があるので、歴史的な資料を正しく解釈し、古典作品を熟読して集団的無意識に溶け込むことで、インテリジェンスの仕事を果たさなければならないから。

ウ　私たちは歴史に影響を受けやすい存在ではあるが、過去の人間の価値基準そのものである歴史や、それを題材にして書かれた古典作品を読むことで、同じ過ちを繰り返さないでいられるから。

エ　私たちは過去に影響を受けながら生きているので、過去の人間の行動が記録された歴史や、古来の潜在意識が表れた古典作品をよく理解することが、アイデンティティの明確化に欠かせないから。

オ　私たちの精神構造は時代によって変化していくが、日本の歴史について知識を得て、古典作品に表れた価値基準を知れば、古今の共通点に勇気づけられ精神的支柱を得ることができるから。

問8　本文中の（　X　）～（　Z　）に入れる人物として最適のものを次の中から一つずつ選び、記号で答えよ。

江戸時代なら近松門左衛門や（　X　）などの文芸作品、明治に入って夏目漱石や森鷗外などの代表的な作品があります。戦後であれば、（　Y　）や坂口安吾などの無頼派から三島由紀夫、安部公房、それから最近の作家であれば（　Z　）の作品などは最低限読んでおくことが大事でしょう。

ア　芥川龍之介　**イ**　太宰治　**ウ**　松尾芭蕉　**エ**　兼好法師　**オ**　村上春樹

※設問に字数制限のあるものは、句読点等も一字に数えるものとする。

【二】 次の文章を読んで、後の問いに答えよ。なお、設問の都合により本文を一部改変してある。

中学二年生のシッカ（加藤トモミ・フランシスカ）は、ブラジル人の父と日本人の母を両親に持つ。学校で、自分の茶色い肌や巻き毛などの特徴的な外見をからかわれており、特に同じクラスの「巧《たくみ》」には、シッカの母がサンバダンサーであることから「サンババア」と呼ばれ馬鹿にされて悩んでいる。今日は、シッカと同様に、国籍の異なる両親を持つ「樹里」と会う約束をしている。

約束の時間は十六時半だった。財布とスマホを入れたバッグをつかんで徒歩五分のＪＲ本八幡駅《もとやわたえき》にダッシュする。総武線各駅停車に乗って秋葉原まで。

駅ビルの＊アトレに入っているアジアンカフェで、樹里が待っていた。

「シッカ、おっそーい。五分遅刻っ」

てらてらピンクの＊グロスをつけた唇を尖《とが》らせ、テーブルの向こうからシッカをにらむ。シッカは、ごめんごめんと両手を合わせた。

樹里も＊アースビレッジ仲間の一人で、同じ中二の女の子だ。もう一つの名前は、ジュリアという。樹里のパパの国、アメリカではそっちの名前を使うらしい。

樹里のパパはアメリカ人で、ママは日本人だから、やっぱり樹里もハーフということになる。ややこしいけれど、パパはフィリピン系だから、樹里はフィリピン人の＊クォーターでもあるというわけだ。南の島の花を思わせる、ほんのりエキゾチックで綺麗《きれい》な顔立ちをしている樹里。多民族のいいとこどりじゃん、なんて、見ていると胸がちくっとすることがある。

樹里は小六のころに都内に引っ越してしまった。会ったのは一か月ぶりだ。

最初の十分は近況報告をして、クラスの話をぽつぽつとする。サンバのせいで、からかわれていることは秘密にした。樹里には、学校に居づらいことも、巧の話もしたくない。同じハーフなのに、シッカと違って［　Ｉ　］な友だちに、弱みを見せたくない。つまらないプライドかもしれないけど。

憂鬱な気持ちは、おそろいで頼んだタピオカミルクティーつきケーキセットを食べ終わらないうちに、別の愚痴になってこぼれた。

「最近さ、パパがブラジルの話ばっかりしてきてさ……」

太いストローでカップの底のタピオカをかきまぜながら、ため息をつく。

――これも、最近のシッカの悩みごとの一つ。
「なに、何のアピールなのそれ」
「わかんない。とにかくブラジルに一回行ってほしい、的な」
近ごろ、シッカのパパはブラジルにいる親戚の子の話をしてきたり、自分が子どもだったころの思い出を急に語りだしたりと、しきりにブラジルの話を持ちだしてくる。
樹里はアメリカ合衆国と日本の国籍、シッカは、ブラジルと日本の国籍を持っている。いわゆる二重国籍というものだ。
――日本では、二重国籍を持つ子どもは、二十二歳になるまでに日本国籍を選んで日本人になるかどうかを選ばなくてはいけない。日本国籍を選ぶと、よその国の国籍は、捨てなくてはならないのだ。
シッカも樹里もいつまでも無関係ではいられない話である。
父親もまさかシッカにブラジル国籍を選んでほしいわけではないだろうが、あまりブラジルの話ばかりされると、どきりとしてしまう。
「あー、それめんどくさい系だ。でも、アピールだけなら無視でよくない？　ウチなんかこないだ、aロコツに国籍選択の話されたし。パパに。もう中学生だからとかいって。ウチ、そんなのまだどうでもいいって言ってんのに」
樹里のウチ、はだいぶ紛らわしい。
「前から思ってたんだけど、なんで自分のことウチっていうの。ウチって家のこと指すときあるでしょ、わかりにくいって」
「みんな使ってるでしょ。何でも元々は関西弁らしいよ。あっちじゃ自分のことウチって言うんだって」
「樹里、生まれも育ちも千葉じゃん」
「リアリイ？」
「樹里が知ってるのを、あたしも知ってますけど」
呆れてつぶやいたシッカに、樹里は大口開けて笑った。
「まあ、ウチらってどっちの国も選べて、お得だよね。有利な方を選択したらいいし」
「有利って？」
「会社設立しやすいとか、税金安いとか、年金いっぱいもらえるとかさあ。あっ、でもでも、それか、ウチが結婚したい彼氏がいる国！」
「わかんないけど、打算まみれだね……」
ギャル系ファッションに派手めなメイクでちょっと軽そうに見えるが、樹里の言動はいつも大人びている。樹里のパパは樹里が生まれる前に*外資系コンサルタント企業の重役として日本に赴任してきた。家だって、都内一等地の大きな一戸建てに住んでいるお金持ちだ。ＢＢＱ《バーベキュー》と日本のアニメ映画が大好きな樹里パパは、もしかしたら、娘にひそかに英才教育をしているのかもしれない。①じつは、そういったところも、どうしても自分と比べてしまう。

【中略】

——半分《ハーフ》。混合《ミックス》。二重《ダブル》。

すべて、シッカたちのような、両親の出身国や民族が異なったり、国籍を問わず複数の文化を背景にして育った子どもたちを言いあらわす言葉だが、どの呼び方も、シッカにはしっくりこない。クラスメートにトモちゃんと呼ばれるのと同じで、心のどこかで「そんなの、あたしじゃない」と感じる。

でもそれなら〈あたし〉はどこにいる？　どんな名前で呼ばれて、どう感じるのが自分らしいということなのだろう。樹里の〈ウチ〉じゃないけれど。

考えれば考えるほど、わからなくなる。

＊自画像なんて描いても描かなくても、自分のすがたを、シッカは知らないのかもしれない。

（樹里なら、呼び方なんて何でもいいって言いそうだけど……）

国籍を選ぶことにすら柔軟でいられる樹里に巧のことを打ち明けて、サンバ超かっこいいじゃん、とか、笑いとばされた日には、樹里のことを本気で嫌いになってしまいそうだ。

樹里と違って、シッカの世界はあそこにある。二年三組の教室、黒板に向かって左から二列目、前から三番目の、傷だらけの机の上……。

そのはずなのに、クラスにうまくなじめずにいる。

②まるで、トモちゃんと呼ばれて曖昧に笑っている自分や、巧に言い返すこともできずにうつむいている自分を、もう一人の自分が教室の天井から見ているみたいだ。

シッカはほかのクラスメートたちと違う。

それは、普通の日本人の子にはきっとわからないことだ。

生まれ落ちたときに「フツウ」を与えられ、自分と同じ髪と目の色をした大勢の「フツウ」に囲まれていて、疑うことなく、ためらうことなく、薄橙色《うすだいだいいろ》に肌を塗って自画像を描けるあの子たちと、シッカが、同じはずがない。

クラスメートのママに「日本語が上手だね」と声をかけられる。パパと電車の座席に座ったときは、左右の席が最後まで空いている。公園で遊んでいても、ひとりだけお友だちから声をかけられない。「チョコ」ならまだいい方、もっと汚い言葉で肌の色をからかわれたこともある。物心ついたころから、それがシッカの当たり前になってしまっていた。それでも、みんなと同じ教室でやっていかなければいけないとわかっている。友だちだって「フツウ」に増やしたい。自画像のことは、半分［Ⅱ］のようなものだったのかもしれない。だってありのままの自分を描いたところで、どうせクラスになじめやしなかった。

巧のせいで、シッカはクラスですでに「サンババア」で固定されかかっているのだから。数少ない友だちの女子だって、このままでは、きっと離れていく。

両親には言いたくない。だれにも相談できない。

どうしたら、いいんだろう……。

【中略】

シッカが家に帰ると、食卓には、父ミゲウの作ったフェジョアーダ（豆と肉の煮込み料理）、パモーニャ（トウモロコシ粉で作ったちまきのようなもの）など、ブラジルの郷土料理が並べられていた。父、母（由実）、シッカの三人でそのブラジル料理を食べていると、母はサンバ教室での出来事を嬉しそうに語り出した。

「お教室の内田さんも、今年こそ自前で衣装をそろえるってはりきってるのよ。それで――」

どピンクの口紅の残る唇がしゃべり続ける。

もう、うるさい。

気がつくと、さっきまで座っていた椅子が後ろに倒れていた。椅子を蹴り飛ばすようにして、席を立つ。テーブルがしん、と静まりかえる。

目を丸くしている両親に向かって、声を荒らげた。

「サンバの話なんか、もういいよ！　あたし、サンバって大っっ嫌い！」

やっとまずいことに気づいたという表情で、由美がおずおずとシッカにささやく。

「――どうしたのシッカ。学校で何かあったの？　何か嫌なこと、言われた？」

「べつに、って言ってほしい？」

サンバのせいで嫌なことを言われるかもしれないって自覚はあるんだ、と皮肉に思う。そこまでわかるのに、シッカの気持ちだけ、わからないのか。

「シッカ、母さんは……」

身を乗りだしたミゲウをきっとにらみつける。

「パパだって、最近ブラジルのことばっかり言って、何よ。あたし、ブラジルなんかに興味ないのに」

「でも＊パパイの故郷だよ。おまえのふるさとでもある。シッカは日本生まれの日本育ちだけど、パパイは、選択肢は多い方がいいと思っているよ」

「――それって、国籍選択のこと言ってる?」

「国籍なんて気にしなくていい。おまえはれっきとした日本人だし、パパイが言ってるのは人生をもっと豊かにするための、そうだな……心の選択肢みたいなもののことだよ。パパイはただ、一度シッカにブラジルの空気を吸ってほしいんだ。ブラジルには、日本からの移民がたくさんいて、昔から現地に溶け込んで暮らしている。みんな、シッカを歓迎してくれるよ」

ミゲウは穏やかな表情でシッカを見つめる。

優しく教えさとすような口調に、シッカはひどくイラッとする。

何が心の選択肢だ。どうして、シッカまでブラジルに興味があるかのように話すのだろう。押しつけだとは思わないのだろうか。③れっきとした日本人だなんてよく言えるよね、と出かけた言葉をぐっと呑《の》み込んだ。

だいたい、ブラジルで歓迎されて何になるのだろう。ブラジルは父親のふるさとであって、ミゲウの言うとおり、シッカは日本で生まれた日本の子だ――見た目はどうあれ。故郷《ホーム》のはずのここで居場所のない自分が、異郷《アウェイ》でなら愛されるかもなんて、どうでも良すぎて、bアワになってcハジけそう。

シッカの悩みは、行ったこともない遠いブラジルなんかにはない。

いま、ここ、目の前にしかない――。

クラスの壁に貼りつけられたニセモノの自画像。巧の冷たい眼差し。本音を伝えることもできない親友がストローですすったブラックタピオカ。それがいまの、シッカの悩みのすべてだというのに。

「……いいかげんにしてよ……」

④火山になったシッカの口から溶岩がどろっとあふれだす。

「勝手すぎるよ。ママはサンバを選んで、ブラジル人のパパを選んだ。パパはママと日本を選んで、日本に住んでいまハッピー。よかったじゃん」

手元のスプーンをにらんでいた視線を上げて、やっと両親の顔を見まわす。
「……でもあたしは、何にも選んでないのにこうなったっ。ママだってさ、うちの学校でサンババアって呼ばれてんの知ってる？　いい歳して、サンバでも何でも勝手に踊ってればいいけどさ。あたしを、巻き込まないでよ！」
由美がぎくりと顔をこわばらせた。いつかテレビで見た、漁で船揚げされてすぐに電気ショックで殺されるマグロみたいに、一瞬で、目がうつろになった。ミゲウはまったく言葉をなくしている。
これまで、大声を上げてキレたこともほとんどないし、傷つけようとして母親を傷つけたこともない。母方の祖母の形見のピアスを排水口に落としてしまったときも、授業参観にきた由美と目を合わせなかったときも。
（でも、ママがサンバをやっていなかったら、こんな思いをせずにすんだのは事実じゃない）
いまのシッカは、「傷つけてごめんなさい」どころか、青ざめたママの顔を見てザマアミロなんて思っている、いやな子だ。悪意というやつは、返す刀で自分を斬《き》る。電気ショックを受けたのは、シッカも同じだった。

部屋のドアを乱暴に閉めて、ベッドに身を投げ出した。
朝起きた時のまま、くしゃくしゃにわだかまっているタオルケットに顔をうずめる。
パパもママも何もわかっていない。もっと言って《キズツケテ》やればよかった、というヘドロじみた気持ちと、少しの後悔とでぐちゃぐちゃになりそうだ。
タオルケットにわずかに残っている清潔な洗剤の香りをかいで、やっと少し気持ちが落ち着く。シッカはベッドから身を起こすと、ベッドサイドに置いてあった＊iPodのワイヤレスイヤホンを両耳に押し込んで、お気に入りの＊Kポップを大音量で流した。こんなときこそ、ああ、思いきり身体を動かして踊りたいのに。
赤くなった目をこすりながら、机の横にあるルームミラーに、クローゼットから適当に抜きだしたワンピースをバサッとかける。身長より少し背の低い、縦長で、緑色の木枠のルームミラーを洋服で覆う、いつもの d ギシキ。
――夜の間だけ、⑤シッカは鏡にベールをかける。
鏡がキライなのと自分が嫌いなのは、たぶん同じことだ。
朝の身支度をするときも、お風呂のときも、自室でも、極力鏡を見ないようにしている。鏡は現実を突きつけてくる。いまのシッカが見たくないものを……。
朝、部屋を出るタイミングでワンピースを取り去るのは、昼間は両親、とくに母親が勝手に部屋に入ってくることがあるからだ。気づかないかもしれないけど、剥《む》き出しの自分の気持ちをさらすようでイヤだった。

洗剤の匂いをかいでルームミラーにカバーをするだけでは、足りない。
頭の中に、ハチが飛び回るように、不安な言葉が飛びⓔカう。
（サンババア。巧。フェジョアーダ。ブラジルの魂《アルマ・ブラジレイラ》……）

《『わたしを決めつけないで』講談社　より、
黒川　裕子・著『夜の間だけ、シッカは鏡にベールをかける』による》

【注】＊アトレ＝商業施設の名前。
＊グロス＝唇に塗るクリームのこと。
＊アースビレッジ＝シッカが小学生の頃に家族でよく出入りしていた、日本に住む外国人が集まってイベントを開くコミュニティ。
＊クォーター＝外国人の祖父または祖母を持つ人。
＊外資系コンサルタント企業＝外資系とは、企業などが外国の資本で経営されていること。コンサルタントとは、専門的な技術や知識に関する相談に応じる人のこと。ここでは、外国の資本で経営されている、会社の経営などに助言等を行う企業のこと。
＊自画像なんて描いても描かなくても＝学校の美術の授業で自画像を描いたとき、シッカは自分の肌を茶色く塗ることをためらって薄橙色に塗り、「巧」からみんなの前で「何でホントの色に塗らねーの？」とからかわれるということがあった。
＊パパイ＝シッカのお父さんのこと。
＊iPod＝音楽を聞くためのポータブルプレーヤーのこと。
＊Kポップ＝韓国の音楽のこと。

2020(R2) 滝高
K教英出版

問1　〰〰線部a〜eのカタカナを漢字に直せ。（楷書で丁寧に書くこと。）

問2　本文中の［Ⅰ］・［Ⅱ］にはそれぞれ四字熟語が当てはまる。空欄を埋めて四字熟語を完成させよ。

Ⅰ　□風□帆　（物事が非常に順調であること。）

Ⅱ　自□自□　（物事が思いどおりにならないために、自分で自分の身を粗末に扱い、なげやりな行動をすること。）

問３ ——線部①「じつは、そういったところも、どうしても自分と比べてしまう」とあるが、シッカは樹里に対してどのような気持ちを抱いているのか。その説明として最適のものを次の中から選び、記号で答えよ。

ア 自分と似た境遇の持ち主としていろいろな相談のできる頼りになる友人ではあるが、樹里が自分よりも容姿や環境の面で恵まれているように思えて、もやもやとしたわだかまりを感じている。

イ 同じ国籍を持つ者同士であり趣味も合う友人であるが、樹里の容姿と大人びた考え方を羨《うらや》ましく思うとともに、何事にも前向きな樹里に対して対抗心が芽生え、負けたくないと思っている。

ウ 同じ二重国籍を持つ気の置けない存在として今まで仲良くしてきたが、絶対に自分の弱さを相手に見せてはいけないと必死になるあまり、今後、樹里とは疎遠になってしまえばいいと思っている。

エ 二重国籍であるという境遇を前向きにとらえる頼もしい存在だが、何でも自分で決められる冷静さを持つ樹里がどんどん自分から離れて行ってしまうことを、どこか寂しく感じている。

オ 自分とは違い、見た目も境遇も非常に恵まれているが、それに甘えて将来のことについてあまり深く悩まず楽しい方に流されればいいと考えているように見えて、樹里を見下している。

問4 ——線部②「まるで、トモちゃんと呼ばれて曖昧に笑っている自分や、巧に言い返すこともできずにうつむいている自分を、もう一人の自分が教室の天井から見ているみたいだ」とあるが、ここでのシッカはどのような心境か。その説明として最適のものを次の中から選び、記号で答えよ。

ア クラスになじめないことに落胆し、どう呼ばれても自分のことのように感じられず苦しさを覚える毎日に疲労し、いくら頑張っても現状は変わらないと自虐的な気持ちになっている。

イ あからさまな嫌がらせに腹が立つのだが、それに愛想笑いを返しているだけの自分が情けなく、なんとかして自力でこの状況を打破しようと気持ちを奮い立たせている。

ウ 自分の生い立ちや外見が特徴的であるのは確かであり、それがからかいの対象になることも理解できるので、自分は冷静であることが肝心だと落ち着きを取り戻している。

エ 学校での自分の振る舞いに納得がいかず、周囲からの扱われ方にも惨めな気持ちになるのだが、どのような状態であれば自分らしいと言えるのかも分からず心の拠《よ》り所を持てずにいる。

オ クラスで浮いていたり、クラスメートから攻撃されていたりしても何もできない消極的な自分に嫌気がさして、学校のことをこれ以上気にするのはやめてしまおうと開き直っている。

問5 ——線部③「れっきとした日本人」とあるが、シッカはどのような子を「れっきとした日本人」だと見ているか。そのことが最もよく表れている一文を本文中から抜き出し、最初の五字を答えよ。

問6 ――線部④「火山になったシッカの口から溶岩がどろっとあふれだす」とは、シッカのどのような様子のことか。五十字以上六十字以内で説明せよ。

問7 ――線部⑤「シッカは鏡にベールをかける」とあるが、シッカがこのような行為をするのはなぜか。三十五字以内で説明せよ。

問題は以上です。

令和 2 年度

数　学

（60分）

放送の合図があるまで、中を見てはいけません。

問題は 2 ページから　7 ページです。

＃教英出版　編集部　注
編集の都合上、空白ページは省略しています。

H

(注)　答はすべて解答用紙に記入せよ。ただし，円周率は π とし，根号は小数に直さなくてよい。

1.　次の各問いに答えよ。

(1) $x=\frac{3}{2}, y=-\frac{1}{9}$ のとき，$6xy^2 \div (-3xy)^3 \times \left(-\frac{3}{2}x^2y\right)^2$ の値を求めよ。

(2) $a^3-a^2b+2b^2-2a^2$ を因数分解せよ。

(3) 2 次方程式 $(2x+1)(3x-1)-37x-29=0$ を解け。

(4) 1,2,3,4 の数字が書かれたカードが 1 枚ずつある。これらのカードから続けて 2 枚を引き，1 枚目の数字を十の位，2 枚目の数字を一の位として 2 桁の整数を作る。このとき，できた数字が素数になる確率を求めよ。ただし，引いたカードは戻さないものとする。

(5) 下図で A, B, C, D は円周上の点，O は円の中心，CD は円 O の直径である。このとき，x, y の値を求めよ。

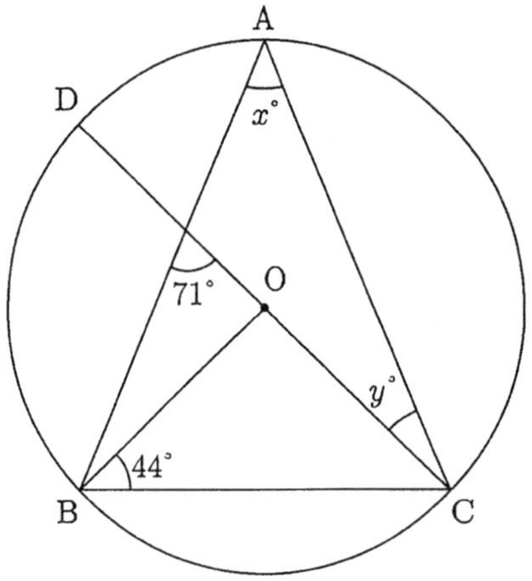

2. ある動物園の入場料は大人 600 円，子供 400 円である。また，大人と子供の合計で 30 人以上のグループには，グループ割引で入場料が大人も子供も 20 %引きになる。今，大人と子供あわせて 29 人のグループがこの動物園に行く計画を立てていたところ，当日に子供が 5 人増えたのでグループ割引が適用できて，入場料は計画を立てたときより 1000 円安くなった。計画時点での大人の人数を x 人，子供の人数を y 人として，次の各問いに答えよ。

(1) x と y についての連立方程式を作れ。

(2) (1) を解いて，x, y の値を求めよ。

3. a は正の定数とする。放物線 $y = ax^2$ と直線 $y = a$ の交点を P,Q とする。ただし，点 P の x 座標は負である。△OPQ が正三角形になるとき，次の各問いに答えよ。

(1) a の値を求めよ。

(2) 点 Q を通り，△OPQ の面積を 2 等分する直線 ℓ の方程式を求めよ。

(3) (2) の直線 ℓ と x 軸の交点を R とする。△OQR を直線 ℓ の周りに 1 回転させてできる回転体の体積を求めよ。

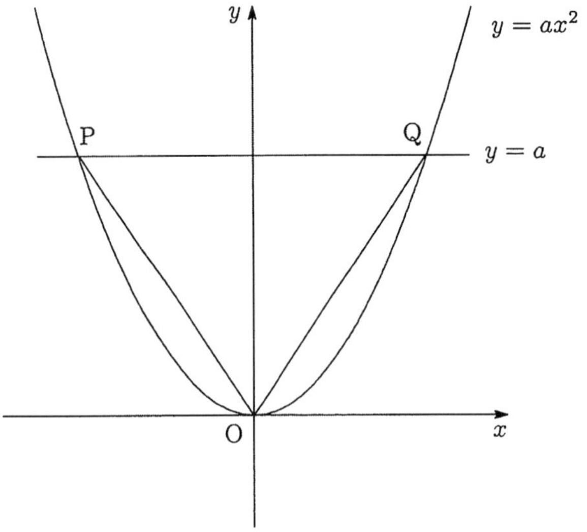

4. $AB = a$, $BC = a + 6$ の長方形 ABCD がある。辺 AB 上に $AE = 6$，辺 BC 上に $CF = 6$ となる点 E, F をとる。ただし，$a > 6$ とする。このとき，次の各問いに答えよ。

(1) △EBF の面積を a を用いて表せ。

(2) △DEF の面積が 38 のとき，a の値を求めよ。

(3) (2) のとき，DE の中点を G とおく。FG の延長が辺 AD と交わる点を H とするとき，AH の長さを求めよ。

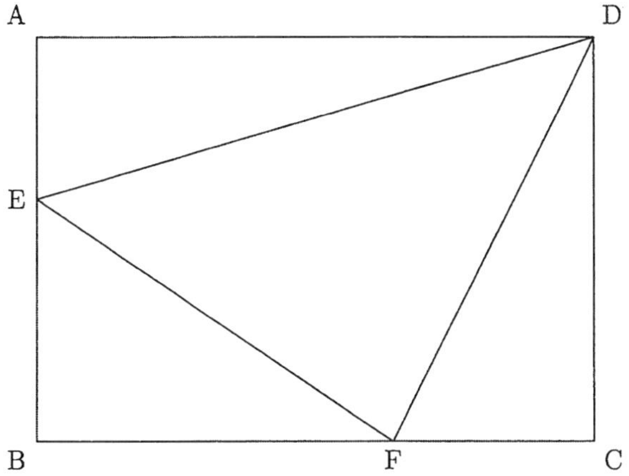

5. △ABCの頂点AをDEで折り返し，辺BC上の点Fに重ねる。$\angle A = 75^\circ$，$DF \perp BC$，$AD = \sqrt{3}$，$BF = 1$とする。このとき，次の各問いに答えよ。

(1) ∠EFCの大きさを求めよ。

(2) ∠ACBの大きさを求めよ。

(3) BCの長さを求めよ。

(4) AEの長さを求めよ。

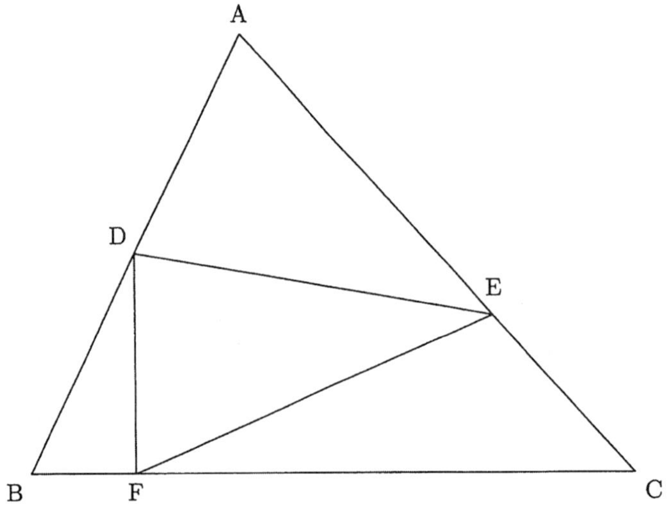

6. 1 辺の長さが 8 の立方体 ABCD − EFGH に球が内接している。AB, EF, FG, BC の中点をそれぞれ P, Q, R, S とする。このとき，次の各問いに答えよ。

(1) 3 点 A, C, F を通る平面で球を切ったとき，切り口の円の面積を求めよ。

(2) 4 点 P, Q, R, S を通る平面で球を切ったとき，切り口の円の面積を求めよ。

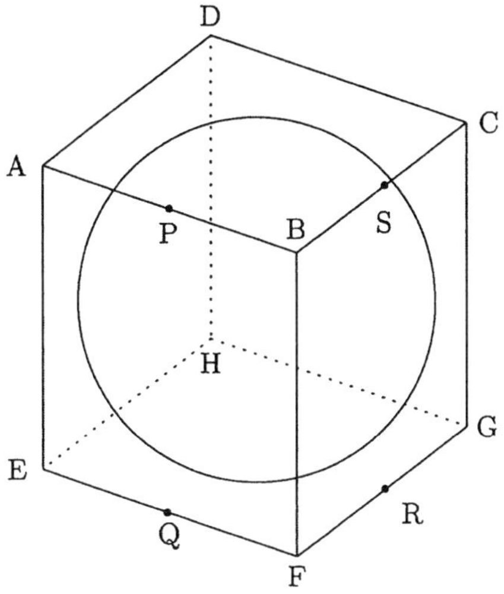

2020(R2) 滝高
K 教英出版

令和 2 年度

英 語

（60分）

放送の合図があるまで、中を見てはいけません。

問題は 2 ページから 9 ページです。

H

【１】次の〈問題１〉～〈問題３〉は放送による問題です。それぞれ、放送の指示に従って答えなさい。放送を聞きながらメモをとってもかまいません。

〈問題１〉これから３つの会話が読まれます。それぞれの会話の最後の文に対する応答として最も適当なものを、ア～エの中から１つずつ選び、記号で答えなさい。会話は１度だけ読まれます。

★教英出版編集部注
問題音声は教英出版ウェブサイトで。
リスニングＩＤ番号は解答集の表紙を参照。

(1) ア．OK, let's have hamburgers.
イ．All right, let's order Japanese noodles.
ウ．Let's eat dinner soon.
エ．But they're all sold out.

(2) ア．I had to clean my room.
イ．I was studying in the city library.
ウ．I really enjoyed camping with my family.
エ．I have lost my glove and bat.

(3) ア．Yes, I hope so.
イ．No, but I will do it soon.
ウ．No, I don't think so.
エ．Yes, I'm sorry.

〈問題２〉これから３つの英文とそれに関する質問が読まれます。それぞれの質問の答えとして最も適当なものを、ア～エの中から１つずつ選び、記号で答えなさい。英文と質問は１度だけ読まれます。

(1) ア．Because it wasn't raining outside.
イ．At the station.
ウ．In a restaurant.
エ．A waitress found it.

(2) ア．One letter.
イ．Two letters.
ウ．Three letters.
エ．She didn't write a letter.

(3) ア．She had a bad cold.
イ．She was absent from school.
ウ．She talked with Kana.
エ．She played tennis with other members.

〈問題３〉 これから、ある物語が読まれます。それに関する(1)～(5)の質問の答えとして最も適当なものを、ア～エの中からそれぞれ１つずつ選び、記号で答えなさい。物語と質問は２度読まれます。

(1) Which is true about *Three Cups of Tea*?

ア. It is a book that says how important it is to drink three cups of tea.

イ. It is a book saying about Mortenson's experience of climbing K2.

ウ. It is a book about Mortenson's effort to make schools in Pakistan and Afghanistan.

エ. It is a book saying how important it is for girls to study at school.

(2) What is Korphe?

ア. It is the name of a school Mortenson built in Pakistan.

イ. It is the name of a village in Pakistan.

ウ. It is the local custom of Pakistan.

エ. It is the name of the man who took care of Mortenson.

(3) Why did Mortenson decide to build a school?

ア. Because he wanted to return a favor.

イ. Because he wanted to help poor girls in Pakistan.

ウ. Because he wanted to exchange ideas about the local problems.

エ. Because he wanted to become friends with the local people.

(4) Which is true about the story?

ア. Mortenson worked hard for the homeless in Pakistan and Afghanistan.

イ. Mortenson built 25,000 schools in Pakistan and Afghanistan.

ウ. Mortenson broke the ice with the local people by visiting their house.

エ. Mortenson had a hard time building schools because he had different ideas.

(5) What did drinking tea with the local people bring to Mortenson?

ア. Getting along with poor children.

イ. Better future for the children.

ウ. Understanding of the local problems.

エ. A strong connection to a computer network.

【２】次のＡ欄とＢ欄の関係と、Ｃ欄とＤ欄の関係が同じになるように、Ｄ欄の(　　　)に入る適当な語を答えよ。

	Ａ欄	Ｂ欄	Ｃ欄	Ｄ欄
(1)	eight	ate	one	(　　　)
(2)	tooth	teeth	life	(　　　)
(3)	fight	fought	mean	(　　　)

【３】次の日本文を参考にして、(　　　)に入る適当な語を答えよ。

(1) その木は枯れかけています。

The tree is (　　　).

(2) トイレをお借りしてもよろしいですか。

May I (　　　) your bathroom?

(3) 私の兄は毎週日曜日に湖へ泳ぎに行きます。

My brother goes swimming (　　　) the lake every Sunday.

(4) 太郎は時間を浮かせるために、飛行機で東京に行った。

Taro went to Tokyo by plane to (　　　) time.

【４】次のア～カの英文の中から、文法的に間違っているものを２つ選び、記号で答えよ。

ア．There was little water in the glass.

イ．Why don't you go home right now?

ウ．Didn't you finish your homework last night? — No. I must do it now.

エ．Which subject do you like better, English, math, or Japanese?

オ．How many fish did you catch yesterday?

カ．I want to have more friends to talk at school.

【5】次の日本文を参考にして、[　　]内の語(句)を□に入れて英文を作るとき、 A と B の位置に来る語(句)の記号を答えよ。文頭に来る語も小文字で書いてある。

(1) そのことは君しか知らないよ。

[ア. that thing　イ. the only　ウ. you　エ. knows　オ. person　カ. are　キ. who]

□ - □ - A - □ - □ - B - □ .

(2) どんな質問でもどんどん私に聞いてください。

[ア. encouraged　イ. me　ウ. you　エ. any questions　オ. ask　カ. are　キ. to]

□ - □ - A - □ - □ - B - □ .

【6】次の対話文が自然な流れになるように、下線部①と②の[　　]に入る適当な英文を１文ずつ書け。ただし、[　　]内に与えられている語をそのままの形で使用して作文すること。使用する順番は問わない。

A： Excuse me.　I want to go to Kiyomizudera Temple.　Can I walk there?

B： You want to walk to Kiyomizudera Temple!?　①[time / take / think].　You should go by bus.

A： Is there one soon?

B： Let me check the timetable.　Well, it's 11:40 now ... so ... yes.　②[come / fifteen / next].

A： I see.　Thanks a lot.

B： You're welcome.　Enjoy your trip.

	BUS TIMETABLE for Kiyomizudera Temple			
7:	00	15	30	45
8:	00	15	30	45
9:		10	30	50
10:		15	35	55
11:		15	35	55
12:		15	35	55
13:		15	35	55
14:		10	30	50
15:		10	30	50

【７】次の英文を読んで、後の問いに答えよ。

In an elementary school classroom, the children are around Nao. They talk to her about the story they read in Japanese class that day. Nao asks questions about the story and they answer her. You may see this scene in any classroom in Japan, but one thing is (A) : Nao is much smaller than the other children at only 63.5 centimeters tall. Actually, Nao is not a child, but a robot.

Nao was born in 2004, as Project Nao at a robotics company in France. In 2015, the Japanese Softbank Group bought the original French company and named it Softbank Robotics. Nao looks like a very small human child. For ① this reason, it is easy for students to become friends with the robot. It is used in many different schools all over the world. More than 5,000 Naos are now used in more than 50 countries.

Most robots are used to do something for humans. They are called "care-giving robots." However, Nao is an example of a new type of robot called a "care-receiving robot." ② These robots [of / to / need / take / humans / them / care]. In a classroom, Nao does not teach students school subjects. She is made to be a weak student who often makes mistakes. The human students then "teach" Nao by correcting her mistakes. It helps students learn again what they have studied. Many children enjoy communicating with Nao so much that they also play Nao's teaching games outside of school. Also, though parents and teachers sometimes want students to be successful in everything, Nao does not put pressure on them, so they can feel relaxed about learning. ③ Care-receiving robots like Nao can be the key to the future of education.

However, some people do not always like the increasing role of robots in the classroom. Many parents are worried about their children's safety around the robots. Because of this, care-receiving robots are often made to be small and look weak, so they do not scare or injure young students. Some care-receiving robots are able to record students' *conversations with them, so a classroom teacher can listen to the recording later. Even so, other parents are afraid that robots will one day teach their children instead of human teachers. Robot engineers say ④ this will not happen because robots are created as helpful tools, not as the main teachers. More research and changes will be needed in the future to (B) care-receiving robots perfect as classroom friends.

Japan is working hard to improve students' English communication skills. Care-receiving robots like Nao can be one way to do it. Now Japan is starting a project using about 500 robots in schools all over the country. These robots may help to improve students' English speaking and writing skills. With big projects like this, the role of care-receiving robots may continue to increase in the future.

(注) conversation(s)：会話

〈問題２〉これから３つの英文とそれに関する質問が読まれます。それぞれの質問の答えとして最も適当なものを、ア～エの中から１つずつ選び、記号で答えなさい。英文と質問は１度だけ読まれます。

(1) Kathy left her umbrella behind after having a cup of coffee in a restaurant. She was walking to the station to take the train. A waitress found it and ran after Kathy and gave it back to her. As it wasn't raining outside, Kathy didn't notice that she didn't have her umbrella with her.

Question： Where did Kathy leave her umbrella behind?

(2) Lucy writes to her grandmother in New York once a month. But in the middle of last month, she got a nice present from her grandmother, so she wrote another letter to say thank you to her the next day. Soon her grandmother sent a letter to Lucy. Lucy was happy to receive it.

Question： How many letters did Lucy write to her grandmother last month?

(3) Kana and Miki are members of the tennis club at their high school. They play tennis together after school on Tuesdays and Fridays. But this Friday, Kana caught a bad cold and didn't come to school. Miki felt lonely and practiced with other members of the club. Miki hoped that Kana would get well soon.

Question： What did Miki do this Friday?

〈問題3〉これから、ある物語が読まれます。それに関する(1)〜(5)の質問の答えとして最も適当なものを、ア〜エの中からそれぞれ1つずつ選び、記号で答えなさい。物語と質問は2度読まれます。

An American named Greg Mortenson has written a very popular book with a very unusual title. It's called *Three Cups of Tea.* In it, Mortenson talks about his experiences building schools for poor children in Pakistan and Afghanistan. Why did he do this? And how did the book get its title?

In 1993, Mortenson wanted to climb a mountain called K2 in Pakistan. It's 8,611 meters high. He stayed on the mountain for 70 days, but he couldn't reach the top. After he went down, he became very sick and weak. Two local men took him to a small village called Korphe. There, the people took care of him for seven weeks until he got stronger. To thank the people of the village for their kindness, he decided to build a school in Korphe.

Mortenson worked hard for years to get the money for his first school. Since then, he has built more than 70 schools, and more than 25,000 boys and girls have studied in them. His work was sometimes very difficult, because he was a foreigner and he had different ways of thinking from the people there. Some men in the villages were very angry with him, because they didn't want schools for girls.

But Mortenson learned about the local cultures, and he found a good way to break the ice: by drinking tea with people. That's where the title of his book comes from. The local people say, "The first time you drink tea with us, you are a stranger. The second time you have tea, you are a guest. The third time you share a cup of tea, you become our family."

By drinking three cups of tea with the people living in the mountains in Pakistan and Afghanistan, he could connect with them and learn about their villages and problems. His schools have brought a better future to the children of the area.

Kristin L. Johannsen "WORLD ENGLISH 2" TED TALKS より一部改編

Questions

(1) Which is true about *Three Cups of Tea*?

(2) What is Korphe?

(3) Why did Mortenson decide to build a school?

(4) Which is true about the story?

(5) What did drinking tea with the local people bring to Mortenson?

放送原稿

《2020 Listening Script》

【１】次の〈問題１〉～〈問題３〉は放送による問題です。それぞれ、放送の指示に従って答えなさい。放送を聞きながらメモをとってもかまいません。

〈問題１〉これから３つの会話が読まれます。それぞれの会話の最後の文に対する応答として最も適当なものを、ア～エの中から１つずつ選び、記号で答えなさい。会話は１度だけ読まれます。

(1) A : Fred, what do you want for dinner tonight?
B : How about Chinese noodles, Mom?
A : We had noodles two nights ago. Think of something else.

(2) A : Yesterday, we played baseball together! But we missed you.
B : Sorry, but I couldn't go out.
A : Really? It was a nice sunny day! What were you doing on Sunday?

(3) A : Hello, Happy Pizza, may I help you?
B : Yes, I'd like a large size pizza with bacon and onion, please. When can I get it?
A : Hmm, I'm sorry to say that we are very busy now. So it'll take about an hour or so.
B : Will it really take so long?

★教英出版編集部注
問題音声は教英出版ウェブサイトで。
リスニングＩＤ番号は解答集の表紙を参照。

(1) (A)に入る最も適当な語をア～オの中から１つ選び、記号で答えよ。

ア. special　イ. natural　ウ. severe　エ. good　オ. difficult

(2) 下線部①の内容として最も適当なものをア～エの中から１つ選び、記号で答えよ。

ア. Nao likes to talk with small children.

イ. A famous robot company made Nao.

ウ. Nao is an almost perfect child robot.

エ. Nao is similar to a small child in appearance.

(3) 下線部②の[　　]内の語を正しく並べかえて英文を完成せよ。

(4) 下線部③のように言える理由として適当でないものをア～エの中から１つ選び、記号で答えよ。

ア. In school children like teaching robots and learning with them.

イ. Thanks to robots, students can learn again what they studied in a classroom.

ウ. Some robots are useful because they are very small and easy to carry.

エ. Children can have experience of teaching games even outside of school.

(5) 下線部④の this の内容を、句読点を含め２５～３５字の日本語で説明せよ。

(6) (B)に入る最も適当な語をア～オの中から１つ選び、記号で答えよ。

ア. take　イ. give　ウ. invite　エ. understand　オ. make

(7) 本文の内容と一致する英文をア～カの中から２つ選び、記号で答えよ。

ア. Nao was born in a Japanese company called Softbank Robotics in 2004.

イ. There are many Naos in many schools all over the world.

ウ. The robots which look after humans are called "care-receiving robots."

エ. As Nao looks so beautiful, the human students feel relaxed.

オ. No parents think that it is dangerous for their children to play around Nao.

カ. Care-receiving robots will help Japanese students to improve their English skills.

【8】次の英文を読んで、後の問いに答えよ。なお、本文中の1～7の数字は段落を示す。

1 Jeans have become one of the most worn pieces of clothing in the world. Everybody wears them, from farmers to lawyers and from fashion models to housewives. But why have jeans become so popular? There are many reasons. For some people they look cool, and for (A) jeans are just relaxing clothing.

2 Jeans were first designed as farmers' working pants which ① <u>could be worn for a long time</u> in the states of the American west. Jacob Davis, whose job was making men's clothes in Nevada, had the idea of using pieces of metal at the corner of the pockets to make them stronger. They became popular and soon many people bought them.

3 Though Davis knew that he had a great product which many people wanted to buy, he didn't have the money to *patent it. He asked Levi Strauss, whose job was selling cloth, to help him. The two worked together and started making denim jeans, which could stretch easily. They were easy to wear. They also became soft after they were worn for a while. They were changed into different colors with *indigo. And now, ② <u>before they are sold, they are almost always washed a few times</u> to give them their faded appearance.

4 At first jeans were worn only by workers, especially in factories. In the eastern part of the United States of America people didn't like to wear jeans. [1] [2] [3]

5 James Dean and Marlon Brando made them popular in movies and everyone wanted to wear them. Jeans became a symbol of the young people's *rebellion during the 1950s and 1960s. [4] [5] [6]

6 Jeans quickly became popular in other countries, too. American *servicemen in Europe and Japan often wore them when they were not working to show that they were Americans. The pants showed the world a happier way of life, something that people needed, especially after the hard time of World War II.

7 Jeans were also worn because they were not so expensive and had a long life. Today they are useful for housewives, too. They don't need to be washed as often as other kinds of pants and women don't need to iron them. This is more important because more and more women have started working and have less time for housework.

Jeans – History and Popularity of Great Clothes (https://www.english-online.at/culture) より一部改変

（注）patent：～の特許権をとる　indigo：藍《あい》（染料）　rebellion：反抗
servicemen：軍人（serviceman の複数形）

(1) (A)に入る最も適当な語(句)をア～エの中から１つ選び、記号で答えよ。

ア．other　　イ．another　　ウ．the other　　エ．others

(2) 下線部①とほぼ同じ意味の４語を、第６段落以降の本文中から抜き出して答えよ。

(3) 下線部②の目的として最も適当なものをア～エの中から１つ選び、記号で答えよ。

ア．ジーンズについているほこりを洗い流すため。

イ．ジーンズを柔らかくするため。

ウ．ジーンズに色あせた雰囲気を出すため。

エ．ジーンズを加工して古着にするため。

(4) [1]～[6]に入る最も適当な英文をア～カの中からそれぞれ１つずつ選び、記号で答えよ。

ア．As time passed, however, jeans became more acceptable and today they are worn not only as casual clothes but also at formal events.

イ．But when rich easterners went on holidays to get away from everyday life, they often wore jeans.

ウ．This is because jeans had an image of the working class people.

エ．College students started to wear them to say no to the Vietnam War and the Government.

オ．So people were told that they should not wear these new pants in public places such as restaurants, theaters and cinemas.

カ．So jeans became popular among easterners, too.

(5) 本文の内容と一致する英文をア～オの中から１つ選び、記号で答えよ。

ア．Jacob Davis and Levi Strauss discussed the idea of using pieces of metals for their denim jeans before they started making them.

イ．People need to wash jeans several times before they wear them.

ウ．Jeans quickly became popular in Europe and Japan because people living in those countries liked to show them to Americans.

エ．After World War II, people in the world began to copy the American way of life.

オ．Jeans are useful for working women because they don't have much time for housework.

問題は以上です。

2020(R2) 滝高
K 教英出版

令和 2 年度

理 科

(40分)

放送の合図があるまで、中を見てはいけません。

問題は 2 ページから 11 ページです。

H

1．以下の文章を読み、あとの問いに答えよ。

私たちの身体の中では「呼吸」というはたらきによって、三大栄養素から身体を動かすためのエネルギー（熱量）が取り出されています。

物質からエネルギーを取り出すという点で、(a)「呼吸」は「燃焼」と似ている部分があります。「燃焼」が酸素を使って燃やすことで物質から光や熱のエネルギーを取り出すのに対し、「呼吸」は酸素を使い、栄養分から身体を動かすエネルギーを取り出しています。少しずつ身体の仕組みが明らかになってくると、生物が利用できるエネルギー、すなわち「生理的熱量」という考えは、とても重要なものとして認められるようになってきました。

生物は外界から摂取した食物のエネルギーを 100%利用できるわけではありません。例えば、タンパク質は体内に吸収された量の一部が、尿素や尿酸などの形で尿中に排泄されてしまいます。したがって、食物毎に差があるのですが、生物が摂取した食物から実際に確保できるエネルギーは、食物が本来持っているエネルギー量（これを「物理的燃焼熱量」という）よりも少なくなってしまいます。一般に日本ではエネルギー量を表す単位として「カロリー」が使われており、食品のカロリー計算を行う際は、米国のアトウォーター博士が考案した「アトウォーター係数」を用いて、簡便にカロリー計算を行うことが多くなっています。

「アトウォーター係数」は、アトウォーター博士の実験結果から求められたもので、各成分の「物理的燃焼熱量」と、人体における「消化吸収率」、「排泄熱量」を考えて考案されました。具体的には、各成分の物理的燃焼熱量に消化吸収率を乗じ、そこから排泄熱量を減じて求めています。

表は、アトウォーター博士の行った実験の結果をまとめたものです。この結果からアトウォーター係数を求めると、炭水化物は（　x　）kcal/g、タンパク質は（　y　）kcal/g、脂質は（　z　）kcal/g となり、図1に示したある食品Aでは、7.4 g 中に炭水化物が 5.3 g、タンパク質が 0.4 g、脂質が 1.5 g 含まれるため、食品A 7.4 g 当たりのエネルギー量は 36 kcal（小数第一位を四捨五入）となります。日本ではこのようにして食品に含まれる栄養分の量や、エネルギー量が求められ、その表示が義務づけられています。

近年、日本においては「カロリーゼロ」や「ノンカロリー」という表示が誇張されることから、カロリーの取り過ぎが問題となっているように思えます。一方で、今、日本の子どもたちの間に「栄養失調」が広がっているという驚くべき調査結果が報告されました。

2018年にハウス食品（株）が、日常的に三食食べている6～8歳の子どもをもつ母親を対象に、直近3日間に子どもが食べた料理の食材と分量について調査を実施しました。その結果、約83%の子どもが、三大栄養素については必要量を摂取できているものの、三大栄養素の働きを調整し助ける役割を果たす「ビタミン」、「ミネラル」、「食物繊維」といった栄養素をあまり摂取できていないことがわかりました。ハウス食品（株）では、子どもが直近3日間に食べた食材の栄養素を計測し、(b)「鉄」、「カルシウム」、「ビタミンA・B_1・B_2・C」、「食物繊維」の全ての栄養素の必要量を1日分以下しか摂取できていない状態を「新型栄養失調」のリスクあり、と定義しています。「新型栄養失調」になると、疲れやすい、風邪をひきやすい、肩が凝るなどの体調不良を引き起こすと考えられており、最近では、老若男女問わず「新型栄養失調」になる人が増えているという報告もあります。

表　アトウォーター博士の実験結果のまとめ

成分	物理的燃焼熱量	消化吸収率	排泄熱量
	kcal / g	%	kcal / g
炭水化物	4.1	97	0
タンパク質	5.7	92	1.25
脂質	9.4	95	0

栄養成分表示　1製品 7.4 g 当り

エネルギー	36 kcal
炭水化物	5.3 g
タンパク質	0.4 g
脂質	1.5 g

図1　ある食品Aのラベル

栄養成分表示　1製品 72 g 当り

エネルギー	（ ① ） kcal
炭水化物	35.5 g
タンパク質	9.4 g
脂質	25.4 g

図2　ある食品Bのラベル

（1）下線部(a)に関して、「呼吸」と「燃焼」は似ている現象だが違いがある。どのような違いがあるか。下の解答欄にあうように、10字以内で答えよ。

「燃焼」に比べて「呼吸」は、反応するときに［　　　　　　　　　　］。

（2）文中の（ x ）～（ z ）に入る数値の組み合わせとして、次の（ア）～（カ）の中から最も適当なものを1つ選び、記号で答えよ。

	x	y	z
（ア）	3	4	6
（イ）	3	3	6
（ウ）	3	5	9
（エ）	4	4	9
（オ）	4	6	6
（カ）	5	3	9

（3）図2は、ある食品Bにつけられたラベルである。この食品72 g当たりのエネルギー量（図2の①）を求めよ。ただし小数第一位を四捨五入し、整数値で答えよ。

（4）次の説明は消化と吸収に関するものである。次の（ア）～（カ）の中から正しいものを1つ選び、記号で答えよ。

（ア）口から、食道、胃、小腸、大腸、肛門へつながる1本の管を消化器官という。

（イ）小腸で吸収された三大栄養素は、その後、まず最初に肝臓へ運ばれる。

（ウ）ヒツジ、コヨーテ、ヒトで、体長に対する腸の長さを比べると、最も長いのはコヨーテで、最も短いのはヒツジである。

（エ）胆汁は胆のうでつくられるが、ウマやシカなど胆のうを持たない生物もいる。

（オ）だ液とデンプンをよく混ぜて25℃で反応させた後、ベネジクト液を加えると赤褐色の沈殿が生じる。

（カ）すい液は、三大栄養素のすべての消化に関わる。

（5）下線部(b)に関して、ヒトの身体の中で、「鉄」と「カルシウム」が最も多く含まれている部分の名前をそれぞれ答えよ。

（6）なぜ今、日本で「新型栄養失調」の人が増えているのか。その理由を考え、具体的な例をあげて、30字以上40字以内で説明せよ。ただし、句読点も1字と数える。

2．　次の太陽系の惑星の公転周期に関する表を参考に、以下の問いに答えよ。

惑星	公転周期	グループ
水　星	88 日	A
金　星	225 日	
地　球	1 年	
火　星	1 年 322 日	
木　星	11 年 315 日	B
土　星	29 年 167 日	
天王星	84 年 7 日	
海王星	248 年	

（1）太陽系の惑星のうち、環を持つ惑星の数を数字で答えよ。

（2）太陽系の惑星を表の 2 つのグループ A、B に分けたとき、グループ A の惑星を何惑星と言うか答えよ。

（3）次の文が正しく成り立つように空欄に適当な言葉を補充せよ。

グループ A の惑星はグループ B の惑星と比べると、（　ア　）が小さく（　イ　）が大きい特徴がある。

（4）地球の公転周期は大まかに 1 年（365 日）とされているが、正確には 365 日ちょうどではない。地球の公転周期として最も適当なものを、次の（ア）～（エ）の中から 1 つ選び、記号で答えよ。

（ア）　364 日 12 時間　　　（イ）　364 日 18 時間
（ウ）　365 日 6 時間　　　（エ）　365 日 12 時間

（5）次の説明は、太陽系の惑星に関するものである。次の（ア）～（オ）の中から正しいものを１つ選び、記号で答えよ。

（ア） どの惑星も公転軌道は交わらない。

（イ） 水より密度が小さい惑星は、木星、土星、天王星の３つである。

（ウ） 質量が小さい惑星は、より速く運動することができるので、公転周期がより短くなる。

（エ） 全ての惑星は、自転の向きも公転の向きも同じである。

（オ） 全ての惑星は、衛星を持つ。

３．銅について以下の問いに答えよ。

（１）銅は金属である。金属の性質を、以下の３つ以外に１つ答えよ。

「電気をよく通す」　「熱をよく伝える」　「みがくと特有の光沢が出る」

（２）以下の物質から銅と同じように金属に分類されるものをすべて選び、その物質を構成する原子がイオンになったときのイオン式を示せ。答えはイオン式のみ示せばよい。

酸素　硫黄　ナトリウム　水素　亜鉛　銀　カルシウム　塩素

（３）銅の化合物には「塩化銅」という物質がある。

① 塩化銅を水に溶かしたときの変化を、イオン式を含む反応式で示せ。

② 塩化銅水溶液を電気分解すると陰極で銅が得られる。この変化を、イオン式と電子を含む反応式で示せ。ただし、電子は e^- を用いること。

（4）銅の針金を図のようにガスバーナーの外側の炎で加熱すると酸化銅になる。

① この変化を化学反応式で示せ。

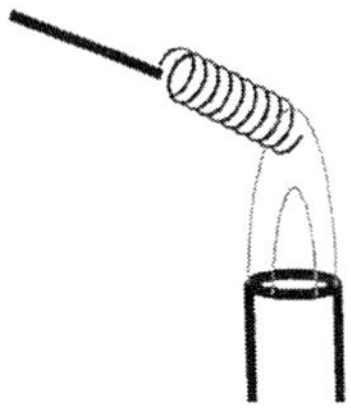

② この酸化銅の色を下から 1 つ選んで答えよ。

白　　青　　赤　　黒

③ この酸化銅になった針金を、もとの銅の針金に戻すには、加熱して水素やエタノールにかざす以外に、ガスバーナーだけを使っても戻すことができる。その方法と、なぜそうなるか理由を答えよ。

（5）金属の酸化物には化学式の異なるものがいくつかある。例えば鉄の酸化物では FeO や Fe_2O_3 などである。Fe_2O_3 は、鉄原子 Fe と酸素原子 O の数の比が 2：3 であることを示している。
今、銅の酸化物 A と B について考える。酸化物 A は（4）の手順で作成した酸化銅であり、酸化物 B は酸化物 A とは化学式の異なる銅の酸化物とする。
ある量の A に対し、1.8 倍の質量の B を混合した。この混合物中の銅と酸素の質量を分析したところ、銅が 9.6 g 、酸素が 1.6 g であった。ただし、銅原子 1 個の質量は酸素原子 1 個の 4 倍とする。

① 下線部「ある量の A」に含まれていた銅は何 g か。

② B の化学式を示せ。

4．以下の文章を読み、あとの問いに答えよ。

潜水艦はどうやって潜航や浮上をすることができるのだろうか。順を追って考えよう。

一定面積（1 m^2）あたりの面を垂直に押す力の大きさを圧力といい、単位はPaで表される。水中では深さが増すほど、その上にある水の量が多くなって水の重さが増すため、圧力が大きくなる。この水の重さによって生じる圧力を水圧という。

水中にある物体には、四方八方から水圧がかかり、力がはたらく。同じ深さであれば、水平方向にはたらく水圧は大きさが同じで向きが反対なので、水平方向の力が（ a ）。ところが、上面と下面にはたらく水圧は下面の方が（ b ）ため、水圧によって生じる力も下面の方が（b）。この上面と下面にはたらく力の差によって生じる力が浮力である。

潜水艦が潜航や浮上をするための重要装置として「海水槽」と「気蓄機」がある。「海水槽」は海水の入出を行うためのタンクで、「気蓄機」は空気を高圧で圧縮し蓄えるためのタンクである。

潜航する時は（ c ）に海水を注水し、艦の重量を増加させる。浮上する時は（ d ）の空気を（ e ）に加えて海水を排水し、艦の重量を軽くして浮上する。これが潜水艦の潜航と浮上のための基本的なしくみである。

必要であれば次の条件を利用せよ。

＜条件＞

- 1 Lの海水（水）の質量を1 kgとする。
- 1 Lは1000 cm^3である。
- 質量100 gの物体にはたらく重力の大きさ（重さ）を1 Nとする。
- 潜水艦Aの体積は100 m^3とする。
- 海水を抜いた状態での潜水艦Aの総質量は50000 kgとする。
- 物体にはたらく浮力の大きさは、その物体の水中部分の体積と同じ体積の水にはたらく重力の大きさに等しい。（アルキメデスの原理）

（1）文章中の（ａ）、（ｂ）に当てはまる語を、それぞれ答えよ。

（2）文章中の（ｃ）～（ｅ）に当てはまる装置の組み合わせとして正しいものを、次の（ア）～（ク）の中から１つ選び、記号で答えよ。

	（ｃ）	（ｄ）	（ｅ）
（ア）	海水槽	海水槽	海水槽
（イ）	海水槽	海水槽	気蓄機
（ウ）	海水槽	気蓄機	海水槽
（エ）	海水槽	気蓄機	気蓄機
（オ）	気蓄機	海水槽	海水槽
（カ）	気蓄機	海水槽	気蓄機
（キ）	気蓄機	気蓄機	海水槽
（ク）	気蓄機	気蓄機	気蓄機

（3）床の上に1 m^2 の板を置き、その上に2 L の海水が入ったペットボトル40本をバランス良く並べた。このとき床に加わる板の圧力は何 Pa か。ただし、板とペットボトルの質量は無視することができる。

（4）潜水艦Ａが、水深200 m を航行している。

① 水深200 m における水圧は何 Pa か。

② 潜水艦Ａにはたらく浮力は何 N か。

③ 海水槽内には何 m^3 の海水が入っていると考えられるか。

問題は以上です。

2020(R2) 滝高
教英出版

令和 2 年度

社　会

（40分）

放送の合図があるまで、中を見てはいけません。

問題は 2 ページから 27 ページです。

H

【　１　】次の①～⑤の文を読んで、下の問いに答えよ。

① 熱帯地域では、山林や草原を焼いてその灰を肥料とする農業が広く行われている。数年で、地力が低下してしまうため、別の地域に移動しなければならない。近年は、地力の回復に必要な期間を十分に取らないため、森林の減少や砂漠化の原因にもなっている。

② 乾燥地域などでは、ａ自然の牧草や水を求めて、家畜とともに一定の地域を移動する牧畜が行われている。たとえば、乾燥地域では羊・ヤギ・馬・ラクダなどが、寒冷地や高地ではチベットで（　Ａ　）、［　★　］地方で（　Ｂ　）、北極海沿岸で（　Ｃ　）が飼育されている。

③ イタリアやギリシャでは、夏は高温乾燥に強いレモン・オレンジなどのかんきつ類、ぶどう、オリーブなどを栽培し、温暖湿潤な冬に小麦を栽培する農業が行われている。このような農業は、ヨーロッパ人の移動にともない、ｂ世界各地に広がっていった。

④ アメリカ合衆国西部では、地下水を利用した（　Ｄ　）と呼ばれる巨大円形かんがい施設を用いた農業が行われている。やや乾燥した（　Ｅ　）付近には、狭い柵《さく》内で多数の子牛を濃厚飼料によって飼育する（　Ｆ　）方式の肥育場がみられる。

⑤ ［　★　］山脈中央部では、標高に合わせた農業が行われている。標高が低いところではトウモロコシや小麦が、高いところではジャガイモが栽培されている。ジャガイモは、冬の乾燥と気温の日較差を利用して、足で踏んで水分をしぼり出し、保存食品にされる。

問１　①・③の各文が説明する農業の名前を記せ。

問２　下線部ａについて、モンゴルで伝統的に使用されている組み立て式テントの名前を記せ。

問３　下線部ｂについて、③の文が説明する農業を行っている地域として**適切でないもの**を、次のア～エから**すべて**選び、記号で記せ。

ア．アメリカ合衆国のカリフォルニア州（西海岸）　　イ．チリ中部

ウ．イギリス　　エ．ニュージーランド

問4　②の文中の（　A　）・（　B　）・（　C　）にあてはまる家畜の組み合わせとして正しいものを、次のア～カから１つ選び、記号で記せ。

ア．A：リャマ　　B：カリブー　　C：ヤク

イ．A：リャマ　　B：ヤク　　C：カリブー

ウ．A：カリブー　　B：リャマ　　C：ヤク

エ．A：カリブー　　B：ヤク　　C：リャマ

オ．A：ヤク　　B：カリブー　　C：リャマ

カ．A：ヤク　　B：リャマ　　C：カリブー

問5　④の文中の（　D　）・（　E　）・（　F　）にあてはまる語句として正しいものを、次のア～ケからそれぞれ１つずつ選び、記号で記せ。

ア．グレートプレーンズ　　イ．五大湖　　ウ．中央平原

エ．フロリダ半島　　オ．センターピボット　　カ．カナート

キ．フィードロット　　ク．プランテーション　　ケ．緑の革命

問6　［　★　］に適する語句を記せ。

【 2 】次の文を読んで、下の問いに答えよ。

日本の地域は、大都市圏と地方圏の２つに大きく分けることができる。日本の総人口の半数近くは、ａ三大都市圏に分布している。ｂ三大都市圏は工業が発展するとともに、政府機関や企業の本社が置かれるなど、さまざまな機能が集中している。特に首都圏の機能集中は著しい。

高度経済成長期には、都市圏への人口集中にともない、地価が上昇したため、東京都八王子市の（ １ ）、大阪府豊中市・吹田市の千里、愛知県春日井市の高蔵寺など、ｃ郊外にはニュータウンが建設され、多くの住宅がつくられた。一方、近年では生活の便利な都心へのニーズが高まり、繁華街や沿岸部の埋め立て地などでは、高層マンションやオフィスビルを建設する再開発が進められているところもある。

地方圏には、中小都市が広く分布し、ｄ県庁所在都市、その地方の複数県に影響をおよぼす札幌・仙台・広島・福岡などの（ ２ ）都市がある。（ ２ ）都市には、三大都市圏の都市は含まないのが一般的である。地方では、都市圏などに人口が流出する一方、それをおさえるためにｅ独自の産業を発展させたり、都市から企業を誘致したりする動きもみられる。

問１ （ １ ）・（ ２ ）に適する語句を記せ。

問２ 下線部ａについて、次の表は神奈川県、愛知県、三重県、大阪府の昼間人口、常住夜間人口、昼夜間人口比率を示している。このうち、神奈川県に該当するものを、表中のア～エから１つ選び、記号で記せ。

	昼間人口（千人）	常住夜間人口（千人）	昼夜間人口比率
ア	7,586	7,483	101.4
イ	9,224	8,839	104.4
ウ	1,785	1,816	98.3
エ	8,323	9,126	91.2

『日本国勢図会 2019/20』より作成

問３　下線部ｂについて、三大都市圏に工業が発展した理由として**不適切なもの**を、次のア～エから１つ選び、記号で記せ。

ア．海に面しており、外国に製品を輸出しやすかったため。

イ．大都市に隣接しており、市場に商品を届ける輸送費を少なくできるため。

ウ．農業に適している土地が少なく、大規模な工業用地を確保しやすいため。

エ．関連企業が多く集まることで、技術や各種の施設を共同で利用しやすいため。

問４　下線部ｃについて、これらのニュータウンはどのような問題に直面しているか。**「年齢」**という語句を用いて、問題点を具体的に記せ。なお、指定した語句には下線を引くこと。

問５　下線部ｄについて、次の表は長野県、鳥取県、高知県、沖縄県の県庁所在地の月別の平均気温と平均降水量を示している。鳥取県の県庁所在地に該当するものを、表中のア～エから１つ選び、記号で記せ。

上段は気温の月別平均値（℃）、下段は降水量の月別平均値（mm）

	1月	2月	3月	4月	5月	6月	7月	8月	9月	10月	11月	12月
ア	17.0	17.1	18.9	21.4	24.0	26.8	28.9	28.7	27.6	25.2	22.1	18.7
	107.0	119.7	161.4	165.7	231.6	247.2	141.4	240.5	260.5	152.9	110.2	102.8
イ	4.0	4.4	7.5	13.0	17.7	21.7	25.7	27.0	22.6	16.7	11.6	6.8
	202.0	159.8	141.9	108.6	130.6	152.1	200.9	116.6	204.0	144.1	159.4	194.0
ウ	−0.6	0.1	3.8	10.6	16.0	20.1	23.8	25.2	20.6	13.9	7.5	2.1
	51.1	49.8	59.4	53.9	75.1	109.2	134.4	97.8	129.4	82.8	44.3	45.5
エ	6.3	7.5	10.8	15.6	19.7	22.9	26.7	27.5	24.7	19.3	13.8	8.5
	58.6	106.3	190.0	244.3	292.0	346.4	328.3	282.5	350.0	165.7	125.1	58.4

『理科年表　2019』より作成

問6　下線部eについて述べた文として**誤っているもの**を、次のア～エから1つ選び、記号で記せ。

ア．北海道では、北洋漁業に加えて、栽培漁業、養殖も盛んになり、現在の漁業生産量は30年前に比べて2倍になっている。

イ．青森県では、世界恐慌で養蚕収入が減少したため、桑畑からりんご畑への転作が進み、現在のりんごの生産量が日本一となっている。

ウ．石川県では、加賀藩の保護を受けた九谷焼、加賀友禅、金沢仏壇などの生産が現在でも受け継がれている。

エ．沖縄県では、美しいさんご礁が分布し、ダイビングの場所として人気を集め、多くの観光客をひきつけている。

このあとも問題が続きます。

【 3 】次の文を読んで、下の問いに答えよ。

a 宗教改革以降の欧州諸国の争いの中で、国家が主権を持つ体制が形成されていった。17 世紀には宗教的・政治的支配を強化しようとしたｂ神聖ローマ帝国皇帝に対して、プロテスタントやフランスが対抗して 30 年にわたる戦争が続いた。欧州諸国を巻き込んだこの戦争の結果、ドイツで講和会議が開かれ、ウェストファリア条約と呼ばれる条約が結ばれた。この条約では各国の独立や内政不干渉などが条約として明文化され、皇帝から［ X ］など各国が主権を持つ体制が生まれた。

このような中で各国の国王は、［ Y ］、国家の主権を強化していく絶対王政とよばれる国づくりをすすめた。そして、国家が主権を持ち、その主権をもつ国家に国民や宗教、政策の決定など様々なものが従属する考え方も広まった。

16 世紀にカトリック布教の目的となっていたアジア航路を開拓していたスペイン・ポルトガルに代わって、17 世紀にはオランダやイギリスやフランスが世界各地で大きな力を持つようになっていった。国家による相次ぐ戦争は、各国の国民に対して徴兵や重税など重い負担を強いることになった。時にそれは反乱や革命という運動につながり、国家や国王が主権を持ち、一方的に国民に負担を強いる考え方は、修正を迫られるようになった。

国王などの権力者は個人個人の委託によって権力をにぎることができるようになったとする［ Z ］や、国家が社会的役割を果たさなければ、国家に抵抗したり、ｃ国家そのものを倒したりしても良いという考え方や、国王ではなく、主権は国民が持つものという考え方などが生まれた。しかし、国民が主権を持つことが理念化されても、すべての国民が政治に関わることは実際には不可能であり、政府に行政権が委ねられた。そして政府が暴走しないためにｄ三権分立という制度が唱えられるようになった。理性を重視し、迷信や偏見など非合理的なものを打ち破ろうとするこれらの思想は、啓蒙思想として、アメリカ大陸や欧州各地に広がった。

ｅアメリカの独立戦争やフランスの革命では、これらの思想の影響を受けて、従来の国家や国王ですら干渉することのできない人権が「何ものにも侵すことができない権利」として宣言された。周囲が君主制の国々の中、フランスでは国王ではなく国民から選ばれた代表が政治を行う（ f ）制の国となったが、周辺諸国はそれを歓迎せず激しい対立が続いた。その中で民族や宗教ではなく、国家こそが国民としての人々を守る存在であることや、国民が国家を運営するという意識が欧州各国に定着していった。現在ではアメリカやフランス、ロシアや中国などが君主のいない（　f　）制をとっている。

問１　下線部ａについて、下の表は、歴史上の出来事を上から古い順に並べたものである。**「宗教改革がドイツで始まった」**のは、表中のどの出来事の間に入るか、正しいものを次のア〜エから１つ選び、記号で記せ。

出　　来　　事
北条泰時が御成敗式目を定めた。
［ ア ］
足利義満が金閣を建てた。
［ イ ］
応仁の乱が始まった。
［ ウ ］
種子島に鉄砲が伝来した。
［ エ ］
徳川家光が参勤交代の制度を定めた。

問２　下線部ｂについて、神聖ローマ帝国は10世紀にドイツ国王がローマ教皇から皇帝の冠を授けられて成立した。10世紀〜11世紀にかけての世界の出来事について述べた文として**誤っているもの**を、次のア〜エから１つ選び、記号で記せ。

ア．10 世紀に唐が滅び、宋が成立した。宋の商船は日本に絹織物や陶磁器をもたらした。

イ．10 世紀に北関東で平将門が、瀬戸内海地方で藤原純友が大きな反乱を起こした。

ウ．11 世紀に日本と国交のあった高麗が滅び、渤海《ぼっかい》が朝鮮半島を統一すると、国交は途絶えたが、貿易は続いた。

エ．11 世紀末に聖地エルサレムの回復をめざして最初の十字軍が派遣された。

問3　［　X　］～［　Z　］に適するものを、次のア～エからそれぞれ1つずつ選び、記号で記せ。

［　X　］

ア．言論の抑圧を受けない　　イ．財産を没収されない

ウ．集会を禁止されない　　エ．信仰を強制されない

［　Y　］

ア．常備軍や官僚制を整備し　　イ．騎士らとの主従制を強化し

ウ．教会の権威を背景にし　　エ．国民皆兵を実現し

［　Z　］

ア．王権神授説　　イ．間接民主政　　ウ．社会契約説　　エ．直接民主政

問4　下線部c・dについて、当時このような考え方を唱えた人物の組み合わせとして、最も適当なものを、次のア～エから1つ選び、記号で記せ。

ア．c：マルクス　d：ルソー　　イ．c：マルクス　d：モンテスキュー

ウ．c：ロック　d：ルソー　　エ．c：ロック　d：モンテスキュー

問5　下線部eについて、アメリカ独立戦争の原因となったイギリスとの対立の中で、アメリカ植民地では「代表なくして課税なし」というスローガンが唱えられた。この意味として正しいものを次のア～エから1つ選び、記号で記せ。

ア．アメリカ大統領をイギリスが認めていないのに、イギリスから課税されるべきではない。

イ．イギリス議会に対して植民地から議員を出していないのに、イギリスから課税されるべきではない。

ウ．イギリス国王をやめさせて、イギリスから課税されないようにすべきである。

エ．アメリカ議会を支配しているイギリスの総督を追放して、イギリスから課税されないようにするべきである。

問6　（　f　）に適する語句を記せ。

このあとも問題が続きます。

【　4　】次の文を読んで、下の問いに答えよ。

歴史上の有名な人物は、その人物が亡くなった後でも、時代に合わせて様々なイメージを与えられていきます。その代表例が豊臣秀吉です。

江戸時代、幕府は徳川家を正当化、絶対化するために秀吉を悪人として示してきました。その一方、庶民の中で秀吉の人気は高く、a 貧しい身分から才能によって出世していく秀吉の物語は、身分制度の厳しかった江戸時代において多くの人びとをひきつけました。そして、成人男性の天皇を補佐する職である（　1　）を辞めた人物を指す「太閤」の呼称で親しまれました。

明治時代になると、政府は、幕府を否定するために、徳川家に滅ぼされた豊臣家を、後醍醐天皇に最後まで協力して戦った河内の新興の武士である（　2　）らとともに朝廷の忠臣として顕彰《けんしょう》するようになりました。秀吉を神としてまつることも、豊臣氏が滅亡したあと幕府によって否定されていましたが、政府は豊国神社《とよくにじんじゃ》を全国に再建・建立し、秀吉を武威の神として再びまつるようになりました。この神社では、明治の戦争の戦死者の鎮魂《ちんこん》が行われるようになり、修学旅行や観光の対象地にもなりました。

一方で、秀吉の出世物語は明治の青年たちにも影響を与えました。明治の青年たちは、b 教育や社会の制度が整う中で、秀吉の出世物語を読み、自身の能力によって出世し、近代国家の発展に寄与しようと考えるようになりました。

江戸時代から続く秀吉像に加えて、明治 20 年代に日清戦争を機に熱狂的に広がったのが、海外進出の英雄としての秀吉像です。c 朝鮮侵略に大陸進出を重ね合わせるこの傾向は韓国併合時に最高潮を迎えました。大正時代になると自由な風潮が広がる中でこの動きは落ち着きを見せましたが、日中戦争勃発《ぼっぱつ》後は、戦時体制の構築の中で再び秀吉は大陸進出の英雄としての側面が強調されるようになりました。やがて太平洋戦争の中で日本が劣勢になると、このような形で秀吉が語られることは少なくなっていきました。

戦後になると、秀吉の朝鮮侵略が戦前の日本のアジアでの軍事行動と結びつけられ、秀吉自身のイメージが低下しました。その一方で、d 司馬遼太郎らの小説で取り上げられるなど、秀吉は人びとの間で人気を保ち続けました。今日わたしたちが、小説やゲームなどで見る秀吉像は、江戸時代から今日までそれぞれの時代を背景に紡がれてきた様々な秀吉像が混ざり合ったものであるといえるのです。

問１　（　１　）・（　２　）に適する語句を記せ。

問２　下線部ａについて、この頃の身分制度について次のＡ・Ｂの文の正誤の組み合わせとして正しいものを、下のア～エから１つ選び、記号で記せ。

Ａ　有力な本百姓の中には村役人として、年貢を徴収して幕府や藩におさめるものもいた。

Ｂ　えた身分は、役人の下働きの役目を務めることもあった。

ア．Ａ：正　Ｂ：正　　イ．Ａ：正　Ｂ：誤
ウ．Ａ：誤　Ｂ：正　　エ．Ａ：誤　Ｂ：誤

問３　下線部ｂについて、次のＡ～Ｃの文を年代の古い順に正しく並べたものを、下のア～カから１つ選び、記号で記せ。

Ａ　原敬内閣によって、大学や専門学校の数が増やされた。

Ｂ　満６歳の男女をすべて小学校に通わせることを義務とする学制が出された。

Ｃ　教育勅語が出され、忠君愛国の道徳が示された。

ア．Ａ→Ｂ→Ｃ　　イ．Ａ→Ｃ→Ｂ　　ウ．Ｂ→Ａ→Ｃ
エ．Ｂ→Ｃ→Ａ　　オ．Ｃ→Ａ→Ｂ　　カ．Ｃ→Ｂ→Ａ

問４　下線部ｃについて、次の文章は、明治時代末期に、秀吉になぞらえながらある人物の評価を記した文章である。この人物と文章との関係の説明として正しいものを、下のア～エから１つ選び、記号で記せ。

憲法の草案者たる彼、憲政の実施に相応の努力を示した彼は、其《そ》の出身において、栄達において、豊太閤《ほうたいこう》と酷似《こくじ》して居る。唯《ただ》、太閤のような非常に素破《すば》らしい人気がない丈《だけ》である。太閤が微賤《びせん》(注1)から起った如《ごと》く、彼も長州の一軽卒《いちけいそつ》(注2)の子として現われた。…（中略）…其の最後は、太閤よりも、更《さ》らに英雄的であるというに至っては、バッと咲いて、バッと散る夜嵐《よあらし》の前の桜花の如き趣《おもむき》がある。

（注１）微賤…身分が低く、いやしいこと。　（注２）軽卒…足軽などの身分の低い兵士

（高須梅渓『明治代表人物』1913年を一部改）

ア．「其の出身において、栄達において、豊太閤と酷似」とあるのは、この人物が華族でないにもかかわらず総理大臣となり、「平民宰相」と呼ばれたことを指している。

イ．「憲政の実施に相応の努力を示した」とあるのは、この人物が政党の重要性を理解し、立憲政友会を結成したことにもあらわれている。

ウ．「長州の一軽卒の子として現れた」とあるのは、この人物の出身地が鹿児島であることを示し、のちに鹿児島の士族と共に、政府に対する反乱を起こすことを暗示している。

エ．「其の最後は、太閤よりも、更らに英雄的である」とあるのは、この人物が海軍の青年将校などによって、暗殺されてしまったことを指している。

問５　下線部ｄについて、司馬遼太郎の小説の分類について述べた文として正しいものを、次のア～エから１つ選び、記号で記せ。

ア．社会の現実を直視する自然主義文学に位置づけられた。

イ．純文学と大衆小説の中間的な作品に位置づけられた。

ウ．個人を尊重する白樺派に位置づけられた。

エ．武士や町人の生活を描き、浮世草子とよばれた。

令和二年度　国語〈解答用紙〉

H

【一】

問1

a ハンパ

b チケン

c ケズら　ら

d ソボク

e レンメン

問2

Ⅰ

Ⅱ

Ⅲ

問3

A

B

問4

65

問5

〜

問6

〜

※100点満点
（配点非公表）

受験番号

4.

(1)	(2)	(3)

5.

(1)	(2)	(3)	(4)

6.

(1)	(2)

【6】

①	
②	

【7】

(1)		(2)		
(3)	These robots .			
(4)				
(5)	15 / 25 / 35			
(6)		(7)		

【8】

(1)		(2)						
(3)		(4)	1	2	3	4	5	6
(5)								

(3)	
①	②

(4)	
①	②
③方法	
③理由	

(5)	
① g	②

4.

(1)		(2)	(3)
(a)	(b)		Pa

(4)		
① Pa	② N	③ m^3

2020(R2) 滝高
教英出版

【 4 】

問 1　1　　2　　問 2　　問 3

問 4　　問 5　　問 6　1　　2

【 5 】

問 1　1　　2　　問 2　　問 3

問 4　　問 5

【 6 】

問 1　　問 2　　問 3　　問 4　　企業

問 5　　問 6　　問 7

【 7 】

1　　2　　3　　4

令和２年度　社会　解答用紙

H

受験番号

※50点満点
(配点非公表)

【 1 】

問 1　①　③

問 2

問 3

問 4

問 5　D　E　F

問 6

【 2 】

問 1　1　2

問 2

問 3

問 4

問 5

問 6

【 3 】

問 1

問 2

問 3　X　Y　Z

【解答

令和２年度　理科　解答用紙

H

受験番号	

※50点満点
(配点非公表)

1.

(１)										(２)

(３)	(４)	(５)	
kcal		鉄	カルシウム

(６)

									30										40

2.

(１)	(２)	(３)	
		ア	イ

(４)	(５)

【解答

3.

(１)	(２)

H

令和２年度　英語　解答用紙

受　験　番　号

※100点満点
（配点非公表）

【１】リスニング問題

〈問題１〉

(1)		(2)		(3)	

〈問題２〉

(1)		(2)		(3)	

〈問題３〉

(1)		(2)		(3)		(4)		(5)	

【２】

(1)		(2)		(3)	

【３】

(1)		(2)		(3)	
(4)					

【４】

【５】

令和2年度　数学　解答用紙

H

受　験　番　号

※100点満点
（配点非公表）

1.

(1)	(2)

(3)	(4)	(5)
		$x =$ 　　　, $y =$

2.

(1)	(2)
$\left\{ \right.$	$x =$ 　　　, $y =$

3.

(1)	(2)	(3)

【解答

【二】

問1

a ロコツ

b アワ

c ハジけ　け

d ギシキ

e カう　う

問2

Ⅰ　風　帆

Ⅱ　自　自

問3

問4

問5

問6

60

問7

35

問6　次のXは、ある年に出版された教科書の文章で、Yはその 3 年後に出版された教科書の文章である。2つの教科書に書かれている文章を読み、下の問いに答えよ。（読みやすいように、一部記述を改めてある。）

（1）　下の文章は、XとYの教科書の対外政策についての文章である。2 つの文章を読み、XとYの教科書が**出版される間に起こった出来事として正しいもの**を、下のア～エから 1 つ選び、記号で記せ。

Xの教科書

秀吉は、海内《かいだい》(注) 平定の軍を進めながら、早くも、その次のことを考えていました。それは、朝鮮・支那はもちろん、フィリピンやインドまでも従えて、日本を中心とする大東亜を建設しようという、大きな望みでありました。

…（中略）…こうして、秀吉の大望は、惜しくもくじけましたが、これを機会に、国民の海外発展心は、一だんと高まりました。また、わが軍の示したりっぱなふるまいは、朝鮮の人々に深い感銘を与えました。

Yの教科書

秀吉は、早くから海外に力をのばそうと思っていました。全国を統一したのち、明をうつはかりごとを立て、朝鮮にその道案内をたのみました。けれども朝鮮は、明の勢いを恐れて聞き入れませんので、まずこれをうつことにしました。

…（中略）…この役は、7年もかかって、多くの人の命とたくさんの費用をむだにしただけでありました。

（注）海内…国内

ア．ポツダム宣言を受け入れた。　　イ．ロンドン海軍軍縮条約を結んだ。

ウ．日韓基本条約を結んだ。　　エ．下関条約を結んだ。

（2）　下の文章は、Ｙの教科書の国内政策に関する記述を抜き出したものである。現在の教科書では「刀狩」については農民の一揆をおさえ、兵農分離をするために行われたとされているが、Ｙの教科書では、当時の政治状況をふまえて現在の教科書とは異なる説明がなされていた。**Ｙの教科書が書かれた当時の政治状況から推測して**、［　★　］に当てはまるものを、下のア～エから１つ選び、記号で記せ。

> 戦国の世では、領主の命令があれば、だれでも、武器をとって戦わなければなりませんでした。［　★　］には、それぞれ自分の仕事に力を入れさせることが大せつであります。それで秀吉は、武士以外のものから、刀や槍《やり》や鉄砲をさし出させました。これで武器を持つものと、持たないものとの区別がはっきりしました。農民は、平和に農業をはげめばよいことになったわけです。これを刀狩といいます。

ア．強い軍隊をつくる　　　イ．ヨーロッパの国々に対抗する

ウ．キリスト教の広がりを防ぐ　　　エ．世の中を平和にする

このあとも問題が続きます。

【　５　】次の文を読んで、下の問いに答えよ。

複数の主体が意思を決定する際の理論として、ゲーム理論というものがある。例えば、囚人Ａ・Ｂが、互いに意思疎通できない監獄で取り調べを受けているとする。囚人Ａ・Ｂともに、黙秘か自白かを自由に選択できるものとする。その時の囚人Ａ・Ｂの利得は次の表１のようになるとする。

表１

		囚人Ｂ	
		黙秘	自白
囚人Ａ	黙秘	Ａ：懲役２年 Ｂ：懲役２年	Ａ：懲役８年 Ｂ：懲役１年
	自白	Ａ：懲役１年 Ｂ：懲役８年	Ａ：懲役５年 Ｂ：懲役５年

この表１では、仮にＡが黙秘を選択した場合にＢが黙秘を選択すると、Ａ・Ｂともに懲役２年となるが、Ａが黙秘を選択した場合にＢが自白した場合には、Ａには懲役８年が課せられ、Ｂは懲役１年となるという意味である。この場合、Ｂは自白をした方が利得を得ることとなる。一方、Ａが自白を選択した場合、Ｂが黙秘を選択すると、Ａは懲役１年となるが、Ｂには懲役８年が課せられる。また、Ａが自白を選択した場合に、Ｂが自白を選択するとＡ・Ｂともに懲役５年となり、この場合もＢは自白を選択した方が利得を得ることができる。

同様に、Ｂが黙秘、自白を選択した場合でも、Ａは自白を選択する方が利得を得られ、本来、Ａ・Ｂ互いに黙秘を選択した方が双方ともに利得を得られるはずであったが、双方ともに自白を選択してしまう。このことを「囚人のジレンマ」という。

この理論は、ａ国際政治の面でも応用することができる。次の表２の点数を軍事力とした場合、「囚人のジレンマ」と同様に、軍事バランスが崩れることを恐れ、双方ともに軍拡を選択してしまうことになる。ｂ冷戦時代の軍拡競争やｃ対立する国家間の軍縮が進まない理由は、双方の情報不足が遠因ともいえる。

2020(R2) 滝高
教英出版

表2

		国家B	
		軍縮	軍拡
国家A	軍縮	A：5点 B：5点	A：1点 B：8点
	軍拡	A：8点 B：1点	A：2点 B：2点

※得点が高い方が、他国に対し優位に立てる

近年、このゲーム理論はｄさまざまな政治や経済の分野に応用されてきている。例えば、交通量の緩和、学校選択制、公益通報制度、司法取引などである。

現実の社会では、プレーヤーや対戦回数は無限に存在する。ｅ多くの情報は、ＡＩ（人工知能）などを使って処理することも模索されている。これからの社会は、このような時代を生き抜いていかねばならない。

問１　下線部ａについて、

（１）　近年の国際政治では、国際平和の安全を確保するため、国だけでなく一人ひとりの人間に着目し、その生命や人権を大切にするという考え方が提唱されている。このような考え方を何というか、７字で記せ。

（２）　国際政治の場面で「壁」や「砦《とりで》」を用いた文のうち**誤っているもの**を、次のア～エから１つ選び、記号で記せ。

ア．かつて東ドイツは、東側からの逃亡を防ぐためにポーランドとの国境に「ベルリンの壁」を構築した。

イ．イスラエルのヨルダン川西岸地区には、分離壁が建設されている。

ウ．トランプ大統領は、アメリカとメキシコの国境に壁を建設する意向を表明している。

エ．ユネスコ憲章には、「人の心の中に平和の砦を築かなければならない」と記載されている。

問２　下線部ｂについて、冷戦時代に起こった出来事を、次のア～エから１つ選び、記号で記せ。

ア．日米安全保障条約が改定された。

イ．日本が集団的自衛権を行使できるとする法律が改定された。

ウ．ＰＫＯ協力法に基づいて、カンボジアに自衛隊が派遣された。

エ．沖縄県で、日米地位協定見直しとアメリカ軍基地縮小の住民投票が行われた。

問３　下線部ｃについて、2019年にアメリカとロシアが破棄した条約は何か、次のア～エから１つ選び、記号で記せ。

ア．ＣＴＢＴ（包括的核実験禁止条約）

イ．ＮＰＴ（核拡散防止条約）

ウ．ＳＴＡＲＴ（戦略兵器削減条約）

エ．ＩＮＦ（中距離核戦力）全廃条約

問４　下線部ｄについて、ある企業Ａ・Ｂの２社が多額の費用を投資して新商品を開発するケースを考える。表中の得点は、高い方が他社に対してその市場で優位に立てるものとする。企業Ａ・Ｂが両社とも新商品の開発をした方がよいと判断するケースを、次のア～エから**すべて**選び、記号で記せ。

ア．

		企業Ｂ	
		開発する	開発しない
企業Ａ	開発する	Ａ：２点 Ｂ：２点	Ａ：１点 Ｂ：８点
	開発しない	Ａ：８点 Ｂ：１点	Ａ：５点 Ｂ：５点

イ.

		企業B	
		開発する	開発しない
企業A	開発する	A：5点 B：5点	A：8点 B：1点
	開発しない	A：1点 B：8点	A：2点 B：2点

ウ.

		企業B	
		開発する	開発しない
企業A	開発する	A：2点 B：2点	A：3点 B：1点
	開発しない	A：1点 B：3点	A：2点 B：2点

エ.

		企業B	
		開発する	開発しない
企業A	開発する	A：2点 B：2点	A：1点 B：8点
	開発しない	A：1点 B：8点	A：5点 B：5点

問5　下線部eについて、このような膨大で複雑な情報のことを何というか、カタカナで記せ。

【　6　】次の会話文を読んで、下の問いに答えよ。

先生：　令和がスタートしましたね。

生徒：　a 東京オリンピックの開催も近づき、大きく日本が変化しそうです。

先生：　平成の時代も、改めて振り返ってみると、変化の大きな時代でしたね。

生徒：　先生は、例えば、平成のどのようなところが印象的でしたか。

先生：　一番印象的だったのはバブル経済ですね。

生徒：　私が生まれたときにはすでにバブル経済は崩壊していました。親がよく「バブルの時代はすごかった」と話していますが、具体的にどのような時代だったのですか。

先生：　バブル経済の時代は、簡単に言うと、日本が好景気に沸《わ》いた時代でしょう。サラリーマンの給与も上昇し、高級ブランド品や高級車などもたくさん売れました。企業も海外の大企業をb 買収したり、海外の不動産をたくさん買い上げたりしました。この背景には、土地や株などに対する投資が過熱したことが考えられます。

生徒：　すごく明るい時代に感じます。うらやましいです。

先生：　一方、c バブル経済崩壊以降は、「失われた10年」とも呼ばれ、深刻な経済不振が続きました。経営不振に陥《おちい》る企業が急増し、給料も減少していきました。それにともない、従来の社会や経済のしくみが急速に変化しました。例えば、非正規雇用の問題といった今ある雇用問題の多くは、バブル経済崩壊がきっかけとなって広がったとも言えるでしょう。

生徒：　その話を聞くと、すごく暗い時代のようにも感じますね。

先生：　そうですね。でも、暗いだけとは言い切れませんよ。平成はＩＴが普及し、d 新しいビジネスがどんどん出てきて、私たちの生活も大きく変わりました。海外とのやりとりも容易に行うことができるようになり、世界との距離も一気に近くなりました。そういう点では、新しい光が差したとも言えるでしょう。

生徒：　確かに、インターネットを使えば、短時間で簡単に海外の商品を買うことができるし、動画サイトで海外に自分の意見を発信したりできるなど、新しい可能性は大きく広がりましたね。

先生：　ただ、一方で、e 著作権の問題やプライバシーの問題など、深刻化した問題もありますね。経済面でも、世界と密接になったことで、一国のf 経済状況が世界に広がりやすくなりました。例えば、アメリカの企業が経営不振に陥ると、日本の株価が大幅に下落したり、ｇ外国為替相場で円の価格が高騰したりしました。

生徒：　平成は、様々な問題を抱えたと同時に、いろいろな可能性が広がったと言えますね。令和の時代はどうなりそうですか。

先生：　これまでの伝統的な慣習が改められ、さらに社会は変化していくでしょうね。何を変えて、何を守っていかないといけないのか、国民一人ひとりがじっくりと考えていくことが大切になりますね。

生徒：　平成から学べることは非常に多そうです。自分でも調べてみます。

先生：　過去を反省し、よりよい社会を築いていけるとよいですね。令和の時代に期待しましょう。

問１　下線部ａに関連して、1964 年にも東京オリンピックは開催されたが、1960 年代～1970 年代にかけての出来事として正しいものを、次のア～エから１つ選び、記号で記せ。

ア．３Ｃとよばれたカラーテレビ・コンピューター・クーラーが、生活の豊かさを実現するものとして、各家庭に急速に普及した。

イ．田中角栄内閣の「国民所得倍増計画」などによって、1960 年から 1970 年までのあいだに、経済成長率の年平均が約 10%と大きく飛躍した。

ウ．国民総生産（ＧＮＰ）が、中国に次いで、世界第２位となった。

エ．いざなぎ景気とよばれる、長期間の好景気を経験した。

問２　下線部ｂに関連して、次のＡ・Ｂそれぞれの記述が意味する語句の組合せとして正しいものを、下のア～エから１つ選び、記号で記せ。

Ａ　企業がライバル会社に買収されることなどによって、産業全体の生産が少数の企業に集中してしまう状況。

Ｂ　独占禁止法を運用するためにおかれている機関。

ア．Ａ：寡占　Ｂ：会計検査院　　イ．Ａ：談合　Ｂ：会計検査院

ウ．Ａ：寡占　Ｂ：公正取引委員会　　エ．Ａ：談合　Ｂ：公正取引委員会

問３　下線部ｃについて、バブル経済崩壊が国内にもたらした影響や変化として**誤っているもの**を、次のア～エから１つ選び、記号で記せ。

ア．銀行が資金の貸し出しに慎重になった。

イ．税収が減少した。

ウ．少子高齢化が始まった。

エ．デフレーションが発生した。

問４　下線部ｄについて、新たに起業し、新しい技術などを元に革新的な事業を展開する企業を何というか、解答欄に合うように、カタカナで記せ。

問５　下線部ｅについて、著作権やプライバシーの権利は、社会の大きな変化にともない主張されるようになった新しい人権である。新しい人権に関する記述として正しいものを、次のア～エから１つ選び、記号で記せ。

ア．個人情報保護法は、民間の事業者が保有する個人情報を対象とするものであり、行政機関が保有する個人情報は対象とされていない。

イ．情報公開法は、行政機関が保有する情報の一層の公開を図るものであるため、この法律を根拠に、民間企業が保有する情報の公開を請求することはできない。

ウ．ネット社会となり、誹謗《ひぼう》や中傷など他者の人権を侵害するような行為が発生しやすくなったため、フィルタリングサービスの契約が義務化されている。

エ．テレビや新聞などのマスメディアに関しては、公正な報道を保障するために、例外としてプライバシーの権利を無視してもよいことが憲法で定められている。

問6　下線部ｆについて、国の経済の大きさをはかる尺度として、国内総生産（ＧＤＰ）がある。次の場合、ＧＤＰの額はいくらになるか、記せ。ただし、一国内でパンが生産・消費されると仮定する。

農家は生産した小麦を、20億円で製粉業者に売りました。製粉業者は20億円で買った小麦から小麦粉をつくり、30億円でパン屋に売りました。パン屋は30億円で買った小麦粉からパンをつくり、55億円で消費者に売りました。消費者は55億円分のパンを買って食べました。

問7　下線部ｇについて、外国為替相場に関する記述として正しいものを、次のア～エから１つ選び、記号で記せ。

ア．外国通貨に対する需要と供給によって決まる為替相場のことを、固定為替相場という。

イ．通貨と為替相場の安定の維持を目的とした国際連合の専門機関を、国際復興開発銀行（世界銀行、ＩＢＲＤ）という。

ウ．円高になると、外国から購入する原材料などが高くなるため、輸入業者と外国製品を購入する消費者にとって不利となる。

エ．日本の物価水準が上昇することは、円安につながる。

【 7 】次の（1）～（4）の各文は、日本のさまざまな政治制度について述べたものである。A～Cの文の正誤の組み合わせとして正しいものを、下の**ア～ク**からそれぞれ1つずつ選び、記号で記せ。

（1）A　内閣は、内閣総理大臣とその他の国務大臣によって構成されている。国務大臣は天皇によって任命されるが、過半数は必ず衆議院議員の中から選ばれる。

B　日本では議院内閣制が採られており、内閣は国会の信任に基づいて成立し、国会に対して連帯して責任を負う仕組みができている。

C　特別国会は、衆議院の解散・総選挙が行われた後に召集され、新しい内閣総理大臣が指名される国会である。

（2）A　国会の種類には、毎年4月に召集される通常国会、内閣またはいずれかの院の総議員の4分の1以上の要求により開かれる臨時国会などがある。

B　衆議院の優越の1つに法律案の議決がある。これは、参議院が、衆議院と異なった議決をした場合、または、衆議院の可決した法律案を受け取った後 30 日以内に議決しない場合、衆議院が総議員の過半数で再可決すれば、法律になるということである。

C　衆議院の優越として、予算の議決や条約の承認がある。これらは、参議院が衆議院と異なった議決をした場合、両院協議会を開き、それでも意見が一致しない時、または、参議院が衆議院の可決した議案を受け取った後 30 日以内に議決しない時は、衆議院の議決が国会の議決となるということである。

（3）A　国民審査は、最高裁判所裁判官に対して、その任命後、初めて行われる総選挙の時と、前回の審査から 10 年を経過した後の初めての総選挙の時に、実施される。

B　裁判員制度は、国民の中から選ばれた 6 名の裁判員が、地方裁判所で行われる第一審の重大な刑事裁判に参加し、3 名の裁判官と一緒に被告人の有罪・無罪や刑罰の内容を決めるという制度である。

C　日本の裁判所には、違憲審査権が認められている。これは、国会が制定する法律について、憲法に違反していないかどうかを審査する権限である。過去には、朝日訴訟で違憲判決が下されている。

（4）A　地方公共団体の財源には、自主財源と依存財源がある。前者の例としては地方税、国庫支出金があり、後者の例としては、地方交付税交付金、地方債がある。

B　地方自治では、住民の意思をより強く反映するために、住民に直接請求権が認められている。その中には、議会の解散請求権や議員・首長に対する解職請求権がある。これらは、リコールともいわれる。

C　地方公共団体の首長は、議会が議決した条例や予算を拒否することができないが、議会を解散することはできる。議会は、住民から選ばれた首長の不信任決議を行うことができない。

	A	B	C
ア	正	正	正
イ	正	正	誤
ウ	正	誤	正
エ	正	誤	誤
オ	誤	正	正
カ	誤	正	誤
キ	誤	誤	正
ク	誤	誤	誤

問題は以上です。

2020(R2) 滝高
K 教英出版